北京语言大学与北京市教育委员会共建项目：
中国道德文化的传统理念与现代践行

人民出版社

省鉴与传习：

中国道德文化的传统与现实

韩经太 等 著

目 录

省鉴与传习：中国传统道德文化的再认识

韩经太

一、引言：道德文化研究中的"问题意识"与求解意志

在《中国文化研究》2003 年冬之卷上，笔者发表《道德文化的生成与异化——中国道德文化反思四题》一文，从学界惯性视角所不曾观照的另一种视角出发，基于学界既定结论而展开深进一层的思考，其中的思想心得，正是这里所谓"问题意识"及其相应求解意志的学理基础。时间推移，与时俱进，在 2006 年北京市教育委员会、北京大学与韩国高等教育财团联合举办的世界级学术性"北京论坛"的"世界格局中的中华文明"分论坛上，笔者发表题为《躬行君子与忘言名道——全球语境下中华文明的典型塑造》的专题报告，呼吁当下的中国文化研究者不仅要继续批判旧时代的"天朝意识"，而且要及时斟酌新时代的"读经"倡议，尤其在遭逢中学西学、河东河西的话语话题时，应该保持足够的学术警惕；与此相关，在一个经济全球化带动文化多元化的时代里，关注于中国文化者，一方面需要关注西方学者关于文明冲突的理论与实际，另一方面则需要关注道德衰微的生活现实。在如是大前提下，才有可能真正凸显中华文明作为"这一个"的典型性，而对这一典型性的阐释，则需要以开放的世界意识为主导，基于中国现代化发展的现实课题，以包容历史的胸怀和提炼精华的眼光来重新发现自我、阐释自我。基于上述认识，当时的报告提出："内圣外王"之知与"躬行君子"之行，合成为知行合一意义上的中国道德主义文化传统，而孔子则是中华文明史上"躬行君

子"的典范。重塑以孔子为标示的"君子"人格，凸显其"躬行"的现实属性和实践特征，既是中华文明史阐释的题内应有之义，也是弘扬优秀传统文化以建构现代道德文明的现实课题。为此，我们需要设立诸如"士大夫文化"、"士绅文化"的研究专题，并结合宋明理学"君子之学"的心性实践以及新文化运动"改造国民性"的批判精神，然后来进行富有深度的学理剖析和切中时弊的社会考察。

从那以后，又是数年光阴，期间"国学"的日益显学化和"以德治国"命题的渐入舆论中心，使中国道德文化的传承创新课题，越来越显得重要。亦唯其如此，笔者的认识也得以逐渐深入。不言而喻，中国道德文化的传承创新问题，不仅是一个涵涉广泛的重大课题，而且是一个思理精深的艰深课题，只有在理论与实践结合的道路上不畏艰险的持续探索者，才有望获得宝贵的经验和深刻的启迪。而在这种理论与实践高度结合的探索道路上，我们首先所要认真面对的，是几千年的历史积淀所生成的道德文化传统的真实存在——那是一种不单单存活在道德学说的理论体系之中，而是同时存活在数十代人的精神生活记录之中的真实存在，并且这两者之间有着无论如何也无法回避和抹杀的矛盾冲突。在相当程度上，现实生活中道德文化的衰微，与我们总是回避这种矛盾冲突，有着一定的因果关联。长期以来，国人总是沉浸在"礼仪之邦"的文化优越感之中难以自拔，一种根深蒂固的但却是虚拟的精神满足感，实际上阻碍了文化自省的实际展开，阻碍了历史主义辩证思维的正常发挥。现在，确实到了不能不自省的时候。革除文化虚荣的积习，秉持客观辨析的理性，直面中国道德文化的历史真实，以创建中国道德文化的辉煌未来。

在总体把握的意义上，中国道德文化的历史形态和价值体系，可以高度凝练地概括为"省鉴"与"传习"的合二而一。

中华民族的道德代言人从一开始就宣示的道德自觉，集中表现为"吾日三省吾身"这一"躬行君子"的实践人格，而这样一种充满自律意识的君子人格，又以"修齐治平"的君子价值实现途径为中介，将个性个体的"省吾"转型为政治建设的"殷鉴"意识。于是乎，"省鉴"意识就以君子个体人格与家国整体利益相统一的思想意识形态，深藏于中国文化的历史建构之中。而在中国思想史的话语体系里，"省鉴"之"鉴"，包括"水鉴"、"玄鉴"、"殷鉴"三种形态，分别标示着生活经验的提炼、思辨经验的抽象和历史经验的总结，三者相互融通而又各极其趣，贯穿于中华文明数千年的发展演变之中，如同人之有血脉经络。

自孔子门生提倡"吾日三省吾身"而内含"传不习乎"之义，其所传习者以及传习自身，实际上只是中国道德文化大传统中的小传统。相对于社会整体道德状况的历史演化，包括政治体制的设计思路和社会运行的操作原则，以及受制于如是社会体制的世道人心的现实状态，以中国古代社会中特有的"士"阶层为历史主体，并以古典儒家学说为思想载体，从而历史地形成的道德文化"传习"的小传统，可以理解并阐释为"君子传习之道"——体现着"躬行君子"的历史主体自觉，或者，换用更富有现代气息的话语来概括，那就是"精英传习"的传统。与此相应，则有"大众传习"的传统，并因此而必然出现精英与大众两个传统之间的历史关系问题。在一定程度上，这种历史关系是包含着道德启蒙与实践验证这样一对矛盾的特殊关系。也正是因为这一关系的存在与历史作用，我们关于中国道德文化传统的研究，就有必要摆脱那种多年以来相沿成习的单线描述以及相应的单线推论，而代之以双线并进的历史思维，只有这样，才能实现思想理论与历史实践相结合的学理推进。

如果说兼顾精英与大众两个方面的观照，可以称之为外向型的观照方式，那么，就"传习"者的内在意识进行深入探究，就可以称为内向型的探究。而所谓"省鉴"意识的透视分析，正是内向观照的传统课题。值此而必须指出的是，由于"省鉴"意识的实践形态，实质上已然历史地表现为个体人格自律的"省视"和政治体制自律的"殷鉴"，所以，个性个体及其生存其间的社会体制就又构成了一种特定的道德文化现实。以往的道德文化研究，尤其是侧重于基础理论建构的研究，往往忽略这一现实，从而导致整个有关中国道德文化的研究大多停留在道德文化典籍诠释的文本解读层面，而缺乏深进一层去探究其所以如此之社会动因的"潜文本"解读，应该说，这是一种致命的缺欠。

基于上述认识而展开的有关中国道德文化传承创新的探讨，必将涵涉一系列堪称"焦点问题"的问题。有没有如是"问题意识"，决定着学术研究的现实意义和终极价值。

无疑，中国传统文化具有丰富的道德文化资源，尤其是儒家学说，素以倡导仁义，研修心性，主张德政而著称；而在现代华人的生活文化词典中，"礼仪之邦"也是习用而不疑的词语；于是，中国具有源远流长的道德文化传统，早已成为学界世人的既定认识了。然而，只要我们在21世纪之初重温一下20世纪初文化先驱们面对国民性问题时的那份焦虑，或者耐心倾听一下历代文人墨客所反复抒写的"自古圣贤多寂寞"的那种感愤，就不禁会问：除了众所周知的长期为专制政治服务所必然会导致的道德异化之外，道德文化本身的生成机制，是否也存在着问题？中国道德文化的真实是否是这样：

道德文化传统和道德异化的传统，构成了中国道德文化传统特殊的双重性？这实在是一个诱人而又沉重的话题。但我们必须以反思的姿态介入这个话题，因为现代道德文化建设的滞后和艰难，分明与传统资源的贫乏有关，而传统资源之所以贫乏，其原因之一，恰在于我们不能真正清醒地去认识中国传统道德文化之历史的"生成—异化"机制。

倘若说承传中国道德文化传统的实践自觉必然地要表现为新世纪思想主体的"省视"意识，那么，认真而非敷衍地关注上述课题，便是"省视"的具体体现。

二、"殷鉴"析论：政权专有制与维权式自律

相信谁也不会反对，中国传统文化的道德中心主义，是与政治中心主义相互依存的。不仅如此，这种相互依存的关系，又往往表现为政治中心主义对道德中心的主导，以至于当我们现在要具体讨论这一问题时，不得不考虑：是否需要提出"中心的中心"这样的问题。这，也正是笔者首先从"殷鉴"切入以辨识中国道德文化之历史真实的原因。

"鉴"的文字本义在于"镜子"之能反映真相。唯其如此，道家《老子》提出的"涤除玄鉴"，与儒家《尚书》所谓"殷鉴不远"，同属于中国道德文化的原创义理。值得注意的是，《尚书·周书·酒诰》有云："古人有言曰：'人，无于水鉴，当于民鉴。'"①以《尚书》之早出，而又言"古人"，足见如是观念的原创性质。此说又见于《墨子·非攻》："君子不镜于水而镜于人。镜于水见面之容；镜于人则知吉与凶。"②如果说"镜于水"属于生活经验的提炼，那么，"镜于人"便涉及终极价值的判断，由前者而至于后者，包含着巨大的思想飞越，而正是这种飞越，实质上具有百家合一的思想史意义。比如，儒、墨之外，道家《老子》十章曰："涤除玄鉴，能无疵乎？"③《庄子·天道》曰："圣人之心，静乎天地之鉴，万物之镜也。"《庄子·应帝王》亦曰："至人之用心若镜。"④如此等等，诸家之所思，历史地积淀为凝聚着中华文化之核心思想精神的哲思意象，"玄鉴"、"静照"、"清水"、"明镜"构成独到的哲思意象系列，先民以水为镜的生活实践，经过先贤智慧的提炼，升华为"民心为鉴"的"民

---

①　中华书局编辑部：《汉魏古注十三经·尚书》，中华书局1983年版，第52页。
②　孙诒让：《墨子间诂》，中华书局2001年版，第139页。
③　陈鼓应：《老子注释及评价》，中华书局1984年版，第96页。
④　陈鼓应：《庄子今注今译》，中华书局1983年版，第337、237页。

鉴"观念，并被先哲抽象为"用心若镜"的思维模式。

问题在于，上述元典文献所提供的思想线索，共同指向中国传统的政治制度建设。的确，对于具有把一切问题首先看做政治问题的特点的中国历史文化来说，道德文化首先就是政治道德文化，而极具中国历史特色的政治道德文化，其重点无疑在于以"殷鉴"意识为原创动因的政权自律意识。中国传统政治文化的本质是"王权主义"，作为专制王权之主体自觉的"殷鉴"意识，作为一种特殊的"主观心理因素的聚合"现象①，很有深入分析的必要。

让我们从孔门弟子子贡的怀疑说起。《论语·子张》云：

> 子贡曰："纣之不善，不如是之甚也。是以君子恶居下流，天下之恶皆归焉。"②

这里的"下流"，非常接近现在所谓"弱势地位"。子贡之大胆怀疑，意在告诉世人，从政治强势出发而针对政治弱势者所做的道德批判，其本身含有不道德的成分。子贡的怀疑，因其并非偏袒"居下流"者而更有价值，《论语·阳货》又载孔子与子贡问答之语曰：

> 子贡曰："君子亦有恶乎？"子曰："有恶：恶称人之恶者，恶居下流而讪上者，恶勇而无礼者，恶果敢而窒者。"曰："赐也亦有恶乎？""恶徼以为知者，恶不孙以为勇者，恶讦以为直者。"③

孔子分明是维护"上""下"有序之伦理秩序的，所以认为"居下流而讪上者"有违君子之德。但是，孔子同时又"恶称人之恶者"，这一点，是否与子贡"恶讦以为直者"相呼应呢？"天下之恶皆归焉"者，是否正属于"称人之恶者"和"讦以为直者"呢？尤其意味深长的是，与子贡一起受到孟子"智足以知圣人"之称赞的宰我，也有类似的反思。《论语·八佾》：

> 哀公问社于宰我，宰我对曰："夏后氏以松，殷人以柏，周人以栗，曰：使民战栗。"
>
> 子闻之，曰："成事不说，遂事不谏，既往不咎。"④

宰我所言适与子贡所言构成互补，一个说"居下流"者未必像"居上流"者说的那么坏，一个说"周人"未必像他们自己宣传得那么好。众所周知，对于"郁郁乎文哉，吾从周"的孔子来说，这种来自门下弟子的质疑，恰恰是需要认真引导的，而值此之际，孔子三句话的意思也耐人寻味，其中是否含有"木

---

① 王琳：《中国政治文化学术研讨会综述》，《中国社会科学》1993 年第 4 期。
② 朱熹：《四书章句集注·论语集注》卷十，中华书局 1983 年版，第 191 页。
③ 朱熹：《四书章句集注·论语集注》卷十，中华书局 1983 年版，第 182 页。
④ 朱熹：《四书章句集注·论语集注》卷十，中华书局 1983 年版，第 67 页。

已成舟,说也无益"的感慨呢?换言之,和孔子这种"既往不咎"的态度相比,其弟子反倒具有一种历史追问的理性自觉,而且将追问的对象锁定在殷周易代所生成的特定历史症结,面对如是堪称"千古之问"的"问题",我们又岂可忽略不问!

其实,孔子的态度不妨理解做主张"向前看"的态度,即便如此,宰我之说与子贡所疑彼此互补而形成的面对历史的道德反思立场,却不能简单地归结为"向后看"。有道是以史为镜而鉴古知今,在把孔子弟子的思想看做是原始儒家思想体系的有机组成部分的前提下,这种富有道德批判精神的历史问责,应该引起我们足够的重视。

孔门弟子富于历史问责精神的道德反思,指向了以"明德"、"敬德"为思想表征的周人政治道德文化。循着其反思的逻辑去推论,人们必将发现:在"郁郁乎文哉"的正面价值的背后,实际上又存在着令人怀疑其为"道德暴力"的负面性质。人们于是要问,沿着孔子"吾从周"的理路而被阐释并一直传承下来的道德政治文化传统,是否与生俱来地带有"生成—异化"的特征?

必须指出,有如《尚书·周书·召诰第十四》所云:"惟不敬厥德,乃早坠厥命。""王其德之用,祈天永命。"①这是"以德治国"论历史性展开的两个维度,前者是对亡国之族的道德法判决,后者是对兴国之族的政治期望,最初的道德政治观念,就这样与政权兴亡意识直接相关,而接下来绵延不绝的道德政治发展观,依然是以此兴亡意识为中枢而历时性展开的。其中,最值得关注并思考者,乃是有德则王权永命的信念,实质上体现出道德追求意识与权力占有意识相统一的思想实质。显而易见,除非人们确认权力占有的欲望在任何情况下都具有道德的合理性——这实质上等于确立"有权者必有德"的基本原理,或者认可基于"义利之辨"而企图"义利双收"的社会心态,否则,这本身就是一个充满张力的悖论命题。那么,该如何看待这种矛盾组合的"道德—政治"意识呢?笼统地所谓"辩证统一"说,恐怕很容易沦为欺人之谈。值此之际,严肃认真的学术态度,第一是必须直面这样的道德文化史史实,第二则是要同时具有"了解之同情"和"审视之理智"。

首先,我们不妨具体问题具体分析地从权力占有者的立场出发去思考问题。而这样一来,所谓"殷鉴",说穿了,一方面就是害怕别人模仿自己——像自己一样以不道德为理由推翻前朝政权;另一方面则是害怕自己模仿别人——像前朝一样成为别人道德谴责的对象和政治革命的对象。毫

---

① 中华书局编辑部编:《汉魏古注十三经·尚书》,中华书局1998年版,第55、56页。

无疑问,从探究"道理最大"之所谓"道理"的角度出发,我们值此会生出这样的问题:政治道德化的讲求,是先于政权占有还是后于政权占有而产生? 如此这般的"原问题"的提出,难道是无意义的吗? 或者,换一种提问方式:道德感与权力欲是在哪一个支点上结合为一体的? 总之,当我们在原始儒家那种原创性质疑精神的启悟下,终于意识到该向传承已久的"殷鉴"观念投去一瞥质疑的目光时,一部中国政治发展史的原生秘密,才有望被破解。

孟子有曰:

> 规矩,方圆之至也;圣人,人伦之至也。欲为君,尽君道;欲为臣,尽臣道。二者皆法尧舜而已矣。不以舜之所以事尧事君,不敬其君也;不以尧之所以治民治民,贼其民也。孔子曰:'道二,仁与不仁而已矣。'暴其民,甚则身弑国亡,不甚则身危国削。名之曰'幽'、'厉',虽孝子慈孙,百世不能改也。《诗》云:'殷鉴不远,在夏后之世。'此之谓也。①

在这里,孟子对儒家"君君臣臣"之义的历史阐释,充满着"君为尊"与"民为贵"的二元论思想精神。在"尽君道"与"尽臣道"统一于"治民"的大前提下,"殷鉴不远"的意识,实质上具有以"身弑国亡"或"身危国削"相警告的威慑性质,而威慑之所以能够成立的内在根源,最终在于政权拥有者所特有的"政权灭亡的恐惧"——"暴其民"者自取灭亡。请注意,无论是"身弑国亡"还是"身危国削",其中都充满了以暴力相威慑的色彩。不仅如此,"不远"者,就在眼前,随时都会发生。如此看来,儒家"仁政"思想,需要从正面和背面分别考察,正面阐释者,欲尽其应然之理,而背面透视者,则可尽其实然之势。而此实然之势,即便是在孟子的描述中,难道不意味着"以暴力相威慑的仁政现实可能"?

不言而喻,向所谓"殷鉴"意识的历史建构,尽管是以"有德则兴,无德则亡"的兴亡观为主导思想,但其作为政治意识形态的现实考虑,却是聚焦于政权兴亡的政治主体的维权意识。如果说在政权主体的维权意识导引下,"殷鉴"思维的展开方向,必然指向如何避免"重蹈覆辙",那么,由于此所谓"覆辙"者,实质上包含着旧朝灭亡与新朝诞生这同时发生的两件事,所以,时刻铭记"殷鉴不远"的政权主体的维权意识,就有可能孕育出两种完全不同的关于政权传递方式的政治理念:一种是彻底否定"以暴易暴"的禅让传贤,另一种则是为了自身"身弑国亡"或"身危国削"而强化"暴其民"的暴政。同一个"殷鉴"意识,却换来了截然相反的两种结果,这可能吗? 让我们

---

① 《孟子·离娄上》,朱熹:《四书章句集注·孟子集注》卷七,中华书局1983年版,第277页。

换一种方式来思考:一方面,当人们认可用道德的名义使用暴力,就意味着赋予自己"以暴易暴"的行为以道德的正义性,而一旦确认了这种"道德暴力"的普遍合理性,下一次的"以暴易暴"就成为题内应有之义。在这个意义上——也只有在这个意义上,"以暴易暴"原理恰恰是道德仁政得以实施的原动力,这是一种暴力威慑下的道德政治论;另一方面,对于已经占有了政权的政治力量来说,即便自身确实曾以道德的名义实施了暴力颠覆前政权的"以暴易暴",也从根本上不愿意"他者"同样"以暴易暴"——即便自身已经处于不道德的政治状态之下,在这个意义上,它必然要强调"以暴易暴"的不合理性。于是,就出现了这样的情形,"以暴易暴"的政权变更模式,只有在施加于"他者"身上是才被认为是合理的,政权占有者自身绝不愿意自己也成为"以暴易暴"的对象,而这显然不符合"己所不欲,勿施于人"的道德准则。

不仅如此,让我们进一步探究"殷鉴"意识所包含的"恭行天罚"的观念。《尚书·夏书·甘誓》:"有扈氏威侮五行,怠弃三正,天用剿绝其命。今予惟恭行天之罚。"《尚书·商书·仲虺之诰》:"夏王有罪,矫诬上天,以布命于下。帝用不臧,式商受命,用爽厥师。"而《尚书·周书·牧誓》又曰:"王曰:古人有言曰:牝鸡无晨。牝鸡之晨,惟家之索。今商王受惟妇言是用……今予发,唯恭行天之罚。"[1]其间殊可注意者,不正在于这可以适应于任何时代的"恭行天罚"的说法吗? 当然,从"古人有言"的表述语气中,可以体会到其据以判定前朝之罪的道德法精神,实际上或与"古人"之"禁忌"有关,而作为特定政治文化意识的"禁忌"意识,最终与《尚书·商书·伊训》"惟上帝不常,作善降之百祥,作不善降之百殃"[2]的信念完全相通,其核心内容是基于政治生活之共同利益的维护而祈望于神秘力量的威慑。后来墨子的"明鬼"思想以及汉代谶纬之学关于"灾异谴告"的理论自觉,都可以看做是这种政治文化意识的延伸。但问题的症结又在于,这里有一个"禁忌"的转化问题,本来的神秘力量,现在转化为现实力量了,"恭行天罚"之际,通过天命授权——每每是自称的"天命授权",现实政治力量便获得了绝对的权威,那个替代"天"来行使惩罚权力的政权主体,因此就具有了和"上帝"一样"作善降之百祥,作不善降之百殃"的神圣权利。于是,"殷鉴"意识的实质因此而有着彼此依存的两个方面:一方面是强调失德者必失其位;另一方面是强调"恭行天罚"的神圣授权;前者是基本原理,后者是根本方式;前者是价值观,

①　中华书局编辑部编:《汉魏古注十三经·尚书》,中华书局1998年版,第18、21、37页。

②　中华书局编辑部编:《汉魏古注十三经·尚书》,中华书局1998年版,第24页。

后者是实践论。两者的历史统一,用现代话语来阐述,便是"以道德政治的名义实施暴力革命"。

唯其如此,看上去充满道德政治色彩的"殷鉴"意识,若从其"恭行天罚"的政权获得方式出发,最终都存在着"德""暴"交媾的实际可能,而一旦出现以"暴"施"德"的现象,那就必定是"道德恐怖"的世界了。

"殷鉴"意识,同时又凸显了"政权灭亡的恐惧"意识。如《尚书·周书·召奭》中周公所言:"殷既坠厥命,我有周既受,我不敢知曰厥基永孚于休。"①这里"不敢"二字所表征的"殷鉴"意识之实质,其道德自律上的始终不懈,其实来自权力维护上的常备不懈,而常备不懈的对"假想敌"的警惕,必然导致对己对人两个方面的严格要求,对己而言,因此而有与"吾日三省吾身"相契合的政权道德自律;对人而言,则将基于对"假想敌"的防范而促使政权主体推行"使民战栗"的政法制度,因为这种警惕会自然导致以敌对的眼光看待事物。

除非我们抱定"君性善"的信念——这显然要比"人性善"的信念来得更其偏激,否则,政权灭亡的恐惧必然造成防患于未然式的专制暴政。《尚书·周书·康诰》有云:"惟乃丕显考文王,克明德慎罚……凡民自得罪,寇攘奸宄,杀越人于货,民不畏死,罔弗憝。王曰:封。元恶大憝,矧惟不孝不友……惟吊兹,不于我政人得罪,天惟与我民彝大泯乱。曰:乃其速由文王作罚,刑兹无赦。"②把"不孝不友"之罪置于"寇攘奸宄"之上,表面上看起来不过是具有泛道德法的色彩而已,或者也不过是具有以专政暴力替代教育感化的倾向而已,孰不知其真正的目的是在强化精神信仰世界的纪律。唯其如此,此所谓"孝""友"之道,就不单是一种伦理规范,它分明又是一种政治纪律——宗法家族专制政治的严明纪律。"明德"其实就是严明纪律。"刑兹无赦",当然会"使民战栗","明德"的政治秩序,究竟是建立在心悦诚服的道德自觉之上,还是建立在严刑威慑下的怵惕谨慎之上,这个问题是值得人们多去想想的。诚如《论语·学而》所言:"其为人也孝弟,而好犯上者,鲜矣;不好犯上,而好作乱者,未之有也。"③为了防止日后的犯上作乱——新一轮"恭行天罚"者的出现,必须把生活伦理提升到政治高度来认识,而之所以会有"道德"酷法,谁说不是出于"政权灭亡的恐惧"!

足见,"殷鉴"意识,一方面因"恭行天罚"的观念而与"汤武革命"的思

---

① 中华书局编辑部编:《汉魏古注十三经·尚书》,中华书局 1998 年版,第 63 页。

② 中华书局编辑部编:《汉魏古注十三经·尚书》,中华书局 1998 年版,第 49、50 页。

③ 朱熹:《四书章句集注·论语集注》卷一,中华书局 1983 年版,第 47 页。

想观念和政治实践相联系，另一方面又因"政权灭亡的恐惧"心理而惧怕并抵触"汤武革命"，真是无法调和的自我矛盾。《尚书·商书·仲虺之诰》："成汤放桀于南巢，惟有惭德。曰：'予恐来世，以台为口实。'"①在"天下为公"而"尚贤""禅让"的制度安排下，贤能居于高位，政权和平交接，本来就没有你争我夺，从而也无所谓谁亡谁兴，自然也就不需要"殷鉴"，自然也就无需乎"惭德"。一旦需要"殷鉴"，就说明与政权"争夺"必然联系在一起的现实政权之存亡忧患，已替代政治理想的实现而成为关注中心。当然，"汤武革命"而又"惟有惭德"，说明其道德自觉是一种矛盾结构，一方面是确认对暴政采取了暴力手段这一行为的正义性，另一方面又自觉到暴力——即便是以道德的名义——夺权的非正义性，两端相悖，却异质同构。如果说"汤武革命"者恐来世以为口实的忧患，确立了其决心"以德代暴"的道德政治自觉，因为这里确实有着忏悔反省的意识，那么，一旦此间之"惭德"被其"永保天命"的意志所挤压，则其"口实"之忧就将转化为防止后人"汤武革命"的专横意识了。换言之，即唯我能"汤武革命"。

郭店楚简有《唐虞之道》，其中关于"禅而不传"的命题，引起人们再次关注上古道德政治文化的热情②。而我们务必需要认清的是，和"禅"而"让"的原始民主政治理念相比，"传"而"争"者的"明德""敬德"观念所表征的政治信念要复杂得多。当"汤武革命"、"殷鉴不远"相伴随着而出现时，其启发并规约于中国政治文化之价值选择者，就不单纯是如孟子所极力弘扬的面对"德不称位"之君则臣民有权革命这一点了。必须看到，一旦"革命"的权利被"传而不禅"者所垄断，"殷鉴"实质上也就是"汤武革命"之鉴，"革命"成功之日，就是永被禁绝之时，"恭行天罚"的权利已被一次性抢断，不希望、不情愿、更不允许后来者再有一次了。《汉书·儒林传》载辕固与黄生在汉景帝前争论"汤武革命"，辕固主张"因天下之心而诛桀纣"者是为"受命"，黄生则强调"上下之分"，以为"臣不正言匡过以尊天子，反而过而诛之，代立南面，非杀而何？"辕固因此道："必若云，是高皇帝代秦即天子之位，非邪？"于是上曰："食肉毋食马肝，未为不知味也；言学者毋言汤武革命，不为愚。"③当然，辕固的遭遇，比起因言"禅让"而被杀的圭孟来④，要幸运得多了，皇帝不过劝其缄口而已。但这也足以看出，王权独尊就意味着思想窒息，严明尊

---

①　中华书局编辑部编：《汉魏古注十三经·尚书》，中华书局1998年版，第21页。

②　参见《郭店楚简研究》（中国哲学第二十辑），辽宁教育出版社2000年版。

③　班固：《汉书》，中华书局1962年版，第3612页。

④　圭孟事迹见《汉书·圭孟传》，班固：《汉书》，中华书局1962年版，第3598页。

卑就意味着禁止犯上,"殷鉴"的实质不仅已变成"防止汤武革命",而且在"惟我有德"的专制判断下,从此已经不可能再有什么"汤武革命"了。也正是因为这样,我们才认为,"汤武革命"者所具有的"殷鉴"意识,只有当他们因此而"惟有惭德"并转而信奉"禅让"政治时,其"殷鉴"而"敬德"的政治道德才不会被异化。但历史的真实又哪里是这样!

论述至此,必须要强调说明一点:在道德文化与政治文明交织一体的研究领域,世人务须注意,道德哲学的终极判断与政治实践的专制判断,往往交织一体,每逢这种情况出现,"思想者"的历史责任,无疑就在于深入辨析而使其各自分明。

当然,也有必要说明,周人天命观和道德观的结合,较殷人而言确是一种历史的进步,周人道德政治文化作为一种思想文化资源所具有的正面价值,以及其正面阐释的巨大可能,都是不能忽视的。但是,正由于其道德政治自觉是以"殷鉴"意识为中介,所以这种进步是要付出代价的。如果说"天命靡常"从而敬畏天命的观念必然导致神权信仰,那么,随着敬畏天命的意识沉潜为"殷鉴不远"的历史意识,神权信仰就必然要转化为探求历史规律(至少是总结历史经验)的理性思维,这在文明发展史上的意义显然是巨大的。但是千万不要忘记,"殷鉴"意识的主体,正就是"恭行天罚"的主体,正是它创造了"殷鉴"的历史经验,然后又用这种经验来警告自己,而在失去了对"天命"的绝对敬畏以后,王权自尊,天命在我,自我警告与自我辩护相一致,所谓历史规律无非就是政权自我意志的演绎,而"敬德"的道德政治话语体系,也无非就是自我辩护的理论武器罢了。何况,"殷鉴"——灭亡的教训,势必反弹性地导致王权永存而专权不让的政治意志,从惧怕灭亡的政权心理出发,其可能的选择绝不是只有道德自律这一种,倒是以防患于未然之心实施专制暴力的可能性更大,而这样一来,"德"就自然变成"暴"之辅翼了。

三、"让王"透视:道德理想与政治原理的整合寓言

中国历史描述中的"禅让"——选贤任能的最高形式,应该说就是道德追求与权力分配高度契合的理想设计。而与此相关的问题,则是历史上广为传诵的"让王"政治寓言——表现了一种将让贤与辞让结合为一体的政治态度。① 学界已经有人注意到,《庄子》一书中与"高士"许由联系在一起的

---

① 陈赟:《尧让天下于许由——政治根本原理的寓言表述》,《社会科学》2009 年第 4 期。

"让天下"话语，寄寓着中国先哲关于政治根本原理的深刻思考。这是发人深省的。而今，当我们再度解读《庄子》这一道家文献关于"让天下"的相关述说时，切不可忽略了其间"越俎代庖"的语义内涵。换言之，仅仅从"无为之治"的角度去解读《庄子》此间寓言，或许难尽其义。《庄子·逍遥游》云：

> 尧让天下于许由，曰："日月出矣，而爝火不息，其于光也，不亦难乎！时雨降矣，而犹浸灌，其于泽也，不亦劳乎！夫子立而天下治，而我犹尸之，吾自视缺然。请致天下。"

> 许由曰："子治天下，天下既已治也，而我犹代子，吾将为名乎？名者，实之宾也，吾将为宾乎？鹪鹩巢于深林，不过一枝；偃鼠饮河，不过满腹。归休乎君！予无所用天下为。庖人虽不治庖，尸祝不越樽俎而代之矣。"①

《庄子·让王》又云：

> 尧以天下让许由，许由不受。又让于子州支父，子州支父曰："以我为天子，犹之可也。虽然，我适有幽忧之病，方且治之，未暇治天下也。夫天下至重也，而不以害其生，又况他物乎！唯无以天下为者，可以托天下也。"舜让天下于子州支伯。子州支伯曰："予适有幽忧之病，方且治之，未暇治天下也。"故天下大器也，而不以易生，此有道者之所以异乎俗者也。舜以天下让善卷，善卷曰："余立于宇宙之中，冬日衣皮毛，夏日衣葛絺；春耕种，形足以劳动；秋收敛，身足以休食；日出而作，日入而息，逍遥于天地之间而心意自得。吾何以天下为哉！悲夫，子之不知余也！"遂不受。于是去而入深山，莫知其处。舜以天下让其友石户之农，石户之农曰："捲捲乎后之为人，葆力之士也！"以舜之德为未至也，于是夫负妻戴，携子以入于海，终身不反也。②

细细比照而解读，其实不难发现，尽管同是"让而不受"的寓言叙事模式，但《逍遥游》与《让王》两者之间又有着不可忽略的差别。在《逍遥游》的文本中，"尧"之所以要"以天下让"，有着"自视缺然"的德性自律因素，而"许由"也有对应性的"子治天下，天下既已治也"的表述，"尧"的德性自觉和"许由"对"尧"的正面的政治评价，说明这是一种理想境界。倘若说"天下既已治也"意味着太平盛世，那么，上演在太平盛世的这出让王而又不受的政权转移情节，便可以称为"盛世禅让"。"盛世禅让"的特点是双方同时具有高尚德性而又各有所求，最终的结果是各得其所。待到《让王》篇之表述，"以

① 陈鼓应：《庄子今注今译》上册，中华书局1983年版，第18页。
② 陈鼓应：《庄子今注今译》下册，中华书局1983年版，第744页。

我为天子,犹之可也。虽然,我适有幽忧之病,方且治之,未暇治天下也。"真是再明朗不过的表白,这里的核心意思是"可受而无暇",而其理论根据则是"故天下大器也,而不以易生,此有道者之所以异乎俗者也"。《逍遥游》中的"让王"寓言,有助于世人领会"逍遥"的精神实质,绝不越俎代庖,分明是各行其道、各得其所、各尽其趣的宗旨,彼此之间,绝无高低贤愚之别。《让王》则不同,"有道者"必然是高于"俗者"者,"道"与"器"之间必然是有体用之分的。道家《庄子》学派藉"让王"寓言而表达的道德政治观念,以及庄学主体借此而表现出来的精神意态,并非一种模式,这一点需要格外注意。

此外,"让王"寓言中所说的"入深山"和"入于海",使我们自然联想到司马迁《史记·伯夷列传》:

尧将逊位,让于虞、舜、禹之间,岳牧咸荐,乃试之于位。典职数十年,功用既兴,然后授政。示天下重器,王者大统,传天下若斯之难也。①

其实,司马迁之所以将伯夷、叔齐之合传冠于《列传》之首的用意,原是异常分明的,"传天下若斯之难也",中心思想,一语道尽。在此深长感慨之中,显然包含着对尧舜禅让政制的充分肯定,以及对上禅下荐机制之有效运行的期许。只有通观《庄子》寓言与《史记》传记而又相互参照,才能发现中国历史以先秦与秦汉之间的历史大变局为枢纽,实际形成的文明史观的核心内容。在这一特定的意义上,伯夷、叔齐合传的人格意象,意味着先哲就历史正反合题所展开的最深刻的思考。司马迁为伯夷、叔齐立传,而从许由说起:

而说者曰:"尧让天下于许由,许由不受,耻之逃隐。及夏之时,有卞随、务光者。"何以称焉? 太史公曰:"余登箕山,其上盖有许由冢云。孔子序列古之仁圣贤人,如吴太伯、伯夷之伦,详矣。余以所闻,由光义至,高其文辞不少概见,何哉?"孔子曰:"伯夷、叔齐,不念旧恶,怨是用希。""求仁得仁,又何怨乎?"余悲伯夷之意,睹轶诗,可异焉。②

在司马迁笔下立体地站立起来的伯夷、叔齐形象,已经不同于《庄子》笔下"入深山""入于海"的"逃隐"者了,关键不仅在于他二人相让而不受禅位的人格,同时还在于其反对"以臣杀君"的道德哲学观念和同样反对"以暴易暴"的政治哲学观念——当然,这其实都是司马迁的思想观念。其传曰:

伯夷、叔齐,孤竹君之二子也;父欲立叔齐。及父卒,叔齐让伯夷。

---

① 司马迁:《史记》,中华书局 1983 年版,第 2121 页。
② 司马迁:《史记》,中华书局 1983 年版,第 2121—2122 页。

伯夷曰："父命也。"遂逃去。叔齐亦不肯立而逃之；国人立其中子。于是伯夷、叔齐闻西伯晶善养老，"盍往归焉！"及至，西伯卒，武王载木主，号为文王，东伐纣。伯夷、叔齐叩马而谏曰："父死不葬，爰及干戈，可谓孝乎？以臣杀君，可谓仁乎？"左右欲兵之。太公曰："此义人也。"扶而去之。武王已平殷乱，天下宗周；而伯夷、叔齐耻之，义不食周粟，隐于首阳山，采薇而食之。及饿且死，作歌，其辞曰："登彼西山兮，采其薇矣！以暴易暴兮，不知其非矣！神农、虞、夏，忽焉没兮；我安适归矣？于嗟徂兮，命之衰矣！"遂饿死于首阳山。①

在这里，关键问题的关键点，是伯夷、叔齐"义不食周粟"之所谓"义"的价值指向。意味深长的是，倘若我们将《论语》所载子贡"纣之不善，不如是之甚也"的道德主义历史反思，与此间伯夷、叔齐"以暴易暴，不知其非也"的道德主义批判联系起来，伯夷、叔齐"天下宗周，而伯夷、叔齐耻之"的批判对象，就显然不是周政权本身，而是政权转移的方式。在这里，孔门弟子与司马迁显然前后贯通的道德主义历史批判主题，不是别的，而正是可以提炼为"殷鉴"意识之对应物的思想意识。

但耐人寻味的是，出现在中国古典思想世界里的"让王"意识，其主体并非政权所有者，反倒是本来就在野的士大夫精神寄托者。让我们回到上文有关《庄子·逍遥游》、《庄子·让王》和《史记·伯夷叔齐列传》特定内容的讨论。显然，《庄子》中所阐述的"让天下"而"不受"的人格理想，为后世士大夫提供了全新的人生选择的路径，一个足以和兼济天下的伟大志向相媲美的独善而隐逸的士大夫精神传统，莫不以此为性情渊薮。而问题在于，和孟子"惟有德者宜在高位"的正面呼求相比，道家学派塑造的"许由"式人格典型，除了是对"无为而治"政治理念的特殊阐发之外，是否还有其他隐含的思想底蕴呢？《庄子·应帝王》云：

> 齧缺问于王倪，四问而四不知。齧缺因跃而大喜，行以告蒲衣子。蒲衣子曰："而乃今知之乎？有虞氏不及泰氏。有虞氏，其犹藏仁以要人，亦得人矣，而未始出于非人。泰氏，其卧徐徐，其觉于于，一以己为马，一以己为牛；其知情信，其德甚真，而未始入于非人。"②

其中颇为费解的"非人"一语，在同一具体语境中两次出现，殊堪品味。第一次出现，由于是紧跟在"得人"一语之后，所以，应该是指一种超越或扬弃了"得人"的境界，或者应该理解为"虽曰得人，亦属非人"。第二次出现，由于

---

① 司马迁：《史记》卷六十一，《伯夷列传》，中华书局1983年版，第2123页。
② 陈鼓应：《庄子今注今译》下册，中华书局1983年版，第211页。

是紧跟在"以己为马"、"以己为牛"之后,或者应该理解为"虽为马牛,未必非人"。此外,前言"未始出于非人",后言"未始入于非人",前后呼应,自然生成一种出入于"非人"的特殊智慧,未尝不是在追求一种能入能出的自由境界。总而言之,和"入于深山""入于海"的隐逸相比,此间思辨于"人"与"非人"之际的思想课题,显然更富于哲学的深度。认真推求起来,"有虞氏"之所以不及"泰氏"者,就像《应帝王》篇章结尾处的"混沌"意象之所谕示的那样,"人化"的历史进程未必就是"人道"的,唯其如此,看似逆向还原的"混沌"追求,也就未必是"不人道"的。在这里,庄子学派有着比老子学派所谓"小国寡民"的社会形态复古更为彻底的哲学复原意识。将这种深具哲学意味的文明复原意识纳入到《应帝王》的思想框架里,我们不妨玩味如下之文字:

> 天根游于殷阳,至蓼水之上,适遭无名人而问焉,曰:"请问为天下。"无名人曰:"去!汝鄙人也,何问之不豫也!予方将与造物者为人,厌,则又乘夫莽眇之鸟,以出六极之外,而游无何有之乡,以处圹埌之野。汝又何帛以治天下感予之心为?"又复问。无名人曰:"汝游心于淡,合气于漠,顺物自然而无容私焉,而天下治矣。"阳子居见老聃,曰:"有人于此,向疾强梁,物彻疏明,学道不倦。如是者,可比明王乎?"老聃曰:"是于圣人也,胥易技系,劳形怵心者也。且也虎豹之文来田,猨狙之便执斄之狗来藉。如是者,可比明王乎?"阳子居蹴然曰:"敢问明王之治。"老聃曰:"明王之治,功盖天下而似不自己,化贷万物而民弗恃;有莫举名,使物自喜;立乎不测,而游于无有者也。"[①]

不难发现,这里出现的"无名人",不仅是一个和"老聃"同样境界的智者,而且是和《逍遥游》中的"许由"同样境界的隐者。对于"请问为天下"这样的提问,无名人的回答是"汝鄙人也,何问之不豫也!"这和许由的"洗耳于颍水之滨"是一个意思。既然如此,《庄子》文本所载述的关于道德政治与政治道德的思想精髓,显然不限于"功成不居"和"让王不受"的理想人格,也不限于"无为而治"的政治模式,在其"顺物自然而无容私焉"和"游于无有者也"的终极追求中,包含着终极判断意义上的"忘天下"深刻命题。

"忘天下"和"让天下"之间,是自然契合的。而"忘天下"和"王天下"之间,则是对立的。相对于笼统地谈论中国悠久的德治思想,这里对"忘天下"、"让天下"、"王天下"三者的辨析,显然更有意义。如若以司马迁笔下

---

① 陈鼓应:《庄子今注今译》下册,中华书局1983年版,第215—217页。

伯夷、叔齐的人格意象为表征，人们不难发现，上述三者之间的关系，至为复杂：悲哀于"以暴易暴"的道德政治讲求，难道就能容忍"暴政"本身吗？"暴政"之主体又怎么可能"让天下"于民间贤能呢？尤为关键的是，当《庄子》反复述写"让天下"而"不受"这种极具象征性的行为时，其所欲超越和扬弃的行为本身，本来就是道德政治的原始典范，如果说《庄子》借此而申论的道德政治理想，可以"忘天下"为标示，那么，这是否意味着将"忘天下"提升到高于"让天下"的终极境界？回答自然是肯定的。而这样一来，在中国古典学术的经典性阐述中，道德与政治的复合命题之一，就是一个由"王天下"进境于"让天下"再进境于"忘天下"的三阶递进论。必须指出，这是指在纯粹学术的领域里，如果不是这样，那就必然会出现纯粹理论与历史实践的矛盾问题，亦唯其如此，道德与政治的复合命题之二，就不能不是"王天下"的实践理性与"让天下"的思想理论在特定条件下的结合，而这一特定的条件恰恰就是"忘天下"意识。

我想提请人们注意，《庄子》中反复出现的"让天下"而不被接受的故事，如果单独来看，大体上可以说成功地塑造了像许由这样志趣清远的"隐逸"名士形象，具有引领士人精神使之淡泊功名的文化意义。但是，诚如李白《送裴十八图南归嵩山二首》所云："何处可为别，长安青绮门。胡姬招素手，延客醉金樽。临当上马时，我独与君言。风吹芳兰折，日没鸟雀喧。举手指飞鸿，此情难具论。同归无早晚，颍水有清源。"（其一）"君思颍水绿，忽复归嵩岑。归时莫洗耳，为我洗其心。洗心得真情，洗耳徒买名。谢公终一起，相与济苍生。"（其二）①诗中"举手指飞鸿"的意象，遥接魏晋之际嵇康"手挥五弦，目送归鸿"诗意，抒发了"同归无早晚，颍水有清源"的归隐旨趣，并含蕴着许由洗耳于颍水之滨的文化底色。紧接着李白却又表明了"洗耳徒买名"与"谢公终一起"这样的矛盾志向，令人困惑不解：既然说"洗心得真情，洗耳徒买名"，那就意味着要彻底根绝"终南捷径"式的假隐士而追求彻底归隐的真境界，为什么又要曲终奏雅地提出"谢公终一起，相与济苍生"呢？莫非志在兼济的归隐才是真正的隐者吗？看来，我们只有摆脱"心无二致"的一般情理，从而在"心存二志"的意义上来领会中国士大夫文化心理的秘密才行。"心存二志"的历史必然性和道德合理性，来自于生命适应生存环境的生存需求。就像李白一生仰慕"齐有倜傥生，鲁连特高妙。明月出海底，一朝开光曜。却秦振英声，后世仰末照。意轻千金赠，顾向平原笑。吾亦澹

---

① 李白：《李白诗选》，人民文学出版社1977年版，第65页。

荡人，拂衣可同调"①的"功成拂衣去"者那样，"濂荡人"的襟怀，说透了，正是"王天下"与"忘天下"的整合意态。那被历代文士反复歌吟的"功成而不居"者的人格精神，其最为典型的特征，不正在事功与隐退的双重成功吗！

当然，我们必不得已而要提醒世人，这种"功成不居"的人格理想，至少也在一定程度上是古代文士深感"士不遇"的意态折射。其实，从《庄子》创造"让王"寓言开始，就未尝不是一种以"不受"反抗"难得"的自我解脱式想象，也就是借助想象力来使自己从壮志难酬的悲愤情境中超脱出来。无论如何，类似的精神世界的真实，是不能不考虑的。而这样一来，所谓双重成功背后的精神苦闷，以及寻求旨在摆脱苦闷的精神之路的特殊探寻，其间的种种心灵秘密，理当成为今人探究先贤人格建构之路时的必修功课。

同样道理，我们值此也不得不提醒世人，务须注意到"殷鉴"意识实际上是属于"王天下"之政治主体的历史自觉，是与其"王命永存"的维权意识相统一的。"王天下"者的如是自我警醒意识，其道德政治自律的意义自然不容低估，但是，"殷鉴不远"的时刻警醒，却具有正反两面的实践可能，不可能直接演进为"让天下"的政权和平传递，更不可能自我提升为"忘天下"的国民自治境界。

唯其如此，明末黄宗羲在《明夷待访录·原君》中的如是之说就格外引人深思：

> 有生之初，人各自私也，人各自利也；天下有公利而莫或兴之，有公害而莫或除之。有人者出，不以一己之利为利，而使天下受其利；不以一己之害为害，而使天下释其害；此其人之勤劳必千万于天下之人。夫以千万倍之勤劳，而己又不享其利，必非天下之人情所欲居也。故古之人君，量而不欲入者，许由、务光是也；入而又去之者，尧舜是也；初步欲入而不得去者，禹是也。岂古之人有所异哉？好逸恶劳，亦犹夫人之情也。后之为人君者不然。以为天下利害之权皆出于我，我以天下之利尽归于己，以天下之害尽归于人，亦无不可；使天下之人不敢自私，不敢自利，以我之大私为天下之大公，始而惭焉，久而安焉。视天下为莫大之产业，传之子孙，受享无穷。②

黄宗羲对中国皇权政治的批判是绝对有力度的，这一点毫无疑义。但是，将当年传说中的"尧舜禅让"解释为"其人之勤劳必千万于天下之人"，仍然是一种主观的推论——只不过是道德理想主义的另外一面就是了。然而，意

---

① 《古风》，参见李白：《李白诗选》，人民文学出版社 1977 年版，第 247 页。
② 黄宗羲：《明夷待访录》，浙江古籍出版社 1985 年版，第 2 页。

味深长的是，正是这种置最高权位于"无利可图"境界的政治文明思路，作为一种基于"人是趋利动物"之基本判断的合理推论，试图以逆向思维的价值指向来阻断权位私利化所带来的罪恶之源，其思想价值无论怎样高估，都是不过分的。

黄宗羲的精彩论说，提示我们回过头去重新审视先儒孟子的"天子不能以天下与人"。万章向孟子提问："尧以天下与舜，有诸？"孟子回答："否。天子不能以天下与人。"请以孟子此语比较于庄子的"尧让天下于许由"或"尧以天下让许由"，我们将从中收获很多启悟。万章接着问："人有言：'至于禹而德衰，不传于贤而传于子，有诸？'"①，这更是触到了政治文明的核心问题。对此，孟子的回答至今耐人寻味。一方面，他认为"天子不能以天下与人"。对此，又可以有两种截然相反的阐释路径。其一，这意味着"天下"非"天子"之私物，不管是让于贤还是传于子，只要最终的处理权在"天子"，就都有以"天下"为"天子"之私物的意思。这一点非常重要，孟子因此而超越"禅让"观念而树立起了天下公有的信念。在这样的阐释指向上，儒家孟子的思想超越了道家庄子"让天下"的思想境界。其二，这也可以意味着"天下"恰恰是"天子"专有之物，类似的表述就有所谓"非天子不议政"。这种阐释意向，与《庄子》寓言表述的"让天下"情节也有着非常微妙的关系，试想，这边在讲解"天子不能以天下与人"的道理，那边则在讲述"让天下"而"不受"的事实，一边是让不得的理论，另一边是让不出去的现实，岂不有点殊途同归？正因为孟子的这句话可以引发不同的价值期许，所以，在探究其思想实质之际，切忌浅尝辄止的浅表解会。

这就需要我们以"思想者"的主体自觉来"接着说"。

首先，历史的正反经验警示我们，不能用简单的非此即彼的二元判断来处理这里遇到的问题。也就是说，非天子私有当然意味着天下公有，但是，很有必要指出的是，天下公有却并不等于天下民有。这就好像"公有制"并不一定就是"民有制"一样。西汉戴胜编撰《礼记》，其《礼运》篇中以孔子口吻讲述的那番道理，自然是中国道德政治的"大道理"，其中"天下为公"与"天下为家"的对立，就具有非常深远的道德意义和政治意义。但是，真诚的历史主义的学术探究，绝不能满足于对此"大同"理想的赞赏性阐述，而需要像此前的孟子那样，直面历史现实并给出尽可能的解释："舜有天下也，孰与之？天与之。"尽管有"天视自我民视，天听自我民听"的基本原则，但"民

---

① 《孟子·万章上》；朱熹：《四书章句集注·孟子集注》卷九，中华书局1983年版，第307页。

本"主义并非独立而自足，它必须与"天命"相统一，从而有所谓"天与之，人与之"。这也就是说，同"天视自我民视"的原理相悖反，这里却是"人与"本乎"天与"。在这里，"民本"与"天命"的统一，既是"天命"主导下的"民本"，也是"民本"支撑下的"天命"，欲探明其中秘密，必须细读《孟子·万章上》文本所载述的不厌其烦的讨论：

> 万章曰："尧以天下与舜，有诸?"孟子曰："否。天子不能以天下与人。""然则舜有天下，谁与之?"曰："天与之。""天与之者，谆谆然命之乎?"曰："否。天不言，以行与事示之而已矣。"

如果说中国思想史上的"灾异谴告"学说，可以提炼其思想精神为"借助神秘的自然力来规范社会政治"，那么，此际所谓"以行与事示之"者，显然有某种默契之处。问题在于，孟子接着说："昔者尧荐舜于天而天受之，暴之于民而民受之""使之主祭而百神享之，是天受之；使之主事而事治，百姓安之，是民受之。天与之，人与之。"而我们则不能不问："使之主祭""使之主事"的施事主体究竟是谁? 回答只有一个，那就是"天子"。既然如此，在这一应天命、顺民意的政权传递原则中，具有核心支撑作用的实体存在，最终还是"天子"。

> 万章问曰："人有言，'至于禹而德衰，不传与贤而传与子'，有诸?"孟子曰："否，不然也。天与贤，则与贤；天与子，则与子。昔者舜荐禹与天。十有七年，舜崩，三年之丧毕，禹避舜之子于阳城。天下之民从之，若尧崩之后，不从尧之子而从舜也。禹荐益与天，七年，禹崩，三年之丧毕。益避禹之子于箕山之阴。朝觐讼狱者，不之益而之启。曰：'吾君之子也。'讴歌者，不讴歌益而讴歌启，曰：'吾君之子也'。丹朱之不肖，舜之子亦不肖。舜之相尧，禹之相舜也，历年多，施泽于民久。启贤，能敬承继禹之道。益之相禹也，历年少，施泽于民未久。舜、禹、益，相去久远，其子之贤不肖，皆天也，非人之所能为也。莫之为而为者，天也。莫之致而致者，命也。"①

有两种价值观和历史观在其中缠绕纠葛。一种是"禹避舜之子于阳城"和"益避禹之子于箕山之阴"的传统，这里所反映出来的历史真实与思想真实的矛盾纠缠，实际上是"天子荐贤"与"天子世袭"的矛盾纠缠，在一定程度上，可以说是道德政治乌托邦与政治道德现实之间的混合。另一种则是"历年多，施泽于民久"和"历年少，施泽于民未久"的论证所表述的特定"历史"

---

① 《孟子·万章上》；朱熹：《四书章句集注·孟子集注》卷九，中华书局1983年版，第308页。

观念,毫无疑问,"历年多"的时间过程,意味着民心向背的选择过程,也意味着国人日常所说的"日久见人心",正是这种"历年多"的实践检验,使孟子思想话语中的"天"不再是神秘的自然力或超现实的神灵,从而异常珍贵。两种价值观和历史观的纠缠,导致了孟子如是思想系统的混合形态,使其"民本"论与"君主"论相混同,只有小心的剥离术才能抽取其间的纯粹价值原体。就像其最后的结论是引述孔子之语"唐虞禅,夏后、殷、周继,其义一也"一样,先秦原始儒家的道德政治观念,是"禅让"与"传位"的混合体。毕竟,孟子必须给此前的历史真实一个正面的说法,而他唯一可选的说法就是:"匹夫而有天下者,德必若舜禹,而又有天子荐之者,故仲尼不有天下。继世以有天下,天之所废,必若桀纣者也,故益、伊尹、周公不有天下。"除了其中"益"之事迹,又牵扯到"历年少"的问题自外,此间论旨,未尝不是悲观主义的历史概论:明白了此间"仲尼不有天下"的道理,孟子便亲自否定了自己那"惟仁者宜在高位"的道德政治吁求;明白了此间"天之所废"的淘汰标准,世人就务必要提高自己对于专制暴政的承受能力。

其次,孟子的如是叙述,是一种标示着道德政治理想与政治道德实践历史性叠合的、充满智慧的思想阐述,是一种"道理最大"而又"识时务"的充满理智的阐述。人们想必已经注意到,无论是"禹避舜之子于阳城",还是"益避禹之子于箕山之阴",尽管最后的政治结局不同,但其间所谓"避",却是一致的。不仅是一致的,而且这种"避"所体现出来的"避让"的政治态度,与庄子政治寓言中的"许由",与后世司马迁人物列传中的"伯夷、叔齐",不能说没有关系。微妙而又深刻的是,庄子政治寓言之"让天下",其结果是双向的,即一面是"让天下"者"让而无果",另一面是"不受"者因此而"不受有德"。姑且绕开道家无为的政治哲学不谈,转换一个新的角度看问题,庄学"让王"与"逍遥"相呼应的寓言阐述,就其实践结果所必然证明的历史走向而言,是否是想通过一个虚拟的"让天下"行为,而使当权者和在野者同时获得清名呢?

引人注目的是,孟子的道德主义政治话语体系中,同样含有"避让"这样的元素,只不过,这里却是像"禹"和"益"这样的贤者在"避让"着"舜之子"和"禹之子"。诚然,最终的结果,是孟子智慧地将历史事实转化为观念体系中的"民择"机制,即在"选贤任能"的总原则下,"让贤"和"传子"未尝不能统一于"民择"。正是在这里,孟子的"民本"思想中已然包含着富有现代性民选政治元素的精彩内容,值得深入发掘。而与此同时,已经被天子荐与"天"的贤者,无一例外地"避让"行为,以及均为"世袭"主体的"避让"对象,已经再清楚不过地表明,"传而不禅"已是一个不得不承认的政治现实。孟子艰难地面对舜禹政权传递的历史事实，将自己的"民本"价值观纳入历史事实所铸就的框架之中，从而成为中国道德政治之历史难题的智慧求解者。

需要进一步关注的是，孟子此间阐述中含有两个关键因素：其一是"天下之民从之"的说法，而其是否追随顺从的具体表现，或者是"朝觐讼狱，不之益而之启"，或者是"讴歌者，不讴歌益而讴歌启"；其二是"舜荐禹与天"和"又有天子荐之"之说的内在关联性。如果说前者可以阐释为"民意决定"论，那么，后者呢？简单的阐释理路，当然就是提炼为相应的"天命决定"论。只不过，"荐与天"和"天子荐之"之间的关系，实质上是一个实权主体和虚拟概念之间的关系，虚实相生的生成机制，有赖于"畏天命"的主体自觉，而天命何以当"畏"？除了"灾异谴告"的威慑话语模式，是否还有真实可信的存在？有鉴于此，"天命决定"论的实质，却是"天子决定"论。

循此以进，还需要进一步分析的问题是，"天命决定"论意义上的"天"，以及与此相关的"天听自我民听"的"天"，包括继续阐释之必然指向"天人合一"之所谓"天"，究竟是一个什么性质的存在呢？

当今之世，热心阐释"天人合一"理念的国学研究者，往往基于人类文明史过度毁坏自然环境的历史教训，将"天人合一"之所谓"天"解释为"自然"。殊不知，在中国传统文化的话语体系中，尤其是在儒家主导的话语体系中，"天"作为"人"的对应物出现时，更多的是指称一种超越"人"的能力而又体现"人"的意志的"超人"意志。唯其如此，一定程度上，"天命"所在，亦即"理想人格"所在。《论语·季氏》载孔子语云："君子有三畏：畏天命，畏大人，畏圣人之言。小人不知天命而不畏，狎大人，侮圣人之言。"[1]《论语·颜渊》载子夏语："死生有命，富贵在天。"[2]《论语·宪问》载孔子语云："道之将行也与？命也。道之将废也与？命也。"[3]《论语·尧曰》："不知命，无以为君子也。"[4]《论语·阳货》："天何言哉？四时行焉，百物生焉，天何言哉！"[5]无论如何，从孔子这里开始，以其所谓"五十而知天命"为标志，人类的认知自觉已经深度嵌入神秘的原始宗教文化心理内部，从而建构起"天命"与"圣人之言"相并列的核心价值体系。在这一价值体系中，关键是"知天命"与"畏天命"之间的推论逻辑，其间显然含有对"无知者无畏"的批判

① 朱熹：《四书章句集注·论语集注》卷八，中华书局 1983 年版，第 172 页。
② 朱熹：《四书章句集注·论语集注》卷六，中华书局 1983 年版，第 134 页。
③ 朱熹：《四书章句集注·论语集注》卷七，中华书局 1983 年版，第 158 页。
④ 朱熹：《四书章句集注·论语集注》卷十，中华书局 1983 年版，第 195 页。
⑤ 朱熹：《四书章句集注·论语集注》卷九，中华书局 1983 年版，第 180 页。

意识,以此为潜在语境,自然就凸显出"有知者有畏"的特定命题,而这中间必然含有的近似于"自设敬畏对象"的思想动向,正是此间道德政治与政治道德之价值统一的道德主义"原动力"。如是意义上的"荐禹于天",显然不再是原始图腾崇拜时代神秘主义的"天命"测试——譬如占卜,而已经是清醒的理性主导下的自我规范了。"荐禹与天"的实质,因此而可以提炼为"天子"不得"独断"。

但是,问题的症结在于,自有"天子",就有了"独断",此两者同出而一体。细读孟子论述,其上下文之间的语义转折,具体表现在"天"与"天子"的先后出现。"天与贤,则与贤;天与子,则与子"的逻辑,显然不同于"德必若舜禹,而又有天子荐之者"的逻辑,此间奥秘,汉人揭示分明,《春秋繁露》曰:"故德侔天地者,皇天佑而子之,号称天子。"①《汉书》曰:"王者父事天,故爵称天子。"从董仲舒的"皇天佑而子之"到班固的"王者父事天",都将"王"与"天"的关系确认为父子关系,这是一个亲子血缘化的"天人合一"过程,任何阐释中国文化之"天人合一"观念的尝试,按理都不应回避"天人合一"观之亲子血缘的历史文化属性。如果说在孟子的时代,"天与贤"与"天与子"的两可选择,至少在思想观念上最终取决于"天下之民从之"与"天子荐之"两种因素,从而可以称为"民本"与"君主"的对立冲突时期,那么,随着"天子"这一"爵称"的凸显,以及"汉承秦制"而确立"百代都行秦政法"的传统体制,对立的两极便历史地叠合为一体。

在这样的历史文化境遇中,自认为诞生于"得士者强,失士者亡"之战国时代的"士"群体,便不能不在此特定的历史生存空间里"重塑自我"。从子贡的"君子恶居下流"到孟子的"仁者宜在高位",清晰体现出"士"人以道德文化主体而问鼎政权的历史追求,这其实也就是以道德改造政治的文化追求。如果说道德追求的终极目的就是成"圣",那么,由"仁者宜在高位"很自然地可以推导出"圣"者"宜"为"王",所谓"内圣外王"的建构原理,分明也就是由孔到孟的历史演进趋势。然而,历史之无情又在于,这一趋势又分明伴随着"天子"权威的日益凸显,并且最终显示出伴随着"外儒内法"政制的日益巩固。孟子曰:"匹夫而有天下者,德必若舜禹,而又有天子荐之者。故仲尼不有天下。"反复品味,孟子那么曾明言的"潜台词"其实正是"天子不荐仲尼",既然如此,"内圣外王之道"将由道德政治的思想观念转型为政治道德的历史模式。

---

① 苏兴:《春秋繁露义证》,中华书局 1992 年版,第 410 页。

政治道德的历史模式,是以政权主体为主导来阐释道德原理,于是就难免"成王败寇"的历史逻辑,而其思想推论的结果,必然是谁拥有了绝对的权力谁就拥有了道德判断的绝对权威。这显然是一种权力决定论的道德价值系统,价值判断与权力归属乃是一而二、二而一的事。就中国历史而言,倘若周王朝"王命永存",这种形势也就永存。《论语·季氏》载孔子语曰:"天下有道,则礼乐征伐自天子出;天下无道,则礼乐征伐自诸侯出。自诸侯出,盖十世希不失矣;自大夫出,五世希不失矣;陪臣执国命,三世希不失矣。天下有道,则政不在大夫。天下有道,则庶人不议。"①显而易见,"郁郁乎文哉,吾从周",这不仅就意味着"王命永存"而"政在天子",而且意味着"德在天子"。在孔子这里,"述而不作"的主体精神,说透了,就是不以道德文化的主体自居。而对于春秋战国之际集群崛起的"士"来说,情况却不能不变,而变化的症结在于,王权之外又有了新的道德文化的主体。就像"礼失而求诸野",周天子权威的解体导致的权力多元化格局,使"不在其位"者有了政治文化的话语权利。于是诚如孔子"不在其位,不谋其政"所表述的那样,历史促成了"在位谋政"与"在野论道"两种价值判断的传统,前者是政治道德的话语体系,后者是道德政治的话语体系。《论语·子罕》:"太宰问于子贡曰:'夫子圣者与?何其多能也?'子贡曰:'固天纵之将圣,又多能也。'"②请注意,同政权转移之际"天与贤"或"天与子"相仿佛,"夫子圣者"的确认,也是"天纵之将圣"。这其实已经是典型的"圣王同出"观念——当然是同出于"天"。同样值得注意的是,孔子在明确维护"礼乐征伐自天子出"之"天子"权威的同时,又在确认"必也圣乎"之际说"尧舜其犹病诸",这种抽象认定与具体批评之间的微妙契合,与其后学关于"夫子圣者与"的阐述承传一体,实际构成了"圣王同出"而以"圣"为核心价值追求的思想文化精神,也实际构成了相对于道家庄子所谓"玄圣素王"精神传统的儒家"仁圣素王"精神传统。

四、"内圣外王之道":《庄》学原义辨析与原创布衣精神

在中国传统文化的阐释话语中,所谓"道德的政治"已被古人提炼为"内圣外王之道",而相应所谓"政治的道德"则被历史实际凝练为"儒表法里之制"。探讨中国道德文化问题,不管有意还是无意,都不应该回避这个问题。

---

① 朱熹:《四书章句集注·论语集注》卷八,中华书局 1983 年版,第 171 页。
② 朱熹:《四书章句集注·论语集注》卷五,中华书局 1983 年版,第 110 页。

但是,实际的情形则是,"国学"界至今仍然沉迷于"内圣外王"的正面阐释逻辑,忽略甚至回避理论观念与历史实践之间的根本矛盾,致使世人的误会与日俱增,长期以来只知道"由内圣开出外王",不知道"实际上外王反制了内圣"。或者,也只是在历史经验层面感受到上述矛盾的存在,却未曾提升到思想理论层面上进行反思与思辨。当然,更谈不上深入到"内圣外王之道"本体结构内部展开必要的辨析思考了。正是因为如此,就此"老话题"进行深度的"接着说",恰恰是一个创新的学术课题。

"内圣外王之道"的明确提出,见之于庄子学派关于天下学术的纵横概括。众所周知,随着中国先秦时代"礼崩乐坏"的历史剧变,诸霸相争,未有雌雄,战国兼并,形势未明,得士者富,失士者贫,于是有了"士"阶层的崛起。倘若说"居上流"者以"殷鉴""敬德"而永保天命的政治道德意识为主导,曾经建构起一套"帝王天子"的"政治道德哲学",那么,值此之际,解构并重构的历史命运就在等着它。此消彼长,历史所造就的另一种新兴的非"居下流"之"布衣君子"的"道德政治哲学"却蔚然成了气候,大有与经典"帝王天子"之"政治道德哲学"成两峰对峙之势的趋势。其实,"内圣外王之道"正是这一新生的"居下流"者所提出的道德政治哲学命题。

"内圣外王"的第一个关键词是"圣"。

关于"圣",孔子有过非常明确的阐释。《论语·雍也》:

> 子贡曰:"如有博施于民而能济众,何如?可谓仁乎?"子曰:"何事于仁!必也圣乎!尧舜其犹病诸!夫仁者,己欲立而立人,己欲达而达人。能近取譬,可谓仁之方也已。"①

如果说"仁"是"君子儒"之道德人格的实践标准,那么,"圣"就是其道德人格的终极标准,实践标准具有经验性和实践性,而终极标准则具有理论性和理想性。问题在于,自古以来的儒学思想阐释,由于大体上是围绕着"仁学"来展开的,故孔门十哲之一的子贡当年与孔子之间的这一番对话,其深层的思想精神,其实并未得到充分的阐释。换言之,关于"为仁由己"的仁学实践论原理,已然被讲得非常透彻,而关于"圣仁之辨"的道德政治原理,则大有继续商榷的余地。

"何事于仁,必也圣乎!尧舜其犹病诸!"无论怎样理解,"圣"所标示的境界,都是一个终极性和理想化的道德政治境界,而且是一个尧舜这样传说中三代圣主都不无缺憾的理想境界。孔子之说,乃是"叩其两端而竭焉",其

---

① 朱熹:《四书章句集注·论语集注》卷三,中华书 1983 年版,第91—92 页。

中一端,自然是"能近取譬"而"从我做起"的实践原理,而另一端,则是在"圣"这一抽象理念与尧舜这一具体例证之间作出寓意深远的辨析,并赋予"圣"绝对完美的理想主义性质。这等于确立一种至高无上的道德政治的批评尺度,包括尧舜在内的所有帝王权威,都在其道德审视的俯瞰之下。连尧舜都有不足,何况文武周公!何况"今之执政者"!在这个终极标准面前,现存的一切就都可能是不完美的了,就都是可以批评的了。一种俯瞰王权而不是仰视王权的道德政治主体,因此而得以凸显出来。这一点,是我们探究中国道德文化之道德政治理想时务必要认识清楚的。

显而易见,孔子"必也圣乎!尧舜其犹病乎"一说所确立的俯瞰王权的道德政治批判立场,表现出居高临下的道德文化主体精神。"何事于仁,必也圣乎!"在儒家"仁学"体系中,显然存在着一个以"圣"为"仁"之进境的内在规定。这一点至关重要,因为这将意味着儒家"仁学"的最高境界和终极判断,实质上在于"圣"。在一定程度上,这可以帮助我们理解《庄》学所谓"内圣外王之道"的原创意蕴。

不过,我们首先要面对《庄子》学派批评"圣人之过"的具体现象。《庄子·马蹄》云:"及至圣人,屈折礼乐以匡天下之形,悬跂仁义以慰天下之心,而民乃始踶跂好知,争归于利,不可止也。此亦圣人之过也。"①问题很清楚,庄子学派所提倡的"内圣外王之道",理应与此间批评"圣人之过"的立场相契合,理应具有扬弃"礼乐仁义"的思想特性。而这显然就意味着,任何一种关于"内圣外王之道"的阐释,都应该富于批评儒家"礼乐仁义"规范的思想精神,否则就从根本上违背了原创"内圣外王之道"者的初始用心。

当然,如若儒家原创思想中本来也包含着自我批评与自我扬弃的思想精神,那就又另当别论了。在这里,将《庄子》对"圣人之过"的批评,与孔子讨论"圣""仁"之学而指出"尧舜其犹病诸"的言论直接联系起来,颇为有益。莫非道家庄子学派的批判锋芒直接指向了"必也圣乎"儒家道德政治最高境界,从而体现出"儒道相非"的针锋相对?问题不能被如此草率地处理。依《庄子》之见,"圣人之过"在于其所倡导的仁义礼乐之规范,实际上起着"裁定"("匡")和"慰赏"("慰")世人行为的作用,换言之,民众好知而争利以至于无所之境的现实,与"圣人"树立标尺、设置规范直接有关。如此议论,初看去,似乎只是道家"绝圣弃智"思想的具体表述而已,而若深入探究,特别是将问题提到礼崩乐坏而强权相争不休的历史背景下去作深入探究,

---

① 陈鼓应:《庄子今注今译》中册,中华书局 1983 年版,第 250 页。

就将发现，这恰恰是对礼乐规范与强权政治交织下的特殊现象的省鉴与批判，是历史经验的特殊提炼。

《庄子》对于"圣"的批判，在《胠箧》篇所谓"所谓圣者，有不为大盗守者乎？"①中达到极限，他警示世人，仅仅有"圣知之法"是远远不够的，任何一种理论和思想，都可能被"负"的力量所利用，你结构得越严整，"负"的力量用起来就越方便。恰值于此，庄子更用尖锐的语言指出："天下之善人少而不善人多，则圣人之利天下也少而害天下也多。"必须提醒世人注意此处文本的内在逻辑："圣人之利天下也少"的价值判断，乃基于"天下之善人少"的事实判断而推出。的的确确，在一个"不善人"居多的社会里，人性土壤自然是不利于道德建设的，如果不是更有利于邪恶滋长的话！长期以来，世人总是称许《庄子》学派的浪漫想象，殊不知，《庄子》一书中同时充满着现实主义—古典批判现实主义的人文精神。也正是在这里，我们终于发现，《庄子》揭示"圣人之过"的思想史意义，恰在于揭示不合理的社会现实对"圣"的异化作用。譬如，庄子以痛切之言指出："且昔者桀杀关龙逢，纣杀王子比干，是皆修其身以下伛拊人之民，以下拂其上者，故其君因其修以挤之。"②庄子讲得非常清楚，惨痛的历史经验充分证明，对于专制残暴的政权来说，只允许"以下伛拊人之民"，而不允许"以下拂其上"，也就是只有向下的约束，而没有向上的监督。传统文化所塑造的忠臣贤臣，始终坚持德性修养，但正是其德性修养本身，恰恰成了暴君恶主迫害他们的方便法门，因为传统的道德规范具有维护君主权威的性质。总之，庄子之深意在于，当"天下之善人少而不善人多"的基本判断，同时也必然意味着"仁君少而暴君多"时，那种政治伦理化的道德理念和实践，难道不正是在做着"为大盗守"的事业吗？

"圣为大盗守"，这不失为中国思想史上最具震撼力的命题。其精神本元来自《老子》第十九章所谓"绝圣弃智，民利百倍；绝仁弃义，民复孝慈；绝巧弃利，盗贼无有。"③道家文化传统中固有如是"绝圣弃智"的主体意志，并因此而与儒家"必也圣乎"的理想追求构成中国文化传统的基本矛盾。但是，如上文之所讨论，庄子之批评"圣人之过"，又有着事实判断的古典批判现实主义人文精神，于是，其与儒家"必也圣乎"的终极理想之间，又有着某种契合关系。这就是"儒道相非"与"儒道互补"的历史统一。只有以此"相非而互补"的思想史形态为具体历史语境，"内圣外王之道"之所谓"圣"的

---

①　陈鼓应：《庄子今注今译》中册，中华书局 1983 年版，第 253 页。

②　《庄子·人间世》，陈鼓应：《庄子今注今译》上册，中华书局 1983 年版，第 108 页。

③　陈鼓应：《老子注释及评介》，中华书局 1984 年版，第 136 页。

复杂内蕴才能得到学术的清理和整顿。

"内圣外王之道"的第二个关键词是"王"。

《庄子》内七篇之一者为《应帝王》，无论如何，作为对此篇主旨的一种提炼，也反映出《庄子》学派"应帝王"的思想意识。其中有云：

> 阳子居见老聃，曰："有人于此，向疾强梁，物彻疏明，学道不倦，如是者，可比明王乎？"老聃曰："是于圣人也，胥易技系，劳形怵心者也。且也虎豹之文来田，猿狙之便执斄之便来藉。如是者，可比明王乎？"阳子居蹴然曰："敢问明王之治。"老聃曰："明王之治：功盖天下而似不自己，化贷万物而民弗恃。有莫举名，使物自喜。立乎不测，而游于无有者也。"①

这里的"圣人"与"明王"已然处于正面对应的状态，并且显然是统一于无为无有之道的。和庄子学派玄远而吊诡的话语不同，彼时诸子已多有"圣王"并列之说，如《墨子·公孟篇》有载："公孟子谓墨子曰：昔者圣王之列也，上圣列为天子，其次列为大夫。今孔子博于诗书，察于礼乐，详于万物，若使孔子当圣王，则岂不以孔子为天子哉！"②其中明言"圣王之列"。而《墨子·兼爱》更是直言："当兼相爱，交相利，此圣王之法，天下之治道也，不可不务为也。"据学界通行描述，墨子生活时代在庄子之前，庄子受先贤影响而谈论"圣王之道"，乃在题内应有之义。荀子较比庄子晚出，作为儒学的承传与创变者，其《荀子·解蔽》亦有述："圣也者，尽伦者也；王也者，尽制者也。两尽者，足为天下极矣，故学者以圣王为师。"③其中也明言"圣王为师"。凡此，或曰"圣王之列"，或曰"圣王之法"，或曰"圣王之师"，"圣"与"王"的合二而一，已是思想史发展趋势所向。当然，这里有一个"圣""王"如何统一的问题。荀子之思，已带有集成性质，其所谓"尽伦"与"尽制"的合一，就是伦理政治模式。需要说明，伦理政治模式的中心实体是政治，犹如荀子之弟子颂其师"德若尧舜，世少知之"，"其知圣明，循道正行，是以为纲纪。呜呼，贤哉！宜为帝王"。从孟子的"唯仁者宜在高位"，到荀子弟子颂其师"其知圣明""宜为帝王"，隐然已经构成"仁圣帝王"的潜在命题。我们完全可以设想，在春秋战国那个礼崩乐坏、争战不休的时代，诸子兴起，百家争鸣，游说天下，各尽其道，彼此心目中的"圣王之道"肯定旨趣不一。唯其如此，庄子

---

① 陈鼓应：《庄子今注今译》中册，中华书局1983年版，第217页。

② 孙诒让：《墨子间诂》，中华书局2001年版，第454页。

③ （清）王先谦撰，沈啸寰、王星贤点校：《荀子集解》（《新编诸子集成》），中华书局1988年版，第407页。

才提出整合百家之学的"内圣外王之道"，这也是思想史、政治史发展之必须。

于是，让我们再次回到"内圣外王之道"的原始出处《庄子·天下篇》：

> 天下之治方术者多矣，皆以其有为不可加矣。古之所谓道术者，果恶乎在？曰："无乎不在。"曰："神何由降？明何由出？"曰："圣有所生，王有所成，皆原于一。"……其数散于天下而设于中国者，百家之学时或称而道之。天下大乱，贤圣不明，道德不一，天下多得一察焉以自好。譬如耳目口鼻，皆有所明，不能相通。犹百家众技也，皆有所长，时有所用。虽然，不该不偏，一曲之士也。判天地之美，析万物之理，察古人之全，寡能备于天地之美，称神明之容。是故内圣外王之道，闇而不明，郁而不发，天下之人各为其所欲焉以自为方。悲夫，百家往而不反，必不反矣！后世之学者，不幸不见天地之纯，古人之大体，道术将为天下裂。①

据此，"内圣外王之道"乃是百家归一之道。《庄子·天道》又有云：

> 天道运而无所积，故万物成；帝道运而无所积，故天下归；圣道运而无所积，故海内服。明于天，通于圣，六通四辟于帝王之德者，其自为也，昧然无不静者矣……夫虚静恬淡寂漠无为者，万物之本也。明此以南乡，尧之为君也；明此以北面，舜之为臣也。以此处上，帝王天子之德也；以此处下，玄圣素王之道也。以此退居而闲游江海，山林之士服；以此进为而抚世，则功大名显而天下一也。静而圣，动而王，无为也而尊，朴素而天下莫能与之争美。②

欲明《庄子》"内圣外王之道"的内在奥秘，须从其"天道""帝道"、"圣道"之关系学谈起。所谓"明于天，通于圣，六通四辟于帝王之德"，显然是在讲"帝王之德"足以明"天"而通"圣"，其中心范畴是"帝道"，这就决定了其政治学阐释的基本取向。而所谓"静而圣，动而王"，实质上是后世理学家"未发""已发"之辨的思想原型，带有某些心性哲学阐释的色彩，说明庄子"内生外王之道"富有哲学阐释的意味。从哲学阐释的维度探究，"静"为本体，"动"为外用，因为"静"主无为，符合道家哲学思想的基本价值取向。《老子》五十七章云：

> 以正治国，以奇用兵，以无事取天下。吾何以知其然哉？以此：天下多忌讳，而民弥贫；人多利器，国家滋昏；人多伎巧，奇物滋起；法令滋

---

① 陈鼓应：《庄子今注今译》下册，中华书局1983年版，第855页。
② 陈鼓应：《庄子今注今译》下册，中华书局1983年版，第336—337页。

　　彰，盗贼多有。故圣人云："我无为，而民自化；我好静，而民自正；我无事，而民自富；我无欲，而民自朴。"①
除了"无为""无事""无欲"之外，唯一的"好静"，体现出原始道家"以静制动"的思辨理性。无论如何，从道家哲学的角度讲，"静而圣，动而王"的思维逻辑，是"王"从"圣"出。这一点，与后世各家阐释"内圣外王之道"的思维逻辑基本符合，这也说明后世各家阐释确有深得先贤旨意之处。新儒家关于"内圣"工夫与"外王"工夫统一于"内外交修"的思想理论，作为中国儒学传习有得的现代形态，影响深远，其思理也深得先贤之精要。

　　然而，问题还有另外一面。相比于"静而圣，动而王"的哲学阐释，《庄子·天道》文本中并列出现的"帝王天子"和"玄圣素王"，则是另外一种思想逻辑的体现。必须指出，这里关于"处上"与"处下"的分流，在与"南向""北面""退居""进为"之分流相对应的整体意义上，实际上是对"内圣外王之道"的实践论解析。当然，就庄子学派之原义而言，或许是在阐发其"朴素""无为"原理的无施不可，即便如此，"帝王天子"与"玄圣素王"的上下分流，仍然不失为揭示出中国历史之深度秘密的可贵见识。其间，尤其值得关注的是，相对于"帝王天子"之可以简化为"帝王"，"玄圣素王"却是怎样简化也不可能变更其组合词的特性的，也就是说，从语义表述的层面上考察，只有"玄圣素王"一词，与"内圣外王"在表述上最为近似。这，难道是无关紧要的吗？

　　诚然，无论是《天下》之有力挽"道术将为天下裂"之旨，还是《天道》之有曲尽"为君"、"为臣"、"处上"、"处下"、"退居"、"进为"之志，在诸子"圣王之道"大语境中生成的庄子"内圣外王之道"，首先是一个集百家之思而统揽道德政治的整合性命题，并且本意上具有阐发道家清静无为之道的特征。而在此整合性的思想框架之内，却又有着非深进一层则不能发现的思想观念。譬如，"以此退居而闲游江海，山林之士服；以此进为而抚世，则功大名显而天下一也。"比起"达则兼济天下，穷则独善其身"的经典表述实质上凸显出理想人格因穷达境遇而取向相异，庄子学派的如上表述则反映出无施不可的自在自足。虽则如此，其"帝王天子"与"玄圣素王"的上下相对，以及"玄圣素王"与"内圣外王"在语义上的近似，分明透露出另一层思想史的消息——"内圣外王之道"最终是在阐发民间布衣的道德政治理想和社会批判精神。

---

　　①　陈鼓应：《老子注释及评介》，中华书局 1984 年版，第 284 页。

中国思想史有着"儒道互补"的经典话语，关于"内圣外王之道"的阐释，当然也应该具有"儒道互补"的态势。如果说先秦时代确有所谓"内圣"之学，那么，其基本结构就应该是"玄圣"与"仁圣"的对立统一。

"玄圣素王之道"的对应物，自然是儒家"仁圣素王之道"。儒家的惯用语是"仁圣"，以此而区别于道家之所谓"玄圣"。道家"玄圣"人格是与"让王"寓言的意向相契合的，而儒家的"仁圣"人格自始便有"惟仁者宜在高位"的权位吁求相呼应，这正是儒家"当仁不让"的主体精神体现。诞生于"得士者强，失士者亡"之战国时代的"士"群体，不能不在此特定的历史生存空间里"塑造自我"。从子贡的"君子恶居下流"到孟子的"仁者宜在高位"，清晰体现出"士"人以道德文化主体而问鼎政权的历史追求，这其实也就是以道德改造政治的文化追求。如果说道德追求的终极目的就是成"圣"，那么，由"仁者宜在高位"很自然地可以推导出"圣"者"宜"为"王"，所谓"内圣外王"的建构原理，分明也就是由孔到孟的历史演进趋势，也未见得不是道家庄子的人生理想所在。然而，历史之无情又在于，如是人生理想和道德政治理念，又伴随着"帝王天子"之权威的日益凸显而不得不自我调整。诚如孟子所言："匹夫而有天下者，德必若舜禹，而又有天子荐之者。故仲尼不有天下。"①反复品味，孟子那么曾明言的"潜台词"其实正是"天子不荐仲尼"。"宜在"而实际"不在"，这种应然与实然之间的深刻矛盾，固然导致了历史真实中"平治天下，舍我其谁"者的边缘化，但也导致了民间布衣坚守道德政治理想的人文传统。

鉴于以上讨论所涵涉的诸般内容，我们自会有以下关于"内圣外王之道"的再认识。

《论语·季氏》载孔子语曰："天下有道，则礼乐征伐自天子出；天下无道，则礼乐征伐自诸侯出。自诸侯出，盖十世希不失矣；自大夫出，五世希不失矣；陪臣执国命，三世希不失矣。天下有道，则政不在大夫。天下有道，则庶人不议。"②显而易见，"郁郁乎文哉，吾从周"，不仅意味着"王命永存"而"政在天子"，而且意味着"德在天子"。"天下有道"而"德在天子"者，不正就是"内圣外王之大道"吗？关键在于其表征为"政不在大夫"和"庶人不议"。朱熹集注有曰："上无失政，则下无私议。非钳其口使不敢言也。"但其中绕不过去的一个问题是，"政不在大夫"所表现出来的"天子"专政的政治原理，却潜藏着"使不敢言"的危险。其实，《论语·宪问》云："邦有道，危言

---

① 朱熹：《四书章句集注·孟子集注》卷九，中华书局1983年版，第309页
② 朱熹：《四书章句集注·论语集注》卷三，中华书局1983年版，第171页。

危行;邦无道,危行言孙。"①试问:同样是在"天下有道"或"邦有道"的前提下,"庶人不议"和"危言危行"之间,为什么会有如是差别呢?朱注引尹氏曰:"君子之持身不可变也,至于言则有时而不敢尽,以避祸也。然则为国者使士言孙,岂不殆哉!"朱熹解释"孙"为"卑顺"。足见朱熹也领会到孔子身处无道之世而深感"危言招祸"的道理。这样一来,"庶人不议"便有了"庶人无所议"和"庶人不敢议"两重含义。在后世复兴儒道者的思想阐释中,总是强调"昔三代之盛也,士议而庶人谤"②的自由批评传统,现在看来,这种充满士人讽谏意识的儒家风骨③,未见得完全是从原始儒家的原创精神中发育出来的。于是需要深思一些问题。众所周知,中唐儒学复兴之初,韩柳、元白,两派互动,倡导古文古道,重建儒学意识形态。当其时,元稹有曰:"'世理则词直,世忌则词隐。'予遭理世而君圣盛,故直其词以示后,使夫后之人谓今日为不忌之时焉。"④有意思的是,《论语·季氏》云:"孔子曰:'侍于君子有三衍:言未及之而言谓之躁,言及之而不言谓之隐,未见颜色而言谓之瞽。'"⑤集合孔子"三衍"之旨,可有"不躁"、"不隐"、"不瞽"的"三不主义",如此"三不主义"连同孔子"天下有道……庶人不议"和"危言危行""危行言孙"等相关论说,构成了内涵丰富且富有生活辩证法的伦理政治言语观。令人叹为观止的是,孔子如是伦理政治言语观,虽系儒学原创之世的历史产物,却有着笼罩后世的巨大思想覆盖力。比如,中唐士大夫在复兴儒学之际,相应激发出一种"诤臣"意识⑥,元稹之以"士议而庶人谤"的三代遗风自我激励,也是这种"诤臣"意识的体现。但是,恰如其"世理则词直,世忌则词隐"的历史概括所标示,"诤臣"的理想主义精神很快就遭遇到现实社会的残酷打击,白居易的一篇《与元九书》,将此前前后后的思想轨迹和精神历程描述得清清楚楚。多少年来,古典文学研究界围绕着中唐"新乐府运动"和白居易诗学思想的研究论述,包括将其思想与创作分为前后两期的理路,其间关键就在所谓前后期的转折,而转折之枢机,又恰是"危言危行"与"危行言孙"的兼容智慧。意味深长的是,这种兼容"有道"与"无道"两种可能的君

① 朱熹:《四书章句集注·论语集注》卷七,中华书局 1983 年版,第 149 页。

② 元稹:《和李校书新题乐府十二》首序,见《元稹集》,中华书局 1982 年版,第 277 页。

③ 韩经太:《论儒家"风骨"的清虚化》,《中国社会科学》1997 年第 5 期。

④ 元稹:《和李校书新题乐府十二首序》,见《元稹集》,中华书局 1982 年版,第 277—278 页。

⑤ 朱熹:《四书章句集注·论语集注》卷六,中华书局 1983 年版,第 172 页。

⑥ 马自力:《谏官及其活动与中唐文学》,《文学遗产》2005 年第 6 期。

子实践人格，其自觉应对理想与现实之历史矛盾的丰富理性，在孔子那里已然"充分预设"了。既然如此，在"通古今之变"的历史视阈下，我们不妨认为，"内圣外王之道"之所谓"内"与"外"的特定关系，除了学界历来阐释之所谓"由内圣推出外王"的统一走向关系外，应该还有内在"主观理念"与外在"客观现实"之矛盾冲突的逆向关系。

有鉴于此，当我们结合着"内圣外王之道"来讨论以儒家为代表的传统布衣精神时，务必充分重视以孔子伦理政治言语观为中心的"仁圣素王"的人格感染力，以便通观古今而总结"士不遇"总主题之下的士大夫精神磨炼的历史经验。

总之，面对儒家积极入世从而显得复杂而纠结的思想精神传统，我们最需要时时提醒自己的，不仅有认清历代王朝在不断追封孔子的同时又不断强化王权专制这一历史真相的历史主义课题，而且有发现以孔孟为代表的民间布衣道德批判主体之矛盾思想结构的辩证思维课题。

五、"以德报怨，可乎？"：一个永恒道德难题的求解方式

一般讨论中国道德文化传统者，按例主要关注于儒家著述，这是完全可以理解的。不过，习焉日久，另外存在的一些道德文化内容，就可能被遮蔽。比如《史记·老子列传》有云：

老子修道德，其学以自隐无名为务，居周久之，见周之衰，乃遂去，至关，关令尹喜曰："子将隐矣，强为我著书"。于是乃著书上下篇，言道德之意五千言而去，莫知其所终。①

又是"修道德"，又是"言道德之意"，道家与道德文化的关系因此而显得非常密切。或问：司马迁何所据而言"老子修道德"？合理的解答是：司马迁生活于公元前145年至公元前87年，而湖南长沙马王堆三号汉墓出土的帛书本《老子》甲乙两种，据考证，甲本抄写时间最晚在公元前206年至公元前195年，乙本则在公元前194年至公元前180年②，两者都在司马迁之前；众所周知，帛书乙本《老子》分为"德"、"道"两篇，而且是"德"篇在前，"道"篇在后，甲本虽无篇名，但结构顺序同于乙本；于是可以推知，司马迁的说法可能是以此前存在的历史看法为依据的。或者又问：《道德经》之"道德"，未必就是

① 司马迁：《史记》卷七，中华书局1983年版，第2141页。
② 陈鼓应：《帛书老子甲乙本释文》，参见《老子注译及评介》附录一，中华书局1984年版，第409页。

这里所谓"道德文化"吧？答曰:虽不等同,却相关联,而关联的微妙处正有待于探讨。郭店楚简"简本"《老子》,专家考证其抄定时间约在公元前341年之后至公元前300年左右①,又在帛本《老子》前约一百年左右。已有许多学者指出,对照"简本"和"帛本"可以发现,"简本"并没有"德篇""道篇"的篇名和区分,不过,今本和帛书本作"绝圣弃知"的相关论述,"简本"作"绝知弃辩",而今本和帛本作"绝仁弃义"者,"简本"则作"绝为弃作",于是,诚如学界所一致认为的那样,至少在战国中期,道家并不反对儒家的圣知仁义之说。不过,虽不反对,其申说的意向却相异,和儒家由孔子"仁"学演化为孟子"仁义"之学者相关而不相同,道家之言道德,则有一种从强调道德"防伪"到反对伦理异化的理论建构意向。

其实,道家"道德之意"的这一建构意向,也可以从儒家"孔、孟、荀"的递变意向上看出来。孟子的"性善"论为什么到荀子就变成了"性恶"论？联系并行的儒、道两条线索来考察就清楚多了。荀子生活于约公元前298年至前238年,时间正好与庄子生活的约前369年至前286年相衔接,而庄子生活的时代恰恰与"简本"《老子》抄定的时间大体重合。"简本"《老子》讲"绝为弃作",至于《庄子》一书,我们不能只看它讲"绝圣弃智""攘弃仁义",如《庄子·胠箧》之有"故绝圣弃智,大盗乃止"与"攘弃仁义,而天下之德始玄同。"还应看到它对道德伪化现象的抗议和批判。这样就能认识到,《庄子》学派实际上兼取了老子学派攘弃道德伪善的老传统和干脆否定仁义规范的新思路,而荀子作为改造孟子学说的儒家后学,显然是吸收了道家那种从"负"的方法入手的"道德之意",从而就形成了其"人之性恶,其善者伪也"②的人性论基本观念。如果这不失为一条合情合理的思想史阐释路线,那么,至此还有必要强调指出,这一阐释路线首先就凸显出了道家"道德之意"旨在揭示不道德社会现实和道德伪化现象的特殊价值。

早期的诸子著作,其性质往往是多体而交叉的,往往是抽象与形象并存、观念与情感交织、哲学式的思辨和文学式的描述并行不悖。也因此,比如道家《老》《庄》原典,其诗意感慨和哲思论辩之间的联系,恰恰是需要特别领会的。具体而言,《老子》一书,读来如哲人格言,又如诗人感愤,二十章之"人之所畏,不可不畏",究竟意味着什么呢？十五章之"豫兮若冬涉川,犹兮

---

① 参见《中国哲学》第二十辑,《郭店楚简研究》中有关《老子》的论文,辽宁教育出版社2000年版。

② (清)王先谦撰,沈啸寰、王星贤点校:《荀子集解》(《新编储子集成》),中华书局1988年版,第434页。

若畏四邻"，又渲染出一种怎样的生存环境和生存意识？由此我们想到，老子那"不敢为天下先"而卑弱以自守的处世哲学，怕是与"不可不畏"的畏惧心理有点关系吧！说到此处，我们不禁要问，一个怎样的社会才会使人连"四邻"都畏惧呢？值此之际的"了解之同情"，必然是贯通古今而将人们的生活经验作集中之提炼的，尤其是当我们人类已经有过西方"种族灭绝"和中国"文化浩劫"的惨痛经历以后，这种"若畏四邻"的恐怖心理，其痛彻灵魂的感性内容，有时候是理性的判断所无法替代的。铭记人类历史上的如是惨痛经验，然后可以重新认知往哲先贤的深刻思想，并且以"了解之同情"体味先哲深刻之思想命题的现实生活基础。

古文尚书《大禹谟》云："人心惟危，道心惟微，惟精惟一，允执厥中。"清代阎若璩考证曰："人心之危，道心之微，此语不知创自何人，而见之《道经》，述之荀子，至魏晋窜入《大禹谟》中"，"遂尊为经，久而忘其所自来矣"。所谓"述之荀子"者，即《荀子·解蔽》所云："昔者舜之治天下也，不以事诏而万物成。处一危之，其荣满侧；养壹之微，荣矣而未知。故道经曰'人心之危，道心之微'。"不管《道经》谓何，荀子所引述的"人心之危，道心之微"，应该是生成于荀子之前的思想认识。我们的问题是，《道经》所谓"人心之危"，是否与《老子》"人之所畏""若畏四邻"者有关呢？想要解答这个问题，还需回到《尚书》元典之文本本身。《尚书·大禹谟》云：

人心惟危，道心惟微。惟精惟一，允执厥中。无稽之言勿听，弗询之谋勿庸。可爱非君，可畏非民。众非元后何戴，后非众罔与守邦。钦哉！慎乃有位，敬修其可愿。四海困穷，天禄永终。①

为解其中要义，可参看《贞观政要》：

贞观六年，太宗谓侍臣曰："看古之帝王，有兴有衰，犹朝之有暮，皆为蔽其耳目，不知时政得失，忠正者不言，邪谄者日进，既不见过，所以至於灭亡。朕既在九重，不能尽见天下事，故布之卿等，以为朕之耳目。莫以天下无事，四海安宁，便不存意。可爱非君，可畏非民。天子者，有道则人推而为主，无道则人弃而不用，诚可畏也。"魏徵对曰："自古失国之主，皆为居安忘危，处理忘乱，所以不能长久。今陛下富有四海，内外清晏，能留心治道，常临深履薄，国家历数，自然灵长。臣又闻古语云：'君，舟也；人，水也。水能载舟，亦能覆舟。'陛下以为可畏，诚如圣旨。"②

---

① 中华书局编辑部：《汉魏古注十三经·尚书》，中华书局 1998 年版，第 10 页。
② 吴兢、谢保成：《贞观政要集校》卷一，《政体》，中华书局 2003 年版，第 33—34 页。

参照唐人如是解会，人们发现，理解"可爱非君，可畏非民"的关键，首先是要确认这里的对话对象，无论是《尚书》所载"帝舜"对"大禹"，还是《贞观政要》所载唐太宗对话魏征，如是对话所涉及的主语之主体，无疑都是"君主"。从"君主"的角度出发，《老子》的"人之所畏，不可不畏"以及"若畏四邻"，《尚书》的"人心惟危，道心惟微"，其潜在的心理基础，正是上文反思传统"殷鉴"观念时已然论述过的"政权覆灭的恐惧"。好一个"若为四邻"，不正是一种被包围的感觉吗?! 在这样的意义上，也只有在这样的意义上，"人心惟危"的命题是君主"诚可畏也"之心理的自然推论，是对应于国人常言之所谓"居安思危"的逻辑指向的。其间，"若畏四邻"的时代，如果说是一个"小国寡民"的政治实体处于"强邻"包围之中的警惕心理，那么，若"帝舜"者，分明代表一个四海一家的政治实体，此时之"人心惟危"的警惕，尽管如其所言在于"可爱非君，可畏非民"，亦即确认"可爱得道，可畏失道"，但其"人心惟危"的基本判断，未尝不说明"君主"具有视民如敌的特殊思想意识。讨论中国文化传统中有关道德与政治的理论观念和思想经验，这一层道理，是必须讲透的。而透彻说来，实际上提出这种学说的古代思想家们，实质上是试图借助"人心惟危"的威慑力，迫使政权执掌者实践道德政治的"王道"，就像其借助"灾异谴告"的自然威慑力以实现同样的目的那样。

　　然而，当"人心惟危"与"道心惟微"形成一对命题，从而超越具体的"君主"自律课题而成为一个普通道德学说的基本判断时，包括"君"、"民"二者在内的一个有关"人性"的判断便问世了。

　　《庄子·骈拇》云："意仁义其非人情乎! 彼仁人何其多忧也?"①又曰："余愧乎道德，是以上不敢为仁义之操，而下不敢为淫僻之行也。"就是说，他既不愿如"不仁之人，决性命之情而饕贵富"，也不愿如"今世之仁人，蒿目而忧世之患"。前者反映出道家庄子实际上和老子一样具有道德情怀，后者则体现了庄子对"彼其所殉仁义也，则俗谓之君子"之"君子"人格的反省和批判。不仅如此，《庄子》一书还生动描述了人们道德生活体验的负面经验。《庄子·列御寇》借孔子之口说道：

　　　凡人心险于山川，难于知天；天犹有春秋冬夏旦暮之期，人者厚貌深情。故有貌愿而益，有长若不肖，有顺而达，有坚而缦，有缓而钎。故其就义若渴者，其去义若热。故君子远使之而观其忠，近使之而观其敬，烦使之而观其能，卒然问焉而观其知，急与之期而观其信，委之以财

---

①　陈鼓应：《庄子今注今译》，中华书局1994年版，第276页。

而观其仁，告之以危而观其节，醉之酒而观其则，杂之以处而观其色。
九征至，不肖人得矣。①

首先，可以明确地指出，这里的"人心险于山川，难于知天"，是对"人心惟危"
的一种生动解释。其次，接着必须指出的是，这里所列举的九种人心检测方
法，一眼可见都来自于生活经验，这就说明，道家学派对人心险恶的担忧甚
至恐惧，恰恰来自于对生活的观察和体验。试将老子的"若畏四邻"与这里
的"人心险于山川"联系起来，并参照孔子"古之愚也直，今之愚也诈而已
矣"②的感叹，我们所得到的认识必然是：不管是执著于道德规范设计的儒
家，还是意在解构道德规范的道家，都共同面对着一个不道德的人心现实。
其实，又何止儒、道两家，包括士人荟萃的稷下学派在内，同样摆脱不了这人
心险恶的现实阴影的笼罩，如《管子·枢言》即有云："人故相憎也。人之心
悍，故为之法。法出于礼，礼出于治。治，礼道也。万物待治，礼而后定。"③
《管子》学派明确认识到人心凶悍而彼此憎恶的现实，所以为治以礼，为礼以
法，对一般人心之善不存任何幻想。总之，当我们自视为一个有着悠久的文
明礼仪传统的道德之邦，从而难免在跨文化的学术阐释中流露出掩饰不住
的道德文化优越感时，又该如何解释我们的文化先行者一致发出的这种极
具现实感的人心险恶现象分析呢？

关键在于，我们缘此而将确认一个事实，向来所谓"元典时代"的春秋战
国时代，既然是一个智谋与暴力交织一体的时代，那么，生成于这一历史语
境之中的诸子学说，毫无疑问地面对着一个"人心险于山川"的生活现实。
认识到这一点将是至关重要的，因为这将意味着一个核心思想命题的确认：
中国传统文化的元典体系，基本上产生于一个道德衰退的时代——从道德
主义角度来说的悲剧时代。无论是"礼崩乐坏"，还是"春秋无义战"，以及
"敌侔争权"而"未有雌雄"，一个不争的事实就在于，试图复兴此前三代文明
的"复古主义—理想主义"，是与暴力实践所孕育出来的"兵不厌诈"的"智
谋主义—实用主义"一体共存的，在这一高度紧张的思想生存环境中，任何
一种道德主义的讲求，都不可避免地要具有检验其是否有效的实践理性，这
也许正是我们理解中国传统文化在整体上以实践智慧见长的解析思路。

面对这险恶的人心现实和虚伪的表象道德，道家老、庄以其激烈的抨击

---

① 陈鼓应：《庄子今注今译》，中华书局 1994 年版，第 843—844 页。
② 《论语·阳货篇第十七》；朱熹：《四书章句集注·论语集注》卷九，中华书局
1983 年版，第 179 页。
③ 石一参：《管子今诠》，中国书店 1988 年版，第 4 页。

和辛辣的讥讽展示出其社会批判者的鲜明形象，其抗争精神在千百年后仍具有巨大的感召力。但是，道家却没有始终坚持这种抗争和批判的立场，不管是和儒家一样称颂"圣人"，还是另外称颂"真人""大宗师"等，道家"道德之意"最终所设计的理想人格，并不是抗争和批判的叛逆人格。《老子》第五章曰：

> 天地不仁，以万物为刍狗；圣人不仁，以百姓为刍狗。天地之间，其犹橐籥乎？虚而不屈，动而愈出。多言数穷，不如守中。①

诸家解释，共识在于：无心故无所偏，无心故不相关，任其自然，略无强制，是为宗旨。不过，深思之下，问题似乎不会如此单纯。试问，老子此处所谓"不如守中"，与《尚书》所谓"允执厥中"，究竟是什么关系？这实在是一个很有吸引力的思想史问题。再说，"仁"是孔子道德学说的中心范畴，老子欲以"不仁"为标志而站在孔儒的对立面，其意义绝非简单地与"仁"学作对，而是设置一种质疑"仁"学为本之道德政治学说的立场。于是，就像孔子本身也认为"圣"的境界要高于"仁"一样，这里的"不仁"，既可以解释作对"仁"的反向的否定批判，也可以解释作对"仁"的正面的涵纳超越。而在超越的意义上，"圣人不仁"就含有"无为而无不为"的意蕴，就具有"以其不仁而至于大仁"的阐释意向。毫无疑问，历来的道家哲学阐释其实就是沿着这一思维走向具体展开并日益深化的。由于始终执著于"无为""无心"理念对此思想命题的阐释导引，所以，其间是否还存在着与之相反的"有意""有为"这样的思想元素，也就从来无人过问。譬如，"天地不仁""圣人不仁"，安见得不是在颠覆人们关于"天地""圣人"的道德迷信？安见得不也是对"人心险于山川"之社会现实的一种概括？倘若真是如此，那就不失为与道德理想主义相对的道德现实主义。老子与庄子学派所表现出来的，实际上是一种因透彻而冷峻的道德理性。

问题在于，儒家孔、孟同样也不是纯粹的道德理想主义。

这里，我们最好就孔、老相通的思想命题展开比较分析，以便尝试中国传统道德文化之建构秘密的深层解读。

儒、道两家元典文本中，难得有几处是针对共同话题的，而是否"报怨以德"者则正是这难得的共同话题。《论语·宪问》云：

> 或曰："以德报怨，何如？"子曰："何以报德？以直报怨，以德报德。"②

---

① 陈鼓应：《老子注释及评介》，中华书局1984年版，第78页。
② 朱熹：《四书章句集注·论语集注》卷七，中华书局1983年版，第157页。

此间"或曰"之语,又见于《老子》第七十九章:

> 和大怨,必有余怨;报怨以德,安可以为善?是以圣人执左契,而不责于人。有德司契,无德司辙。天道无亲,常与善人。①

《老子》六十三章亦云:

> 为无为,事无事,味无味。大小多少,报怨以德。图难于其易,为大于其细;天下难事,必作于易,天下大事,必作于细。是以圣人终不为大,故能成其大。夫轻诺必寡信,多易必多难。是以圣人犹难之故终无难矣。②

首先,显而易见的是,孔、老思想存在着共同反对"或曰"之言的价值取向。朱熹曾讲:"或人之言,可谓厚矣。"③的确,相对于孔子的"以直报怨",主张"以德报怨"的"或人之言",体现出绝对的道德主义原则。即使是在当今的社会生活中,人们也习惯性地认为"以德报怨"是道德主义的典型原则。但是,在原创的儒、道两家的思想学说中,"以德报怨"都是被否定的。这一点至关重要,这就说明,在以孔子、老子为代表的儒、道思想体系创建之初,曾出现过"以德报怨"的道德主义命题,但儒道两家的原创价值观却否定"以德报怨"。

这是为什么呢?

儒、道两家彼此契合之思想原理,必须沿着其内在的理路去探寻。如是,我们才能发现,老子"安可以为善"的"为善",孔子"以直报怨"的"直"以及它们之间的关系,乃是问题的症结所在。

先看孔子之说。《论语·子路》:"君子和而不同,小人同而不和。"《论语·卫灵公》:"道不同,不相为谋。"④在当今颇为流行的辩论比赛中,曾出现"道不同,亦相与谋"的精彩命题。将今比古,通古今而求之,我们会有新的发现。孔子这一经典命题的思想实质,过去一直是沿着"君子贵和而兼容并包"而"小人求同而排斥异己"的理路来阐释的,这本身并没有错,问题只在于拘泥不化。其实,"和而不同"与"同而不和"的对立,除了必然推导出"和"与"同"的价值对立之外,其实还应有"道不同,亦相与谋"以及"不相为谋"而"相与处"这样的人文精神。"道不同,不相与谋",无论"君子"还是

---

① 陈鼓应:《老子注释及评介》,中华书局 1984 年版,第 354 页。

② 陈鼓应:《老子注释及评介》,中华书局 1984 年版,第 306 页。

③ 朱熹:《论语章句集注》卷七,《四书五经》上册,中国书店据世界书局影印本影印 1985 年版。

④ 朱熹:《四书章句集注·论语集注》,中华书局 1983 年版,第 147、169 页。

"小人"，应该是一样的。既然如此，"君子"之所以区别于"小人"者，恰恰在于其能否做到"道不同，亦相与谋"。换言之，所谓"和而不同"的君子之道，其"和合"境界究竟能有多大的包容力，才是问题的关键所在。

也正是在这个关键点上，老子"和大怨，必有余怨"的命题，具有非同一般的思想史意义。众所周知，在道家老子的话语体系中，"大"是一个特有的范畴，如"大音希声"、"大象无形"、"大方无隅"者，无不赋予"大"以无限无极的特性。有鉴于此，其所谓"大怨"也将具有无限无极的特性。唯其如此，"和大怨，必有余怨"的命题，就是一个典型的道德哲学命题，而其思辩性的核心矛盾，最终是有限之"和"与无极之"怨"的矛盾。如果说老子的思想目标是在寻找一条终极性的解决之道，那么，"以德报怨"与"和大怨"相对应的"和"之"德"，显然只属于"有限"的解决之道。至于老子的"无限"解决之道，可以从《老子》六十三章和七十九章的综合语境中求得。其"有德司契"的价值判断，加上"天下难事，必作于易，天下大事，必作于细"的实践方法，其实质在于把无限的追求转化为有限而具细的实践。这一点，恰恰是原始儒、道两家深度契合的关键点。《周易》"讼"卦其《象》曰："天与水违行，讼。君子以做事谋始。"王弼注引孔子之语："听讼，吾犹人也。必也使无讼乎？"且解云："无讼在于谋始，谋始在于作制。契之不明，讼之所以生也。物有其分，职不相滥，争何由兴？讼之所以起，契之过也。故有德司契而不责于人。"①学界或许会认为这是王弼在以玄释儒，但我们却认为，王弼的这种阐释未尝不是一种创造性的还原。将孔子的"无讼"与老子的"有德司契而不责于人"直接联系起来，等于使儒、道思想在法制的意义上实现统一。而其间最值得讨论的焦点问题，自然是"契之不明，讼之所以生也"所表述的观念——一种旨在维护契约的法制观念。但必须指出，这里对契约法制的肯定却又不是简单的直接肯定，而是一种可以称之为辩证肯定的肯定，"有德司契而不责于人"，"圣人执左契"，总而言之，维护契约的相互约束而并不以此来要挟对方，其德性表现在自觉承担社会契约中那属于自己的一份责任，而不是以此去苛责别人。由此悟入，即使在现代文明社会里，对于"契约社会"的角色自觉，也可为通过"义利之辨"而分为两类，一类是据此要求对方以保护自己的合法利益，另一类则是据此自律以保障共同的利益诉求，尽管两类人都属于守法遵纪的公民，但道德水平的高低还是显而易见的。最终，我们也只能是以前者为"底线"，而以后者为"高标"。

---

① 《周易》；中华书局编辑部：《汉魏古注十三经·周易》，中华书局1998年版，第6页。

　　与此相应,在孔子那里,"以直报怨"之所谓"直"的义蕴同样也很丰富。《论语·子路》云:

　　　　叶公语孔子曰:"吾党有直躬者,其父攘羊,而子证之。"孔子曰:"吾党之直者异于是:父为子隐,子为父隐。直在其中矣。"①

关于孔子"以直报怨"之所谓"直"的诠释有多种。我们认为,最恰当的诠释应该采用原始文本互相发明的方法。不言而喻,上引孔子言说所表述的"尊贤隐讳"而"直在其中"的观念,是儒家原创之际的经典命题。在这里,孔子明确表示不选择"大义灭亲"的道德实践原则,就像他不选择"以德报怨"一样。对于我们这个经历过"史无前例的无产阶级文化大革命"的民族和国家来说,打着"大义灭亲"的道德旗号而推行政治正确第一的恐怖主义,所导致的人性灭绝的历史伤痛,是需要永远记取的。即便是真正基于人类普世价值或族群共同利益的"大义灭亲",作为一种高于人情之常、也高于家庭伦理的绝对的道德律令,也不易强行推行。与此相反,另有一种源自人情之常、从而也受制于家庭伦理的相对的道德自觉,正是孔子所谓"吾党之直者"。

　　但是,如果因此而断定孔子坚守"隐讳"之道,那就又太简单化了。《论语·卫灵公》又云:"子曰:'直哉史鱼! 邦有道,如矢;邦无道,如矢。君子哉蘧伯玉! 邦有道,则仕;邦无道,则可卷而怀之。'"②据此,则"直"与"君子"之间,颇有狂狷人格与中庸理性的那种关系,两者之间,孔子又何所取呢?《论语·子路》云:"子曰:'不得中行而与之,必也狂狷乎!'"③孔子显然是意在兼取而以狂狷人格为基础的。《论语》一书,多有这方面的载述,如《论语·雍也》:"子曰:'人之生也直,罔之生也幸而免。'"《论语·阳货》:"古之愚也直,今之愚也诈而已矣。"④总之,恰好和简本《老子》之"绝为弃作,民复孝慈"者所强调的一样,与道德追求相伴随而出现的,首先是性情真诚坦直而不屈亦不曲的问题。儒、道两家,孔、老二贤,在这一点上是完全一致的。道家素以主张返璞归真而著称,现在看来,性情的真实和正直,乃是儒、道两家共同的道德底线。从这底线出发,可以发展为对"性情中人"之特殊人格的追求。反对"乡愿"的儒家因此而始终提倡恩怨分明、爱憎分明,如《论语·里仁》云:"惟仁者能好人,能恶人。"⑤但是,又有如《礼记·檀弓》所云:

①　朱熹:《四书章句集注·论语集注》卷七,中华书局1983年版,第146页。
②　朱熹:《四书章句集注·论语集注》卷七,中华书局1983年版,第162—163页。
③　朱熹:《四书章句集注·论语集注》卷七,中华书局1983年版,第147页。
④　朱熹:《四书章句集注·论语集注》卷七,中华书局1983年版,第89、179页。
⑤　朱熹:《四书章句集注·论语集注》卷七,中华书局1983年版,第69页。

"子夏问于孔子曰:'居父母之仇,如之何?'夫子曰:'寝苫,枕干,不仕,弗与共天下也。遇诸市朝,不反兵而斗。'曰:'请问居昆弟之仇,如之何?'曰:'仕,弗与共国,衔君命而使,虽遇之不斗。'曰:'请问居从父昆弟之仇,如之何?'曰:'不为魁,主人能,则执兵而陪其后。'"①总而言之,这里所反映的孔子思想,不仅是恩怨必报,而且是依伦理而有序相报。这不也正是"子为父隐,父为子隐,直在其中矣"吗?躬行直道而"直如矢"的狂狷人格,因此将受到伦常等差之格局的框定和限制。如此看来,孔儒是主张性情之"直"与伦理之"直"相统一,孔儒的道德主义因此而带有宗族保护和伦理优先的特色。也因此,孔儒道德思想的建构原理,即"直"与"中庸"的结合。有鉴于此,倘说儒家唯取"中庸"之道,现在看来就成为偏见了。

原始儒家之道德思想所具有的这种特殊的相对性,确实可以避免道德的专制以及假借道德之名而实行不义之政。如有学者值此所论:

> 余观英国法律,不强为人子、为人妻者证其父、其夫之罪恶,司法之官吏竭力调查证据,不患罪案不能成立。许为人子、为人妻者以自由秘密之权,使得伸其至情,而国家亦无废法之患,仁至义尽。先圣之言,于今为烈矣。②

我们当然应该充分注意到这种引申阐释的意义,并且使之与一味强调大义灭亲的惨痛历史经验相互联系起来,从而体悟到,一旦道德公益的价值空间无限扩张到个人亲情隐私无处存身,其公益性就会转化为公害性。值此之际,反思曾经盛行于现代中国的"大公无私"这一口号,认清其极端道德主义所导致的实际上的道德专制主义实质,显然是非常必要的。时至今日,中国有识之士仍然就此展开不懈的呼吁,而政府立法实践也因此而不断进步,如"一般案件中近亲属有拒绝作证的权利"的立法,就被社会舆论确认为历史的进步③。

当然,同时也要认真推究,那使道德公益原则异化为反道德之思想专制者,究竟是一种什么性质的力量。现在看来,这不是别的什么力量,恰恰是被无限放大了的伦常秩序,在时间超长的家族专制政治历史背景下,道德"直躬"的实践范围,每每被尊贤隐讳的道德妥协所侵蚀,如果说中国古代确实具有道德法传统,那么,就像中国史学同时以实录直书和尊贤隐讳为最高

---

① 中华书局编辑部编:《汉魏古注十三经·礼记》,中华书局1999年版,第22、23页。

② 杨昌济:《论语类钞》,《北京大学百年国学文粹》(哲学卷),北京大学出版社1998年版,第82—83页。

③ 张遇哲:《不再鼓励"大义灭亲"是一种进步》,《扬子晚报》2011年8月23日。

宗旨一样，其价值体系自身的内在矛盾，难免要导致道德法本身的异化。刘知几《史通·曲笔篇》云：

> 盖子为父隐，直在其中，《论语》之顺也；略外别内，掩恶扬善，《春秋》之义也。自兹以降，率由旧章，史氏有事涉君亲，必言多隐讳，虽直道不足，而名教存焉……但古来唯闻以直笔见诛，不闻以曲词获罪……欲求实录，不亦难乎！①

中国传统史学首重"史德"，但正是这"直书"与"隐讳"的双重标准，导致了"直道"与"名教"的二元价值，而在"名教"政权化的前提下，"直道"实际上已经被异化为"曲道"了。

于是，从孔子出发，让我们再回到老子那里。

《老子》二十二章既说"曲则全，枉则直"，四十五章又说"大直若屈"，每遇一个问题，老子往往从反面去作思考，也因此，孔子的"以直报怨"到了老子这里便应是"以曲报怨"，这便是所谓"反的方法"。面对"大怨"而又不希望留有"余怨"的老子，显然是主张根除怨仇因素的。以"无为而无不为"为核心命题的老子思想②，于是就越过"和"而提升自己到"天地不仁""圣人不仁"的境界："是以圣人执左契，而不责于人。有德司契，无德司彻"。古代契卷以右为尊，这里的"圣人执左契"，正表现了老子以卑弱自处的思想，对于道家老子的思想体系来说，此亦属于"老生常谈"。但是，作为债权人而不责求于债务人，将此卑弱自处的表现上升到"问责制"的层面，其意义就非同小可了。"上善若水"，老子根除"余怨"的设想，直指社会制度建设的实质，其"无为"思想的道德政治内涵，绝非无所事事，而是让执政者获得一种新的社会契约观，那就是"无为而无不为"的契约观。本来，"彻"作为周人之税法，是有明确规定和具体实施办法的，老子既然说"无德司彻"，便有颠覆西周礼法之制的意味。进而，《老子》七十五章云："民之饥，以其上食税之多，是以饥。"③而"司彻"者又岂能不"食税"？于是，老子进而有颠覆一切社会政制的意味。表面上看，由"司彻"转为"司契"，无异于居债权之位而不行使债权，这也正就是"圣人执左契，而不责于人"，亦即《老子》第十七章所谓"太

---

① （唐）刘知几注，（清）浦起龙释：《史通通释》，上海古籍出版社1978年版，第196—199页。

② 此义原是"老生常谈"，但新近学术研究提供了再一次认识其本质的机会，参见廖名春：《〈老子〉"无为而无不为"说新证》，《郭店楚简研究》，辽宁教育出版社2000年版，第148页。

③ 陈鼓应：《老子注释及评介》，中华书局1984年版，第339页。

上,不知有之;其次,亲而誉之;其次,畏之;其次,侮之。"①"太上"之境,即帝王君权的清虚无为,老子乃以绝对权力的虚化为道德至上境界。权力的虚化,必然就是政治伦理的虚化,超越"亲而誉之"的伦理政治,然后可以"相忘于江湖"。其以清虚无为解构了伦理,也解构了权力,道德文化因此而有望于纯粹和自由了。

显然可见,相对于《庄子·外物》以"儒以诗礼发冢"的惊人意象来揭示伪劣道德之可怕,《老子》"和大怨,必有余怨"的思考显得更为理性。在此"了解之同情"特定意义上,道家"道德之意"最终便分为两层:其一为"名"、"实"层次上的舍"名"求"实",如《庄子·天地》所云:"至德之世,不尚贤,不使能,上如标枝,民如野鹿,端正而不知以为义,相爱而不知以为仁,实而不知以为忠,当而不知以为信,蠢动而相使,不以为赐。是故行而无迹,事而无传。"②由此更进一层,则是对人类创造道德性精神产品这一活动本身的否定,如《庄子·胠箧》所云:"圣人不死,大盗不止。""故绝圣弃知,大盗乃止。""攘弃仁义,而天下之德始玄同矣。"③"玄同"境界,即《老子》五十六章所谓"挫其锐,解其纷,和其光,同其尘,是谓玄同。故不可得而亲,不可得而疏;不可得而利,不可得而害;不可得而贵,不可得而贱;故为天下贵。"④

"圣人不死,大盗不止",这是最惊心动魄的口号,它意味着道德性理想人格的彻底幻灭。但是,道家并没有沿着这一思想路线一直走下去,从而建构起类似于西方现代存在主义那样的观念世界,而是将这种幻灭的绝望情绪转化为另类希望的激情。就像前此老子比孔子更喜言"圣人"一样,高呼"圣人不死,大盗不止"口号的庄子,同样又大讲"圣人"之道,如《庄子·天道》有云:"夫虚静恬淡寂寞无为者,万物之本也……以此处上,帝王天子之德也;以此处下,玄圣素王之道也。"⑤极具现实抗争精神的庄子,以"素王"对应于帝王,疑似有分庭抗礼之势。但庄子学派终于没有摆脱"应帝王"的文化情结,其"处上"、"处下"的自由,最终无非是"穷""达"两可的翻版,既然如此,一旦儒家"圣人"既死,便会有道家"圣人"出现,从《老子》到《庄子》,字里行间,这样的消息层出不穷。而这样一来,道家在扬弃了儒家道德规范和理想人格以后,实际上又立起了自己的人格偶像———只不过是以

① 陈鼓应:《老子注释及评介》,中华书局1984年版,第130页。
② 陈鼓应:《庄子今注今译》,中华书局1983年版,第327页。
③ 陈鼓应:《庄子今注今译》,中华书局1983年版,第256、259、260页。
④ 陈鼓应:《老子注释及评介》,中华书局1984年版,第280页。
⑤ 陈鼓应:《庄子今注今译》,中华书局1983年版,第337页。

清虚无为作为宗旨就是了。

道家清静无为之旨,于是就成了仁义礼乐之外的另一种道德文化规范,它超越了儒家的伦理,却又营造了自己的伦理。《庄子·天运》曰:"古之至人,假道于仁,托宿于义,以游逍遥之墟,食于苟简之田,立于不贷之圃。逍遥,无为也;苟简,易养也;不贷,无出也。古者谓是采真之游。"①值此,庄子还形象地说:"仁义,先王之蓬庐也,止可以一宿而不可久处。"②真是再形象不过了!道家自认为自己的道德文化选择高于儒家,因为儒家的选择只是半路上的借宿,只有道家自己才是终点上的归宿。然而,问题始终在于,就像其"相忘于江湖"的"相忘"境界,必须以"江湖"这一完美理想的现实存在为前提一样,道家以批判道德现实的立场扬弃了儒家伦理,却又以乌托邦主义的立场建立自己的伦理,主体立场的转换势必导致其批判论和建设论的错位,所以,道家在道德文化批判上的确是激烈抗争的斗士,而在道德文化建设上则难免是沉浸在梦想中的精神自闭症患者。"逍遥,无为也",这等于说,最大的自由,就是不去要求自由的自由,因为在真正的自由世界里,是不需要去要求自由的!一种比儒家更理想主义化的思想,一种真正浪漫主义的道德理想,在这里得到了最为充分的阐释。

由此可见,道家"逍遥""无为"之义,有必要与"有德司契"的道家原创思想结合为一体。只有这样,主体精神自由的追求才能与道德政治制度的设计融合为一,从而实现道德理性与实践理性的统一,而"有德司契"之"无为而无不为"的理想境界,已然含蕴着原始儒家"以德报德,以直报怨"的道德主义社会机制。有鉴于此,我们完全可以说,"儒道互补"的文化机制,不仅需要从思想主体的内在矛盾结构上去探究,而且需要从共同课题的求解上去探究。尤其重要的是,人们长期以来总是忽略一个最基本的思想史事实,那就是原始儒、道两家的经典著述所透露出来的思想史语境,实际上是一个与"儒道互补"构成另一层互补关系的思想生态环境。具体而言,一方面有着隐身于《论语》与《老子》言语系统中的"或曰"言语主体;另一方面又有着《论语》载述中相对于孔子"吾党"之外的"叶公"之"吾党"。换言之,即是"吾党"之外另有"吾党"的事实。质言之,这不仅仅是一个由儒道两家扩展为"诸子百家"的问题,而是一个有必要从"党外有党"的角度去解读所谓"直躬"的问题。从这里得到启示,我们可以认为,思想史的描述和阐释,总是难免于遮蔽的。既然如此,当我们强调"儒道互补"时,应该意识到此一

---

① 陈鼓应:《庄子今注今译》,中华书局 1983 年版,第 378 页。
② 陈鼓应:《庄子今注今译》,中华书局 1983 年版,第 378 页。

"儒道互补"所可能遮蔽的另一"儒道互补"。凭着这样的自觉，当我们再度面临"人心惟危"的历史课题时，先贤所提供给我们的，就将是多层多面的历史经验和思想智慧：其一，面对人心险恶的生活现实而创造性地实践相应的道德检验方法，并以此而履行实践检验所证明了的才是真知与真理的文明史观；其二，在历史经验的基础上深度解析"人心惟危，道心惟微"的古典命题，以期在创建中国道德哲学基本原理之际，即能深入古圣贤德性辨析的思辩机理；其三，将贯通古今而理解"儒道互补"之思想意义的学术努力，落实到寻求"有德司契"与"以直报怨"之思想联系的具体问题上，从而推助关于中国道德主义思想体系之古今通变之路的探询。

六、儒道修养论比较：以"道枢"说和"不动心"说为中心

中国传统文化素以重视道德修养而著称。

一般来说，关于道德修养的实践范式，我们首先会想到儒家所谓修、齐、治、平。殊不知，《老子》五十四章亦云：

> 修之于身，其德乃真；修之于家，其德乃余；修之于乡，其德乃长；修之于邦，其德乃丰；修之于天下；其德乃普。故以身观身，以家观家，以乡观乡，以邦观邦，以天下观天下。吾何以知天下然哉？以此。①

难怪司马迁有"老子修道德"的史家论断，也难怪有人把修、齐、治、平的道德实践范式看做是道家的原创②，原来老子早有"身"、"家"、"乡"、"邦"层序推扩而修德的一套理论。也许，在还原历史真实的意义上，我们不妨把修、齐、治、平看做是儒、道共建的道德修养范式。

当然，在这样认识的同时，我们也必须认识到，在"修道德"之实践方法论的自觉上，从老子到庄子的道家智慧，另有一种区别于儒家修德方式的深邃与诡秘。

道家老子哲学的核心观念是"玄"。道家学派关于"玄"的最为生动的阐释是庄子之所谓"两行"。

今本《老子》首章在关于"道"和"名"的著名辩证命题之后，接着道："故常无，欲以观其妙；常有，欲以观其徼。此两者，同出而异名，同谓之玄。玄

---

① 陈鼓应：《老子注释及评介》，中华书局1984年版，第273页。
② 参见胡家聪：《稷下争鸣与黄老新学》，中国社会科学出版社1998年版，第78—84页。

之又玄，众妙之门。"①自有《老》学以来，关于首章语义的解读，汗牛充栋，而且歧见纷呈。岂不知，"玄"学之根本，乃在《老子》原始文本的自我阐释之中，亦即所谓"同谓之玄"。在老子看来，对万物之本原及其运动之原理的认知本身，应该是一种由对立之两端或两极的并存和互动所造就的思维运动，这既不是将一个事物一分为二，也不是将两个事物合二而一，而是始终从"两者"之并存、并立、并生、并长的"二元思维"去感知、辨析、论证和阐发。如果说，在现代哲学阐释的理路上，我们有必要确认"道"为哲学一本论之所谓"本体"性的唯一存在，那么，这一哲学意义上的本体真实的存在方式——自然也就是人们认知进而把握其本质性的认知方式，却始终具有"有"与"无"之"两者同出"的二元论特性。我们不妨将此间的认识提炼为"一本二元论"或"二元一本论"。无论如何，在这种"玄"学眼光的透视下，任何事物都是正反两面复合性的，就像手心手背之同为一只手那样。这也就难怪老子会有"明道若昧；进道若退"（第四十一章）和"大直若屈，大巧若拙，大辩若讷"（第四十五章）②式的格言了。有鉴于此，可以肯定的是，老子之"修道德"的实践范式，必然是与其"玄"学精神相统一的，因此其基本原理必然是"正修若反"式的。"若"，意味着一定的模糊性和两可性，"两者同出"，互依而动。不仅如此，这种两端互动的实践原理，又会在实践中不断丰富化。唯其如此，作为探究其实践原理者而言，除了关注于彼此两者之外，还须关注于彼此之间的丰富内容，一种徜徉于两端的特异境界就将因此而被我们发现。这种境界，被庄子称为"两行"。

《庄子·齐物论》在申说打破"成心"之束缚的基础上，进而指出：

> 是亦彼也，彼亦是也。彼亦一是非，此亦一是非。果且有彼是乎哉？果且无彼是乎哉？彼是莫得其偶，谓之道枢。枢始得其环中，以应无穷。是亦一无穷，非亦一无穷也。故曰莫若明……道行之而成，物谓之而然。有自也而可，有自也而不可。有自也而然，有自也而不然。恶乎然？然于然。恶乎不然？不然于不然。恶乎可？可于可。恶乎不可？不可于不可。物固有所然，物固有所可。无物不然，无物不可……圣人和之以是非而休乎天钧，是之谓两行。③

庄子思辨的精彩处，并不在于对"彼""此"两端各执是非标准的思维现象的揭示，而在于对"彼是莫得其偶"这一纯粹思辨命题的阐发。换言之，庄子智

---

① 陈鼓应：《老子注释及评介》，中华书局 1984 年版，第 53 页。

② 陈鼓应：《老子注释及评介》上册，中华书局 1984 年版，第 227、241 页。

③ 陈鼓应：《庄子今注今译》上册，中华书局 1983 年版，第 54—62 页。

慧地提出，在已经认识到"彼此"两端的对偶存在必然导致是非判断上的永恒矛盾之后，人类智慧的新创目标，自然应该是寻找那"莫得其偶"的思想着力点。一言以蔽之，庄子的哲学智慧最终是对老子哲学智慧的一种扬弃，老子原创性地提出了"有""无"二元对立的"原道"阐释学思维原理，其思想着力点显然在"此两者同出而异名"的对立学说上。而当道家哲学进境于庄子学派，其扬弃老子二元对立思维模式的思辨性认识基点，恰恰是在对立之两端各自内部的统一性，亦即在"彼亦一是非，此亦一是非"的彼此对立中，彼此两端各自内部都存在着"彼是莫得其偶"（隐含着"此是莫得其偶"的意义）的思辨的真实。彼此对立的两种价值标准之间，永远不可能实现真正的统一，但是，彼此两端中的任何一方，一旦真正认识到其是非价值标准内部，其实也存在着"是亦一无穷，非亦一无穷"的是非永恒对立，那么，其自我调谐的思想原动力就将成为最终调谐彼此之对立的精神源泉。庄子称此为"道枢"。而"道枢"之核心运动的基本原理——"两行"，关键正在于"圣人和之以是非而休乎天钧"。必须强调指出，这里的"和之以是非"，绝非泯灭是非而进乎混沌的精神追求，而是有着"以是非而和之"的精彩思辨内容。

传统郭象注曰："夫是非反复，相寻无穷，故谓之环。环中，空也；今以是非为环而得其中者，无是无非也。无是无非，故能应夫是非。是非无穷，故应以无穷。"①认定"和之以是非"的要领在于"无是无非"，是否合乎庄子愿意呢？面对这一最为关键的问题，且看庄子值此有怎样的提示给我们："以马喻马之非马，不若以非马喻马之非马也"。"以马喻马之非马"，在阐释学意义上，近似于"道可道，非常道"；既然如此，则"以非马喻马"之所以胜于"以马喻马"，难道不正是因为它实现了"喻道"与"道"之间的终始相接吗？也就是说，既然最终的结果无论如何都是"非马"——"非常道"，人们何不从一开始就选择"非常道"的阐释方式呢？当然，必须指出的是，直接契合于"非马"的"喻马"方式，并不是"不喻"。就像《庄子》一书展现了先秦典籍中最为丰富的想象能力和言说技巧一样，整个中国道家文化传统所给予我们的深刻启示恰恰在于，拘谨于成见定式的真理阐释，越是严密完整就越是远离真理。有鉴于此，道家于是提倡一种扬弃成见的思想与言说方式，如认识到"白马非马"之为"以马喻马之非马"，接下来的第一步就应该是从"非白马"的角度去阐释"非马"，此即所谓"以非马喻马之非马"。这其中最值得关注的思想灵感，并非如世人习言之以"心斋"境界为旨归的无言无心之精

---

① 陈鼓应：《庄子今注今译》上册，中华书局1983年版，第58页。

神意态,而是从思辨过程之第一步做起直到终极判断的完整思维创新,是"心斋"的虚空与"寓言"的精妙的高度契合。

回到道德修养的实践模式问题。我们注意到,上引《老子》第五十四章在"修之于身"云云之前,首先已经说明:"善建者不拔,善抱者不脱,子孙以祭祀不辍。"①此亦即二十七章所谓"善行无轨迹,善言无瑕谪,善数不用筹策,善闭无关键而不可开,善结无绳约而不可解。"②循着这样的话语逻辑,自然应有"善修德者不修而成"。果然,《老子》第三十八章有云:"上德不德,是以有德;下德不失德,是以无德。"第四十一章又云:"上德若谷,广德若不足,建德若偷。"③诸如此类的道家格言,还可以在我们的再度创作中继续层出不穷,而其要领所在,一言以蔽之,在"善于"的实践方法论与"上德"的道德目的论的终极统一。正是在这个意义上,道家是最讲求方法论的。与学界总是津津乐道其本体论者相异,我却要说,道家思想智慧的灵根,其实是方法论。道家"无为而无不为"的基本命题,就是一个方法论的命题。

道家方法论的根基,借鉴其"正言若反"的格言,是从"反的方法"入手以实现"正的方法"所不可能实现的完满结局。联系道家对社会现实之伪善及世道人心之险恶的痛切批判,可以推断,其所以执著于"反的方法",包含有防止"修德"异化的正面价值。这样一来,"与物反矣","反者道之动",实质上可作为反异化的响亮口号。当人们认定现有之"修德"是违反道德之自然本色的异化行为时,"反"其"反"而行之,"复归婴儿""比于赤子",就成为"正"的选择了。这中间隐藏着一个"负负得正"的朴素道理。这就是说,离开了道家对现实的否定式判断,离开了道家自一开始就赋予自身的道德批判主义精神,就无法合理地解释其"反者道之动"的道德哲学自觉。所谓"反的方法"的特异立场,是与其现实批判者的立场相统一的,道家"反的方法"的思想文化史价值也恰恰在这里。

唯其如此,作为一种方法论自觉的"两行"实践模式,一旦进入绝对主义的理论阐释和实践履行系统,就将出现以下两种情况:一是因为其绝对的相对主义而必然导致双重标准和似是而非,从而潜藏着导向反道德路线的危险;二是因为其绝对的"贵无"观念而难免导致道德讲求本身的虚无化,从而诱发取消道德追求的种种思潮。无论如何,我们必须警惕,道家那从兵家辩证法中所提炼出来的方法论哲学,可能携带有"兵不厌诈"式的特异智慧,即

---

① 陈鼓应:《老子注释及评介》上册,中华书局 1984 年版,第 273 页。
② 陈鼓应:《老子注释及评介》上册,中华书局 1984 年版,第 174 页。
③ 陈鼓应:《老子注释及评介》上册,中华书局 1984 年版,第 212、227 页。

便是出于应付伪善环境的动机，其正德若反的修养方式也极可能成为培养新伪善的特殊制。历史上有不少人责怪老子学派坏人心术，这一警示的合理性绝对不该被忽略。何况，老子学派如此"两行"式智慧，又难免导致对诡论式辩证方法的迷恋，"修道德"问题将因此而异化为与道德无关的方法迷信，或者成为一种左手为方而右手为圆式的纯粹的话语技巧，或者成为以无修德为修德式的虚无想象。反思历史，难道不存在这样的现象吗？

其实，说穿了，"得其环中，以应无穷"这一堪称经典的庄子"道枢"论核心原理，其所以产生的经验基础，显而易见来自生活中大量存在的对旋转运动原理的认知和运用，显而易见属于对一种古老机械原理的基本认识。耐人寻味的是，恰恰是老庄哲学自己，不仅在以彻底的反技术理性阐发着最基本的技术原理，而且将最基本的机械原理阐发到包容一切的绝对论境界。在某种程度上，关于道家老庄的核心思想，我们可以这样描述：最精妙的也就是最简陋的，最深刻的也就是最浅显的，最辩证的也就是最机械的。关于道家老庄的"修德"论，亦可作如是观。

和道家学派相比，承孔子"仁"学进而完善心性修养体系的孟子，在道德修养实践范式的设计问题上，却是以另一种特异的人格风范来凸显自己的。

朱熹《孟子章句集注·孟子序说》云："孟子有些英气，才有英气，便有圭角，英气甚害事。"①朱熹的"英气害事"说一定程度上反映了程、朱理学在"修道德"问题上敛约性情而内向体验的基本倾向，透露出理学"修道德"而参照佛教修悟方法所导致的人格清虚化消息。相对于朱熹的"英气害事"观，处于当今时代的我们这一代人文学者，倒是倾向于选择孟子之"英气"所体现的人格风骨。必须说明的是，我们之所以欣赏这种风骨，不仅是因为它鲜明地体现了"我善养吾浩然之气"的清雄气概，而且是因为它将道德修养的实践建立在诸如"不动心"这样的精神磨砺基础之上。

《孟子·公孙丑上》有云：

> 公孙丑问曰："夫子加齐之卿相，得行道焉，虽由此霸王不异矣。如此，则动心否乎？"孟子曰："否。我四十不动心。"曰："若是，则夫子过孟贲远矣？"曰："是不难，告子先我不动心。"曰："不动心有道乎？"曰："有。北宫黝之养勇也：不肤挠，不目逃；思以一毫挫于人，若挞之于市朝；不受于褐宽博，亦不受于万乘之君；视刺万乘之君，若刺褐夫；无严诸侯；恶声至，必反之。孟施舍之所养勇也，曰：'视不胜犹胜也；量敌而

---

① 朱熹：《四书章句集注·孟子集注》卷一，中华书局 1983 年版，第 199 页。

后进,虑胜而后会,是畏三军者也。舍岂能为必胜哉,能无惧而已矣!'
孟施舍似曾子,北宫黝似子夏;夫二子之勇,未知其孰贤;然而孟施舍守
约也。昔者曾子谓子让子襄曰:'子好勇乎?吾尝闻大勇于夫子矣:自
反而不缩,虽褐宽博,吾不惴焉。自反而缩,虽千万人吾往矣。'孟施舍
之守气,又不如曾子之守约也。"曰:"敢问夫子之动心,与告子之不动
心,可得闻与?告子曰:'不得于言,勿求于心;不得于心,勿求于气。'不
得于心,勿求于气,可;不得于言,勿求于心,不可。夫志,气之帅也;气,
体之充也。夫志至焉,气次焉。故曰:'持其志,无暴其气。'""既曰:
'志至焉,气次焉。'又曰:'持其志,无暴其气者,何也?'"曰:"志壹则动
气,气壹则动志也。今有蹶者趋者,是气也,而反动其心。""敢问夫子恶
乎长?"曰:"我知言,我善养吾浩然之气。""敢问何谓浩然之气?"曰:
"难言也。其为气也,至大至刚;以直养而无害,则塞于天地之间。其为
气也,配义与道;无是,馁矣。是集义所生者,非义袭而取之也。行有不
慊于心,则馁矣。我故曰:'告子未尝知义',以其外之也。必有事焉而
勿正,心勿忘,勿助长也。无若宋人然。宋人有悯其苗之不长而揠之
者;芒芒然归,谓其人曰:'今日病矣,予助苗长矣。'其子趋而往视之,苗
则槁矣。天下之不助苗长者寡矣。以为无益而舍之者,不耘苗者也。
助之长者,揠苗者也。非徒无益,而又害之。"①

以上围绕着"不动心"话题而层层展开的讨论,是一个学界长期关注的
"问题",对此一"问题"所涵涉的许多更为具体的问题,学人间或有理解上的
不同,但就此中孟子思想主旨而言,却是早有共识的——这是儒家学派"修
养论"的经典论述。《孟子》此节论述,虽被视为难解之文,但当年朱熹就已
经指出:"此一段惟被他转换问,所以答的亦周匝。然只就前段看语脉气象,
虽无后截,亦自可见。前一截已自见的后面许多意足。"并且简明解析道:
"告子不动心,是硬把定。""北宫黝、孟施舍只是粗勇,不动心。""孟施舍、北
宫黝是不畏死而不动心,告子是不认义理而不动心。""孟子'养气'一章,大
纲是说个'仰不愧于天,俯不怍于人'。上面从北宫黝、孟施舍说将来,只是
个不怕。但二子不怕得粗,孟子不怕得细。""浩然之气一章,孔子两句尽之,
'内省不疚,夫何惧何忧!'"②凡此之类,均为简明点睛之语,不失为解读孟
子元典时的钥匙。孟子此章论述结束于"揠苗助长"的生动喻说,其思想精
神显然在于"德性根苗的耕耘"。在我们这个悠久的农耕文明国都里,还有

---

① 朱熹:《四书章句集注·孟子集注》卷三,中华书局 1983 年版,第 229—232 页。
② 黎靖德编:《朱子语类》卷五十二,中华书局 1983 年版,第 1233 页。

什么经验能比耕耘的经验更为亲切呢？"耘苗"而不"揠苗"的原则，实际上就是"自然耕耘"的原则。对于经历过"人定胜天"主观意志决定论所导致的历史灾难的中华民族来说，确认"自然耕耘"的实践原则，其意义无论怎样阐发都不过分。诚然，"自然耕耘"必然意味着以自然经济为基础的人类实践，而恰恰是这一点，在引申而至于"修养论"领域时，将顺理成章地引发关于"自然修养论"的思考。毫无疑问，这里的"自然"，当然是指性情之自然，那可是一种只有天性自然和伦理德性完美统一才能实现的"修养"境界！那可是一种同时包含着生理自然与心理应然的性情自然！只有从如是深度去重新领会孟子之说，才可能突破经院学究的话语自洽，从而切入到原本是实践课题的实践真实之中。

于是，我们就将领悟到，孟子之所以要从"北宫黝之养勇"与"孟施舍之所养勇"说起，其缘由是值得反复寻味的。我们因此注意到，在孟子那个时代，社会生活中确有具体可行的身心修养方式，而它们正是孟子借以建构其道德修养实践范式的经验基础之一。如北宫黝，乃刺客之流，"不肤挠，不目逃"者，显然是一种为培养坚韧意志而特别设计的几近残忍的训练方法。尽管孟子并不以此为风范，但他却透露了当时的生活经验给我们，说明"战国之士"由于各自特殊的追求而探索过种种特异超常的身心训练法。从这一实际出发，有助于我们形成一个新的认识：那由儒家思、孟学派所创建的道德"修养论"思想体系，除了来自孔子学说的基本内容以外，还吸收了其他思想文化资源，比如现实中自虐以"养勇"那样的身心训练法。

当然，诚如朱熹之以"粗"来概括类似身心修养方法及其结果，相对于心性本体探求的"修养论"而言，那确实属于身心实践讲求的"修养论"。但问题的复杂性却又在于，孟子的思想理路在穿越那一片精神天地时，并非无所流连。其实，只要我们将此间"不动心"的反复论说与世人耳熟能详的"天将降大任于斯人"的著名论说联系起来，就会发现，孟子"修养论"的理想人格设计，竟有着与"战国之士"的"养勇"实践相类似的地方：

> 天将降大任于斯人也，必先苦其心志，劳其筋骨，饿其体肤，空乏其身，行拂乱其所为，所以动心忍性，曾益其所不能。①

试问：这里的"动心忍性"与另一处的"不动心"之间，该是怎样一种关系？在此两者相统一的前提下，孟子"修养论"的核心结构又该是怎样的？无论如何，"劳其筋骨，饿其体肤"的身心磨砺方式，不仅与"不肤挠，不目逃"者是属

---

① 《孟子·告子下》，见朱熹：《四书章句集注·孟子集注》卷十二，中华书局1983年版，第384页。

于同类性质，而且具有无限放大的特殊意味。"视刺万乘之君，若刺褐夫"，"子好勇乎？吾尝闻大勇于夫子矣：自反而不缩，虽褐宽博，吾不惴焉。自反而缩，虽千万人吾往矣"，反复体味，其间确有一种契合于"大任"的"大勇"精神——亦即孔子所谓"何惧何忧"的真正"大无畏"精神。只是问题的症结又在于，这种担当"大任"的道德优越感与历史使命感的实践统一，必须经过"苦"、"劳"、"饿"、"空"等摧残式的身心磨砺，从而显示出"烈士养勇"式的超常性质。作为道德"修养论"的实践论阐释来说，超常的目标设定和方法设计，总是有违于普适性原则的。唯其如此，孟子所阐发的"修养论"，如同朱熹点评之有所谓"英气"，实际上带有"道德超人"的色彩。"道德超人"的培养模式之所以是艰难磨砺型的，某种程度上也是对"舜发于畎亩之中，傅说举于版筑之间，胶鬲举于鱼盐之中，管夷吾举于士，孙叔敖举于海，百里奚举于市"之历史经验的概括，而孟子的思想贡献，还在于确认"天将降大任于斯人也，必先……"这一具有"天意考验"意味的人格养成模式。

究竟该如何看待这种"天意考验"前提下以"道德超人"为培养目标的"磨难型"道德修养实践论呢？至少，不能只从学理层面去解读和阐发，而同时要有一个历史的维度。视受难为光荣甚至神圣，无非因为这一考验来自"天"意，在看似高远的境界背后，实际上是崇敬"天"而蔑视"人"的思想观念在起作用。回首几千年来中华民族的心灵史，其自觉或不自觉地就范于这种崇高加磨难型的考验性"修养论"的经验，难道还不够惨痛吗？当然，我们自会认识到，这里面含有孟子对民间之有德者的政治期许，含有对"君子儒"处"不堪其忧"之境而"不改其乐"之人格风范的嘉许。但是，我们同样也会认识到，即使在纯粹方法论的意义上，这种"苦修"式的修养实践范式的设定，实质上是以极端严酷的身心磨砺对应于极度宏伟的政治抱负，其中甚至有以自虐而自美的精神倾向。很难设想这将会成为值得推广的道德修养方式！

在道德"修养论"的范围内，相对于秦汉以后官方伦理系统中的修养条例，相对于宋明理学之宗法伦理的客观规律化和修养实践的宗教体验化，先秦诸子的相关思想无疑是最具原创生命力的。然而，无可否认的是，这种生命力中却有着"悖论塑造"和"过度塑造"的危险基因。这，不能不使人感到几分无奈、几分困惑、几分警惕。毫无疑问，基于"修养论"原理的修德实践范式的设定，应遵循"适度塑造"的原则，因为只有"适度塑造"的原则才是"普适性"的原则。也因为如此，传统的"中庸"理念，作为一种方法论的历史性和辨证性自觉，是很值得去发掘的文化资源。对此，下文将有专门的讨论。在这里，从反思的角度出发，我们想再次强调，像道家庄子那样充满"两行"辨证法的"道枢"智慧，像儒家孟子那样基于"天意考验"的磨难式修行，其历史存在的合理价值是与修德异化的危险基因同出而同在的。显然，无论是道家旨在"得其环中"的智性期许，还是儒家期望"天将降大任"的社会担当，都带有异常鲜明的终极性，或者说都带有显著的绝对性。以此为道德人格理想，固然可以引导世人树立高远的道德理想，但如此高远而无极的理想，将会以其绝对主义的极端理想而导致自我虚无化。面对这两种同样绝对的道德人格理想，我们很有必要指出，"以应无穷"的绝对智慧本身，以其足可应对一切的优越性，实质上已经在暗中取消了人类文明演进过程中因为集群相处而应运产生的社会公德规范以及个体德性讲求。试想，"以应无穷"所喻示的绝对主义的智慧，亦即"万能"的智慧，使这里的德性主体居于绝对的智性优越地位，自身之外已经不存在任何值得敬畏的对象，也已经不存在任何需要解决的难题了，不仅如此，不论是一人"得其环中"而应对万众，还是人人"得其环中"而彼此相应，缘此而形成的社会图景都显得十分诡异。我们不得不指出，道家庄子的"得其环中"和儒家孟子的"天将降大任于斯人"，尽管思路不同，却又共同设立了一个绝对神圣的道德判断权威，从而在"修养论"的总体建构上仍然保持着"圣人""神人"崇拜的印记。只不过，相对而言，道家庄子"以应无穷"的绝对自由境界，以其极端理想主义的绝对超越精神，更具有引人出世的超然意味。相形之下，孟子所阐述的自我磨砺式"修养论"模式，尽管比起道家理想主义而言显示出鲜明的现实主义色彩，并以其历史担当的使命意识感召有志之士于千载之下，但那种期盼大任降于我身的自我定位，无论如何也是不适合于人人平等意义上的"适度修养"实践的。

七、"传不习乎？"：道德教化与社会实践习得论

当中华民族在西元21世纪开元之际实现了民族复兴大计的初级目标，却又面临着经济起飞的欣喜与道德衰微的焦虑相交织的痛苦，我们关于道德"修养论"的学术探讨，如果仍然继续那种始终停留在书本与纸面上的话语逻辑编制，那本身就是不道德的。不言而喻，确立一个富有现代意义的传统命题，应该是当下传统道德文化研究的前沿课题。为此，我们兴许要适当地扬弃新儒家借鉴西学体系化阐释的高深话语，而回到原始儒家具体而微的实践讨论之中。

《论语·学而》曰：

曾子曰："吾日三省吾身——为人谋而不忠乎？与朋友交而不信

乎? 传不习乎?"①

"吾日三省吾身",这一经典话语早已深入人心而成为中国传统道德文化的核心命题之一。国人起名或取字,以"省三"、"三省"而自警自励者不胜枚举,足见其塑造国民灵魂的历史成就。长期以来,学界围绕着此一命题的讨论也足够深入,有关阐释可谓汗牛充栋。然而,如斯积淀丰厚的学理阐释,却有可能遮蔽了某些原本更为本质的东西,这恰恰是我们当下需要深入思考的。

依循原始文本既定的阐释向度,"三省"之中,前两者"忠"与"信"本系儒家伦理之核心范畴,唯有"传不习乎",似乎无所定指。按理说,既然"三省"是为每日必做功课中的紧要科目,则其所谓"三"者必然不会是泛泛而谈而指向不明者,有鉴于此,在充分参照前两项之"为人谋"和"与朋友交"的基础上,完全可以推导出第三项的具体指称应该是"师传",而在这样的推论逻辑中,"忠""信""习"也应该是自成系统的一套道德范畴。此义未经前人道破,所以就难免于突兀,但也因此而凸显出传统阐释之有待于商榷的地方。如朱熹《四书章句集注》值此有曰:"传,谓受之于师。习,谓熟之于己。尽己之谓忠。以实之谓信。"而魏何晏注,宋邢昺疏之《论语注疏》则曰:"此章论曾子省身慎行之事。弟子曾参尝曰:'吾每日三自省察己身:为人谋事而得无不尽忠心乎? 与朋友结交而得无不诚信乎? 凡所传授之事,得无素不讲习而妄传乎?'以谋贵尽忠,朋友主信,传恶穿凿,故曾子省慎之。"朱熹之注接着道:"而三者之序,则又以忠信为传习之本也。"②此说充满智慧,足以启发心智,但其间蕴涵的思想方法,却有待进一步商榷。深入体味,则不难发现,如朱熹这样的"三省"析说,通过"忠信为传习之本"的价值判断,表现出鲜明的伦理本位主义。而需要强调指出的是,正是这种伦理本位主义,在相当程度上改变了原始儒家的德性实践向度,使原本注重社会实践的道德实践理性,转型为注重心性省察的道德实践理性。相对于朱熹之注,何注而邢疏的思路就不仅兼顾到"为人谋""与朋友交""传"三者之主体的一致性,而且赋予"传不习乎"以与前两项功课同等重要的地位,换言之,就是给予"传不习乎"以相对独立的价值。

"传不习乎"之"传"字,完全可以从"经传"之"传"和"传授"之"传"的双重意义上去领会。当其为前者时,此间所含意蕴,不仅是指学问"受之于师"而阐发于己,而且要在知行合一的实践中充分体现出来;而当其解读为

---

① 朱熹:《四书章句集注·论语集注》卷一,中华书局 1983 年版,第 48 页。
② 朱熹:《四书章句集注·论语集注》卷一,中华书局 1983 年版,第 48 页。

后者时，又具有在多重层次上贯彻"授之于人"的教育原则的意思，并因此而构成历史生成性的师承关系，从而建构起一个包含着关于师生双向讲求的教育原理。与此相关，杨伯峻《论语译注》对"习"的翻译解释"包括温习、实习、演习而言"①。毫无疑义，在现代汉语的通识意义上，所谓"实习"和"演习"，必然意味着要离开书本而走向社会生活。实质上，一部《论语》，就是原始儒家社会实践与德性培养交融一体的生动载述，就是孔门师生之间关注世事而讨论学问的名言集锦。"三省"之说，将每日功课凝练为身处三种主要人际关系——"为人谋"之"人"、"与朋友交"之"朋友"以及"传""习"之"师生"——的德性实践原则，堪称经典。其中，"传不习乎"的每日省察，奠定了中国道德教育之悠久传统的核心精神，怎能不引起我们足够的重视！

　　尤其重要的是，我们因此而可以确认"传习"之"习"为原始儒家德性养成实践论的中心范畴之一。《论语·阳货》："子曰：'性相近也，习相远也。'"朱熹集注引程子语云："此言气质之性，非言性之本也。若言其本，则性即是理，理无不善，孟子之言性善是也。何相近之有哉？"而朱熹则曰："此所谓性，兼气质而言者也。气质之性，固有美恶之不同矣。然以其初而言，则皆不甚相远也。但习于善则善，习于恶则恶，于是始相远耳。"②试比较孔子与程、朱之思维方式，不难发现，孔子之比较"性"与"习"，旨归在"习"之习得实践的重要，而程、朱之间尽管也有差异，但旨归却在"性"之天理的重要。既然如此，复兴原始儒家的道德实践理性，就意味着要深入思考孔子何以会有"性相近，习相远"的如是判断。如若我们真的这样做了，那就不得不承认，孔子是充分认识到社会环境之于个体德性的决定性影响的。不仅如此，"习相远也"这一经典判断本身，已经赋予"习"这一范畴相应的社会实践内涵。也就是说，在"性相近也，习相远也"的认识基点上，"传不习乎"的修德功课，将获得深广的社会底蕴。

　　"通古今之变"而深长思之，在当今现实生活中，人们将在校学生走向社会第二课堂的实习生活称为"社会实践"。将今比古，借古喻今，孔门师生的讲习实践功课也好，孔夫子意中的德性养成原理也好，显然是非常看重"社会实践"的。正是在这个意义上，我们将原始儒家的修德日常功课之一，称为"社会实践习得"的人文传统。

　　既然如此，当我们在复兴儒家原创之道德文化精神时，自然就应该树立以"社会实践习得"为基础的德性养成观。《朱子语类》卷十二《学六·持

　　① 杨伯峻：《论语译注》，中华书局1980年版，第4页。
　　② 朱熹：《四书章句集注·论语集注》卷九，中华书局1983年版，第175—176页。

守》有曰:"自古圣贤皆以心地为本。""未有心不定而能进学者。""人心常炯炯在此,则四体不待羁束,而自入规矩。只为人心有散缓时,故立许多规矩来维持之。但常常提警,教身入规矩内,则此心不放逸,而炯然在矣。心既常惺惺,又以规矩绳检之,此内外交相养之道也。""古人瞽史诵诗之类,是规诚警诲之意,无时不然。"①此间所谓"提警"、"警诲"、"警醒",集合了"提醒"、"警示"、"警惕"、"反思"、"省察"多重含义,使其所谓"内外交相养之道"成为一个具有丰富阐释空间的道德实践论命题。朱熹自己对此有着非常真诚的论说,《朱子语类》卷十三《学七·力行》曰:

> 若不用躬行,只是说得便了,则七十子之从孔子,只用两日说便尽,何用许多年随着孔子不去。不然,则孔门诸子皆是獃无能底人矣!恐不然也。古人只是日夜皇皇汲汲,去理会这个身心。到得做事业时,只随自家分量以应之。如由之果,赐之达,冉求之艺,只此便可以从政,不用他求。若是大底功业,便用大圣贤做;小底功业,便用小底贤人做。各随他分量做出来,如何强得。

> 讲学固不可无,须是更去自己分上做工夫。若只管说,不过一两日都说尽了。只是工夫难。且如人虽知此事不是,不可为,忽然无事又自起此念。又如临事虽知其不义,不要做,又却不知不觉自去做了,是如何?又如好事,初心本自要做,又却终不肯做,是如何?盖人心本善,方其见善欲为之时,此是真心发见之端。然才发,便被气禀物欲随即蔽锢之,不教它发。此须自去体察存养,看得此最是一件大工夫。②

朱熹如此反复讲解,将"心统性情"而兼体用、动静、未发已发的"道德形上学"原理融入到日常存养工夫的实践论自觉之中,不仅讲明了心性哲学原理,而且阐明了孔圣以来的儒学所特有的实践人文精神。"只是工夫难",自孔门以来"传不习乎"的日日省鉴,绝非形上学的一味冥想玄思,而是务必切合现实的实践习得。

如此一脉相承,《传习录》载王阳明"知行合一"之训亦曰:

> 某尝说知是行的主意,行是知的功夫;知是行之始,行是知之成。若会得时,只说一个知己自有行在,只说一个行己自有知在。古人所以既说一个知又说一个行者,只为世间有一种人,懵懵懂懂的任意去做,全不解思维省察,也只是冥行妄作,所以必说个知,方才行得;又有一种人,茫茫荡荡悬空去思索,全不肯着实躬行,也只是个揣摩影响,所以

---

①　黎靖德编:《朱子语类》卷十二,中华书局 1983 年版,第 201 页。
②　黎靖德编:《朱子语类》卷十三,中华书局 1983 年版,第 222、228—229 页。

必说一个行，方才知得真。此是古人不得已补偏救弊的说话，若见得这个意时，即一言而足，今人却就将知行分作两件去做，以为必先知了然后能行，我如今且去讲习讨论做知的工夫，待知得真了方去做行的工夫，故遂终身不行，亦遂终身不知。①

尽管在学术史的描述中，朱熹的"理学"与王阳明的"心学"分属于两个不同的哲学系统，就好像程朱理学与孔儒原创学术之间也有着历史嬗变一样，但我们又不得不承认，自孔子而朱熹，自朱熹而王阳明，作为中国儒学传统的历史支点，其基本的思想精神是一脉相承的，那就是"传习"原始儒家所开创的"躬行君子"之道，以此而改造自身所处的现实生活。唯其如此，朱熹的"内外交相养之道"也好，王阳明的"知是行的主意，行是知的工夫；知是行之始，行是知之成"也好，其跨时代的思想史共识所在，也只有在还原儒学原始，从而以孔门师生的社会实践为基础来阐释时，才能透彻而澄明，才能贯通而整合。

以上，可以说是"传习"之道的正面阐释。事情显然还有另外一面。

须知，孔子当年之所以得出"性相近也，习相远也"的判断，只能是因为社会现实与道德理想之间的距离太大，"性相近也"与其说成是心性哲学的本体观念，毋宁说是一种关于普遍人性的美好理想，而"习相远也"与其说是在揭示天性与风习之间的紧张关系，毋宁说是在强调德性习得的任重道远。特别要指出的是，"习相远也"显然也是对社会风习之负面影响的一种概括，唯其如此，即便是在人性本善的普遍基础之上，伴随着抵御邪恶风习的实践能力的大小，原本几乎在同一个水平线上的德性个体，也将逐渐拉开距离，彼此越走越远。正是在这样的阐释向度上，孔子所代表的原始儒家的人性论和道德观，实质上是以"习"为中心的社会实践习得论。《三字经》作为古代社会启蒙读物，让孩童们每日诵读"性相近，习相远"，其所期望产生的具体效果，绝非辨识于心性哲学相关范畴之间而作玄思冥想，而显然是想让这些淳朴的性灵自幼养成足可抵御社会邪恶风习的道德实践能力。

遗憾的是，由于后世新儒学的心性哲学阐释无不注重学理层面的推论，所以，原始儒家本来具有的注重社会实践习得的历史主体精神，便被有意无意地遮蔽了。

为使我们的讨论真正建立在具体实践的坚实基础之上，这里很有必要涉及某个具体的实践性的问题。如朱熹曾这样来阐释其"论敬为求仁之要"

---

① 王阳明：《传习录》，中州古籍出版社 2008 年版，第 30 页。

的观念:

> 别纸所论敬为求仁之要,此论甚善。所谓心无私欲即是仁之全体,亦是也。但须识得此处便有本来生意融融泄泄气象,乃为得之耳。颜子不改其乐,是它功夫到后自有乐处,与贫富贵贱了不相关,自是改它不得。仁智寿乐,亦是功夫到此,自然有此效验。①

也正因为有当年朱熹如此之说,当今学者才有"用敬贯动静,敬贯始终,敬贯知行概括朱子为学之方,比较全面而合乎朱熹的整个思想"的哲学史判断②。毫无疑义,"仁"学和"求仁"之学是有区别的,就像"道"和"原道"并不是一个概念一样。如果说"仁"学可视为儒家思想的本体论,那"求仁"之学就属于本体论的实践论展开方式。而问题恰恰在于,依朱熹此间所说,"与贫贱富贵了不相关"的这种心性修养功夫,分明颠覆了世人以"安贫乐道"为中心的道德价值观念,而在心性存养与社会境遇"了不相关"的前提下,"功夫到此,自然有此效验"的实践检验的证明,又在证明什么呢? 或者就和佛老出世哲学一样引人超然世外,或者就只能是庄学"心斋"构建那样的返回内心世界的神秘体验! 换一种视角,即便德性主体功夫到家,在"与贫贱富贵了不相关"的前提下,德性主体又如何以自身之德性影响整个社会风习,从而推动整体道德水平的提升呢? 即便是在"人人皆可成尧舜"的意义上来理解此间意蕴,那不也太过理想化了吗?

鉴于此,我们不妨带着"敬为求仁之要"的问题还原性地回到孔夫子的思想实践中去。《论语·为政》有云:

> 季康子问:"使民敬、忠以劝,如之何?"子曰:"临之以庄则敬。孝慈则忠。举善而教不能,则劝。"

> 子游问孝。子曰:"今之孝者,是谓能养。至于犬马,皆能有养。不敬,何以别乎?"

> 子夏问孝。子曰:"色难。有事弟子服其劳,有酒食先生馔,曾是以为孝乎?"③

请注意:

其一,朱熹论述中作为"求仁之要"的"敬",在孔子那里,又有两个最基本的意义指向:一个是在人性区别于动物性的意义上,"敬"意味着而今所谓"孝敬"的全部内容,以此而构成家庭伦理;另一个则是在个性生存于社会之

---

① 《答林德久》,见《朱熹集》卷六十一,四川教育出版社 1996 年版,第 3170 页。
② 陈来:《朱熹哲学研究》,中国社会科学出版社 1988 年版,第 258 页。
③ 朱熹:《四书章句集注·论语集注》卷一,中华书局 1983 年版,第 56—58 页。

中的意义上，"敬"意味着君民上下之间的某种对应关系，以此而构成政治伦理。中国的道德文化传统具有家庭伦理与政治伦理相整合的特性，所以，季康子的施政纲领便被他自己凝练为"使民敬忠"，而孔子回答的要领也包括"孝慈则忠"，这就充分体现了家庭伦理与政治伦理的整合性。就像我们常说"父慈子孝"一样，家庭伦理之于父子关系的规范，显然是一种彼此对应的互动互换关系———一定程度上的平等关系。既然如此，家国一体意义上的政治伦理，也就合乎逻辑地必然具有某种人学意义上的平等关系。《论语·颜渊》云：

> 仲弓问仁。子曰："出门如见大宾，使民如承大祭。己所不欲，勿施于人。在邦无怨，在家无怨。"①

在已经成为世界经典格言的"己所不欲，勿施于人"的具体生成语境中，在邦与在家是并举的，这就再清楚不过地说明了家庭伦理与政治伦理原生的整合性。不仅如此，处于上下文语义贯通的同一语篇之中的前面两句话，其语义所指，诚如朱熹集注所言："观其出门使民之时，其敬如此，则前乎此者敬可知矣。"②揆诸情理，在先秦那个以祭祀和战争为国之大事的时代，在儒家慎终追远而尊崇祖先的文化风习笼罩下，"使民如承大祭"显然是"临之以庄"的另一种更为生动形象的说法。《礼记·表记》云："君子庄敬日强。"③可见，君子人格的设计与君民关系的规范是高度一致的，而君主与民众的对待原则也是平等的。特别需要指出的是，"大祭"之际，无论是祭祖还是祀神，祭祀礼仪和相应氛围所需要的主体性情，无疑是以敬畏心为中心的。既然如此，讲"己所不欲，勿施于人"而以"使民如承大祭"为实际经验基础，无异于强调"使民"以敬畏之心，如同慎终追远以及敬畏神灵。这是否可以看作是以人性替代神性、以民权替代神权的思想动向呢？答案应该是肯定的。

其二，进一步还原《论语》载述所呈现的历史生活语境，其中所谓"临之以庄"，参照《论语·先进》"论笃是与。君子者乎？色庄者乎？"④显然还有一个是否"色庄"的问题，并因此而必然引出"色难"的问题。缘乎此，我们可以进入一个对于理解和阐释中国道德文化传统来说具有重大意义的"问题领域"。请先看一则来自网上的调查材料：

> 100 位老人见到后辈儿孙时，有 91 人表情愉悦，面带微笑；有 5 人

---

① 朱熹：《四书章句集注·论语集注》卷六，中华书局 1983 年版，第 132—133 页。
② 朱熹：《四书章句集注·论语集注》卷六，中华书局 1983 年版，第 133 页。
③ 中华书局编辑部编：《汉魏古注十三经·礼记》，中华书局 1998 年版，第 201 页。
④ 朱熹：《四书章句集注·论语集注》卷六，中华书局 1983 年版，第 128 页。

显得很平静；有 4 人面带期待与希冀。而 100 位儿孙遇见长辈时，有 46
人板着面孔，显得冷淡，脸色难看；有 41 人平淡无情，无动于衷；只有 13
人笑脸相迎，问寒问暖，情意融融。

姑且不去理会这种调查问卷的来源是否真实，仅就其现有结论而言，也不是
没有需要商榷的地方。其中，一个最关键的问题，是这里的"表情愉悦"是否
出于真诚！唯其如此，孔子当年提出的"色难"问题，即使在数千年之后，仍
不失其道德实践哲学的深远意义。孔子有言："巧言令色，鲜矣仁。"①又曰：
"贤贤易色，事父母能竭其力，事君能致其身，与朋友交言而有信。虽曰未
学，吾必谓之学矣。"②欲明"令色"之义，须辨"巧言"之意，因为它们彼此是
对应的。《论语·卫灵公第十五》："子曰：'巧言乱德，小不忍则乱大谋。'"③
值得格外注意的是，孔子在这里将"乱德"与"乱大谋"相提并论，足见原始儒
家的道德学说始终是与经邦治国的谋略相关联的。不仅如此，无论怎样去
领会，这里所否定的"巧言"，绝不仅仅是指花言巧语。对此，朱熹集注谓之
"变乱是非"，翻译成现代生活语言，就是扰乱是非、蛊惑人心。"巧言"既然
如此，与其对应的"令色"，其基本意思也就应该是以迷乱、迷惑为语义核心
所在。既然已有"巧言乱德"的原创格言，相应也就该有"令色乱德"的合理
推论，而如是对应推理的另一个思想暗示，显然指向言语与表情在特定生活
场景中的高度关联性。翻检《论语》载述的孔门研讨内容，如《论语·季氏》
曰："侍于君子有三愆：'言未及之而言谓之躁，言及之而不言谓之隐，未见颜
色而言谓之瞽。'"《论语·泰伯》曰："曾子曰：'君子所贵乎道者三：动容貌，
斯远暴慢矣；正颜色，斯近信矣；出辞气，斯远鄙倍矣。笾豆之事，则有司
存。'"④如此等等，无不说明，"色难"及其相关问题所构成的"问题领域"，最
终需要被看成是一个社会实践习得的"问题"才是。不论我们把孔子所谓
"色难"理解为努力做到"容色恭顺"还是保持这一点十分困难，问题的关键
最终在于，这"不再是一种观念性的东西，而是被还原为一种现实的生活表
现。只有对实际的生活情境和己人之间的情绪关联获得真切的领会，也就
是说，只有拥有真实不虚的情绪意识，色的表现，与言的表现一样，才真正具
有立身行道的生活意义。"⑤

---

① 朱熹：《四书章句集注·论语集注》卷六，中华书局 1983 年版，第 48 页。

② 朱熹：《四书章句集注·论语集注》卷六，中华书局 1983 年版，第 50 页。

③ 朱熹：《四书章句集注·论语集注》卷六，中华书局 1983 年版，第 167 页。

④ 朱熹：《四书章句集注·论语集注》卷六，中华书局 1983 年版，第 172、103 页。

⑤ 厉才茂：《〈论语〉"色"的意义的现象学分析》，《孔子研究》2001 年第 4 期。

《论语》原本就是一部载述孔儒社会实践习得经验的经典，孔子所代表的原始儒家的道德教化论，就是社会实践习得论。

费孝通指出："文化自觉，意思是生活在既定文化中的人对其文化有'自知之明'，明白它的来历、形成的过程、所具有的特色和它发展的趋向。自知之明是为了加强文化转型的自主能力，取得决定适应新环境、新时代文化选择的自主地位。"他还进一步解释道："文化自觉只是指生活在一定文化中的人对其文化有'自知之明'，明白它的来历，形成过程，所具有的特色和它发展的趋向，不带任何'文化回归'的意思，不是要'复旧'，同时也不主张'全盘西化'或'全盘他化'。自知之明是为了加强对文化转型的自主能力，取得决定适应新环境、新时代对文化选择的自主地位。文化自觉是一个艰巨的过程，首先要认识自己的文化，理解所接触到的多种文化，才有条件在这个已经在形成中的多元文化的世界里确立自己的位置，经过自主的适应，和其他文化一起，取长补短，共同建立一个有共同认可的基本秩序和一套各种文化能和平共处，各抒所长，联手发展的共处守则。"①

笔者对费孝通先生"文化自觉是一个艰巨的过程"的提法深表赞同，并且想补充一句："自知之明"必须与"自行之诚"相统一，"自知之明"难，"自行之诚"更难。为此，我们必须从一开始就强调"知行合一"，并在现代实践主体的"文化自觉"的高度上，深入阐发中华优秀传统文化的核心内容之一——"躬行君子"的"传习"实践精神。进一步，我们还要强调指出，"知行合一"只有在社会实践习得论的意义上得到充分阐释，才能真正导引和推动现代生活中的道德实践习得。我们的确不需要"复旧"性的"文化回归"，但是，我们却需要在深刻理解的基础上弘扬某些珍贵的"原生"的精神传统，譬如这里所反复阐述的社会实践习得传统。

悠悠万事，育人为先。教化人格，贵在实践。知行合一，社会为先。

值此浮躁喧嚣之世，力戒游谈无根的文山会海，根除哗众取宠的娱乐讲坛，是刻不容缓的实践课题。得风气之先，领风骚之雅，高等学府的师生群体需要在学理探询的层面上凸显"文化自觉"，同时又要在知行合一的意义上重建中华文化固有的"传习"传统，使之成为现代大学文化的有机组成部分。在这样的特殊意义上，如今重申孔子作为中国道德教化传统之原创者的伟大意义，重申其"躬行君子"的社会实践性质，重申其主导下的孔门德性修习功课的实践赋性，实在太有必要了。

———————————

① 费孝通：《费孝通论文化与文化自觉》，群言出版社 2007 年版，第 12 页。

八、道德现实感与理想现实主义

上述讨论已然说明，无论是德政讲求还是德性讲求，中华元典以道德主义为中心的原生意蕴中，都充满着"道德现实感"。或许，道家《庄子》的寓言叙说每每给人以擅长虚构想象的印象，殊不知，这其实正是中华先贤善于"举例说明"的思想方法的生动表现，而这种为诸子百家所共有的思想方法，具体表现在原始儒家言行实录的《论语》文本，则更是表现为"实事求是"的现实主义思想方法。

"道德现实感"引领下的关于中国道德文化建设的学术探讨，必将提出"还原"中国的道德现实主义问题。长期以来，学界总是将中国传统文化中有关道德人格的讲求内容总括为"理想人格"，与此相对应，自然就形成了中国道德文化传统是为道德理想主义的基本判断。必须承认，如是这般的学术认知和思想阐释，显然也是合理而自洽的。同样必须指出，如是这般的认识与阐释，显然又遮蔽了传统文化和文化传统的另一面真实。也就是说，中国传统文化在被阐释为道德文化传统的意义上，与其视之为道德理想主义，或者反其道而行之，视之为道德现实主义，不如辩证地视之为理想现实主义。

设若我们可以把人类文明发展中生成的自我确认方式一分为二地区分为理想主义与现实主义，那么，随之而深入细致的辨析就将生成以下四种意态：其一，理想的理想主义，这是彻底的理想主义者之所为；其二，现实的理想主义，这是相对的理想主义者之所为，但其基本意态是倾向于理想主义的；其三，理想的现实主义，这是始终不放弃理想追求的现实主义者之所为；其四，现实的现实主义，这是彻底的现实主义。上述四种意态的分析，实际上不含褒贬抑扬的意味。四者之中，"现实的理想主义"和"理想的现实主义"是为常态，世界各国文明，全球各个民族，很少会有"理想的理想主义"和"现实的现实主义"，因为那是两种极端的情况，而极端总是非常态的——极端而成为常态，必是灾难。中国传统文化——被阐释为道德中心主义的文化传统，具有理想现实主义的精神意态——不是理想主义和现实主义的合二而一，而是以现实主义为主导而又不失其理想主义色彩。

在中国当下倡导"德治"与"国学"的思想文化语境中，尤其是在举国关注道德文化建设的社会心理基础上，提出理想现实主义问题，并且是在"通古今之变"的特殊意义上来讨论这一问题，显然具有积极的现实意义和深远的历史意义。值此之际，我们必选的学术课题，则是在"新国学"的视阈中确认理想现实主义就是古典现实主义的现代化。

　　相对于新道德理想主义的理论吁求，我们要提倡新道德的理想现实主义思想精神。陶东风《道德理想主义与转型期中国文化》①曾明确提出"新道德理想主义"的构想，其论述确有启悟世人之处。受其启发，这里不妨再度思考作为其前提性认识内容而实际上是一种可称为学术共识的知识系统："我们还发现了中国与西方的人文精神论的一个极为有趣的差别。"看来，其思想方法的生成是植根于"中学"、"西学"的文化与学术差异观念。不仅如此，这种"中""西"文化与学术差异论又显然是一种鲜明的截然相反论："西方的人文精神是世俗化的同义语，是以人性反抗神性，从天国走向人间；而中国今日的人文精神论者却以反世俗的面目出现，是以神性压制人性，从人间走向天国。"我相信实际情况绝不如此简单，无论是当年的西方还是今日的中国。即便是继续循着"言必称中西差异"的理路，从而必不可免地回顾"中国向西方学习了什么"并思考"中国的实践证明了什么"等相关问题时，事情的复杂性也已经十分凸显。既然如此，新世纪道德文化讨论中的新理想主义和理想现实主义，都需要从避免简单化这一基点出发。

　　如果说近代历史上的西方"人文主义"是伴随世俗化的进程而出场的，那么，问题的症结因此就在于"伴随着"这个词的特殊含义。以专制神权政体为对立面的人文主义，在挣脱神权政体束缚而获得自由的历史过程中，世俗欲望的人性自觉，确实是"伴随着"人文理性的自觉而出现的，物质主义、商业主义以及工业化、科技主义等一系列可归结为物质文明昌盛的历史存在物，是"伴随着"不间断的批评声音而生长成熟的，是在批评声中长大的。要用一句最简明的话语来概括，那就是近代历史上的西方"人文主义"传统，其区别于中世纪神权时代的根本标志，恰恰在于对"批评的权利"的尊重，并因此而以独立思考的人文理性为其人文主义精神之实质。在某种意义上，那真是一种既要世俗化而又批评世俗化；既要工业化而又批评工业化的人文主义。是一种物质中心论与精神中心论并行不悖的人文主义，从而最终是一种具有自我调适能力的思维方式和社会实践机制。

　　无论是回顾西方"人文主义"的历史，还是总结中国引进并消化西方"人文主义"的历史，以及在引进消化的过程中发现中国传统文化中"人文主义"精神元素的历史，相信所有的历史经验都将提醒我们，真正具备自我反省机制和批评精神的社会思潮，必然富于现实主义精神，而其最为典型的表现形

---

　　① 《原道》第九辑，《新原道》，大象出版社2004年版。

态,就是富有强烈的"问题意识"和"道德现实感",而不是一味地沉溺于纯粹理论话语体系的自我构筑。值此而特别要指出的是,中华元典精神,恰恰就是这样一种理想现实主义的精神,尤其是以原始儒家为代表的古典道德现实主义。有伦理学者指出:"长期以来,我们在理论研究和道德建设上被伦理悲观主义束缚着。伦理悲观主义在根本上是不符合客观实际的,而且它常常走向一种道德复古主义。所以,在伦理学研究和道德建设上,要摆脱那种被动的局面,就应该从伦理悲观主义走向伦理现实主义,从社会生活的实际出发,坚持实事求是的精神。"①必须承认,不是从悲观主义走向理想主义,而是从悲观主义走向现实主义,这样的认识和倡导是非常有见识的。不过,世人苦于"人心不古"的道德悲观主义,与其说是道德复古主义,不如说是期望于古典道德现实主义的现代化。这是因为,针对当今中国社会现实中的道德文化缺失,我们亟待补充的道德文化课程,实际上是双重的:一方面,近一个世纪的"文化大批判"——绝不要以为这种"文化大批判"只是"文化大革命"的产物——使中华优秀文化的传统已经断绝;另一方面,进入21世纪以来的"国学热",又使国人中的相当一部分误将文化复兴简单化为文化复古。唯其如此,我们现在亟须展开的道德文化建设课题,便是同时做两件事:一是深入发掘古典道德文化宝藏,二是紧接着使之转化为现代化实践成果。

如果说中国传统道德文化的中心内容,是儒家思想观念和实践经验历史地建构起来的特定传统,那么,这里要强调指出的是,当我们基于自身是为当代"思想者"的精神自觉,从而追溯中华元典之所载述的诸子百家作为"思想者"的精神轨迹,进而剖析其身为"思想者"之历史主体的精神状态,以便发现其中足可启悟当世的思想智慧时,那主要由原始儒家的思想实践所体现出来的理想现实主义精神意态,值得我们高度重视。

原始儒家的思想精髓,往往生成于以孔门师生为主的"思想者"之间的智慧问答,而孔门问答本身又展现出元典时代的"思想者"特有的时代精神。如孔门十哲之一,被今世誉为"儒商第一人"的子贡,曾问政于孔子:

> 子贡问政。子曰:"足食。足兵。民信之矣。"子贡曰:"必不得已而去,于斯三者何先?"曰:"去兵。"子贡曰:"必不得已而去,于斯二者何先?"曰:"去食。自古皆有死,民无信不立。"②

朱熹集注引程子语曰:"孔门弟子善问,直穷到底,如此章者。非子贡不能

---

① 宋惠昌:《从伦理悲观主义走向伦理现实主义》,《伦理学研究》2002年第1期。
② 朱熹:《四书章句集注·论语集注》卷六,中华书局1983年版,第134—135页。

问,非圣人不能答也。"①即使到了今天,子贡如是追问,孔子如是回答,其所构成的动态的思想生成过程,仍然富有深刻的启示意义。孔子前言之"民信之"与后言之"民无信不立"的两个"信"字,意义显然是有区别的,前者之思想实质可以概括为"民富国强,民心乃归",而后者之思想实质则可以概括为"饿死事小,失信事大",前后之间,是一种从"一般原则"到"极端原则"的思想推演,子贡"必不得已而去"的前提性设置,逼问孔夫子使其作出终极性判断。问题的症结因此而可以归结为两点:其一,就像问答双方的同时存在才能构成"问题"本身一样,孔夫子的深刻思想,其实是在子贡所设计的提问方式中生成的,此即程子所谓"非子贡不能问,非圣人不能答";其二,此际所谓"民信""民无信"之"信",在以"吾日三省吾身"之所谓"与朋友交而不信乎"为基本意义的前提下,即便像当今文化讲坛话语那样在将其阐释为"信仰"的时候,也必须认真指出,不能抛开"信任"的基本意义来奢谈"信仰"! 否则,当年子贡之追问,当年夫子之解答,便有被深度误读误解的可能。

正因为"子贡问政"富于终极追问的思想锐气,所以,这位"孔门十哲"也就同样富有质疑精神——终极性的质疑精神。《论语》作为儒学元典,其中《子张》一篇,朱子注释有道:"此篇皆记弟子之言,而子夏为多,子贡次之。盖孔门自颜子以下,颖悟莫若子贡;自曾子以下,笃实无若子夏。故特记之详也焉。"②《子张》篇记子贡之言凡六章,余五章都是子贡针对孔子生后所遭遇的质疑所做的辩护,唯有"纣之不善,不如是之甚也"一章,看似例外,实则更显出子贡质疑精神的包容深广。《论语·子张》云:

> 子贡曰:"纣之不善,不如是之甚也。是以君子恶居下流,天下之恶皆归焉。"③

将这一章内容,置于《子张》篇子贡六章的整体语境之中,才能领会其间深意,而子贡之精神意态,亦格外彰显。无论如何,元典文本自身已然客观地显示出一种固有的思想逻辑:只有当辩护可以同样实施于政治生活中的对立面双方时,辩护本身才会因为其超越性而获得普适的合理性,而这也正是孔子仁学"己所不欲,勿施于人"原则的直接体现。《子张》篇记述子贡之言:"文武之道,未坠于地,在人。"对于身处礼崩乐坏之世的孔儒师生来说,必将深感"文武之道"已然"居下流"的历史境遇,犹如孔子死后有人"毁仲尼",亦犹如殷纣灭亡之后"天下之恶皆归焉",将此三者联系起来而作整体性思

① 朱熹:《四书章句集注·论语集注》卷六,中华书局1983年版,第135页。
② 朱熹:《四书章句集注·论语集注》卷六,中华书局1983年版,第191页。
③ 朱熹:《四书章句集注·论语集注》卷六,中华书局1983年版,第191页。

考,并在为孔子辩护也必然为"文武之道"辩护的同时,依照同样适用的普适原则而为"文武之道"所否定的前朝政治辩护,这才是《论语·子张》篇子贡六章如是编辑的深层意蕴所在。当然,这也正是子贡作为孔子思想精神之承传者的杰出之处。换言之,《论语·子张》所记子贡六章,不仅可以视为孔儒"传习之道"的典型个案,而且可以借此实现对儒家元典精神的创新阐释。

作为孔子的学生,在孔子死而受人毁谤之际,挺身而出为孔子辩护,原本是情理中事。假如《论语·子张》仅仅记载子贡维护孔子之道的五章,而不载"纣之不善"一章,在阐释儒家思想学说的意义上,可能更见纯粹。但是,如今的文本事实毕竟是,在记载子贡为孔子辩护之前,先记载了子贡的质疑与推论,此中寓意,也是非同寻常的。按照生活情理和语义逻辑的重合线索推论,"是以君子恶居下流,天下之恶皆归焉"的对应话语,当然只能是"是以君子乐居上流,天下之善皆归焉"。而这样一来,其批判对象就不仅仅是直接指向道德追求与权力追求高度一致的思想意识,而且是直接指向"成王败寇"的历史发展逻辑了。虽然,朱熹注释此章时刻意强调说:"子贡言此,欲人常自警醒,不可一置其身于不善之地。非谓纣本无罪,而虚被恶名也。"①但子贡明言在斯,纵然是两千余年之后的我们,也不能刻意回避。诚然,朱熹阐释之苦心,我们当以"了解之同情"去体谅,而"纣本无罪"与"纣之不善,非如此之甚也",显然也不是一个意思。问题的症结在于,子贡所质疑者,乃是那种绝对化的善恶历史判断——特别是新朝建立之后针对覆灭前朝的绝对化道德批判。完全可以说,子贡至少也是在呼唤一种赋予新旧王朝平等话语权利的公正理性。在经历了无数次王朝更替而"成王败寇"的历史经验之后,再来品味子贡如是质疑,将备感如是呼唤的正大光明和深邃悠远。

子贡何以会发出如是感慨和质疑?对这一问题的回答,无论怎样探询搜求,最终都将回到那个最基本的生活现实——"居上流"者对"居下流"者的话语霸权。善恶判断,原本是一个最基本的道德判断问题,但道德建设的社会属性使其永远不可能具有真空世界里的"纯粹性",而现实生活中的道德判断本身的异化,就成为道德文化自身最大的敌人。子贡的辩护与质疑,因此而具有启蒙理性的光芒——即便是闪烁在深远的东方历史幽谷里的微弱的光芒! 子贡的辩护与质疑,也因此而成为中国传统道德文化所具有的理想现实主义的典型标志。

---

① 朱熹:《四书章句集注·论语集注》卷六,中华书局 1983 年版,第 192 页。

　　一说到启蒙或启蒙主义，人们必然要向西方寻找思想的源头，在凸显18世纪法国启蒙主义运动以来世界思想文化演变脉络的同时，一系列西方哲人的名字已俨然建构起一座世界价值观历史性展开的思想长廊。这样也好，只要我们不拘泥于西学概念的西方式阐释，也不仅仅是"借一双眼睛看中国"，而是"借一点灵感"来推进中华文化承传创新中的自我阐释，那么，未尝不可以从习惯上是指近代西方资产阶级革命以前反对封建主义、教权主义和蒙昧主义的思想文化运动之中，也就是从自然科学理性与人文主义精神之创造性统一的思想精神之中，提炼出一种超越具体时空的普适性人文思想理性——启蒙理性。中国古代没有现今学术意义上的"启蒙主义"，但这并不意味着没有中国历时形态的"启蒙理性"。"启蒙理性"在学术文献中的解释，是指与对神的敬畏、对权威的崇拜相对立，与自发的情感、主观的感受相对立的人的明智的判断、独立的思考和自我选择的能力，而这种能力是与自由、正义和人性的概念紧密相连的。孔门十哲之一的子贡，于孔子亡故之后，以其为"夫子之道"辩护从而堪称"传习"典型的实践主体精神，质疑西周政权建立以来所确立的德政话语权威，超越其导师孔子"成事不说，遂事不谏，既往不咎"①的主体精神意态，而体现出独立思考和理智判断的思想创新。在百家争鸣而各执己见的先秦历史大语境中，在孔孟相衔而集成儒学的原始儒家自身体系中，"子贡问政"的"追问"方式和《子张》篇中子贡六章的特殊构成，尽管只是特定的个案——自然是富有"传习"典型意义的个案，但微言之中蕴大义，细节之中藏真相，若能循此以进并纵深探索，自将大有益于中华儒学元典精神的现代阐释。

　　以上对原始儒学之典型个例的探讨性阐释，完全适用于中华元典价值阐释的其他领域。相信这样的探讨性阐释将日渐加深世人关于中国道德文化之理想现实主义的认识。在本论结束之际，我想再次申说的是："性相近，习相远"，人性的自觉让世人越走越近，而世俗风习反让人越走越远，历史经验积淀而成的生活逻辑，往往比来自书本的理论观念更有说服力，唯其如此，我们既不能寄希望于单纯的"理想人格"的宣教，也不能寄希望于同样单纯的"现实难题"的攻略，理想现实主义，应是理性而适宜的选择。

----

　　① 《论语·八佾第三》，见朱熹：《四书章句集注·论语集注》卷二，中华书局1983年版，第67页。

传统"信"观念探微

杜道明

"信"观念作为中华民族源远流长的传统美德,一向被视为为人之道和立政之基,是成就理想人格、维持社会秩序的基本道德范畴,至今仍具有十分重要的理论价值和实践意义。

一、何谓"信"

可以肯定的是,早在原始社会,人们的生产和生活便形成了一定的秩序,其中一部分就是由"信"的规范来维持的。不过当时的"信"观念还十分朦胧,更不可能形成文字的道德规范。"信"作为成文的规范,最早出现于金文之中,大约是晚商至春秋时期。如中山王鼎上就铸有"余知其忠䚄(信)也"的文字;战国中山王方壶也铸有"忠信"二字。金文的"信"字由"言"和"身"组成,生动形象地体现了"信"的道德内涵。自从有了文字,诚信的道德观念便开始从经验型走向理论型,并成为一种社会潜意识形态。

从现有古代文献来看,"信"字最早出现于《尚书·金滕》:"信。噫!公命我勿敢言。"不过此"信"字乃"的确"、"确实"之意。《易经》对"信"的使用就有了质的变化,如:"君子进德修业。忠信,所以进德也。修辞立其诚,所以居业也。"①意思是说,要讲求忠信,用以增进美德;言论要以诚信为本,

①　《周易·乾·文言》,《十三经注疏》上册,中华书局 1980 年版,第 15 页。

用以积功立业。《诗经·卫风·氓》更是在这一意义上使用"信"字："信誓
旦旦,不思其反。"

从字形结构上看,"信"字从人从言,象征人说话,讲的是言语的真实性,
亦即言自中出,表里如一。古代文献中多从言说的角度对"信"加以训释,如
"言善信",①"人之所以为人者,言也。人而不能言,何以为人? 言之所以为
言者,信也。言而不信,何以为言。"②"或问信,曰:'不食其言。'"③这里需
要探究的是,人言为信,所从何来?

在春秋之前,"信"多用于对鬼神的虔诚和信赖,如《左传·桓公六年》:
"忠于民而信于神。"《尚书·孔传》亦云:"鬼神不保一人,能诚信者则享其
祀。"由于古人认为神灵具有人所不可企及的智慧和能力,人在神面前只能
老老实实,否则必有灾祸降临,因此"信"字最初是指人在神面前祷告和盟誓
的诚实不欺,不敢妄言。这种对于鬼神讲信的行为方式,后来逐渐摆脱其宗
教色彩,特别是经过春秋时期儒家学者的倡导,"信"逐渐成为一项重要的道
德规范并开始运用到社会生活之中,于是讲求人际之间的言而有信,正所谓
"有所许诺,纤毫必偿;有所期约,时刻不易,所谓信也。"④

班固说:"信者,诚也,专一不移也。"⑤许慎的《说文解字》云:"诚,信也,
从言成声","信,诚也,从人从言会意。"由此可知,诚与信可以互训,也就是
说,诚即信,信即诚。程颐也认为:"诚则信矣,信则诚矣。"⑥其基本含义是说
话算数,这正好印证了人言为信的说法。不过,"诚"与"信"虽可互训,毕竟
是两个不尽相同的概念。首先,"诚"更多的是指"内诚于心",侧重内心的修
养与道德。如《荀子·修身》云:"君子养心,莫善于诚。"《大学》云:"意诚而
后心正,心正而后身修。"均为其证;"信"则更多的是指"外信于人",侧重外
在的行为规范和待人态度。如"与朋友交,言而有信"⑦,"与国人交,止于
信"⑧等。

其次,"诚"强调的是主体的自我修养,如"学者不可以不诚,不诚无以为

---

① 《老子全译》,贵州人民出版社 1989 年版,第 12 页。
② 《谷梁传·僖公二十二年》,《十三经注疏》下册,中华书局 1980 年版,第 2400 页。
③ 扬雄:《法言·重黎》,《诸子集成》第七卷,团结出版社 1996 年版,第 380 页。
④ 袁采:《袁氏世范·处己》,《颜氏家训　袁氏世范通鉴》,华夏出版社 2009 年版,
第 485 页。
⑤ 班固:《白虎通》卷三下,中华书局 1985 年版,第 209 页。
⑥ 《二程集·河南程氏遗书》卷二十五,中华书局 1981 年版,第 318 页。
⑦ 《论语·学而》,见杨伯峻译注:《论语译注》,中华书局 1980 年版,第 5 页。
⑧ 《礼记》,《十三经注疏》下册,中华书局 1980 年版,第 1673 页。

善,不诚无以为君子。"①而"信"则是"诚"的外化,是通过主体的实践,借助于外部的言行体现出的一种内外统一的道德品格。如:"信则人任焉",②"上好信,则民莫敢不用情"。③

再次,"诚"是对道德个体的单向要求,即内在德行,其作用在于约束自己;而"信"则是针对社会群体提出的双向或多向要求,体现为社会化的道德践行,其作用侧重于规范社会秩序。

当然,以上区分并不具有绝对的意义,两者实际上是相互贯通,互为表里的:"诚"是"信"的依据和根基,"信"是"诚"的外在体现。正如北宋理学家张载所言:"诚故信,无私故威。""诚"是指诚实无欺,真实无妄,既不欺人,也不自欺。《礼记·大学》云:"所谓诚其意者,毋自欺也。"朱熹在《四书章句集注·中庸》中对"诚"的释义是:"诚者,真实无妄之谓,天理之本然也。"传统诚信观在对"信"的规定上,其实是兼顾了内在要求与外在表现两方面的内容,亦即"诚"与"信"兼而有之。《论语·学而》中的"与朋友交而不信乎"、"主忠信","信"字即具有诚实无欺之义;《论语·为政》中的"人而无信,不知其可也",则具有信用之义。《释名》言:"信,申也,相申述使不相违也。"即是说,人们的行为应该是其言语的相应延伸,不应违背诺言。《论语·学而》云:"有子曰:'信近于义,言可复也。'"意思是,讲信用就是符合于义的要求,符合于义的话才可践行。扬雄《法言·重黎》:"或问信,曰:'不食其言。'"由此可见,"信"的基本含义是真实不妄,诚实不欺,言行一致,信守承诺。

正是因为"诚"与"信"相互为训,相互贯通,所以早在先秦时期就开始连用。如《逸周书》:"成年不偿,信诚匡助,以辅殖财。""父子之间观其孝慈,兄弟之间观其和友,君臣之间观其忠惠,乡党之间观其信诚。"这两处"信诚"实为"诚信"之意。《礼记·祭统》则直接提出:"身致其诚信。"《荀子·不苟》更主张:"诚信生神。""诚"、"信"二字原本就有一物二体之意,在此基础上合二而一,形成新的道德范畴则是顺理成章的。

笔者以为,"信"作为中国传统道德的一项基本观念与规范,实际上体现了中国古人对真、善、美的不懈追求。具体言之,"信"的核心是哲学之"真",精髓是道德之"善",结果是人格之"美"。

---

① 《二程集·河南程氏遗书》卷二十五,中华书局1981年版,第326页。

② 《论语·阳货》,见杨伯峻译注:《论语译注》,中华书局1980年版,第183页。

③ 《论语·子路》,见杨伯峻译注:《论语译注》,中华书局1980年版,第135页。

二、"信"的核心——哲学之"真"

笔者以为,"信"的核心乃哲学之"真",这是就本体与伦理相统一而言的。从本体论上说,"信"是"天""地"的本性和自然界的运行规律。《吕氏春秋·贵信》说:"天行不信,不能成岁,地行不信,草木不大。"天、地都必须有"信"才能形成四季更替、万象更新,"信"显然被理解为一种超越时空、统天统地的自然规律和绝对法则了;从伦理学上说,"信"是做人的基本准则。张载说:"诚善于心之谓信。"①诸葛亮说:"不诚者失信。"②程颐说:"欲上下之信,唯至诚而已。"③这些都说明"诚"乃是"信"的基础。其实"信"本身也有真实之意,如《老子》说:"信言不美,美言不信。"④其中的"信"就是指的言语真实。孔子也有"情欲信,辞欲巧"⑤的说法,意思是感情要真实,言辞要讲究技巧。既然"诚"乃"信"之基础,在中国古人那里二者又可以互训,那么"信"也就具有了"诚"的基本内涵和功能。作为一个哲学概念,"诚"体现了先哲们对世界本原、万物之源的思考。《中庸》指出:"诚者,天之道也。诚之者,人之道也。"孟子也有类似的论断:"诚者,天之道也;思诚者,人之道也。"⑥朱熹在《四书章句集注·中庸》中对"诚"的释义是:"诚者,真实无妄之谓,天理之本然也。"这里所说的"诚"是指"天"具有真实无妄的根本特征,"天"是万物的主宰。真实、真诚是天道,是自然界的规律;而追求真实、真诚是为人处世必须具备的准则,是做人的规范。诚信之道是自然而然的存在,"思诚"是人对诚信的追求。真心实意追求诚信的"至诚"精神,能感天动地,心不诚则不可能感动别人。这里所说的"诚",仍然是讨论天人关系的哲学问题。古人之所以要将"诚"说成是"天之道",一方面是要探讨宇宙的本体,另一方面是让人们坚信"诚"作为"人之道"的天然合理性。

《礼记·礼运》曾勾画出一种理想的"大同"社会:"大道之行也,天下为公,选贤与能,讲信修睦。"由此可见,"信"不仅是人人都应遵循的行为准则,

---

① 张载:《张载集·正蒙·中正》,中华书局 1978 年版,第 27 页。

② 诸葛亮著,张连科、管淑珍校注:《诸葛亮集校注》,天津古籍出版社 2008 年版,第 273 页。

③ 程颢、程颐:《二程集·周易程氏传》卷二,中华书局 1981 年版,第 781 页。

④ 《老子全译》,贵州人民出版社 1989 年版,第 162 页。

⑤ 《礼记·表记》,《十三经注疏》下册,中华书局 1980 年版,第 1644 页。

⑥ 《孟子·离娄上》,《十三经注疏》下册,中华书局 1980 年版,第 2721 页。

还是理想社会状态的重要标志。宋代哲学家陆九渊说："忠者何？不欺之谓也；信者何？不妄之谓也……诚实无伪，斯可谓之忠信矣。"①忠就是不欺骗，信就是不说谎，所谓忠信就是诚实而不虚伪。总而言之，"信"的核心就是真，在纷纭复杂的社会环境中，它不仅反射着人格理念上的真情、真意，也闪烁着社会生活领域中的承诺、义务和信誉的光辉，同时还是民族精神的脊梁和国家荣誉的基石。"信"既是个人修养的准绳，也是群体意志的表现。离开了"信"（真）的社会，将成为动物类聚的乌托邦，根本没有物质文明和精神文明可言。

三、"信"的精髓——道德之"善"

"善"有狭义、广义之分。狭义的"善"指道德上合乎规范；广义的"善"是指人在自然关系、社会关系中的需要得到满足，表现为主体在行为价值上的合理性与合目的性，亦即达到了道德的境界。《礼记·大学》指出："大学之道，在明明德，在亲民，在止于至善。"这是从狭义的角度说的，认为凡是合乎道德的行为，都是对"善"的追求。《孟子·尽心下》说："可欲之谓善。"这是从广义的角度说的。据宋儒张栻《癸巳孟子说·卷七》的解释："可欲者，动之端也。盖人具天地之性，仁义礼智之所存，其发见，则为恻隐、羞恶、辞逊、是非，所谓可欲也。以其渊源纯粹，故谓之善。"可知孟子所谓"善"，其实质仍然是合乎仁义道德标准。

孟子对"诚信"之德与"善"的内在联系作过这样的阐释：

获于上有道，不信于友，弗获于上矣。信于友有道，事亲弗悦，弗信于友矣。悦亲有道，反身不诚，不悦于亲矣。诚身有道，不明乎善，不诚其身矣。②

在孟子看来，"诚"是"信"的基础，心"诚"自然达"信"，无诚也就无信。而诚信之关键在于"明乎善"，只有从主观上"明乎善"，才能做到"至诚不动"。

荀子指出："善之为道者，不诚则不独。"他认为："言无常信，行无常贞，唯利所在，无所不倾，若是，则可谓小人矣。"③这就是说，"诚信"是一切德行善事的基础，是人们处于任何环境、面对任何问题都必须遵循的道德准则；相反，言而无信、唯利是图，只能是人格低下的势利小人。由此可见，"诚"在

---

① 《拾遗·主忠信》，见《陆九渊集》卷三十二，中华书局 1980 年版，第 374 页。

② 《孟子·离娄上》，《十三经注疏》下册，中华书局 1980 年版，第 2721 页。

③ 《荀子·不苟》，《诸子集成》第二卷，团结出版社 1996 年版，第 75、78 页。

于仁,"信"近乎义。离开了仁义,诚信也就失去了"善"的价值。

如前所说,"信"的实质是真实无妄,是对宇宙万物真实本性的价值肯定。但如果从伦理学意义上说,"信"则是对道德的忠实,它追求的是道德上与"善"相一致的真,而不仅仅是对事实的认可。中国古人认为,诚实不欺、重然诺、守信用是最起码的道德,所以长期把"信"观念作为处理人际关系的精神纽带。在通常情况下,人们应该言行一致,说到做到,这样才能取信于人,人与人之间才能相互沟通,也才有人与人之间的相互尊重与相互信任。但是,中国古人在长期的社会实践和生活实践中,逐渐明白了这样一个道理:由于受人的素质的制约和环境变化的影响,人们在实际生活中说过的话、许下的诺言并非都能够一一兑现。除了能不能做到之外,还有一个该不该做的标准问题,这个标准,在传统道德中就是仁义。换言之,"信"不仅仅是言信于行,也不仅仅是行信于言,而是人的一切言行都必须信于仁义。因此,在中国传统道德中,"信"与"义"是密不可分的,"信义"二字常常连用,其原因就在于此。

大量历史文献证明,中国传统道德注重的不是"信"的外在形式,而是其精神实质。传统道德强调,在人际交往中,凡符合仁义的,就应该大胆承诺,并承担相应的责任;凡不符合仁义的,则不能随便承诺,也不应承担违背仁义的责任。因此,说过的话是否需要践行,必须以仁义为标准去衡量,而不是说了就要做。"言必信,行必果"①被孔子斥为不问是非而只管一味贯彻言行的小人行径,充其量不过是"匹夫匹妇之为谅"。② 孟子说:"大人者,言不必信,行不必果,惟义所在。"③与孔子一样,孟子也强调大信,反对小信,前者是合乎仁义标准的诚信,后者却是拘泥固执、不知通权达变、不合乎仁义标准的小信,而通权达变的标准就是孟子所说的"惟义所在",亦即符合"善"的标准。宋代理学家张载也认为:"君子宁言之不顾,不规规于非义之信。"由此可见,一旦离开仁义的标准,片面强调诚信,机械地遵守言行一致的行为规范,并不符合"信"的本质,反而会导致对仁义("善")的否定,破坏正常的社会秩序,形成不正常的人际关系。

① 《论语·子路》,见杨伯峻译注:《论语译注》,中华书局 1980 年版,第 140 页。
② 《论语·宪问》,见杨伯峻译注:《论语译注》,中华书局 1980 年版,第 151—152 页。
③ 《孟子·离娄下》,《十三经注疏》下册,中华书局 1980 年版,第 2726 页。

四、"信"的结果——人格之美

在中国传统文化中，诚信象征着高尚的人格与完美的人性。儒家把"仁、义、礼、智、信"并列为道德范畴的"五伦"，诚信历来被视为衡量志士仁人人格的一个标准："诚"是人格内在的美德，"信"则是"诚"这种美德的外在表现。从伦理学意义上说，人格是反映道德水平的一种尺度。"诚信"之德作为中华民族的传统美德，在历史长河中不断内化为一种民族性格。

对国人来说，"信"是人之为人的本质特征之一，"夫人之所以为贵者，以其有信有礼。"①就是说，人之所以为天地万物之灵，就在于人能守信达礼。而人若无诚信，则与禽兽无别："忠者何？不欺之谓也；信者何，不妄之谓也……忠与信初非有二也。特由其不欺于中而言之，则名之以忠；由其不妄于外而言之，则名之以信……人而不忠信，果何以为人乎哉？……人而不忠信，何以异于禽兽者乎？"②

封建时代的中国一直是一个奉行伦理中心主义的大国，人格美的塑造自然与伦理道德的践行密不可分。只要我们细察一下"信"观念的精义，就不难发现，在中国传统道德体系中，诚信与其他的道德规范是相互贯通并长期居于核心地位的，换言之，正是"信"这一道德观念构成了中国传统诸德的结合点。所谓"忠信，所以进德也"，③"信，德之固也"，④都表明"信"是一切道德的基础。这是因为，一方面，诚信之德的养成主要是主体自为的结果，主体之诚信对于成就理想人格具有至关重要的意义，因为诚心为善并付诸行动，是履行各种道德规范的前提。正如荀子所言："君子养心莫善于诚，致诚则无它事矣，为仁之为守，唯义之为行。"⑤明代心学家王阳明更进一步说："意既诚，大段心亦已正，身已自修。"⑥另一方面，诚信之德既发自主体之内诚，又可扩展为仁义礼智等多种美德，因而成为众多仁人志士成就理想人格、进而兼济天下的起点。因此，《中庸》把诚信作为贯通全部道德的核心范

---

① 张九龄：《敕吐蕃赞普书》，《全唐文》卷二八六。
② 《陆九渊集》卷三十二，《拾遗·主忠信》，中华书局 1980 年版，第 374 页。
③ 《周易·乾传》，《十三经注疏》上册，中华书局 1980 年版，第 15 页。
④ 《左传·文公元年》，《十三经注疏》下册，中华书局 1980 年版，第 1837 页。
⑤ 《荀子·不苟》，《诸子集成》第二卷，团结出版社 1996 年版，第 75 页。
⑥ 《王阳明全集》卷一，《语录一》，上海古籍出版社 1992 年版，第 25 页。

畴,周敦颐称之为"五常之本、百行之源"。① 仁义礼智忠孝廉耻等道德规范,如果离开了人的真诚为善之心与"信"观念的实践,都是难以完成从规范到人格之美的现实转换的。

中国古人对如何立身处世、养成人格之美的论述很多,其中非常重要的一点就是诚信。孔子在回答弟子子张应该怎样做人时说:"言忠信,行笃敬,虽蛮貊之邦行矣;言不忠信,行不笃敬,虽州里行乎哉?"②孔子显然认为诚信是放之四海而皆准的做人道理,他对弄虚作假、不讲诚信的行径甚为不齿,称"巧言令色,鲜矣仁",③主张"弟子入则孝,出则悌,谨而信,泛爱众而亲仁。"④孔子弟子曾子说:"吾日三省吾身:为人谋而不忠乎? 与人交而不信乎? 传不习乎?"⑤也把诚信操守作为人格修养的重要方面。

在传统文化中,表征人格完善与升华的境界是"成人"(全人),这是古代伦理的终极关怀之一。在这方面先秦哲学家们有过诸多思考,孔子说:"君子义以为质,礼以行之,孙(逊)以出之,信以成之。君子哉!"⑥又说:"主忠信。"⑦可见,在孔子看来,"信"不仅是成就君子人格必备的品德,而且做人要以忠实和诚信为主。事实上,先哲们对"成人"的要求还是非常严格的。

> 子路问"成人"。子曰:"若臧武仲之知,公绰之不欲,卞庄子之勇,冉求之艺,文之以礼乐,亦可以为成人矣。"曰:"今之成人者何必然? 见利思义,见危授命,久要(约)不忘平生之言,亦可以为成人矣。"⑧

睿智像臧武仲,清心寡欲像孟公绰,勇敢像卞庄子,多才多艺像冉求,再用礼乐成就其文采,方可为"成人",可以想见其要求之高。不过,如此高难度的"成人"标准,孔子认为只要做到仁义和诚信也就算"成人"了。由此足以看出先哲对"信"的人格意义的高度评价。

孟子还特意提出了一个"信人"的概念和人格档次:"浩生不害问曰:乐正子,何人也? 孟子曰:善人也,信人也……可欲之谓善,有诸己之谓信。"⑨这里所谓"信人",也就是说到做到、力行"至善"的人。"信人"与"善人"相

① 周敦颐:《周子通书》,上海古籍出版社 2000 年版,第 32 页。
② 《论语·卫灵公》,见杨伯峻译注:《论语译注》,中华书局 1980 年版,第 162 页。
③ 《论语·学而》,见杨伯峻译注:《论语译注》,中华书局 1980 年版,第 3 页。
④ 《论语·学而》,见杨伯峻译注:《论语译注》,中华书局 1980 年版,第 4—5 页。
⑤ 《论语·学而》,见杨伯峻译注:《论语译注》,中华书局 1980 年版,第 3 页。
⑥ 《论语·卫灵公》,见杨伯峻译注:《论语译注》,中华书局 1980 年版,第 166 页。
⑦ 《论语·学而》,见杨伯峻译注:《论语译注》,中华书局 1980 年版,第 6 页。
⑧ 《论语·宪问》,见杨伯峻译注:《论语译注》,中华书局 1980 年版,第 149 页。
⑨ 《孟子·尽心下》,《十三经注疏》下册,中华书局 1980 年版,第 2775 页。

提并论,可见"信人"也是具有高尚境界的人。《荀子·王霸》曰:"人无百岁
之寿,而有千岁之信士。"就是说,人的生命虽有限,但诚信人格却是不朽的。
这都说明诚信人格在先哲心目中的崇高地位。

由于"信"观念在整个封建道德规范体系中的特殊地位,历代思想家都
不断研究和提升它;历代统治者出于"以德率政"、稳定江山社稷的政治需
要,也不断阐扬和强化它,使之以封建纲常的形式居于社会道德的主导地
位;在社会心理层面,崇尚明礼诚信逐步成为一种文化传统,内化为中华民
族的一种精神特质。诚信之士常常唤起大众的共信与敬仰,而寡诚少信之
人总是为人所不齿。这就使得"信"观念在中国封建社会实际上成为维持社
会秩序必不可少的道德准绳,其教化功能、调节功能和导向功能历久不衰,
在很大程度上成就了礼仪之邦的千载美名。"信"观念作为中华民族原创形
态的道德资源,成为了中华民族传统美德的源头活水。

传统文化中的"信"观念在古代社会产生过深远而广泛的影响,它酝酿
并形成了一种以诚信为光荣、以不讲信用为耻的价值观。当然也曾出现过
战国纵横家苏秦那样极端的例子,他竭力贬低诚信的价值:"且夫信行者,所
以自为也,非所以为人也。皆自覆之术,非进取之道也。且夫三王代兴,王
霸迭盛,皆不自覆也。"①但这只是特殊历史时代的一种偏激的言论,古代社
会的主流是推崇诚信,以诚信为美德的。如"轻千乘之国,而重一言之信。"②
"耻不信,不耻不见信。"③"言无常是,行无常宜者,小人也"④等,都显示了以
诚信为荣、以不信为耻的价值观。

综上所述,"信"作为中国传统道德的一项基本观念与规范,其基本含义
是真实不妄,诚实不欺,言行一致,信守承诺。传统"信"观念体现了中国古
人对真、善、美的不懈追求。具体言之,"信"的核心是哲学之"真",精髓是道
德之"善",结果是人格之"美"。

---

① 《战国策·燕一》,上海古籍出版社 1983 年版,第 1047 页。
② 王德明主编:《孔子家语译注》,广西师范大学出版社 1998 年版,第 106 页。
③ 《荀子·非十二子》,《诸子集成》第二卷,团结出版社 1996 年版,第 111 页。
④ 《淮南子·缪称训》,《诸子集成》第七卷,团结出版社 1996 年版,第 164 页。

义:从五伦、三纲到现代职业伦理

韩德民

一、"义"与"礼"的强制性

"义"的观念与"仁"一样,都渊源于三代礼文化。夏商周之所谓"礼",是贯穿社会生活各层面的全方位的制度规范和意识形态,包含了现在意义上的政治、经济、军事和文化等各层面的内容。《左传·成公十三年》中说:"国之大事,在祀与戎。""祀"即祭祀以祖先神为代表的神祇,"戎"即与异族之间的相互征讨。前者的作用在于增强内部凝聚力,后者的作用在于克服外部的发展空间障碍。"祀"与"戎"是"礼"最基本的存在形态。随着社会生活中不同族类的融合混杂,同时也是由于同族类内部关系的分化与裂变,所谓"内"与"外"的界限也变得复杂起来。"外"可能因为结盟成为"内",也可能因为被征服而成为另一种意义上的"内"。"内"可能因为封邦建国、后属疏远而渐次演变为"外",也可能因为社会地位的下降而成为社会分层意义上的"外"。"内"、"外"边界的变化,使超越狭隘血缘氏族关系的一般意义上的"人",及与一般意义上的"人"之观念对应的普遍主义的道德是非观念成为可能。

王国维描述西周社会秩序状态说:"周之制度、典礼,乃道德之器械,而尊尊、亲亲、贤贤、男女有别四者之结体也,此之谓民彝。其有不由此者,谓之非彝。《康诰》曰'勿用非谋非彝',《召诰》曰'其惟王勿以小民淫用非彝'。非彝者,礼之所去,刑之所加也。《康诰》曰:'凡民自得罪,寇攘奸宄,杀越人于货,暋不畏死,罔不憝。'又曰:'元恶大憝,矧惟不孝不友。子弗祗服厥父事,大伤厥考心。于父不能字厥子,乃疾厥子。于弟弗念天显,乃弗克恭厥兄,兄亦不念鞠子哀,大不友于弟。惟吊兹,不于我政人得罪,天惟与我民彝大泯乱。曰:乃其速由文王作罚,刑兹无赦。'此周公诰康叔治殷民之道……是周制刑之意,亦本于德治、礼治之大经。"①族属的融合和内外边界的变化,使暴力的适用对象从主要是异族,渐渐演变为可能同时甚至主要是针对共同体内部的破坏性因素。暴力使用的出发点,从单纯血缘族属的对立和生存空间的争夺,提升为对某种观念性价值原则的维护。如此,礼制中暴力的主要形式从所谓"兵"转变为"刑"。"祀"的凝聚范围也超越了本氏族共同体的范围,而扩展及于更广大范围的"天下"之中。所谓"怀柔远人"②从而有可能最终被确立为传统政治文化的核心观念之一。

"礼"之所以能够在三代特别是西周时期,较好地发挥维系社会共同体平稳运行的作用,很重要的原因就在于,它内在地包含着某种对立而互补、相反而相成的运作理念。在文化层面,"礼"可别而为言曰"礼"、"乐"。"礼"以别异,"乐"而和同。在政治层面,"礼"则合"德治"与"法(刑)治"言之。"德治"、"法(刑)治"的不同适用,最初主要系于族属或社会身份的区别,所谓"德以柔中国,刑以威四夷"(《左传·僖公二十五年》),渐渐地则过渡到品类德性的差异方面,所谓"虽王公士大夫之子孙也,不能属于礼义,则归之庶人。虽庶人之子孙也,积文学,正身行,能属于礼义,则归之卿相大夫。"(《荀子·王制》)"礼教荣辱以加君子,化其情也;桎梏鞭朴以加小人,治其刑也。"(荀悦《申鉴》)"义"的观念即源于对礼制强制性侧面的概括:"司寇之官以成义。"(《大戴礼记·盛德》)"有大罪而大诛之,简;有小罪而赦之,匿也……简,义之方也;匿,仁之方也。刚,义之方也;柔,仁之方也。"(《帛书·五行篇》)"仁"、"义"分别对应着礼制文化的两个侧面,在这样的意义上,它们是类似于"阴"、"阳"或"刚"、"柔"那样的对立范畴:"昔者圣人之作《易》也,将以顺性命之理,是以立天之道曰阴与阳,立地之道曰柔与刚,立人之道曰仁与义。"(《易·说卦》)

孔子"以仁释礼",着重强调的是"礼"作为共同体之和同手段的侧面,所谓"仁者爱人"。至于礼之规范钳制异端的精神侧面,孔子只是将其作为"仁爱"体现的消极形式进行了提示:"唯仁者能好人,能恶人。"(《论语·里仁》)也即"好"和"恶"两种情感——在政治实践层面则对应着"德"或"刑"两种管理模式——都是从属于"仁"之下的。天地之道,灭与生、衰与荣、成与毁总是如影随形,人道亦复如是。孟子在继承孔子仁学基本价值立场的

---

① 王国维:《殷周制度论》,见《观堂集林》上,河北教育出版社2001年版,第302页。
② 《礼记·中庸》:"凡为天下国家有九经。曰:修身也,尊贤也,亲亲也,敬大臣也,体群臣也,子庶民也,来百工也,柔远人也,怀诸侯也……柔远人则四方归之,怀诸侯则天下畏之。"

同时,更明确了礼制文化精神的这种内在张力属性。如果说"仁"是立足于"家"的层面对家国一体的政治共同体运行原则进行规范,是立足于亲亲和同的侧面对礼文化精神进行总体概括,那么"义"就是侧重于"国"的层面对礼制社会的结构原则进行阐释,是立足于尊尊别异的侧面对礼文化精神进行总体概括。虽然"仁"的观念也可以涵摄"恶恶"之一面,却毕竟以"亲亲"为主;"义"的观念也可以涵摄"善善"之一面,却终归以"羞恶"为本。与孔子专注于"仁"不同,孟子总是"仁义"并称,诸如"仁,人心也;义,人路也"(《孟子·告子上》),"仁,人之安宅也;义,人之正路也"(《孟子·离娄上》)等说法,都表明孟子试图将"义"作为"仁"的对待范畴加以定位,这种思路无疑极大地突出了"义"的重要性,同时对"仁"的作用限度和方式给出了某种限制。

二、"义"与"利"的分化

《中庸》释"义"为"宜"。"宜",容庚以为与"俎"本一字(《金文编》)。"俎",许慎以为"从半肉在且上"(《说文》)。"宜、俎、肴本一字,故得互训。此后逐渐分化,宜专用作杀牲,俎为载牲之器,肴则为牲肉矣……宜之本义为杀,为杀牲而祭之礼,是没有疑义的了。"[1]就"义"本身的字形结构来说,繁体"义"字上"羊"下"我",王国维说"我字疑像兵器形"[2]。这似乎从另一个侧面为把"宜"与"杀"相联系提供了支持。本义似乎沾满血腥气息的"义",随着时间的推移和社会文化形态的雅化,从两个方面发生了变化。一是所指涉含义的抽象化,"杀"可能不再专指肉体层面的杀戮,而用来指称某种价值理念层面的斗争和否定;二是其所指向的对象目标也不再局限于异族和异类,而扩展及于道德伦理层面之各种负面或异端现象。在此前提下,后世儒家更愿意引申性地从安宜、适中、恰如其分等角度为"义"定位。但尽管如此,同样作为对礼制文化精神的观念性提升,"义"在与"仁"的对照中,还是能够或隐或显地让人体会到其中的威慑成分:"恻隐之心,仁也;羞恶之心,义也。"(《孟子·告子上》)"羞"者,不善在己而耻之;"恶"者,不善在人而憎之。无论在人抑或在己,"义"的承担与"仁"迥乎有异。

"义"与杀戮的关联,本是族群生存竞争和利益冲突的结果,其原初驱动

---

① 庞朴:《儒家辩证法研究》,中华书局 1984 年版,第 22 页。

② 朱芳圃:《甲骨学·文字编》卷十二,第 8 页,背面"我"字条引。转引自周桂钿:《中国传统哲学》,北京师范大学出版社 1990 年版,第 232 页。

力毫无疑问的是"利"。所谓"义以建利"（《左传·成公十六年》）、"义以生利"（《左传·成公二年》）、"义，利之本也"（《左传·昭公十年》）等说法，都某种程度上可以视作"义"最初渊源于"利"的旁证。但随着"义"之表现形态的雅化，其目标定位方面也表现出超越"利"的趣向。之所以要进行这种超越，是因为利益观念随着文明进化程度的提升而形成了分化，有可能在总体利益和局部利益、眼前利益和长远利益之间作出明确的区分。为了使总体利益和长远利益得到有效保障，就必须超越局部具体利益和眼前利益。在这样的背景下，"义"之为"杀"，首先要强调的就不再是它和形而下的"利"的一致性，而是它和某种更抽象、更宏观的合理性原则的对应性；适应这种要求，对象之"恶"或说"不德"很自然地慢慢取代行为主体自身的利欲而成为实施"杀"的主要根据。① 这就是"义"之为"灭"，其针对的对象有时可能会从"异族"转为"亲族"背后的逻辑。

王国维曾有分析道："古之圣人亦岂无一姓福祚之念存于其心，然深知夫一姓之福祉与万姓之福祚是一非二，又知一姓万姓之福祚与其道德是一非二，故其所以祈天永命者，乃在德与民二字。"②"一姓之福祚"者，统治者之私利也；"万姓之福祚"者，统治者之恩泽惠德也。不同族属部落之间的相互征服，无疑义的是基于本族的生存利益；建立在征讨基础上的政权，也无疑义的是为本部族成员（贵族）服务的。但随着多族融合基础上的共同体观念的形成，人们有关国家政权属性和政治统治合法性的观念，也必然会发生变化。这种变化首先是基于现实政治实践的推动。武王在殷周兴亡易代之际，借声讨殷纣之暴虐的方式进行总结说："惟天惠民，惟辟奉天。有夏桀，弗克若天，流毒下国。天乃佑命成汤，降黜夏命。惟受罪浮于桀。剥丧元良，贼虐谏辅。谓己有天命，谓敬不足行，谓祭无益，谓暴无伤。厥监惟不远，在彼夏王。天其予义民，朕梦协朕卜，袭于休祥，戎商必克。"（《尚书·泰誓中》）人君是否能上承天命，天命能否延续而不发生转移，端的视其施政理

---

① 从理论上说，这种思维方式的改变体现了文明的进化，但在实践层面，却也可能使历史叙述变得复杂，从而某种意义上不利于真相之发现。即如武王克商，或许本来主要是不同族类之间基于生存利益的权力争夺，但为了使自己的胜利适应文明时代价值观念的要求，作为胜利者的周族就要尽可能强调双方在道德上的对立。于是在由胜利一方书写的历史上，周王就成了道德的化身，而敌对方的纣王则成了恶的集大成者。对于这种基于意识形态需要而构建的历史叙述体系，子贡就直截了当地说："纣之不善，不如是之甚也。"（《论语·子张》）

② 王国维：《殷周制度论》，见王国维：《观堂集林》上，河北教育出版社 2001 年版，第 301 页。

民能否最终满足下民对于公平正义的要求,所谓"天视自我民视,天听自我民听"(《尚书·泰誓中》)。稳固的政治统治需要缓解乃至最后克服族群之间的对立,克服族群对立的基本前提,是将政治统治建立在全部共同体成员认同的基础上。这就要求核心统治集团超越王国维所谓"一姓福祚"的狭隘利益观念,致力于天下"万姓"也即全民的福祉。王国维说:"殷周间之大变革,自其表言之,不过一姓一家之兴亡与都邑之转移,自其里言之,则旧制度废而新制度兴,旧文化废而新文化兴"。① 这种文化性质上从"旧"到"新"的重要标志之一,就是所谓"德"的观念的构造。"殷代卜辞中无'德'字。周初把'德'作为统治殷顽民和其他庶民的一种软的手段,提到这样的重要,恐怕是周公的创见"。② 按周人的思维,夏殷"惟不敬厥德,乃早坠厥命"(《尚书·召诰》),文王所以能够上应天命,则是由于"德柔懿恭,怀保小民,惠鲜鳏寡",乃至于"自朝至于日中昃,不遑暇食,用咸和万民"(《尚书·无逸》),总之是由于能够"敬德"。

"万姓之福祚"意味着对最高统治者"一姓之福祚"观念的否定。对"一姓之福祚"乃至一己之福祚的超越,就主观态度言之,就是所谓"敬德";就客观体现言之,则就是对"一己"、"一姓"之外的"万姓"、"万民"的重视。"卜辞中没有'民'字;周人才重视了'民'。"③这种对本属被征服被统治之"万姓"④的重视,对狭隘自我利益观念的超越,使本属"一姓"的统治获得了"万姓"的认同,获得了更深厚的统治基础,具有了普遍规范意义上的"德"的属性,从而有可能长保其稳定与活力。这种统治地位的持续稳定当然从根本上保障着最高统治者及其核心集团的最大利益。以这样的现实政治文化的发展为前提,观念层面作为政治操作规范的"义"也发生了变化。儒墨等学派都在这种价值观念嬗变的历史进化过程中,作出了自己的贡献。

"义"或"宜"用于指称规范刑杀的抽象合理性原则而非刑杀本身,这在《尚书》、《诗经》等文献中就已表现出来,如《尚书》中说:"用其义刑义杀。"(《康诰》)说:"其在祖甲,不义惟王,旧为小人。"(《无逸》)《诗经》中说:"文

---

① 《殷周制度论》,见王国维:《观堂集林》上,河北教育出版社2001年版,第288页。

② 中国社会科学院哲学研究所中国哲学史研究室编:《中国哲学史资料选辑》(先秦之部),中华书局1984年版,第24页。

③ 侯外庐、赵纪彬、杜国庠:《中国思想通史》第一卷,人民出版社1958年版,第73页。

④ 侯外庐等以为,"金文'民'字象刺目形,即奴隶总称"(侯外庐等:《中国思想通史》第一卷,人民出版社1958年版,第73页)。

王曰咨，咨女殷商。而秉义类，强御多怼。"（《大雅·荡》）春秋末期后，孔子等思想家进一步强化了这种倾向。"子曰：'非其鬼而祭之，谄也；见义不为，无勇也。'"（《论语·为政》）这里孔子所谓"义"强调的，主要不是具体的实体性行为，而是行为背后隐含的正当性原则。"子曰：'君子义以为上。君子有勇而无义为乱，小人有勇而无义为盗。'"（《论语·阳货》）这里"义"联系着主体用普遍合理性原则约束自己以抵御利益诱惑的能力。墨子也继承了对"义"进行道德化提升的思想潮流，反复强调"义"作为"公正"的含义："是故墨子言曰：戒之，慎之，必为天之所欲而去天之所恶。曰：天之所欲何也？所恶者何也？天欲义而恶其不义者也。何以知其然也？曰：义者，正也。何以知义之为正也？天下有义则治，无义则乱，我以此知义之为正也。"（《墨子·天志下》）只有那些根本否定"义"及"仁"等观念的学派人物，表现得对"义"观念内涵的这种演变趋向比较麻木。如《庄子·大宗师》中说："吾师乎，吾师乎，齑万物而不为义，泽及万世而不为仁，长于上古而不为老，覆载天地、刻雕众形而不为巧。"庄子这里所谓"不为义"、"不为仁"、"不为老"、"不为巧"都是就道家宗师超越性的观念境界而言的。按他的理解，在社会的常规思维中，"刻雕众形"是"巧"，"泽及万世"是"仁"，"长于上古"是"老"。与此相应，"义"的本义应该就是"齑"。与墨子、孟子等对"义"的使用对比之下，庄子的使用显然是没有与时俱进、没有充分关注"义"观念色彩柔化的历史趋向的结果。之所以如此，或许是因为，对于庄子之类道家人物来说，"义"作为刑杀实践，还是作为抽象化的人间道德政治判断依据，都不妨碍其作为被指斥否定的对象。

三、"利"的分化导致"义"与"利"的分化

在"义"、"利"观念分化的历史文化背景下，孟子确立了"义利之辨"在儒家政治伦理学说中的地位。因为此一理论命题是在《孟子》开篇之第一章中提出的，所以历来所引起的关注似乎都较诸孟学其他命题更广泛。如张栻即称："学者潜心孔孟，必得其门而入，愚以为莫先于义利之辨。"①

针对孟子"王何必曰利，亦有仁义而已矣"的答辞，古今学者多从重义轻利的角度诠解，强调孟子对立"义"、"利"的倾向。如朱注即将"义"、"利"分别对应于所谓"天理"和"人欲"："此章言仁义根于人心之固有，天理之公

---

① 张栻：《孟子讲义·序》，《南轩集》卷十四，见《四库全书》第 1067 册，（台湾）商务印书馆 1983 年影印文渊阁本，第 539 页。

也;利心生于物我之相形,人欲之私也。循天理则不求利,而自无不利;徇人欲则求利未得,而害已随之,所谓毫厘之差,千里之谬。"如此则"利"的依据在形而下层面,"义"的根据在超越性的"天理"层面,虽同样映现于人心,却具有根本不同的属性。现代学者也多从这样的角度读解此章。冯友兰即循此得出"孟子反功利"的结论。① 黄俊杰则说:"春秋时代的人一般均认为'义以生利',孔子亦不排斥求人民之大利。到了孟子手中,'义''利'才发展成为互不相容的敌体,这可能与战国晚期世变日亟,上下交征利的时代背景有密切关系。"②中国传统政治中崇本抑末、重农抑商的观念,也与对孟子"义利之辨"的这种阐释角度有关。但综观孟子全书,此种解读与孟子思想的实际之间,似存在明显距离。孟子对惠王解释"何必曰利"的理由说:"未有仁而遗其亲者也,未有义而后其君者。"也即"仁义"原则实际上能够更有效地保障为人君者的切身利益。这意味着孟子游说惠王治国以仁义为本,理据并不完全在价值原则性的"重义轻利",不完全在脱离"人欲"的所谓超越性"天理"——康德意义上的"绝对命令",而仍同被游说者现实的利害得失有关。至于一般意义上的"利",孟子更是多次正面表示肯定。如《离娄下》篇说"天下之言性也,则故而已矣。故者,以利为本"。他贬斥杨朱,说是其"拔一毛而利天下,不为也"(《孟子·尽心上》),这反过来当然也意味着对"利天下"原则的肯定。

但孟子确实对专注于"利"所可能导致的消极后果怀有特殊戒备。这在与墨者宋牼的对话中,表现得十分清楚:"宋牼将之楚,孟子遇于石丘。曰:'先生将何之?'曰:'吾闻秦楚构兵,我将见楚王说而罢之。楚王不悦,我将见秦王说而罢之。二王我将有所遇焉。'曰:'轲也请无问其详,愿闻其指。说之将何如?'曰:'我将言其不利也。'曰:'先生之志则大矣,先生之号则不可。先生以利说秦楚之王,秦楚之王悦于利,以罢三军之师,是三军之士乐罢而悦于利也。为人臣者怀利以事君,为人子者怀利以事其父,为人弟者怀利以事其兄。是君臣、父子、兄弟终去仁义,怀利以相接,然而不亡者,未之有也。'"(《孟子·告子下》)比较宋牼说秦楚之王与孟子之说惠王,区别或许仅在于,孟子承诺的只是作为客观回报结果的"利",就当事者的主观立场言之,则应该首先是"亦有仁义而已矣"的心态。

---

① 参见冯友兰:《孟子哲学·孟子反功利》,《三松堂学术文集》,北京大学出版社1984年版,第177页。

② 黄俊杰:《"义利之辨"及其思想史的定位》,收入苑淑娅编:《中国观念史》,中州古籍出版社2005年版,第340页。

就其本原状态言之，"义"与"利"本是统一的，而之所以最后"义"超越"利"并形成自己的独立品格，其历史动因在于要求得对全局利益、长远利益和局部利益、眼前利益关系的有效平衡。在"义"、"利"观念分化后，如果说"义"更多地联系着长远的与全局的合理性，对应于现代所谓"价值理性"的话，那么"利"所概括的则更多地属于眼前的和具体的合理性，和现代所谓"工具理性"有更直接的关联。文化的健康发展，必须依赖于价值合理性和工具合理性两种尺度的相互参照、相互补充，只有在两种不同合理性观念的张力结构中，才能理解真正的人类理性。围绕"义利之辨"的命题，重要的不是强调"义"作为普遍性价值伦理原则的重要性，不是强调"利"作为现实社会延续发展的基础的重要性，也不是笼统地谈论"义"、"利"之间的统一性，而是理解二者在什么意义上对立，经由什么中介实现统一。

《易·系辞上》中曾说："备物致用，立成器，以为天下利，莫大乎圣人。""天下利"即相对于所谓"私利"的"公利"。剖析孟子"义利之辨"的另一种思路，是将"义"理解为"公利"或他人之利，强调"义利之辨"的根本是否定私利。如钱穆说："利者，发乎吾之欲，其营谋极乎我之身，其道将夺之人以益之己者也；善者，发乎吾之情，其是越乎我之体，其道将竭之己以献之人者也。"①劳思光也认为："义利之辨亦即公私之别。"②但这种思路仍旧不能真正解决公共利益与个体生存实践之间的统一基础问题。也就是说，"君子"作为现实的存在个体，其"未尝不欲"之"利"，首先应该是个体私利。只有借助适当的中介，才有可能将这种作为生命欲望直接目标的私利与天下公利相联结。

四、职业分工观念与儒家"义利之辨"的现实针对性

综观《孟子》七篇总体，这个使"义"在超越"利"之后而能重新实现与"利"的统一，也就是使作为个体生命直接欲望对象的个体利益实现与社会公利之统一的中介，乃是社会分工的观念。文明进步必然伴随分工，分工不同，职分也就不同，所谓"尧以不得舜为己忧，舜以不得禹、皋陶为己忧。夫以百亩之不易为己忧者，农夫也"。(《孟子·滕文公上》)"义"和"利"本是统一的，但落实到具体社会成员身上，由于身份职责不同，就可能自然形成

---

① 钱穆这里所谓"善"与"利"的关系，基本同于"义"与"利"的关系。钱穆：《孟子要略》，载《钱宾四先生全集》第二卷，(台湾)联经出版事业公司 1988 年版，第 287 页。

② 劳思光：《新编中国哲学史》第一卷，广西师范大学出版社 2005 年版，第 125 页。

或者"喻于义"或者"喻于利"的不同。犹如现代社会之有行政机关、事业单位和工商企业之不同。"有大人之事,有小人之事。且一人之身,而百工之所为备。如必自为而后用之,是率天下而路也。故曰:或劳心,或劳力;劳心者治人,劳力者治于人;治于人者食人,治人者食于人;天下之通义也。"(《孟子·滕文公上》)惠王作为社会管理者的代表,本分在于维护"仁义"这种全社会范围内的基本价值规范。完成这种职分是"义";因为完成了职分,社会将给予其应得的回报,所以这"义"也同时是"利"。"君子未尝不欲利",但其对"利"的"欲"必须以符合其社会分工责任的方式实现,所以有"何必曰利"或"君子不言利"的要求。至于其他社会成员比如商人,由于职分不同,对其日常行事为人方式的要求也自当有所区别。子路说"君子之仕也,行其义也"(《论语·微子》),这体现了儒门的普遍看法。出仕是"君子"或其预备形态即"士"的本分,这是由中国古代社会的教育目标定位决定的。这样说当然不意味着要求农、工、商等其他各阶层人士都必须步入仕途。孟子说:"士之仕也,犹农夫之耕也。"(《孟子·滕文公下》)反过来,似乎也可以推论说:农夫之耕也,商贾之经营也,工匠之构造也,犹士之仕也,皆所以行其义也。孟子正是从这样的角度为"士"、"君子"乃至"天子"这个社会分工系列的合法性辩护的:"子不通功易事,以羡补不足,则农有余粟,女有余布;子如通之,则梓匠轮舆皆得食于子。于此有人焉,入则孝,出则悌,守先王之道,以待后之学者,而不得食于子。子何尊梓匠轮舆而轻为仁义者哉?"(《孟子·滕文公下》)君子以"义"的宣传教育为基本职责,并通过这种职责的完成提供特殊的社会服务,以此交换合理的自我利益。其他从事实际具体工作的社会成员,其主要职责则可能就在于某种物质之利的直接创造,其所创造之利,既包含直接满足自身生存需要的部分即个体之利,也包含交付社会公共管理机构用来交换各种公共服务的部分即公共利益。在这样的意义上,这些社会成员对"利"的追求创造可能也同时就是其承担自己社会人伦责任的方式,是"君子"群体所专职护持之"义"的现实支撑和具体落实。

对社会管理者,孟子的要求是"何必曰利",但对其他社会阶层,孟子的态度则反过来,承认他们追逐利益的正当性:"民之为道也,有恒产者有恒心,无恒产者无恒心。苟无恒心,放辟邪侈,无不为己。及陷乎罪,然后从而刑之,是罔民也。焉有仁人在位,罔民而可为也?是故贤君必恭俭礼下,取于民有制。"(《孟子·滕文公上》)这与其视作对"民之为道"的贬低,不如说是对"民"之生存权、经营权与财产权的辩护,是立足"民"之逐利愿望角度对政治统治合法性的审视。这就好像儒家对于士人则要求其学道、修道、行道,自觉地承担起治国平天下的责任,而对于普通百姓则主张尊重"民可使由之，不可使知之"（《论语·泰伯》）的政治现实一样。不同的要求基于不同的职分要求，适合于从事什么职业，准备承担什么责任，就应该按相应的职责要求来训练自己。由此也可以理解，为什么不同于后世专制朝廷之限制商业发展的倾向，孟子心目中的"王政"不仅有权力对包括商业在内的各种生产营利活动进行规范管理，更有义务提供政策环境方面的自由保障。如说："今王发政施仁，使天下仕者皆欲立于王之朝，耕者皆欲耕于王之野，商贾皆欲藏于王之市，行旅皆欲出于王之途……其若是，孰能御之？"（《孟子·梁惠王上》）"市廛而不征，法而不廛，则天下之商皆悦而愿藏于其市矣。"（《孟子·公孙丑上》）这种对宽松商业经营环境的呼吁，有时甚至会出以令人十分讶异的激烈方式："戴盈之曰：'什一，去关市之征，今兹未能。请轻之，以待来年，然后已，何如？'孟子曰：'今有人日攘其邻之鸡者，或告之曰："是非君子之道。"'曰："请损之，月攘一鸡，以待来年，然后已。"如知其非义，斯速已矣，何待来年。"（《孟子·滕文公下》）

　　同一个体，当其在生活中扮演的具体角色不同时，其所承担的职责任务也是有区别的，相应地其所应依循的伦理规范也就不同。农工商等阶层成员，就其与管理阶层成员的社会分工来说，责任在于创造财富，就好像后者的责任在于维护法律和道德秩序，因而各自应秉持不同的职业伦理。就这种不同的职业伦理言之，前者行事之务在逐利与后者"亦有仁义而已矣"一样理所当然。但即使是农工商等阶层的成员，由于置身立体化的社会生活网络中，除掉物质财富的创造者这种角色外，也必然同时承担多重其他角色。如他可能同时是父母的儿子，是子女的父亲，是妻子的丈夫，是哥哥的弟弟等，在这些非逐利性的伦理关系中，他同样必须有自己"亦有仁义而已矣"的侧面，否则把交易原则搬到非交易性关系中，就会成为名副其实的"利"令智昏。在这样的意义上，孟子强调："为人臣者怀利以事君，为人子者怀利以事其父，为人弟者怀利以事其兄。是君臣、父子、兄弟终去仁义，怀利以相接，然而不亡者，未之有也。"反之，则是："为人臣者怀仁义以事其君，为人子者怀仁义以事其父，为人弟者怀仁义以事其兄，是君臣、父子、兄弟去利，怀仁义以相接也。然而不王者，未之有也。何必曰利？"（《孟子·告子下》）

　　个体因置身情境不同，身份不同，所需处理的社会关系不同，因而秉持不同的价值标准和思维方式。这就形成孟子所谓的："天下有达尊三：爵一，齿一，德一。朝廷莫如爵，乡党莫如齿，辅世长民莫如德。恶得有其一以慢其二哉！"（《孟子·公孙丑下》）这种相应于不同生活层面的多元价值态度，实质上是社会分工观念的延伸。在中国式的一元化社会结构系统中，政治权力往往处于主导地位。解决社会问题的努力,常规情况下只能通过向管理者进谏的方式进行。这从根本上决定了孟子等儒家人物讨论问题的立足点,大多是执政者的视角,关注的核心问题,也多是政治伦理原则的维护问题。表现在具体文本中,就是从政治伦理层面强调仁义之类价值规范的多,从具体生产经营的角度正面强调"利"的社会文化意义的少;阐述作为管理者秉持"亦有仁义而已矣"的职业态度的重要性的多,对生产经营者营"利"活动的正面道德意义进行阐释的少。这是孟子式"义利之辨"往往被等同于"重义轻利"的内在原因,也是在现代条件下阐发儒家社会分工理念时应努力予以充实的相对薄弱环节。

古希腊柏拉图曾借乃师苏格拉底之口阐述自己的"正义"观念说:"正义就是做自己分内的事和拥有属于自己的东西……如果一个人生来就是工匠或商人,但却在财富、权力、体力,或其他类似的优势的诱惑下,试图进入军人的等级,或者一名军人试图进入议员和卫士的等级,尽管这些工作对他并不合适,但相互交换工具或荣誉的事还是发生了,或者说一个人同时承担了各种功能,那么我认为……这种交换和干涉意味着国家的毁灭……如果商人、辅助者和卫士在国家中都做他自己的事,发挥其特定的功能,那么这就是正义,就能使整个城邦正义。"①借用柏拉图的阐释角度,则我们似乎也可以说,孟子之对惠王"何必曰利,亦有仁义而已矣"的劝谏,其对"义"与"利"的分辨,本质上并非是要对立"义"、"利",也不是要否定"利"或说个人私利,而是希望避免柏拉图所谓的"相互取代他人的事务"的发生。聚利并非作为国君的惠王的职责,那是孟子所谓的"小人之事"。正好像在现代社会我们反对政府机关经商,司法机关创收之类现象一样,这本应是商业企业的义务——当然也可以同时说成是权利,在司法行政机关等不拥有这类权利的意义上。荀子描述他心目中的王道秩序说:"故仁人在上,农以力尽田,贾以察尽财,百工以巧尽械器,士大夫以上至于公侯莫不以仁厚知能尽官职,夫是之谓至平。故或禄天下而不自以为多,或监门、御旅、抱关、击柝而不自以为寡。故曰:斩而齐,枉而顺,不同而一。夫是之谓人伦。"(《荀子·荣辱》)可以说从思想史发展的逻辑线索上看,孟子从社会分工角度定位"义"的思路,开启了荀子等后儒重"分"的理论;从中西文化对比参照的角度上看,它又和古希腊柏拉图倡导的"正义"观念形成某种呼应关系。

_____

① [希腊]柏拉图:《理想国》卷四,《柏拉图全集》第 2 卷,人民出版社 2003 年版,第 410—411 页。

五、"义"作为社会性道德

道德是个体对社会性行为规范的接受与认同，他们依据自己所接受并认同的这种规范原则对他人及自我的行为进行评判。至于这种规范性原则属性和类型，则存在着诸多不同的划分方式。马克斯·韦伯认为，伦理观念包括基于"信念的"和"责任的"两种。① 前者认为道德评判的根据是行为者的内在心理出发点，即其"信念"或说动机，只要行动者从动机上说对作为道德渊薮的神是忠诚的，那么其行为就是高尚的；至于行为的实际结果，超出了行为者自身所能够把握的范围，不应该由其承担责任，只能委诸全能的神的裁判。"信念伦理"的出世取向非常明显，它实质上是一种宗教性道德。"责任伦理"则认为，道德评判应该考虑行为的现实后果，行为者应该对自己行为方式和目标之间的因果关系进行研究，并对实际后果承担道德责任。这意味着，行为者自身是其行为过程中的唯一主体，其所具体置身其中的现实社会关系，是道德评价的基本参照系。区别于"信念伦理"的宗教化特征，"责任伦理"体现的是入世的社会性道德取向。宗教性道德将道德与天意、上帝或绝对化的理性相联系，认为"正是它们制定了人类（当然更包括个体）所必须服从的道德律令或伦理规则。因之，此道德律则的理性命令，此'天理'、'良心'的普遍性、绝对性，如'人是目的'、'三纲五常'，便经常被称之为'神意'、'天道'、'真理'或'历史必然性'，即以绝对形式出现，要求'放之四海而皆准，历时古今而不变'，而为亿万人群所遵守和履行"不同于宗教性道德的超验性、绝对性和普遍性，社会性道德则是"建立在现代化的工具——社会本体之上的、以个人为基地、以契约为原则的"②社会性道德对目标的高尚能否，或者在多大程度上能够作为手段层面运用权宜之计的理由，持审慎的怀疑态度。这种要求不仅对行为的动机，而且对行为的结果，对行为的具体方式和过程进行道德规范的思想，在现代社会高度分工化的背景下，很自然地就导向对行为者的角色位置的关注，这就是所谓"职业伦理"。职业伦理观念将道德评价与职业分工相联系，与被评价者的现世职责相联系，区别于宗教性道德的绝对主义、普遍主义和理想主义，职业伦理更偏向相对主义、差异主义和现实主义的价值取向。

---

① 参见［德］马克斯·韦伯：《政治作为一种志业》，见《韦伯作品集：学术与政治》，钱永祥译，广西师范大学出版社 2004 年版。

② 李泽厚：《历史本体论》，三联书店 2002 年版，第 47、57 页。

　　作为职业伦理的补充,在社会性道德的视野中,还有公德和私德的区分。专业性划分不是绝对的,除掉职业身份,任何人都可能以社会共同体一般成员的身份与他人或社会发生关系,在这个层面上,他应该承担职业道德之外的某种公共道德责任。诸如公共汽车上给老人让座,大街上不吐痰,对公共政治事务热心参与之类,都属于公德范畴。到任何时候,职业道德可能都需要公共道德作为补充。不过,随着分工制度的明确和细密以及职业伦理观念的发达,公德所需要承担的责任范围将会缩小。如对医院要求危重病人先交押金的做法,目前主要从"见死救不救"的"公德"层面进行批评和规范。之所以如此,是因为对于病看好后不交钱或根本无钱可交的情况,在中国还缺乏明确的制度性规定。没有什么机构或个人对病重病危、但救治后无力买单的情况承担法定的分内责任。在这种情况下,无可奈何的公共舆论只能借助"公德"观念对最"靠近"这类现象的医院和医护人员加强要求。但在现代社会,这种"公德"层面上的"加强要求"所能够发挥的作用是有限的。毕竟,医院破产不仅对医院,而且对社会都是损失。随着医疗保障制度的健全和政府公共财政职能的到位,无钱病人救治所涉及的费用和救治两个问题将分解开来,由公共财政部门和作为专业机构的医院分别承担,这种情况下公德问题就将转化为职业道德问题。在那种情况下,我们要求于医院的"义",将不再是冒治病后没人买单的经济风险,而是在费用有保障的前提下及时提供合格的医疗专业服务。而对于公共财政部门来说,以适当方式对医院提供的类似义务救助也不是没有强制性的所谓公德问题,而是其分内义务。

　　梁启超曾认为:"中国道德之发达,不可谓不早,虽然,偏于私德,而公德殆阙如。"①站在我们的角度,也可以说传统社会是将私德当做公德的一部分加以规范。之所以如此,是因为传统国家以血缘宗法观念为价值合法性基础,所以爱情、婚姻、家庭生活都被认为具有重要的社会伦理意义。现代意义上公德范围内的问题,由于私德的泛化和公共社会化,而被归并为私德问题的延伸。在现代社会,随着契约观念的发达和个人本位意识的觉醒,包括个人信仰、情感、家庭生活等方面选择取舍的私德问题,将越来越淡化其中的社会规范色彩。各种类型的宗教性道德也将从社会公共规范的一部分,转化为纯粹个人性的内在精神自由,成为其私德的一个侧面。

　　西方社会由于其海上移民社会的结构背景,从古希腊时起就有发达的

---

　　①　梁启超:《新民说·论公德》,《梁启超文集》,北京燕山出版社 1997 年版,第 157 页。

契约观念，这对其有关道德正义的理解具有深刻的影响，不仅强调道德的社会属性者从契约的角度申述自己的观点，即或强调道德的宗教神学性质者往往也受契约观念的影响。如按照基督教神学的说法，基督教主张的道德律法乃是基于上帝和人、和人间的王们所订立的约——《新约》和《旧约》。康德也把绝对道德律令解释成人作为理性而自由的存在物所一致同意或说约定的结果，是意志为自己立的法。中国文明的发展道路有自己根本不同于西方的特色，区别于古希腊式海上移民社会契约观念对伦理建构的根本性制约作用，在以血缘部落共同体为基础建构的礼乐文化共同体中，血缘亲情成为伦理观念提升的基本前提。当然，在这种血缘伦理观念传统内部，在对作为这种血缘伦理观念体现的礼制的合理性的解释上，仍然存在着是强调其作为现实利益关系协调工具的属性，还是强调其作为超越性的天、道或理的体现的属性两种不同倾向。

将道德规范定位为超越性观念意志的下载，则自然强调的就是其神圣性普遍性和绝对性；反之，将其定位为现实利益关系的协调工具，则必然就将引申出公平与否的问题。不过在泛血缘亲属化的社会关系网络中，这种对于公平问题的思考不可能通过西方式有关个体权利与义务关系的讨论来展开，而是同有关"职分"的伦理观念结合在一起。与"不在其位，不谋其政"（《论语·泰伯》）观念对应着的，是"君君、臣臣、父父、子子"（《论语·颜渊》）的各有侧重的不同角色要求。"仁"作为伦理观念，其对全部社会成员的要求，不分尊卑长幼男女士农工商等都是同质的。但"仁"的具体落实就要结合各个成员不同的身份和所处的位置，这种依据各自职分不同而形成的特殊要求就通向了"义"："何谓人义？父慈子孝，兄良弟弟，夫义妇听，长惠幼顺，君仁臣忠。十者谓之人义。"（《礼记·礼运》）反过来，不按自己的职分要求行事为人，就是"不义"。"兵"、"刑"作为国家暴力，在其寻求普遍合理性基础的过程中，引申出了与"利"相对的"义"；另一方面，"仁"作为源于亲子之爱的伦理情怀，在其与复杂的社会运作方式具体结合的过程中，也最终落实为"义"。所以孟子说："仁，人心也；义，人路也。"（《孟子·告子上》）无论是作为社会规范方式的内在合理性根基，还是作为伦理情怀的合乎社会生活规律的体现，"义"都理所当然地同对个体在社会关系网络中的角色定位密不可分。在这样的意义上，孔子认为"为政"的第一要务是"正名"（《论语·子路》）。"正名"就是要理顺各种社会人际关系，让每个人都回到自己应有的位置上去。

《大学》从"义"作为人际关系原则的相互性出发，进一步提出了"絜矩之道"："上老老而民兴孝，上长长而民兴弟，上恤孤而民不倍。是以君子有絜矩之道也。所恶于上，毋以使下；所恶于下，毋以事上；所恶于前，毋以先后；所恶于后，毋以从前；所恶于右，毋以交于左；所恶于左，毋以交于右。此之谓絜矩之道。"区别于契约伦理对缔约双方法律地位上的平等性的强调，传统职分观念是和长幼尊卑意识，或说是和不同的角色身份意识结合在一起的。严复说："中国理道与西法自由最相似者，曰恕，曰絜矩。然则谓之相似则可，谓之真同则大不可也。何则？中国恕与絜矩专以待人及物而言，而西人自由则于及物之中而实寓所以存我者。"①在儒家看来，长幼尊卑的差异是自然秩序的体现："万物本乎天，人本乎祖。"（《礼记·郊特牲》）"礼有三本；天地者，生之本也；先祖者，类之本也；君师者，治之本也。无天地恶生？无先祖恶出？无君师恶治？三者偏亡焉，无安人。故礼，上事天，下事地，尊先祖而隆君师，是礼之三本也。"（《荀子·礼论》）自然生化过程中本末先后位置的不同，决定了人际关系上的差异性原则。这种差异性的规定是为了满足人们"报本返始"的自然情感要求："郊之祭也，大报本返始也。"（《礼记·郊特牲》）在家国同构，政治、宗教、伦理三位一体的中国社会文化生态中，血亲伦理层面上的尊卑之别，很自然地就过渡为了政治制度层面的等级意识。但职分观念与尊卑等级意识相互结合，不等于其中没有公平的要求，也不等于这种尊卑的差异可以绝对化。《左传》中说："世之治也，君子尚能而让其下，小人农力以事其上，是以上下有礼，而谗慝黜远，由不争也。谓之懿德。及其乱也，君子称其功以加小人，小人伐其技以冯君子，是以上下无礼，乱虐并生，由争善也。谓之错德。国家之敝，恒必由之。"（《左传·襄公十三年》）"让，礼之主也。"（《左传·襄公十三年》）谦让不只是下对上，同时也是上对下。之所以主"让"，是因为"分"的差别背后，贯穿着的是血浓于水的亲情，"义"的原则只是"仁"的爱心的体现。所以职分观念一方面肯定社会身份的等级差异，另一方面又强调，任何特权都不是无条件的，其享有必须以承担相应的角色义务为前提。

就仁义的道德原则来说，"仁"偏于自然性情感，"义"偏于社会性规范，在不同的人际关系领域，其对待之道也有偏于"仁"或偏于"义"的不同。比较父子关系和君臣关系，则前者是先天自然的关系，后者是人为的遇合关系，所以父子关系更多地适用"仁"的原则，君臣关系更多地适用"义"的原则。父子关系的成立是先天的，超社会的，"仁"的原则讲究的是自然、是诚，而非公平。因此儒家对父子之道，只正面强调父慈子孝，而并不正面讨论父

---

① 严复：《论世变之亟》，《严复集》第 1 册，中华书局 1986 年版，第 3 页。

不慈子不孝的正当性。传说中舜的伟大，就在于虽父之不慈，虽弟之不悌，而丝毫无改于其敬孝友爱，乃至于反过来用自身的敬孝友爱消化彼之不慈不悌。"义"则就有所不同，"义"作为仁爱原则的社会化落实，必须结合人际关系的各种不同特点来落实。这些不同的人际关系如果是后天遇合性的，其是否能够成立或维持，就联系着双方相互的对待方式，所以"义"的要求是差异性，却更是相互性的。也就是说，任何一方，如果不承担起自己的角色义务，相关对方的义务也就有权利解除。

六、"义"与儒家理想的君臣关系

有关君臣关系，孟子的说法是："君之视臣如手足，则臣视君如腹心；君之视臣如犬马，则臣视君如国人；君之视臣如土芥，则臣视君如寇雠"（《孟子·离娄下》）具体的君臣关系存在这种相互性，更广泛意义上的君主与整个社会共同体的关系，也具有这种相互性的特点。孟子提出："民为贵，社稷次之，君为轻。"（《孟子·尽心下》）荀子进一步阐述这种民本思想说："天之生民，非为君也；天之立君，以为民也。故古者列地建国，非以贵诸侯而已；列官职、差爵禄，非以尊大夫而已。"（《荀子·大略》）社会之所以予君主以特别尊崇的地位，不是要照顾其个人的私欲，而是为了其有效承担统率整个社会的责任。如果君主的所作所为，违背了君道，轻则臣民有谏争之责任，重则天下有革命易位之权利。梁启超谈他对儒家这种社会关系理念的体会说："凡人非为人君即为人臣，非为人父即为人子，而且为人君者同时亦为人臣或尝为人臣，为人父者同时亦为人子或尝为人子，此外更有不在君臣父子关系范围中者，则所谓'朋友'，所谓'与国人交'。君如何始得为君？以其履行对臣的道德责任，故谓之君；反是则君不君。臣如何始得为臣？以其履行对君的道德责任故谓之臣；反是则臣不臣。父子兄弟朋友莫不皆然，若是者谓之五伦。"①这实际上是从社会分工的立场上看待君臣和君民关系，强调这种关系中角色义务的相互性。

《尚书·益稷》中就有"元首明哉，股肱良哉，庶事康哉"和"元首丛脞哉，股肱惰哉，万事堕哉"的君臣分工观念，只是西周以前，对这种元首与股肱的区分更多地强调的是其主仆尊卑的从属性。春秋以后，随着社会结构关系的急剧变动，君臣关系的后天遇合性质越来越突出，人们有关君臣相处

---

① 梁启超：《先秦政治思想史》，东方出版社1996年版，第91页。

之道的思考也开始更多地关注其相互性。孔子说"君使臣以礼,臣事君以忠"(《论语·八佾》),虽仍不能说是完全平等的,臣对君之忠却也不是无条件的。至于孟子君臣与君民关系论,则完全去除了君主身份伴随的神圣性质。按他的说法:"规矩,方员之至也;圣人,人伦之至也。欲为君,尽君道;欲为臣,尽臣道。二者皆法尧、舜而已矣。不以舜之所以事尧者事君,不敬其君者也;不以尧之所以治民者治民,贼其民者也。孔子曰:'道二,仁与不仁而已矣。'暴其民甚,则身弑国亡;不甚,则身危国削,名之曰'幽'、'厉',虽孝子慈孙,百世不能改也。《诗》云:'殷鉴不远,在夏后之世。'此之谓也。"(《孟子·离娄上》)超越君与臣的身份之上,存在着更高的正义性原则,无论君还是臣违背了这种正义性原则,都意味着丧失其本有的身份资格,从而不再能够享有相应的权利,甚至还要受到轻重不等的惩罚。从这样的角度,孟子说武王虽然本是殷纣王的臣属,但因为纣王暴虐无道,所以诛杀他就并不违背为臣之道,和杀普通的罪人没有什么性质上的区别。

伦理与政治取向的宏观层面是如此,日常生活礼节层面,君臣间的相互对待也需要恪守共同的礼义。在答齐宣王有关臣子何如斯可"为旧君有服"之问时,孟子说:"谏行言听,膏泽下于民;有故而去,则君使人导之出疆,又先于其所往;去三年不反,然后收其田里。此之谓三有礼焉。如此,则为之服矣。今也为臣,谏则不行,言则不听;膏泽不下于民;有故而去,则君搏执之,又极之于其所往;去之日,遂收其田里。此之谓寇仇。寇仇,何服之有?"(《孟子·离娄下》)也就是说,臣子之对君包括过去服务过的故君的忠敬爱戴,是建立在君主所给予的慈惠仁厚的基础上的,实质上是一种相互的交换或说分工合作。这种合作关系与西方意义上的契约关系的区别,是契约关系更强调双方法律意义上的平等地位,中国式的合作关系则更多强调了合作双方身份上的不同位置和不同功能,肯定日常工作中臣下对君主所处的辅助地位。

"义"落实为臣下之道就是"忠",这种"忠"在形式上指向"君"。但因为坚持君臣关系的成立应该以超越性的道义原则为前提,所以"忠"指向的并不是君主个人,而是他的岗位所象征着的社稷江山土地人民。当君主的个人意志与其所象征的政治秩序原则和公共利益需要相违背时,臣子的"忠"就不应该再表现为对君主个人意志的服从,而是可能表现为对君主意志的限制和纠正。所以孟子概括臣下的职责说是:"君子之事君也,务引其君以当道,志於仁而已。"(《孟子·告子下》)荀子也是从这样的角度阐述他之"从道不从君"的理论的:"君有过谋、过事,将危国家、殒社稷之惧也,大臣、父子、兄弟有能进言于君,用则可,不用则去,谓之谏。有能进言于君,用则可,不用则死,谓之争。有能比知同力,率群臣百吏而相与强君、挢君,君虽不安,不能不听,遂以解国之大患,除国之大害,成于尊君安国,谓之辅。有能抗君之命,窃君之重,反君之事,以安国之危,除君之辱,功伐足以成国之大利,谓之拂。故谏、争、辅、拂之人,社稷之臣也,国君之宝也,明君之所尊厚也,而暗主惑之,以为己之贼也。"(《荀子·臣道》)

君与臣、与民之关系的成立,系于对"义"的共同遵守,要维持这种君臣和君民关系,无论君还是臣、民,在行为选择上都不应该一意孤行,而应该通过协商沟通等方式,将自己的选择建立在双方共同认可的"义"的原则基础上。在与臣、与民的关系上,君处于相对强势和主导的地位。在一元化的文化价值观念体系和政治权力架构中,缺乏权力制衡的制度性安排,政治决策要想获得臣民尽可能广泛范围内的认同,主要靠君王自觉主动的纳谏意识。"国君进贤,如不得已,将使卑逾尊,疏逾戚,可不慎与。左右皆曰贤,未可也;诸大夫皆曰贤,未可也;国人皆曰贤,然后察之;见贤焉,然后用之。左右皆曰不可,勿听;诸大夫皆曰不可,勿听;国人皆曰不可,然后察之;见不可焉,然后去之。左右皆曰可杀,勿听;诸大夫皆曰可杀,勿听;国人皆曰可杀,然后察之,见可杀焉,然后杀之。故曰国人杀之也。"(《孟子·梁惠王下》)要充分地吸纳全社会范围内的各种不同愿望和看法,需要君主正确地对待自己的岗位。尽管君主的岗位是最尊崇的,但作为君主个人却并非超凡入圣的神,总有这样或那样的不足,这些不足只有通过与臣下的互动才能得到有效弥补。所以在对待臣下的方式上,就不能单方面的以我为主。这就是孟子说的:"将大有为之君,必有所不召之臣,欲有谋焉,则就之。其尊德乐道不如是,不足以有为也。故汤之于伊尹,学焉而后臣之,故不劳而王;桓公之于管仲,学焉而后臣之,故不劳而霸。"(《孟子·公孙丑下》)

七、"三纲"取代"五伦"与周秦之变

就延续自三代的分封制度言之,无论是天子对诸侯国国君的关系,还是诸侯国国君对封国内大夫的关系,其中作为臣的一方,基于在自己封土范围内的自治权而获得了某种对君权的相对独立地位。春秋战国时期除旧有的贵族之臣,又出现了许多客卿之臣,客卿之臣置身列国纷争的政治格局之中,也享有一定程度的自由选择余地。所谓楚材晋用,合则留,不合则去,在当时的背景下,这种类型的臣在与君的关系中,同样可以保持某种独立性。臣在与君的关系中具有相对独立性,他们也因此倾向于认为作为具体君主的个人并不等同于一般意义上的"君位"。晋太史史墨答赵简子问时曾说:

"社稷无常奉，君臣无常位，自古而然。故《诗》曰：'高岸为谷，深谷为陵。'三后之姓，于今为庶，主所知也。"（《左传·昭公三十二年》）孟子之强调君臣关系的分工合作性质，强调君臣之义的相互性，就是基于这样的历史背景。

秦汉以后，在君主集权的政治环境中，臣对君关系上的相对独立性失去了现实的依托。首先郡县逐渐取代了封国，任命代替了世袭，君对臣拥有了完全的人事任免权；其次，天下一统，士阶层出仕选择上失去了"朝秦暮楚"的可能。在这样的情况下，君主作为所谓"天无二日"式的唯一权力核心，他如果违背君道，臣下所能做的就只剩了谏争一途。谏争实质上是要否定君主的做法，而促使其接受自己的意见。君主要放弃自己的做法转而接受臣下的意见，实践中往往需要克服私欲和虚荣等诸多人性弱点，这在对君主意志缺乏制度性约束的情况下，就对君主的个人品格修养提出了很高的要求。就臣子来说，明知可能冒犯君主的尊严而仍然坚持从道义出发，对君主发挥匡正纠偏的作用，也需要极大的道德勇气。班固评西汉诸儒相之侍君作风说："自孝武兴学，公孙弘以儒相，其后蔡义、韦贤、玄成、匡衡、张禹、翟方进、孔光、平当、马宫及当子晏，咸以儒宗居宰相位。服儒衣冠，传先王语，其醖籍可也，然皆持禄保位，被阿谀之讥，彼以古人之迹见绳，乌能胜其任乎？"（《汉书·匡张孔马传》）颜师古释"古人之迹"曰："谓直道以事人也。"何焯再释曰："古人之迹，谓以道事君，不可则止。"西汉诸儒为臣之道上与古人的这种差距，很难单纯从个人品质的角度定位，实在更多的是时势迁移的结果。

秦的能够统一东方各国，得益于商鞅变法基础上确立的军国体制。军国体制的核心在于以郡县代封建，以法代礼。汉承秦制，但在意识形态层面，则鉴于秦之速亡的教训，经过反复比较尝试，在中期以后确立了"独尊儒术"的基本国策。汉家朝廷之"独尊儒术"，前提在于儒术之适应性的调整与改造。这种适应与调整的很重要方面，就是吸收法家鼓吹君主专制地位的思想。表现在对"义"作为职分伦理的阐释上，就是"五伦"之向"三纲"的蜕变。

"三纲"即"君为臣纲，父为子纲，夫为妻纲"，语出《礼纬·含文嘉》，后来《白虎通》引用并做了更系统的阐述。追溯源头，这种观念最初实出自先秦法家。韩非说："臣事君，子事父，妻事夫，三者顺则天下治，三者逆则天下乱，此天下之常道也。"（《韩非子·忠孝》）"汉初的最高统治者缺乏权威和尊严，遇到王侯、三公，还要'改容而礼之'。""汉武帝在'文景之治'的基础上展开他的文治武功,'任大而守重',自然要树威集权。"①适应这样的时代要求,董仲舒等儒生吸收法家鼓吹君主权威绝对化的思想,使作为社会性道德的"五伦"开始向作为宗教绝对性道德的"三纲"演变。"三纲"的核心是"君为臣纲,父为子纲,夫为妻纲"是服务于"君为臣纲"的。董仲舒还没有达到对于"三纲"的明确概括,但他的工作为君权的绝对化制造了神学上的根据:"古人造文者,三画而连其中,谓之王。三画者,天地人也,而连其中者,通其道也。取天地与人之中,贯而参通之,非王者孰能当是。"(《春秋繁露·王道通三》)人王是整个国家的中心:"海内之心悬于天子"(《春秋繁露·奉本》),臣民对他的关系,就像身体四肢之对于"心"的关系一样:"心之所好,体必安之;君之所好,民必从之。"(《春秋繁露·奉本》)"体不可以不顺,臣不可以不忠。"(《春秋繁露·郊语》)董仲舒等汉儒也有限制君权的思想,这一方面表现在要求君主顺应天意,另一方面表现在仍坚持当君主十分无道时,人民有反抗之权。但就常态的君主与臣民关系准则说,他侧重强调的则是君主地位的神圣性和臣民服从君主意志的无条件性。

"五伦"说和"三纲"说都是儒家有关"职分"伦理的界定,有关这两种阐发系统之抽象哲学意蕴,贺麟曾有很深入的分析。五伦的关系是自然的,社会的,相对的。君君,臣臣,父父,子子,夫夫,妇妇。假如君不君,则臣不臣,父不父,则子不子,夫不夫,则妇不妇。这样一来,只要社会上常有不君之君,不父之父,不夫之夫,则臣弒君,子不孝父,妇不尽妇道之事,事实上理论上皆应可以发生。因为这些人伦关系,都是相对的,无常的。如此则人伦的关系,社会的基础,仍不稳定,变乱随时可以发生。故三纲说要补救相对关系的不安定,进而要求关系者一方绝对遵守其位分,实行片面的爱,履行片面的义务。所以三纲说的实质在于要求君不君,臣不可以不臣,父不父,子不可以不子,夫不夫,妇不可以不妇。换言之,三纲说要求臣、子、妇,尽片面的忠、孝、贞的绝对义务,以免陷于相对的,循环报复,给价还价的不稳定的关系之中。韩愈"臣罪当诛兮天王圣明"一句诗,被程朱嘉赞推崇,就因为能道出这种片面的忠道。可以说由五伦到三纲,即是由自然的人世间道德进展为神圣不可以侵犯的有宗教意味的礼教。②

问题是"三纲"说之对于社会成员"职分"的宗教化神圣化和绝对化,是

①　汤志钧、华友根、承载、钱杭:《西汉经学与政治》,上海古籍出版社 1994 年版,第34 页。

②　参见贺麟:《五伦观念的新检讨》,《文化与人生》,商务印书馆 1996 年版,第51—62 页。

单方面针对臣子一方的。按"五伦"说之对君臣关系的相互性理解，如果君不守君道，则臣也就不再赋有"忠"的义务。这起码在理论上为臣下对君主权力的制衡约束留了某种空间。但按"三纲"之说，臣对君之忠成了单方面绝对性义务，即或君对臣不义，臣也依然必须保持其忠顺。这就排除了君在现实的人际关系中受到制衡约束的可能。汉儒在理论上也对君主提出了很高的角色要求，但将"圣"与"王"相联系的结果，并非是提供"圣"因其"圣"而晋身为"王"的可能，而是让现实的"王"者轻而易举地被罩上"圣"的光环。从这样的角度，梁启超认为应该切割"三纲"与"五伦"："后世动谓儒家言三纲五伦，非也。儒家只有五伦，并无三纲。五伦全成立于相互对等的关系之上。"①这也就是《大学》所谓絜矩之道："第一，所谓絜矩者，纯以平等对待的关系而始成立，故政治决无片面的权利义务。第二，所谓絜矩者，须人人共絜此矩，各絜此矩，故政治乃天下人之政治，非一人之政治。"②

为君为尊为上者，在与臣与卑与下的对待关系中，其权利一方面因对方义务的不可解除性而成为无条件的权利或权力，另一方面又借助这种绝对化的权力对自身进行神化。"'三纲'之中君纲至大。人类社会由无数主从关系构成社会网络，君是网络之中的纲中之纲。他不仅作为全社会的大家长掌握着宗法权威，而且拥有父所不具备的政治权威。"③同时，父子和夫妻关系受自然亲情的限制，所以角色的神化和权利——权力的绝对化主要体现在君臣关系中。并不是说西汉中期以后帝王角色的神圣化，帝王权力的绝对化，就是"三纲"说造成的。毋宁说，"三纲"说本身是帝王专制的现实需要和制度环境的结果。但却可以说，"三纲"说出现以后，在这种帝王形象圣化、帝王权力绝对化的过程中，起到了推波助澜的作用。与为君为尊为上一方权利或权力的绝对化对应的，是为臣为卑为下一方义务的绝对化，这可以视作本是统一的义、利关系，在西汉中期以后越来越走向分离和对立的社会学根源。所以被称作"最后的儒家"④的梁漱溟就此批评说："中国民族几千年实受孔孟理性主义（非宗教独断）之赐，不过后来把生动的理性，活泼的情理僵化了，使得忠孝贞节泥于形式，浸失原意，变成统治权威的工具，那就成

① 梁启超：《先秦政治思想史》，东方出版社 1996 年版，第 91 页。
② 梁启超：《先秦政治思想史》，东方出版社 1996 年版，第 85 页。
③ 刘泽华：《中国的王权主义》，上海人民出版社 2000 年版，第 227 页。
④ 参见［美］艾恺、王宗昱著，冀建中译：《最后的儒家：梁漱溟与中国现代化的两难》，江苏人民出版社 2004 年版。

了毒品而害人,三纲五常所以被诅咒为吃人礼教,要即在此。"①"五四"新文
化运动之批孔反儒,所针对的实际上也是儒学在西汉中期以后的这种变化
趋向,而其所据以进行批判的观念原则,则往往自觉不自觉地显示出同孔孟
儒学之间的正面关联。② 对此,随着时间的推移,"五四"人物自身似乎也表
现出某种越来越充分的自觉。胡适即在晚年口述自传中说:"有许多人认为
我是反孔非儒的。在许多方面,我对那经过长期发展的儒教的批判是很严
厉的。但是就全体来说,我在我的一切著述上,对孔子和早期的'仲尼之徒'
如孟子,都是相当尊崇的。我对12世纪'新儒学'(Neo-Confucianism)的开
山宗师的朱熹,也是十分崇敬的。我不能说我自己在本质上是反儒的。"③

　　在无论孟子或荀子,"义"首先是和职分观念相联系的。当孟子强调
"义"和"利"的某种对立时,他针对的是君主或更一般意义上的社会管理者
的职业特性。④ 作为公共秩序的维护者,管理者的职分就是看护和弘扬
"义",仅仅在这样的意义上"何必曰利"才是合理的。但在君权被神圣化绝
对化以后,首先是作为对君主行事方式之限制的"义利之辨"被转化成了一
般意义上的人生哲学,基于管理者特定职责的"何必曰利"被泛化为普遍意
义上的人生哲学。无论是汉儒还是宋明儒,当他们接过"义利之辨"的理论
口号时,都有意无意地淡化了它和君主或一般意义上的社会管理者的分工
义务之间的特殊关联,都忽略了它的职业伦理属性,而是将其阐释为普遍性
的伦理规范意识,将其绝对化为对所有社会成员具有同一化约束力的超越

---

　　① 梁漱溟:《今天我们应当怎样评价孔子》,《梁漱溟全集》(七),山东人民出版社
1993年版,第312—313页。
　　② 如陈独秀说:"儒者三纲之说,为一切道德政治之大原。君为臣纲,则臣于君为
附属品,而无独立自主之人格矣。父为子纲,则子为父之附属品,而无独立自主之人格
矣。夫为妻纲,则妻于夫为附属品,而无独立自主之人格矣。率天下之男女,为臣、为子、
为妻,而不见有一独立自主之人者,三纲之说为之也。缘此而生金科玉律之道德名词,曰
忠,曰孝,曰节,皆非推己及人之主人道德,而为以己属人之奴隶道德。"(《一九一六》,载
《青年杂志》第1卷第5号)
　　③ 《胡适口述自传》,华东师范大学出版社1993年版,第252页。
　　④ 梁启超曾就"君"之社会分工体系中的功能性意义作过很好阐释:"君字不能专
作王侯解。凡社会组织,总不能无长属关系。长即君,属即臣。例如学校,师长即君,生
徒即臣。工厂经理即君,厂员即臣。师长对生徒,经理对厂员,宜止于仁。生徒对师长所
授学业,厂员对经理所派职守,宜止于敬。不特此也,凡社会皆以一人兼君臣二役,师长
对生徒为君,对学校为臣,乃至天子对天下为君,对天为臣。儒家所谓君臣,应作如是
解。"(《先秦政治思想史》,东方出版社1996年版,第91页)

性道德信条。"义利之辨"从主要针对君主转化为一般性地针对全体士农工商的结果，就是它在君臣关系中，约束的主要是臣而不是君，在官民关系中约束的主要是民而不是官。因为为尊为上者，可以居高临下地按"何必曰利"的道德标尺比照要求为卑为下者，反过来按"三纲"的逻辑，为卑为下者却很难反过来对尊上进行道德规范和批判。结果就成了，本是职分在于维护传布道义的尊上——管理者，却往往利用自己的地位谋取分外之利——特权；而作为物质财富生产和经营者的其他社会阶层成员，却往往在经营过程中被"君子不言利"的道德教条所束缚。这种义、利的分裂和颠倒，落实到制度性安排层面，就是民间社会的逐利性机构和相关从业者——商业企业和商人，总是受到这样或那样的抑商政策的限制、歧视和非议；而官家经营的谋利机构及官商反倒理直气壮，享受种种特殊的政策性保护，诸如种种排他性的专营政策，挤压民资的活动空间。

君主或政府强烈的自利动机，必然导致对民间社会的过度索取。这种索取无论是通由加重税赋的方式，还是经由直接或间接参与经营性活动的方式，都将导致对社会经济活力的抑制。管理者自身参与经营活动，与其他社会经营实体同场竞争，也必然会损害其作为公共秩序维护者的公信力。政府公信力的降低，将导致整个社会价值评判标准的混乱和信用环境的恶化。社会评价标准的混乱和信用环境的恶化，都将提升社会经济活动的成本。汉代之后，中国社会经济的进步速度之所以异常缓慢①，很重要的原因，一是一治一乱的恶性循环往往将数百年的文化与财富积累毁于一旦；二是始终没有建立起能够保障民间经济健康发展的信用环境。这所谓信用环境不仅指民间经济实体相互之间的经济伦理规范，更是指政府与民间经济实体之间有关权利与义务关系的法律性保障。没有这种法律性制度保障，工商业者的"合法经营"就无从谈起，官商勾结、行贿、腐败就成为常态，这种常态反过来进一步损害着政治管理机关的公信力和工商业从业群体的道德形象。

八、"义"与现代职业伦理观念的建立

进入 20 世纪，传统意义上的君臣关系已被颠覆，但"三纲"说有关臣对

---

① 甚至于像王新命等最典型的中国本位文化主义者，都认为"汉代以后，中国文化停顿了"（王新命、何炳松、武堉干、孙寒冰、黄文山、陶希圣、章益、陈高傭、樊仲云、萨孟武：《中国本位的文化建设宣言》，1935 年 1 月 10 日，《文化建设》第 1 卷第 4 期）。

君、下对上单方面承担忠诚义务的观念并没有真正绝迹，而是在有关公民个人与国家关系的现代政治伦理中以新的形式得到了延续。孙中山说："自由这个名词究竟怎样运用呢？如果用到个人，就成一片散沙。万不可再用到个人上去。要用到国家上去。个人不可太自由，国家要得完全自由。"①之所以如此，是因为："我中国人民久处于专制之下，奴性已深，牢不可破，不有一度之训政时期以洗除其旧染之污，奚能享民国主人之权利。"②这种在个人与国家的关系中，单方面强调国家的自由或权利—权力，把个体的存在意义归结为奉献的责任和服从的义务的国家主义倾向，在战争年代，对于加强革命团体内部的凝聚力，也发挥过积极作用。但在社会共同体恢复常态的运行模式之后，在作为革命追求目标的本是抽象理念的"新国家"成为现实政治机器以后，由于在日常实践中，"国家"往往被与具体行政管理机关画上等号，这种对"国家"进行神圣化的意识形态，就很容易成为制约和监督公权力的阻碍，不利于政权机关对自身公共服务职能的自觉。

按马克斯·韦伯的说法，近代资本主义的成功，很大程度上是建立在"职业伦理"或"责任伦理"意识基础上的。韦伯的"职业"概念源于马丁·路德的"天职（Beruf）"，但不同于路德之将"天职"理解为人必须接受和顺从的超越性天命③，韦伯更强调"职业"与个体自觉追求和理性选择之间的关联。"职业伦理"的观念意味着，社会成员的道德责任建立在权利和义务对应的原则基础上。你选择了某种职业，就有义务理解并奉行该职业相关的行事规则，否则就会被从该职业领域中排除。对于现代社会性道德的建构来说，责任伦理观念不仅适用于自然人个体，也适用于包括承担公共管理职能的行政机构等各种类型的"法人"。"三纲"说的问题在于，将被统治或被管理者的义务绝对化，而完全剥离其权利，这在客观上导致其主体性属性的丧失。社会成员主体地位和主体意识的普遍性丧失，虽似乎有利于管理者地位的巩固，却从根本上限制了社会发展进步的内在动力。就君主或管理者一方面来说，被神化的结果，权力绝对化的结果，往往是私欲和任性的泛滥，是公权的私用。公权私用的结果，是国家机器最后完全丧失其公共管理

---

① 《孙中山全集》第9卷，中华书局1986年版，第281页。

② 《孙中山全集》第6卷，中华书局1985年版，第211页。

③ "路德的职业观念依旧是传统主义的。它所谓的职业是指人不得不接受的、必须使自己适从的、神所注定的事。这一点压倒了当时存在的另一思想，即从事职业是上帝安排的一项任务，或者更确切地说，是上帝安排的唯一任务。"（［德］马克斯·韦伯：《新教伦理与资本主义精神》，于晓译，三联书店1987年版，第63页）

属性而成为特定利益集团的私产,并因此而最后失去民众的认同。

现代国家主义政治伦理也存在类似问题。即如"国家利益高于一切"之类口号,作为个体理想情怀的抒发或者无可厚非,但要落实为严格的社会伦理规范,却存在明显困难。"国家"概念的含义是多层次的,它可以是指某种历史文化传统,可以是指地域文化共同体,也可以指具体某个政权或政府,还可以是指居住在同一国家地域范围内的全部人口,因此"国家利益"的具体所指,站在不同的角度就可能形成理解上的不同侧重,很难说某个角度的理解就一定能够完全取代其他角度的理解。就好像准备参加国际球赛,在甲和乙两位运动员进行国内选拔赛时,站在教练的角度,可能认为,由乙让球给甲,让甲去参赛更符合国家利益。但乙站在自己的角度可能认为,自己和甲凭实力竞争,谁获胜谁代表国家去参加比赛更符合体育道德,而选拔过程中对体育道德的坚持,比起谁去比赛胜率更高来是更重要的国家利益。这种情况下,有关教练和运动员哪一个对"国家利益"的理解更正确,不同的人可能就形成不同的判断。如果仅仅因为教练的地位高,就认定他在运动员面前代表或说有资格判断什么是"国家利益",那最终"国家利益"很可能演变为教练个人利益的代名词。再则即使在"国家"主体明确,由谁来认定"国家利益"也明确的情况下,也应该承认"国家利益"有大小、轻重、核心边缘的区分,一概认定它高于"一切"未免简单化。即便所谓"一切"明确是指"一切个人利益",也不能说任何情况下牺牲个人利益都是恰当的。个人是社会的组成部分,用个体根本利益的牺牲换取某些很小的国家利益,不考虑个体权利问题,起码不符合社会利益最大化原则。而国家说到底,是从属于并服务于社会的。

现代化社会是分工高度专门化的社会,高度专门化的分工体系,需要借助强有力的职业伦理意识,才可能有效运作。职业伦理观念的发达,必然表现为价值取向的多元。面对法庭上的犯罪嫌疑人,即或公众已经普遍认定他是罪犯,即或从社会公德的角度,你作为好人感觉自己理应站在公众一边,但作为律师,你却应该限制公德意识在自己内心可能激起的情感波澜,恪守律师的职业伦理,即尽可能从非罪或罪轻的角度为他辩护。至于指控他的罪恶,那是检察官的职责;判定他所应得的惩罚,那是法官的职责。律师辩护的意义,就在于能够使法官的最终判决建立在尽可能充分全面地审视和权衡的基础上。这个"全面"之"罪"及"罪重"的因素,是由作为指控方的检察官负责阐述的。律师的职业,就是尽最大的努力发现并阐述当事人"非罪"或"罪轻"的因素。在这个意义上,即使自己的当事人确实有罪,律师去强调渲染这"罪"或"罪重"的一面,也是不道德的。现代化的社会应该认同律师的职业原则,不应该从所谓"替坏人说话"的泛道德化角度责难律师,更不应该找出其他什么理由来要求律师在辩护中主动所谓"配合"检察官的控诉或法官的审判。反过来,将公德绝对化,不允许一定程度上和公德分离的职业伦理独立发挥作用的社会,不可能实现充分的现代性转化。

就当代中国社会新伦理观念培育的实际言之,仍然缺乏将"义"与不同职业分工对应起来的意识,往往不理解同一种社会正义,落实到不同的分工群体或个体身上,可以而且应该出于不同,有时甚至是对抗的体现方式。就像法庭上律师与检察官之间的抗辩一样。不是放弃自己职守和立场对他者的配合,而恰恰是坚守自己本分所形成的对他者观念的制衡,不仅是自己的道德底线,而且能够更有效地促进他者的进步和社会的稳定繁荣。从经济学的角度说,"传统体制存在的问题,在于政府管了本来不该管而应由民间自由交易来管的事,过多地参与和干预了'私人物品'的生产和交换,并因此而没有管好自己分内该管的事,即安排好'公共物品'的供给。从这个角度说,所谓政府职能的转变,就是要从过去由于当所有者、计划者而直接管理私人物品生产活动的职能中退出来,加强对公共物品供给的管理;所谓'削弱政府',只是要削弱它在'私人物品'生产中的作用,而不是要削弱它在'公共物品'供给方面的作用,相反,它在这方面的职能还需加强而不是削弱。"① 孙中山说"中国人民久处于专制之下,奴性已深,牢不可破,不有一度之训政时期以洗除其旧染之污,奚能享民国主人之权利",此种说法虽不符合当代社会对民主观念的普遍性认知,但也不能说就完全没有其心理性的感受基础。问题是国民自律能力的弱化和自主意识的淡漠,某种意义上正是国家权力长期过度挤压的结果。不逐步实现对政治管理权力的有效约束和规范,就无法有效保障民间权利,就不能有效培育国民的人格主体意识和自律能力。没有国民普遍性的自主意识、自律能力,作为现代社会有效运作基础的职业伦理观念,就只能是无本之木、无源之水。

职业伦理观念的充分发育,除掉个体自觉的主体意识和自律能力外,还有赖于行业性的自律和自治能力。行业自律和自治能力的培养,需要对各行业之间,包括各行业与公共管理机关之间权利与义务关系的制度性保障。社会契约论关于文明与国家起源的理论并非历史事实,但它却被现代各流派的政治理论广泛地接受为解释权力正当性的重要参照。很重要的原因在于契约义务的相互性原则,为对权力的约束和对权利的保障提供了有力的

---

① 樊纲:《作为公共机构的政府职能》,载刘军宁等编:《市场逻辑与国家观念》,三联书店1995年版,第13页。

理论支撑。从这个角度说，不是"三纲"说的"君为臣纲"之说，不是将君主从社会关系网络中解脱出来，使其成为膜拜对象的对于"义"的宗教化阐释，而是强调君臣之"义"的相对性的思想，是要求作为国家象征的君主在与臣民的具体利益关系中定位自我职责的对于"义"的职业伦理性阐释，对于我们提供着更直接的启示和参照意义。

中国社会的现代转型，很大程度上是自上而下由政府主导的。民间力量的萎弱，决定了国家机器从无限威权型到法治型的转轨，只能是某种特定意义上的自我转型。这就对作为中国社会共同体运作核心的政府提出了非常高的要求，既要从现实需要出发，对社会共同体发挥强有力的领导和规范作用以保持社会的稳定，又要在发挥这种强有力领导作用的过程中，自觉地规范自己的运作方式，按权利和义务平衡的原则，循法治的途径处理与公民、与其他法人的关系，实现从人治向法治的真正转变。

"仁"与中国人的精神世界

方铭　李燕　李敏　王孝强

一、作为儒家核心价值观的"仁"

"仁"字始见于儒家经典《尚书·金滕》："予仁若考。"①仁字从人从二，本指人与人之间相互亲爱。孔子将仁作为儒家最高道德规范，提出以仁为核心的学说。在我们通常所说的"仁、义、礼、智、信"五常之中，仁既包含了义、礼、智、信，同时又是义、礼、智、信正义性的前提，也就是说，仁的内涵包含有义、礼、智、信四者；同时，只有符合仁的义、礼、智、信，才有合法性。大凡人类的一起美德，比如孝、悌、忠、恕、礼、知、勇、恭、宽、信、敏、惠等，都是仁在特定环境下的表现形式而已。如果背离了仁，这些内容就没有意义了。

仁的内涵虽然无限丰富，但要言不烦，其核心就只有"爱人"二字。

论述禅让思想的《唐虞之道》可看做孔子后学发挥孔子仁爱民主平等思想的纲领。《唐虞之道》以禅让为大仁大义大圣，曰："唐虞之道，禅而不传。尧舜之王，利天下而弗利（自利）也。禅而不传，圣之盛也。利天下而弗利也，仁之至也。""尧舜之行，爱亲尊贤。爱亲故孝，尊贤故禅。""孝，仁之冕也；禅，义之至也。""爱亲忘贤，仁而未义也；尊贤遗亲，义而未仁也。""方在下位，不以匹夫为轻；及其有天下也，不以天下为重。有天下弗能益，亡天下弗能损，极仁之至，利天下而弗利也。禅也者，上德授贤之谓也。上德则天下有君而世明，授贤则民兴教而化乎道。不禅而化民者，自生民则未之有也。"②作者把"仁"、"义"、"圣"与天下为公的大同"禅让"的理想结合起来，认为真正的治世的到来必然依赖于建立"禅让"的民主政体，从而使"仁"所

---

① 孔颖达等疏：《尚书正义》卷十三，《十三经注疏》，中华书局 1980 年版，第 196 页。
② 荆州博物馆编：《郭店楚墓竹简》，文物出版社 1998 年版，第 157 页。

具有的自由主义精神更加清晰。

孟子在孔子仁说的基础上，把仁的学说施于政治，提出著名的“仁政”说。孟子所言“王道”，就是期望通过“仁政”的积累，让人民自由自主地作出选择，而不是通过暴力强迫人民的意志。为此，孟子强调人性之向善，强调恻隐、羞恶、恭敬、是非之心，认为“无恻隐之心，非人也；无羞恶之心，非人也，无辞让之心，非人也；无是非之心，非人也。恻隐之心，仁之端也；羞恶之心，义之端也；辞让之心，礼之端也；是非之心，智之端也”。① 仁义礼智是人与非人的分水岭，而人皆有仁义礼智之心性，所以，凡人、圣人心性本来是相通的。《孟子·告子上》之所谓“凡同类者，举相似也，何独至于人而疑之？圣人，与我同类者”，②正指的是凡人、圣人天赋的平等。治国需要“推恩”③，因为“人皆有所不忍，达之于其所忍，仁也；人皆有所不为，达之于其所为，义也。人能充无欲害人之心，而仁不可胜用也；人能充无穿窬之心，而义不可胜用也。”④推及政治，就有不忍人之政，即仁政。《孟子·公孙丑上》说：“人皆有不忍人之心。先王有不忍人之心，斯有不忍人之政矣。以不忍人之心行不忍人之政，治天下可运之掌上。”⑤不忍人之政具有孔子的“恕”的品格。

从孔子仁的学说到《唐虞之道》的禅让思想，再到孟子的仁政说，这些都对后世中国政治思想的发展产生了重要影响。孟子之后的荀子虽然强调人性之恶，但他并没有背离儒家君民关系的基本立场，《荀子·大略》云：“天之生民，非为君也；天之立君，以为民也。”⑥这同样闪耀着民主主义的光芒。荀子主张臣道“从道不从君”⑦，君道则以仁为中心，“行一不义，杀一无罪，而得天下，仁者不为也”⑧。这些与孔子仁的思想皆有相似之处。

---

① 赵岐注、孙奭疏：《孟子注疏》卷三上，见《十三经注疏》，中华书局 1980 年版，第 2691 页。

② 赵岐注、孙奭疏：《孟子注疏》卷十一上，见《十三经注疏》，中华书局 1980 年版，第 2749 页。

③ 赵岐注、孙奭疏：《孟子注疏》卷一下，见《十三经注疏》，中华书局 1980 年版，第 2670 页。

④ 赵岐注、孙奭疏：《孟子注疏》卷十四下，见《十三经注疏》，中华书局 1980 年版，第 2778 页。

⑤ 赵岐注、孙奭疏：《孟子注疏》卷三下，见《十三经注疏》，中华书局 1980 年版，第 2690 页。

⑥ 《荀子·大略》，见《荀子》卷十九，上海古籍出版社 1989 年版，第 159 页。

⑦ 《荀子·臣道》，见《荀子》卷九，上海古籍出版社 1989 年版，第 77 页。

⑧ 《荀子·王霸》，见《荀子》卷七，上海古籍出版社 1989 年版，第 61 页。

(一)《论语》阐述的"仁政"思想

《论语·子罕》云："子罕言利与命与仁。"邢昺《论语注疏》曰："此章论孔子希言难及之事也……孔子以其利、命、仁三者常人寡能及之，故希言也。"①孔子思想以"仁"为核心，"仁"是孔子及其弟子愿意用生命捍卫的东西，所以，孔子说："君子无终食之间违仁，造次必于是，颠沛必于是。"②又说："志士仁人，无求生以害仁，有杀身以成仁。"③其得意门生曾子则说："士不可不弘毅，任重而道远。仁以为己任，不亦重乎，死而后已，不亦远乎。"④

孔子认为，要实现仁，必须从恢复周礼开始，所以，《论语》一书，强调最多的，是维护礼教传统，《颜渊》云：

> 齐景公问政于孔子，孔子对曰："君君、臣臣、父父、子子。"⑤

这句话的意思是说，君父、臣子，各有本分，不可违背。违背本分，"君不君，臣不臣，父不父，子不子"⑥社会必将陷入混乱，因此，孔子对诸侯、大夫、陪臣的尾大不掉表示了强烈不满。《季氏》云：

> 天下有道，则礼乐征伐自天子出；天下无道，则礼乐征伐自诸侯出。自诸侯出，盖十世希不失矣；自大夫出，五世希不失矣；陪臣执国命，三世希不失矣。天下有道，则政不在大夫；天下有道，则庶人不议。⑦

孔子处鲁国，当孔子之时，鲁国大夫执政，而季氏之陪臣阳虎又凌驾大夫之上，这是礼崩乐坏的最显著之征兆。

孔子不满于礼崩乐坏的现实，提出的救助措施是"正名"。《子路》云：

> 子路曰："卫君待子而为政，子将奚先？"子曰："必也，正名乎！"子路曰："有是哉？子之迂也。奚其正？"子曰："野哉，由也！君子于其所不知，盖阙如也。名不正，则言不顺；言不顺，则事不成；事不成，则礼乐不兴；礼乐不兴，则刑罚不中；刑罚不中，则民无所措手足。故君子名之必可言也，言之必可行也。君子于其言，无所苟而已矣。"⑧

---

① 何晏注、邢昺疏：《论语注疏》卷九，见《十三经注疏》，中华书局1980年版，第2489页。

② 刘宝楠：《论语正义》卷五，见《诸子集成》，中华书局1954年版，第76页。

③ 刘宝楠：《论语正义》卷十八，见《诸子集成》，中华书局1954年版，第337页。

④ 刘宝楠：《论语正义》卷九，见《诸子集成》，中华书局1954年版，第159页。

⑤ 刘宝楠：《论语正义》卷十五，见《诸子集成》，中华书局1954年版，第271页。

⑥ 刘宝楠：《论语正义》卷十五，见《诸子集成》，中华书局1954年版，第271页。

⑦ 刘宝楠：《论语正义》卷十九，见《诸子集成》，中华书局1954年版，第354页。

⑧ 刘宝楠：《论语正义》卷十六，见《诸子集成》，中华书局1954年版，第280页。

正名关系言顺、事成、礼乐之兴、刑罚之中,而最终可以落实到使民可"措手足",即有规矩可依之目的。

在孔子的观念里,忠君并不是第一位的。《子路》云:

> 叶公语孔子曰:"吾党有直躬者,其父攘羊,而子证之。"孔子曰:"吾党之直者异于是:父为子隐,子为父隐,直在其中矣。"①

子证父之犯罪,是忠君;父子之隐,则尽孝。在孔子看来,血缘伦理之亲情是第一位的。而尽忠之根据,来自于孝。所以,《为政》云:"孝慈,则忠。"又云:"《书》云:'孝乎惟孝,友于兄弟,施于有政。'是亦为政。"②即孝道本身就包含着忠道政道。

《论语》也反映了孔子要求各级官员尊重人民,全心全意为人民服务的思想。《阳货》云,仁人必须行恭、宽、信、敏、惠五道于天下:

> 恭则不侮,宽则得众,信则人任焉,敏则有功,惠则足以使人。③

《公冶长》云子产有君子之道四:

> 其行己也恭,其事上也敬,其养民也惠,其使民也义。④

《子路》孔子教弟子"富民","教民",⑤《尧曰》把"尊五美,屏四恶"当做可以从政之先决条件,而"五美"、"四恶"所指,与民关系密切。《尧曰》曰:

> 子张问于孔子曰:"何如斯可以从政矣?"子曰:"尊五美,屏四恶,斯可以从政矣。"子张曰:"何谓五美?"子曰:"君子惠而不费,劳而不怨,欲而不贪,泰而不骄,威而不猛。"子张曰:"何谓惠而不费?"子曰:"因民之所利而利之,斯不亦惠而不费乎?则可劳而劳之,又谁怨?欲仁而得仁,又焉贪?君子无众寡,无小大,斯不亦泰而不骄乎?君子正其衣冠,尊其瞻视,俨然,人望而畏之,斯不亦威而不猛乎?"子张曰:"何谓四恶?"子曰:"不教而杀谓之虐;不戒视成谓之暴;慢令致期谓之贼;犹之与人也,出纳之吝谓之有司。"⑥

一个领导人,应该有美好的品德,要厚待老百姓,而自奉节俭,吃苦在前,没有贪欲,没有骄横,没有暴虐,要保护广大人民的利益,要引导人民一心向仁。对人民不教而杀,刻薄要求,随心所欲,毫不关心,都是人民之贼。

① 刘宝楠:《论语正义》卷十六,见《诸子集成》,中华书局1954年版,第291页。
② 刘宝楠:《论语正义》卷二,见《诸子集成》,中华书局1954年版,第36页。
③ 刘宝楠:《论语正义》卷二十,见《诸子集成》,中华书局1954年版,第371页。
④ 刘宝楠:《论语正义》卷六,见《诸子集成》,中华书局1954年版,第101页。
⑤ 刘宝楠:《论语正义》卷十六,见《诸子集成》,中华书局1954年版,第299页。
⑥ 刘宝楠:《论语正义》卷二十三,见《诸子集成》,中华书局1954年版,第418页。

"利民"、"惠民"都根源于重民。而《为政》云：

举直错诸枉则民服，举枉错诸直则民不服。①

如果说"利民"、"惠民"侧重于民众的物质利益的话，"民服"、"使民以义"、"教民"，则包括了对人民精神权利的肯定。

(二)《论语》、《易传》中君子人格建设与"仁"的关系

《礼记·大学》云："天子以至於庶人，是皆以修身为本，其本乱而末治者否矣。其所厚者薄，而其所薄者厚，未之有也。此谓知本，此谓知之至也。"②所谓修身，在孔子那里，就是要培养君子人格。

《论语》论君子人格建设，内容丰富而全面。具体说，则大致包含如下内容：

首先，君子务本，明乎道。而仁就是本，而培养孝悌观念，就是从小培养对人的亲和力。如《学而》云："君子务本，本立而道生。孝弟也者，其为仁之本与！"③君子注重根本的东西，譬如孝悌，即是仁之根本。在家孝悌，就不会犯上作乱。《为政》云："君子不器。"④君子之德无所不化，非一器之小用。《子罕》云："子欲居九夷，或曰：'陋，如之何？'子曰：'君子居之，何陋之有？'"⑤君子重视道的实现，不关心其他的。《子罕》又云："大宰问于子贡曰：'夫子圣者与！何其多能也？'子贡曰：'固天纵之将圣，又多能也。'子闻之曰：'大宰知我乎？吾少也贱，故多能鄙事。君子多乎哉？不多也！'"⑥君子不多能，即为务本。《宪问》云："君子上达；小人下达。"⑦上达即明乎道。《卫灵公》云："君子不可小知，而可大受也；小人不可大受，而可小知也。"⑧君子有大智慧，小人有小巧妙，君子可任大，小人则不可任大。

君子尚德。君子把培养德行，即修身看做是最重要的事情。《里仁》云："君子怀德，小人怀土；君子怀刑，小人怀惠。"⑨君子安于德，小人重迁；君子

---

① 刘宝楠：《论语正义》卷二，见《诸子集成》，中华书局1954年版，第35页。

② 郑玄注，孔颖达疏：《礼记正义》卷六十，见《十三经注疏》，中华书局1980年版，第1673页。

③ 刘宝楠：《论语正义》卷一，见《诸子集成》，中华书局1954年版，第4页。

④ 刘宝楠：《论语正义》卷二，见《诸子集成》，中华书局1954年版，第30页。

⑤ 刘宝楠：《论语正义》卷十，见《诸子集成》，中华书局1954年版，第185页。

⑥ 刘宝楠：《论语正义》卷十，见《诸子集成》，中华书局1954年出版，第177页。

⑦ 刘宝楠：《论语正义》卷十七，见《诸子集成》，中华书局1954年版，第318页。

⑧ 刘宝楠：《论语正义》卷十八，见《诸子集成》，中华书局1954年版，第347页。

⑨ 刘宝楠：《论语正义》卷五，见《诸子集成》，中华书局1954年版，第79页。

守法,小人重视恩惠。《宪问》云:"子曰:'君子哉若人!尚德哉若人!君子而不仁者有矣夫?未有小人而仁者也!'"①君子尚德,尚德即是君子,君子虽可能有未达到仁的境界的,但是,小人则必然不仁。

君子忠信而又合乎仁义。君子重视忠信,把忠信建立在仁义这个大原则基础上,不因为忠信而废弃仁义,而是以仁义约束忠信。《为政》云:"君子周而不比,小人比而不周。"②君子忠信,小人则结党营私。《卫灵公》云:"君子贞而不谅。"③贞,正,即合乎仁义;谅,信。君子不能因信而废仁义,信必须符合仁义。《子张》云:"子夏曰:'君子信而后劳其民;未信,则以为厉己也。信而后谏;未信,则以为谤己也。'"④君子言有信,而可使民谏君,否则民怨君怒。

君子以仁为己任。君子认为,仁是人的道德修养最重要的东西,所以,君子把仁的追求看做是毕生的信念。《里仁》云:"富与贵,是人之所欲也,不以其道得之,不处也;贫与贱,是人之所恶也,不以其道得之,不去也。君子去仁,恶乎成名?君子无终食之间违仁,造次必于是,颠沛必于是。"⑤君子重视仁,富贵的获得、贫贱的解脱都要遵从仁义的原则。君子一生决不离开仁。《雍也》云:"宰我问曰:'仁者虽告之曰井有仁焉,其从之也?'子曰:'君子可逝也,不可陷也;可欺也,不可罔也。'"⑥有人告诉仁者井中有仁,他会不会下到井中去呢?孔子回答说,君子可以去看,不可能下到井中去,君子可以被欺骗,但是不可能受蒙蔽。此处把君子和"仁者"平等置换,说明君子和仁者是一个概念。《颜渊》云:"君子以文会友,以友辅仁。"⑦文为实现仁的重要手段。《阳货》云:"君子学道则爱人,小人学道则易使也。"⑧爱人即仁。

《易·系辞下传》云:"爻象动乎内,吉凶见乎外,功业见乎变,圣人之情见乎辞。"⑨《易》之经传,特别是《易传》,在君子本位立场上,坚持与小

① 刘宝楠:《论语正义》卷十七,见《诸子集成》,见中华书局 1954 年版,第 303 页。
② 刘宝楠:《论语正义》卷二,见《诸子集成》,中华书局 1954 年版,第 30 页。
③ 刘宝楠:《论语正义》卷十八,见《诸子集成》,中华书局 1954 年版,第 348 页。
④ 刘宝楠:《论语正义》卷二十二,见《诸子集成》,中华书局 1954 年版,第 403 页。
⑤ 刘宝楠:《论语正义》卷五,见《诸子集成》,中华书局 1954 年版,第 76 页。
⑥ 刘宝楠:《论语正义》卷七,见《诸子集成》,中华书局 1954 年版,第 130 页。
⑦ 刘宝楠:《论语正义》卷十五,见《诸子集成》,中华书局 1954 年版,第 279 页。
⑧ 刘宝楠:《论语正义》卷二十,见《诸子集成》,中华书局 1954 年版,第 369 页。
⑨ 王弼等注,孔颖达疏:《周易正义》卷八,见《十三经注疏》,中华书局 1980 年版,第 86 页。

人的对立，这种对立不仅仅表现在社会地位方面，更重要的是表现在品德才学方面。圣人聪明睿智，圣人之情存乎其中，其对君子精神已有清楚论列。

《乾》九三云："君子终日乾乾，夕惕若厉，无咎。"象说："天行健，君子以自强不息。"《文言》引孔子之言说："君子进德修业。忠信，所以进德也；修辞立其诚，所以居业也。知至至之，可与几也。知终终之，可与存义也。是故，居上位而不骄，在下位而不忧。故乾乾，因其时而惕，虽危而无咎矣。""上下无常，非为邪也。进退无恒，非离群也。君子进德修业，欲及时也，故无咎。"又说："君子以成德为行，日可见之行也。潜之为言也，隐而未见，行而未成，是以君子弗用也。""君子学以聚之，问以辩之，宽以居之，仁以行之。易曰：'见龙在田，利见大人。'君德也。"又说："亢之为言也，知进而不知退，知存而不知亡，知得而不知丧。其唯圣人乎？知进退存亡，而不失其正者，其唯圣人乎？"①

《坤》卦云："元，亨，利牝马之贞。君子有攸往，先迷后得主，利西南得朋，东北丧朋。安贞，吉。"象说："至哉坤元，万物资生，乃顺承天。坤厚载物，德合无疆。含弘光大，品物咸亨。牝马地类，行地无疆，柔顺利贞。君子攸行，先迷失道，后顺得常。西南得朋，乃与类行；东北丧朋，乃终有庆。安贞之吉，应地无疆。"象说："地势坤，君子以厚德载物。"《文言》云："坤至柔，而动也刚，至静而德方，后得主而有常，含万物而化光。坤其道顺乎？承天而时行。积善之家，必有余庆；积不善之家，必有余殃。臣弑其君，子弑其父，非一朝一夕之故，其所由来者渐矣，由辩之不早辩也。易曰：'履霜坚冰至。'盖言顺也。"又说："直其正也，方其义也。君子敬以直内，义以方外，敬义立，而德不孤。'直，方，大，不习无不利'；则不疑其所行也。"又说："阴虽有美，含之；以从王事，弗敢成也。地道也，妻道也，臣道也。地道无成，而代有终也。""天地变化，草木蕃；天地闭，贤人隐。易曰：'括囊；无咎，无誉。'盖言谨也。"又说："君子黄中通理，正位居体，美在其中，而畅于四支，发于事业，美之至也。"②

《乾》、《坤》二卦为《易经》母体，而孔子深明此义，为制《文言》，强调此两卦的精神内核。所以，这两卦论君子最多，也最为全面。《乾》、《坤》两卦

---

① 王弼等注，孔颖达疏：《周易正义》卷一，见《十三经注疏》，中华书局1980年版，第14页。

② 王弼等注，孔颖达疏：《周易正义》卷一，见《十三经注疏》，中华书局1980年版，第19页。

以下,《易》之经传,特别是《易传》,几乎每一卦都与君子的行止联系在一起,概括其所列举君子人格的内容,兼乎"仁"的则包括如下方面:

君子博大宽仁。君子要秉持仁义,对自己严格要求,对他人宽厚,善于原谅别人的过错,厚待下人,不居功,不自傲,爱惜人民生命。《同人》象说:"唯君子为能通天下之志。"象说:"君子以类族辨物。"①指君子明白和而不同、方以类聚、物以群分之道理。《睽》象说:"君子以同而异。"②指君子求大同而存小异。《解》象说:"君子以赦过宥罪。"③指君子宽厚待人。《夬》象说:"君子以施禄及下,居德则忌。"④指君子厚待下人,而不居功。《中孚》象说:"君子以议狱缓死。"⑤指君子宽仁,爱惜人民的生命。

君子施仁政。君子不但在平时严格要求自己,有美好的人格,在做领导人的时候,要把仁义的精神贯彻在政治之中,特别是在法律施行方面,体现出人文关怀。《观》象说:"中正以观天下……观天之神道,而四时不忒,圣人以神道设教,而天下服矣。"象说:"先王以省方,观民设教。"⑥此处先王等同于君子,指先王应天顺民,根据民俗以设教化。《噬嗑》象说:"先王以明法敕罚。"⑦此处先王等同于君子,指明罚勒法,欲天下一心。《贲》象说:"君子以明庶政,无敢折狱。"⑧指君子无敢折狱。《离》象说:"大人以继明照于四方。"⑨继明即继日之明。指大人之光辉照于四方。《渐》象说:"君子以

---

① 王弼等注,孔颖达疏:《周易正义》卷二,见《十三经注疏》,中华书局 1980 年版,第 29 页。

② 王弼等注,孔颖达疏:《周易正义》卷四,见《十三经注疏》,中华书局 1980 年版,第 51 页。

③ 王弼等注,孔颖达疏:《周易正义》卷四,见《十三经注疏》,中华书局 1980 年版,第 52 页。

④ 王弼等注,孔颖达疏:《周易正义》卷五,见《十三经注疏》,中华书局 1980 年版,第 56 页。

⑤ 王弼等注,孔颖达疏:《周易正义》卷六,见《十三经注疏》,中华书局 1980 年版,第 71 页。

⑥ 王弼等注,孔颖达疏:《周易正义》卷三,见《十三经注疏》,中华书局 1980 年版,第 36 页。

⑦ 王弼等注,孔颖达疏:《周易正义》卷三,见《十三经注疏》,中华书局 1980 年版,第 37 页。

⑧ 王弼等注,孔颖达疏:《周易正义》卷三,见《十三经注疏》,中华书局 1980 年版,第 37 页。

⑨ 王弼等注,孔颖达疏:《周易正义》卷三,见《十三经注疏》,中华书局 1980 年版,第 43 页。

居贤德善俗。"①指君子以贤德易俗。《归妹》象说："君子以永终知敝。"②指君子知得知失，不失其时。《丰》象说："君子以折狱致刑。"③指君子以光明除祸患。《旅》象说："君子以明慎用刑，而不留狱。"④指君子勤政慎刑，重视民生。《巽》象说："君子以申命行事。"⑤指君子治国，注重法令之贯彻。

我们为了了解《易》之经传所论述的君子人格，做了上述这样一个相对方便的表述。其论述君子之特点，如君子之修德、君子之顺势、君子之谨慎节俭、君子之社会责任、君子之博大宽容、君子之谦虚、君子之仁政、君子之穷则独善、君子之好学不厌凡此等等，其核心是在政治制度的建立方面贯彻宽惠爱民的原则，有社会责任感，于个人则进德修业，节俭自律，顺应时事，不与黑暗势力妥协。《易·系辞下传》引孔子之言说："君子安其身而后动，易其心而后语，定其交而后求。君子修此三者，故全也。危以动，则民不与也；惧以语，则民不应也；无交而求，则民不与也。莫之与，则伤之者至矣。"⑥君子处事，先安其身，次易其心，次定其交，安身是审时审世，易其心是进德修业，定其交是掌握主动权，而后则无往不胜。

如果我们仔细地考察《易》与《论语》的本意，就会发现，实际上，孔子对君子人格的要求，就是仁、义、礼、智、信，温、良、恭、俭、让。仁、义、礼、智、信，温、良、恭、俭、让，是一切君子所应遵循的不二修养法门。君子通过对仁、义、礼、智、信，温、良、恭、俭、让的把握，确立自己高尚的君子之人格，修身齐家治国平天下，以实现仁政理想。

---

① 王弼等注，孔颖达疏：《周易正义》卷五，见《十三经注疏》，中华书局 1980 年版，第 63 页。

② 王弼等注，孔颖达疏：《周易正义》卷五，见《十三经注疏》，中华书局 1980 年版，第 64 页。

③ 王弼等注，孔颖达疏：《周易正义》卷六，见《十三经注疏》，中华书局 1980 年版，第 67 页。

④ 王弼等注，孔颖达疏：《周易正义》卷六，见《十三经注疏》，中华书局 1980 年版，第 68 页。

⑤ 王弼等注，孔颖达疏：《周易正义》卷六，见《十三经注疏》，中华书局 1980 年版，第 69 页。

⑥ 王弼等注，孔颖达疏：《周易正义》卷八，见《十三经注疏》，中华书局 1980 年版，第 88 页。

（三）关于“仁者爱人”

孔子的弟子问仁,孔子回答说“爱人”,①孔子又说:“泛爱众而亲仁”,②“君子学道则爱人”③。“爱人”就是以善心对待同类,而其前提就是承认人的平等权利,而对人的平等权利的肯定,也就意味着承认他人的自由。

孔子为了贯彻“爱人”的原则,提出了“恕”的行动纲领,学生问他“有一言而可终身行之者乎”,孔子回答说:“其恕乎! 己所不欲,勿施于人。”④“恕”作为孔子“一以贯之”之“道”,⑤是实现“仁”的基本途径,实现了“恕”,也就是实践了仁,孔子说:“夫仁者,己欲立而立人,己欲达而达人,能近取譬,可谓仁之方也已。”⑥“己欲立而立人,己欲达而达人”与“己所不欲,勿施于人”是一种行为原则的两个方面,都是“能近取譬”的“恕”,其核心是推己以谅人,即自己不愿意做的事,自己不愿意承受的痛苦,绝不能强加于人,自己想实现的愿望,应该让别人也实现,也就是说,要承认他人和自己有同样的平等权利,不驱使他人,不强迫他人,也就是说,要给他人自由的权力。这实际是一种具有反专制、暴政色彩的人道主义思想和民主思想。这种思想的提出,是与孔子重视人的价值观相一致的。《乡党》载孔子退朝,知厩之焚,唯问“伤人乎”,而“不问马”。

孔子在强调“爱人”的时候,更多强调的是给他人自由,他说,“躬自厚而薄责于人”,“君子求诸己,小人求诸人”,⑦即对自己严格要求,而对别人宽宏大量。孔子这样做,并不是认为自由对自己不重要,而是他要教导他的学生去治国平天下,治国平天下者只有限制自己的欲望,才能通过自己的身体力行,以模范的行为影响他人,进而创造一个好的道德环境,实现全民的富祉。所以,孔子说:“道千乘之国,敬事而信,节用而爱人,使民以时。”⑧“节用”就是抑制欲望,“爱人”就是强调统治者与人民的平等,“使民以时”,就是要给人民更大的自由权利。所以,孔子赞扬原始氏族社会的“无为”,他

---

①　刘宝楠:《论语正义》卷十五,见《诸子集成》,中华书局 1954 年版,第 278 页。
②　刘宝楠:《论语正义》卷一,见《诸子集成》,中华书局 1954 年版,第 10 页。
③　刘宝楠:《论语正义》卷二十,见《诸子集成》,中华书局 1954 年版,第 369 页。
④　刘宝楠:《论语正义》卷十八,见《诸子集成》,中华书局 1954 年版,第 343 页。
⑤　刘宝楠:《论语正义》卷五,见《诸子集成》,中华书局 1954 年版,第 81 页。
⑥　刘宝楠:《论语正义》卷七,见《诸子集成》,中华书局 1954 年版,第 134 页。
⑦　刘宝楠:《论语正义》卷十八,见《诸子集成》,中华书局 1954 年版,第 342 页。
⑧　刘宝楠:《论语正义》卷一,见《诸子集成》,中华书局 1954 年版,第 9 页。

说："无为而治者,其舜也与! 夫何为哉,恭己正南面而已矣。"①"无为"就是不限制人民的自由,让人民自由地生活。这个认识,与近年郭店楚简出土的诸儒家典籍限制君主官吏的权力,倡导君主官吏为人民服务的宗旨一致,而论述禅让思想的《唐虞之道》更可以作为孔子后学发挥孔子仁爱民主平等思想的纲领。《唐虞之道》以禅让为大仁大义大圣,曰："唐虞之道,禅而不传。尧舜之王,利天下而弗利(自利)也。禅而不传,圣之盛也。利天下而弗利也,仁之至也。""尧舜之行,爱亲尊贤。爱亲故孝,尊贤故禅。""孝,仁之冕也;禅,义之至也。""爱亲忘贤,仁而未义也;尊贤遗亲,义而未仁也。""方在下位,不以匹夫为轻;及其有天下也,不以天下为重。有天下弗能益,亡天下弗能损,极仁之至,利天下而弗利也。禅也者,上德授贤之谓也。上德则天下有君而世明,授贤则民兴教而化乎道。不禅而化民者,自生民则未之有也。"②在这里,作者把"仁"、"义"、"圣"与天下为公的大同"禅让"的理想结合起来,并认为真正的治世的到来必然依赖于建立"禅让"的民主政体,这就使"仁"所具有的自由主义精神就更加清晰。从而也证明儒家思想绝不是维护政治的专制主义体制的,而是把实现大同看做是最后的归宿。

孔子认为,社会堕落的根源是"谋用是作",要实现大同,就需要"谋闭而不兴",所以他提出这样的口号："民可使由之,不可使知之。"③"由"就是纵民所为,"知"则指"谋",应该给人民以自由行动的权利,却不能使民风狡诈。"仁者安仁,知者利仁",④人民如果变得狡诈的话,就会产生私心,"大同"和"禅让"就变成了一句空话。

(四)孔子"仁"学与"大同"理想

孔子作为一个文学家、历史学家、教育家的存在,是建立在他作为一个思想家的基点上的,讨论孔子思想,最核心的是其政治思想。孔子的政治思想的核心,就是实现"大同"。我们应该注意的是,不但孔子以大同为终极的政治理想,而且,原始儒家也积极认同大同作为终极理想的观念。

在传世文献中,大同的提法见于《礼记·礼运》,曰："昔者,仲尼与于蜡宾,事毕,出游于观之上,喟然而叹。仲尼之叹,盖叹鲁也。言偃在侧,曰:'君子何叹?'孔子曰:'大道之行也,与三代之英,丘未之逮焉,而有志焉。大

① 刘宝楠：《论语正义》卷十八,见《诸子集成》,中华书局1954年版,第334页。
② 荆州博物馆编：《郭店楚墓竹简》,文物出版社1998年版,第157页。
③ 刘宝楠：《论语正义》卷九,见《诸子集成》,中华书局1954年版,第161页。
④ 刘宝楠：《论语正义》卷五,见《诸子集成》,中华书局1954年版,第75页。

道之行也,天下为公。选贤与能,讲信修睦。故人不独亲其亲,不独子其子,使老有所终,壮有所用,幼有所长,鳏、寡、孤、独、废、疾者有所养,男有分,女有归。货恶其弃于地也,不必藏于己;力恶其不出于身也,不必为己。是故谋闭而不兴,盗窃乱贼而不作,故外户而不闭,是谓大同。"①这一段话,对理解孔子思想的现代意义,具有非常重要的意义。

所谓大同,中心是"天下为公",而要实现天下为公的理想,就是要不存自私之心,在政治制度上选贤与能,在为人处世上讲信和修睦,与人为善。这样一来,人们不独亲其亲,不独子其子,亦亲人之亲,子人之子,有养老制度,老有所终,人人皆可量才任用,所谓壮有所用,青年人能受统一的教育,所以幼有所长,鳏、寡、孤、独、废、疾者有所养,男有职分,女嫁得其人。珍惜财货,恶其弃于地,但不是为自己的财富积累,所以不必藏于己;人人争先,力恶其不出于身,但不必为己。

在孔子所描绘的大同世界,实质上就是人人一切平等,互相尊重,互相爱护。如果能把别人看做是像自己一样的独立而完整的人,没有欺骗,没有压迫,这就是平等的精神,而人人平等正是现代自由人权和民主政治的核心。

孔子赞扬的大同,落实到选举制度,特别是最高领导人的选择上,则是主张禅让,反对世袭。在孔子生活的时代,是一个世袭制流行的时代,孔子在对禅让制的推重上,就体现了他对家天下的态度。孔子之赞扬尧、舜、禹的圣治,抓住的核心问题就是禅让制,如《论语·泰伯》之言"巍巍乎舜、禹之有天下也,而不与焉","大则尧之为君也,巍巍乎唯天为大,唯尧则之",②指出原始氏族社会的特点是遵从天的平等公正,而"不与",即"无为",也就是说要给人民以充分的自由,不把天下看做是自己的私产。

孔子赞扬大同,与他对小康之世的批判联系在一起,《礼记·礼运》又云:

> 今大道既隐,天下为家。各亲其亲,各子其子。货力为己。大人世及以为礼,城郭沟池以为固,礼义以为纪,以正君臣,以笃父子,以睦兄弟,以和夫妇,以设制度,以立田里,以贤勇知,以功为己,故谋用是作,而兵由此起。禹、汤、文、武、成王、周公,由此其选也。此六君子者,未有不谨于礼者也,以著其义,以考其信,著有过,刑仁讲让,示民有常,如

---

① 郑玄注,孔颖达疏:《礼记正义》卷二十二,见《十三经注疏》,中华书局 1980 年版,第 1414 页。

② 刘宝楠:《论语正义》卷九,见《诸子集成》,中华书局 1954 年版,第 166 页。

有不由此者,在执者去,众以为殃,是谓小康。①

天下为家是专制主义的特征,与大同背道而驰,各亲其亲,各子其子,而不亲人亲,不子人子。爱护财货,是为了个人占有,努力工作,是为了为自己积累私人财富。在政治制度上,推行世袭制,并把这种世袭制演化为社会规范,所谓大人世及以为礼。为了巩固个人利益,所以修建城郭沟池来防备别人,以家天下的礼义为纲纪,以此正君臣,笃父子,睦兄弟,和夫妇,设制度,立田里。把勇敢和智慧看做是贤能,以功为己,所以谋略就出现了,而战争也就出现了。虽然禹、汤、文、武、成王、周公,是家天下的贤君代表,谨于礼,著其义,考其信,著有过,刑仁讲让,示民有常,如有不由此者,在执者去,众以为殃,人称小康,但小康和大同有本质的不同,所以孔子对大同蜕变为小康,深为不满。

孔子关于大同和小康社会的论述,实际代表了孔子的终极政治理想,就是说,他的克己复礼并不是他的终极理想,而是他的渐进的政治理想的一个阶段,他希望通过恢复周礼,实现小康,再有小康而至大同。如果把恢复周礼视为孔子的终极政治追求,那么,孔子的大同说的可靠性就存在问题了。不过,郭店楚简的出土,使我们更加确认了孔子及原始儒家把"大同"作为终极理想的可靠性。

郭店楚简是孔子之后、孟子之前的儒家学者的观点,这些著作的作者距孔子不远,是最接近孔子的学者的著述,其中《唐虞之道》对禅让制有详细的论述,而其论述,与孔子至为一致。《唐虞之道》指出：

> 唐、虞之道,禅而不传。尧、舜之王,利天下而弗利也。禅而不传,圣之盛也。利天下而弗利也,仁之至也。故昔贤仁圣者如此。身穷不贪,没而弗利,穷仁矣。必正其身,然后正世,圣道备矣。故唐虞之道,禅也。②

在原始儒家看来,尧、舜的最精华、最核心的问题是禅让,而不是传子,之所以能这样做,原因在于尧舜把利天下看做是第一位的,而不自利。把利天下看做是第一位的,而不自利,是最大的仁,禅让而不传子,是圣的最高境界。圣人只有先正自身,然后才能正世,所以,在政治制度上,实行禅让,就是实现圣治的前提和基础。

郭店楚简把禅让和"孝"统一在一起,《唐虞之道》指出：

---

① 郑玄注,孔颖达疏：《礼记正义》卷二十一,见《十三经注疏》,中华书局 1980 年版,第 1414 页。

② 荆门博物馆编：《郭店楚墓竹简》,文物出版社 1998 年版,第 157 页。

尧舜之行,爱亲尊贤。爱亲故孝,尊贤故禅。孝之方,爱天下之民。禅之传,世亡隐德。孝,仁之冕也。禅,义之至也。六帝兴于古,咸由此也。爱亲忘贤,仁而未义也。尊贤遗亲,义而未仁也。古者虞舜笃事瞽叟,乃戴其孝;忠事帝尧,乃戴其臣。爱亲尊贤,虞舜其人也。禹治水,益治火,后稷治土,足民养生。夫唯顺乎肌肤血气之情,养性命之正,安命而弗夭,养生而弗伤,知天下之政者,能以天下禅矣。①

又指出:

古者尧之与舜也;闻舜孝,知其能养天下之老也;闻舜弟,知其能事天下之长也;闻舜慈乎弟□□□知其能为民主也。故其为瞽盲子也,甚孝;及其为尧臣也,甚忠;尧禅天下而授之,南面而王天下,而甚君。故尧之禅乎舜也,如此也。②

郭店楚简的作者认为,尧舜的禅让之行,体现了爱亲尊贤的特点。爱亲所以孝,但孝不是世袭。爱亲必须和尊贤联系在一起,尊贤就要实行禅让。爱亲需要扩展到他人之亲,这才是真正的爱亲,所以,真正的孝应该是爱天下之民。由禅让而变为传子,是社会的倒退,道德之堕落。孝,是实现仁的前提。禅让,是义之最高境界。古之帝王之兴,皆由禅让。如果爱亲忘贤,虽有仁而无义。尊贤遗亲,则有义而无仁。虞舜事亲孝,为臣忠。所以说,虞舜爱亲尊贤。禹治水,益治火,后稷治土,足民养生。所以,只有顺乎肌肤血气之情,养性命之正,安命而不夭,养生而不伤,知天下之政的人,都是能以天下禅让贤者的人。尧闻舜孝,知他能养天下之老,闻舜悌,知他能事天下之长,闻舜对弟慈,知他能为民主。所以,舜为瞽盲子,甚孝,为尧臣,甚忠,尧禅天下而授舜,舜南面而王天下,而甚有君道。

郭店楚简的作者还从人的生理方面来肯定禅让制的优越性,《唐虞之道》指出:

古者圣人二十而冠,三十而有家,五十而治天下,七十而致政,四肢倦惰,耳目聪明衰,禅天下而授贤,退而养其生。此以知其弗利了。③

当圣人到了七十岁,他也会和常人一样,精神聪明衰退,当此之际,若果为民考虑,就应该禅让贤者。尧舜能在老年以后,禅天下而授贤,退而养其生,就说明他们没有把天下看做是自己的私产。

郭店楚简的作者还指出了不实行禅让制的危害,《唐虞之道》指出:

① 荆门博物馆编:《郭店楚墓竹简》,文物出版社1998年版,第157页。
② 荆门博物馆编:《郭店楚墓竹简》,文物出版社1998年版,第158页。
③ 荆门博物馆编:《郭店楚墓竹简》,文物出版社1998年版,第158页。

《虞诗》曰:"大明不出,万物皆暗。圣者不在上,天下必坏。"治之至,养不肖。乱之至,灭贤。①

安定的天下,应该是圣者在上位,如果反其道而行之,天下就要混乱了。治世的顶点,是不肖者能逐渐改良,乱世的极点,是贤能的人被消灭。至治之世有不肖者的生存空间,至乱之世,没有贤者的生存机会。

原始儒家关于大同理想的阐述,在秦汉之际,还是非常流行的。燕王哙受鹿毛寿建议,欲法古圣王之道,《韩非子·说疑》载其"不安子女之乐,不听钟石之声,内不湮污池台榭,外不弋田猎","亲操耒耨,以修畎亩"。② 其极端之事例,则是以国家政权交付子之,《战国策·燕策一》云:"子之南面行王事,哙老不听政,顾为臣,国事皆决子之。"③《说苑·至公》载:

秦始皇既吞天下,乃召群臣而议,曰:"古者五帝禅贤,三王世继,孰是,将为之。"博士七十人未对,鲍白令之对曰:"天下官则禅贤是也,天下家则世继是也。故五帝以天下为官,三王以天下为家。"秦始皇仰天叹曰:"吾德出于五帝,吾将官天下,谁可使代我后者?"鲍白令之对曰:"陛下行桀纣之道,欲为五帝之禅,非陛下所能行也。"秦始皇大怒,曰:"令之前,若何以言我行桀纣之道也? 趣说之,不解则死。"令之对曰:"臣请说之,陛下筑台干云,宫殿五里,建千石之钟,立万石之簴,妇女连百,倡优累千,兴作骊山,宫室至雍,相继不绝。所以自奉者,殚天下,竭民力,偏驳自私,不能以及人。陛下所谓自营,反存之主也,何遽比德五帝,欲官天下哉。"始皇黯然无以应之,面有惭色,久之曰:"令之之言,乃令众丑我。"遂罢谋,无禅意也。④

即使在秦代,秦始皇这样的暴君,也把禅让看做是比世继崇高的政治制度,禅让应该是最高的政治理想。而鲍白令之认为,禅让是圣人才能做的事情,秦始皇自私,不可能如此。

秦亡以后,在汉朝,儒生从尊孔复古观念出发,更是积极倡导禅让制,据《汉书·眭弘传》,眭弘在昭帝时上书,认为汉为尧后,应效法禅让,在天下求索贤人,禅让帝位,自退于野,为霍光所杀。儒生们倡导直接禅让的策略行不通,他们便采取变通手段,《汉书·哀帝纪》载夏贺良以赤精子之谶,认为汉运已衰,当再受命,哀帝行之。此方法虽不是禅让,但多少还有点禅让的

---

① 荆门博物馆编:《郭店楚墓竹简》,文物出版社 1998 年版,第 158 页。
② 王先慎:《韩非子集解》卷十七,见《诸子集成》,中华书局 1954 年版,第 313 页。
③ 高诱注:《战国策·燕一》,《战国策》第三册,商务印书馆 1958 年版,第 60 页。
④ 刘向撰,向宗鲁校证:《说苑校证》卷十四,中华书局 1987 年版,第 347 页。

味道,可惜后哀帝觉悟,知道一旦推行再受命学说,禅让就不可避免,家天下就受到威胁,所以,仍然杀了夏贺良。

原始儒家在专制时代开始以后,仍然不忘推行禅让制,甚至付出了生命的代价。西汉儒生对禅让制度的追求,准确把握了孔子思想精粹。西汉儒生的努力,不是没有成功的机会,王莽受禅,正是西汉儒生追求禅让理想的结果。不过,西汉的禅让之弊在于缺少禅让制度的逻辑发展过程,因此,虽然有禅让之名,却没有大同之实。到了王莽之后,禅让制并没有作为一种社会制度被固定下来。

禅让制的失败,不是大同理想的失败,而是操作程序的错误。是儒生们把孔子的渐变变成了突变,缺少了天时地利与人和,最终必然导致失败。

在讨论汉代儒生的禅让理想的时候,不能不提到东汉人何休的公羊三世说。今人康有为把何休在解说《春秋公羊传》时提到的"公羊三世"与"大同"、"小康"之说联系起来,认为"三世为孔子非常大义,托之《春秋》以明之。'所传闻世'为据乱,'所闻世'托升平,'所见世'托太平。乱世者,文教未明也;升平者,渐有文教,小康也;太平者,大同之世,远近大小如一,文教全备也……此为《春秋》第一大义"①。在孔子看来,先有大同,其次小康,其次乱世,这是一个社会自觉退化的必然环节,而要拯救退化的社会,不可能直接由乱世实现太平,而应该以渐变的步骤,通过克己复礼实现小康,再至太平。孔子欲由乱世而至小康,再由小康而至大同,是一种科学的符合人类内心诉求,符合现代人文精神的社会发展理想。康有为正是清楚地体会到了孔子的用心,而认为专制主义必将走向立宪政治,最后走向共和政治,实现人类真正的人权、平等、自由、博爱、独立。

二、孔子"仁"学的现代价值

(一)"仁"与"大同"体现了自由价值观

孔子所谓大同理想,实质上就是人人一切平等,互相尊重,互相爱护。如果能把别人看做是像自己一样的独立而完整的人,没有欺骗,没有压迫,这就是平等的精神,而人人平等正是现代自由人权和民主政治的核心。而在孔子的政治思想体系中,"仁"所具有的恕的认识方法,同样建立在人人权

---

① 康有为:《春秋董氏学》卷二,见《康有为全集》第二集,人民大学出版社2007年版,第324页。

利平等的基础上。人人权利平等,尊重每一个个体的人,怜悯每一个个体的生命,这是大同与仁的基本特征,也是孔子思想与专制主义的最大区别。而要实现人人的权利平等,并不能理解为平均主义,而是每人应该具有自由的选择权。

自康有为标榜民主革命,以现代西人民主解释孔子的大同理想,深得孔子理想之三昧。康有为在他所著《新学伪经考》、《孔子改制考》、《大同书》等著作,首先标榜"爱",也即孔子所说"仁",孟子所说的"不忍人之心",《大同书》说:"不忍人之心,仁也。"又说"其觉知少者,其爱心亦少;其觉知大者,其仁心亦大。其爱无涯与觉为涯,爱与觉之大小多少为比例焉。"①《孟子微》说:"一切仁政,皆从不忍之心生,为一切根一切源……太平大同,皆从此出。"又说,"孔子之道在于恕,故下手全在有不忍之心而推之。"②康有为认为,只要从博爱的立场出发,就可以产生平等、自由、民主诸观念,进而实现世界大同。

自由的美好,只有在人们丧失了自由以后才能深切地体会到。自由是大家都在自觉或者不自觉地追求的东西,但是,自由必须以不限制别人的自由为前提,而专制主义的产生就是一部分人为了追求自己的最大限度的自由,而剥夺大部分人的自由,因而也就剥夺了自由本身。

中国氏族社会是一个自由的时代,但是,对于没有承受过专制主义灾难的原始人来说,他们并没有珍惜这个自由的时代,他们在自觉与不自觉之中,逐步把中国社会向不平等的专制主义时代推进。随着父系氏族社会的出现,某些聪明的人看到了在一个平等的自由社会以自私的心理处世的好处,认识到珍惜自己的家庭和子嗣的重要性,私有财产开始积累,而且,处于领导地位的人为自己谋求私利更有得天独厚的条件,领导人就不再是人民的公仆,而变成了"官僚",谋求领导地位的世袭变得具有很大的吸引力了,最后,大约在公元前21世纪,氏族社会的最后一个部落酋长禹传子启,建立夏朝,作为自由主义时代政治制度象征的传统的"禅让"制度彻底被破坏了,而代之以世袭制。自由的时代结束了,少数统治者为了能使自己随心所欲,维持自己的特权和世袭统治,开始在国家机器和意识形态、文化背景方面,为自己的行为寻找理论基石,这就是所谓"礼"。所以,"礼"的产生是社会堕

---

① 康有为:《大同书》卷一,见《康有为全集》第七集,人民大学出版社2007年版,第5页。

② 康有为:《孟子微》卷四,见《康有为全集》第五集,人民大学出版社2007年版,第457页。

落、自由消失的重要表现,是人遭受禁锢的开始。《道德经》曰:"故失道而后德,失德而后仁,失仁而后义,失义而后礼。夫礼者,忠信之薄而乱之首。"①其论述由道而德而仁而义而礼的蜕化历史,正是由氏族社会向阶级社会转变的历程。

自从进入夏朝以后,统治者们为了使自己有更加强大地使用自己的权利的自由,他们把人民当做奴隶,总是千方百计、不择手段地限制和剥夺他人的自由,乃至剥夺生存权。但是,什么地方有压迫,什么地方就会爆发反抗,压迫愈重,反抗愈烈。在专制主义时代,被压迫者从来没有放弃过争取自由的斗争。这种为争取自由的斗争,从专制主义产生那一天开始,就成为社会变革的动力。夏桀"不务德而武伤百姓,百姓弗堪"②,"为虐政淫荒"③,商汤"遂率兵以伐夏桀"④。"帝纣资辨捷疾,闻见甚敏;材力过人,手格猛兽;知足以距谏,言足以饰非,矜人臣以能,高天下以声,以为皆出己之下。好酒淫乐,嬖于妇人","厚赋税","以酒为池,县肉为林,使男女倮相逐其间,为长夜之饮","百姓怨望而诸侯有畔者,于是纣乃重刑辟,有炮烙之法","九侯有好女,入于纣。九侯女不憙淫,纣怒,杀之,而醢九侯。鄂侯争之强,辨之疾,并脯鄂侯。西伯昌闻之,窃叹……周囚西伯羑里",比干强谏,商纣云"吾闻圣人心有七窍",竟然"剖比干,观其心"。⑤ 又"刳剔孕妇"⑥。周文王"阴修德行善"⑦,至周武王兴兵讨纣,商朝灭亡。夏桀、商纣之所以亡国,就在于他们以强权为特征的专制主义到了无以复加的程度,人民忍无可忍,遂爆发了革命。夏桀的不务德,就是不尊重和爱护百姓,没有平等和民主的观念,因而不能给人民以自由,使人民不能忍受。商纣王比之夏桀有过之而无不及,因为表达自己对国家的意见,商纣王就对大臣施加极刑,醢九侯,脯鄂侯,囚西伯,剖比干,剥夺了人民的生存权,以及思想自由和言论自由的权利,当然也就违背了民主和平等的精神。因为夏桀和商纣觉得自己有超越他人的权利,所以,他才能肆无忌惮地实行暴政。商纣王杀人的手段骇人听

---

① 王弼:《老子注》,《诸子集成》第三册,中华书局1954年版,第23页。
② 司马迁撰:《史记·夏本纪》卷二,中华书局1959年版,第88页。
③ 司马迁撰:《史记·殷本纪》卷三,中华书局1959年版,第95页。
④ 司马迁撰:《史记·夏本纪》卷二,中华书局1959年版,第88页。
⑤ 司马迁撰:《史记·殷本纪》卷三,中华书局1959年版,第108页。
⑥ 孔颖达等疏:《尚书正义》卷十一,《十三经注疏》,中华书局1980年版,第180页。
⑦ 司马迁撰:《史记·殷本纪》卷三,中华书局1959年版,第107页。

闻,其创造的刑罚也难有其匹,《列女传》云:"膏铜柱,下加之炭,令有罪者行焉,辄堕炭中,妲己笑,名曰炮烙之刑。"①臭名昭著的炮烙之刑,证明专制主义者是没有丝毫人性的。

商汤、周文王、周武王在反对夏桀和商纣的过程中,举着为民请命的招牌。夏桀之时,百姓有言"时日曷丧?予及汝皆亡"的歌谣,表现出对夏桀专制暴虐的痛恨,所以,商汤以"有夏多罪,天命殛之",顺乎民意,说:"夏德若兹,今朕必往。"②于是举兵放桀。周武王决定伐纣时谴责商纣王说:"今商王受,弗敬上天,降灾下民。沈湎冒色,敢行暴虐……以残害于尔百姓……皇天震怒,命我文考,肃将天威……"③也是首先指责商纣的专制罪恶,而后恭行天罚,似乎他们替天行道,将会给人民以自由。

旧的专制主义者被推翻,新的专制主义统治者又出现了。自由仍然没有实现,但有限的自由却实现了。相对于旧的统治者,新的统治者总能给人民一点有限的自由,于是,人民得到了暂时的有限的自由。为什么争取自由的斗争并不能带来真正而持久的自由,人民仍然没有争取到平等和民主权力?其根源就在于中国的专制主义者具有非常的残酷性,不通过暴力革命不足以推翻暴君,而暴力革命所具有的组织纪律性和残酷性又会自然而然培养出新的暴君和新的专制主义集团,新的暴君和专制主义集团虽然能够给人民以自由,但这个自由是极其有限的。历史在不断前进,争取自由的一代人退出历史舞台,他们的后继者们又会重复前辈的老路,变本加厉地剥夺人民的自由权力,使人民觉得连做奴隶的自由都要被剥夺。

佛洛姆指出,"在动植物种类演化史上,人类历史也可说是日渐个人化及日渐获得自由的一个过程","人类的存在与自由,从开始起便是不可分的"。④ 中国的历史也没有例外。《易传·革象》云:"天地革而四时成,汤武革命,顺乎天而应乎人,革之时大矣哉。"⑤孔子所作《易传》对汤武革命所采取的支持态度,正是孔子及其后学一贯主张的体现。而孔子之赞扬原始氏

---

① 司马迁撰:《史记·殷本纪》卷三,中华书局 1959 年版,第 106 页。

② 孔颖达等疏:《尚书正义》卷八,见《十三经注疏》,中华书局 1980 年版,第 160 页。

③ 孔颖达等疏:《尚书正义》卷十一,见《十三经注疏》,中华书局 1980 年版,第 180 页。

④ [美]E. 佛洛姆:《逃避自由》,见上海文学杂志社 1986 年 10 月出版的"写作参考系列之四",第 8 页。

⑤ 王弼等注,孔颖达疏:《周易正义》卷五,见《十三经注疏》,中华书局 1980 年版,第 60 页。

族社会时期尧舜禹的圣治,如《论语·泰伯》之言"巍巍乎舜禹之有天下也,而不与焉","大则尧之为君也,巍巍乎唯天为大,唯尧则之"[①],则指出原始氏族社会的特点是遵从天的平等公正,而"不与",即"无为",也就是说领导人绝不通过限制别人自由的方式发挥自己的作用,而是尽最大可能消解政府或者领导人的职能,让人民忘记领导人的存在,给人民以充分的自由,让人民自由地去发挥自己的个性。孔子对尧舜禹的赞扬,实际等于宣告了专制主义者的不合法性,也正因此,对专制主义统治者的反抗,就成为中国人民前赴后继所不懈追求的精神。

孟子深入了解孔子的思想,对圣人革命的合法性给予最鲜明的支持。孟子强调民比国家社稷、君主具有更加重要的地位这个观点,所谓"民为贵,社稷次之,君为轻",由此民主观念出发,他认为仁政的措施要使"天下之士"、"天下之商"、"天下之旅"、"天下之农","天下之民""皆悦"。[②] 君主要"与百姓同之","与民同乐","乐民之乐,忧民之忧;乐以天下,忧以天下"[③]。这种民主观念,其中确实具有现代民主观念的含义,包含有尊重民意、君民平等、爱民忧民之思想。正因此,孟子在对待君主的态度方面,同样表现出了很大的反抗性和民主意识。首先,孟子认为得天下与失天下,在于民心之向背。《孟子·离娄上》说:"纣之失天下也,失其民也。失其民者,失其心也。得天下有道,得其民斯得天下矣。得其民有道,得其心斯得民矣。得其心有道,所欲与之聚之,所恶勿施。"[④]对君主的评价,应以民心的向背为根据,民心一旦背离,改朝换代是必然的。所以,孟子认为,汤放桀、武王伐纣不是"以臣弑君",而是诛一独夫,《孟子·梁惠王下》云:"贼仁者谓之贼,贼义者谓之残,残贼之人,谓之一夫。闻诛一夫纣矣,未闻弑君也。"[⑤]所以,孟子把杀掉暴君,看做是"为匹夫匹妇复仇","救民于水火之中"的正义之举。《孟子·万章下》分卿为"贵戚之卿"与"异姓之卿"两种,认为贵戚之卿,"君有大过则谏,反覆之而不听,则易位",异姓之卿,"君有过则谏,反覆之而不

---

① 刘宝楠:《论语正义》卷九,见《诸子集成》,中华书局1954年版,第166页。

② 赵岐注、孙奭疏:《孟子注疏》卷三下,见《十三经注疏》,中华书局1980年版,第2690页。

③ 赵岐注、孙奭疏:《孟子注疏》卷二上,见《十三经注疏》,中华书局1980年版,第2675页。

④ 赵岐注、孙奭疏:《孟子注疏》卷七下,见《十三经注疏》,中华书局1980年版,第2721页。

⑤ 赵岐注、孙奭疏:《孟子注疏》卷六上,见《十三经注疏》,中华书局1980年版,第2680页。

听,则去"。① 贵戚之卿其根基深厚,故可动摇君王,行改朝换代之事;异姓之卿,根基单薄,没有能力把暴君赶下台,明智的办法当然是离开君主,保持自己独善的独立性。《孟子·离娄下》说:"君之视臣如手足,则臣视君如腹心;君之视臣如犬马,则臣视君如国人;君之视臣如土芥,则臣视君如寇仇。"②在孟子眼里,君与臣是平等的,君不仁则臣可"不义",臣民既有离开暴君的自由,也有剥夺暴君权利的自由,而且,因为暴君严重限制了人民实现自己的自由权利,剥夺暴君的权利,还人民的自由,具有更加重要的现实意义。

作为近代中国历史上最著名的启蒙思想家,严复在他的一系列著作中,抓住了近代人类文明的最为核心的成果,这就是他认识到了"自由"在民主主义运动中的重要性。为此,他认为,首先,自由乃天赋人权,是每个人应该拥有的天然权利,所谓"民之自由,天之所畀也"③。其次,国家的富强有赖于自由,"夫所谓富强云者,质而言之,不外利民云尔。然政欲利民,必自民各得自利始。民各能自利,又必得皆得自由始"④。再次,自由是西方文明,西方世界由于人人各得自由,所以国国也各得自由,法律政治的设立目的就在于维护人民的自由权利。"夫自由一言,真中国历古圣贤之所深畏,而从未尝立以为教者也。彼西人之言曰:唯天生民,各具赋畀,得自由者,乃为全受,故人人各得自由,国国各得自由……而其刑禁章条,要皆为此设耳"⑤。而中国历史既欠缺自由精神,中国的圣贤也没有意识到自由对人民与国家的重要性。

毫无疑问,严复关于自由的重要性的看法,抓住了西方近代文明的精髓。而严复关于自由意识在中国历史中的欠缺的观点,也是大部分人所认同的思想。在中国最近几十年中,由于种种原因,自由和自由主义被当做西方文化的一部分,受到了政府权威的排斥,而学术界也一向不敢对自由及自由主义进行仔细研究,更很少有人能认识到在孔子及其后学及中国传统思

---

① 赵岐注、孙奭疏:《孟子注疏》卷十下,见《十三经注疏》,中华书局1980年版,第2746页。

② 赵岐注、孙奭疏:《孟子注疏》卷八上,见《十三经注疏》,中华书局1980年版,第2726页。

③ 《辟韩》,见严复著,周振甫选注:《严复选集》,人民文学出版社2004年版,第92页。

④ 《原强》,见严复著,周振甫选注:《严复选集》,人民文学出版社2004年版,第29页。

⑤ 《论世变之亟》,见严复著,周振甫选注:《严复选集》,人民文学出版社2004年版,第5页。

想中,实际存在着追求自由的人文精神,并且这种精神是孔子及其后学思想的最高理想和最后追求。也正因此,当代某些研究中国文化或西方文化的人,也往往以为中国或东方的传统是专制主义,自由或自由主义的观念只存在于西方。因此,某些人认为自由或者自由主义不适合中国国情,有的学者则认为中国人缺少自由或者自由主义的优良传统。这些认识的产生,对正确认识中国传统文化,建立正确的未来人文精神,都是有害的。

(二)当代学者对"仁"学之现代价值的阐释

一种思想的诞生总归源于社会而后服务于社会的,仁学的经久不衰也在于其与社会相当紧密的联系。因而仁学意义的探讨也是一个永不停歇的话题。结合现代社会的发展,孔子的"仁"学被运用到各个方面,其发掘领域涉及了历史学、社会学、教育学、管理学乃至医学。

历史学方面,黄万盛先生认为:"孔子第一个把社会的道德规范集于一体,把社会等级的伦理观与每一个体统一在'仁'的思想体系中,形成原则、规范及具体德目相互制约有相互保护的汉民族伦理思想结构,这对我国伦理学史是具有贡献的。"[①]宋广梅女士认为,孔子的仁学思想"体现了变化着的宇宙自然法度,体现了人的思想、行为的准则,规范了社会秩序和政治秩序,摆脱了宿命论和天人合一的思想束缚。继承了西周以来关于重民、利民、惠民、保民的传统思想,它对于形成社会思想潮流,统一人们的思想,规范人们的行为,制约人们的品德,曾经起到过巨大的推动作用。为解决人际关系,铲除奴隶制的残余,消除旧的宗法秩序,促进新的生产关系的发展,提供了重要的依据。因此,孔子仁学思想的形成,适应了新型封建地主阶级的要求,也反映了劳动群众的愿望,顺应了历史的发展趋向……孔子仁学思想,在'百家争鸣'中受到了检验,在'争鸣'中又得到更加广泛的传播。从一定意义上说,'争鸣'为后来'定干一尊',成为中国封建社会的正宗思想,奠定了坚实的基础。"[②]

社会学方面:李禹阶先生从历史文化的角度出发,认为孔子倡导的"民族集体理性"构成了中国文化的主脉,"它所表现的宗法血缘共生亲仁的'仁'学思想,长久主宰着中国的政治、经济、军事、哲学、伦理各个方面,形成

---

① 黄万盛:《孔子的"仁"学伦理思想探索》,《学术月刊》1982 年 3 月,第 74 页。
② 宋广梅:《孔子仁学思想的形成及其历史意义》,《开封教育学院学报》1993 年第 4 期,第 28 页。

中国封建社会独特的历史进程。"①王国良先生从创造现代新文化的角度着眼，重新反观孔子仁学，认为其有如下几点足以作为现代文化的思想资源："一、对人的平等尊重的人道精神。仁学的人道精神对于现代商品社会所带来的人情冷漠、人际疏远、社会的原子化、沙漠化后果无疑具有补弊救偏的作用……二、倡导行动的'力行'哲学：仁不是静止的概念，而是运动的概念。即使是'博弈'，也比'群居终日，言不及义，好行小惠'要强。孔子自己是'发愤忘食，乐而忘忧，不知老之将至'，是身体力行的榜样……三、刚健宏毅的进取精神是孔子仁学中最有价值的内容。"②张立文先生认为："仁的价值和功能，不仅是调整生产方式变革、礼乐典章、观念转变的外在方法、工具和钥匙，而且是和谐三者的内在原则、原理和规范……合作对象世界、社会和人自身的产生、发展、运动、变化的一般的形上学，是仁学形上学在解决当时时代冲突课题中所采取的有效的、最佳的方法……和而仁，仁而和，是孔子仁学形上学的方法，或方法的仁学形上学。它在回应时代冲突中，作出了新的创造，对中国文化的发展产生巨大影响。"③陈卫平先生从人道主义的角度切入，"孔子之'仁'的人道原则不仅没有生长为近代的人道主义，而且确在以后的正统儒学尤其是程朱理学中走向了反人道。但这不能简单地归之于后儒对孔子之'仁'的扭曲，应该说，孔子的'仁'是和'礼'紧密相连的，正是'礼'阻碍了'仁'的人道原则……众所周知，近代的人道主义在自己的旗帜上写着自由、平等和博爱。孔子的'爱有差等'恰恰阻遏了其仁学中自由、平等、博爱的原始因素的发展。这就决定了孔子仁学的人道原则虽然可以成为近代人道主义的思想资源，但其本身不可能发展为近代的人道主义。"④郭晓丽女士认为"孔子仁学在中国历史上首先明确提出人的价值问题……将仁学思想中这种人生价值取向与马克思主义唯物史观有机结合，构成一种范导与驱动合二为一的机制，培养造就社会主义现代化建设的理想人才，将是我国的现代化建设获得充分的人力保障"⑤，并从行为方式的变化、人之间

---

① 李禹阶：《孔子"仁学"与中国文化心态》，《重庆师院学报》（哲社版）1988 年第 3 期，第 35 页。

② 王国良：《文化危机与孔子仁学论纲》，《孔子研究》1991 年第 1 期，第 45 页。

③ 张立文：《孔子的仁学形上学》，《孔子研究》1995 年第 1 期，第 15 页。

④ 陈卫平：《"仁"和"礼"的紧张：论孔子的人道原则》，《学术界》1996 年第 2 期，第 30—31 页。

⑤ 郭晓丽：《传统与现代化：浅谈孔子"仁学"思想及其现实意义》，《前沿》1996 年第 7、8 期，第 145 页。

关系的变化、情感方式的变化和约束方式的变化四方面具体阐述了孔子"仁"的精神渗入其间所起到的作用。李云广先生从公共关系的角度出发,认为"孔子'仁学'体现了人本思想,是对人主体的充分认识和肯定,是现代公共关系所把握的重要内容之一……孔子'仁学'思想所包含的内容,体现了现代公共关系中组织与公众之间建立、维持和发展与合作关系的最基本原理……孔子'爱人'思想,也体现了现代公共关系的重要原则。在现代公共关系中,要求以爱人作为企业或组织与公众之间建立理解与合作关系的出发点和归宿点……孔子'克己'思想,反映在现代公共关系中,就要求本机构以良好的形象信誉来对待公众,把公众的利益放在首位,在特定环境下不惜牺牲本集团的利益维护公众的利益,真正建立良好的合作关系,得到公众的理解与支持。"①陈开先先生认为孔子的仁学思想"可以范导我们建设一种新型经济伦理;……可以范导我们建立一种新型政治伦理;……可以范导我们重建传统的亲情伦理;……可以范导我们建立以'中庸'为用的社会秩序;……可以范导我们建设一种以审美为取向的人生哲学;……可以范导我们以'天人合一'的方式提升生命境界。"②杨梦媛女士将孔子的仁学与2001年中共中央批准印发的《公民道德建设实施纲要》结合起来,探讨了孔子仁学对时政的影响——"孔子的'仁'学和当今的'明礼诚信'有其相通之处。孔子重视社会的稳定和谐调,重视道德修养,重视交往中的诚信关系,他的'仁'学对今天公民道德建设中塑造和谐完美的精神个性、建构新型的人际关系仍有着积极的指导意义。"③刘兴邦先生讨论了孔子"仁"的文化内涵,认为其"包含了文化忧患意识、文化创新理念、文化献身精神,孔子为春秋战国之际'礼坏乐崩'而忧虑,把'仁'纳入'礼',实现由'礼'到'仁'的创造性转化,并为实现'仁'而呼喊,而献身。"④黄世瑞先生展开了孔子对管仲之仁的评价,并指出孔子力排众议,认为缺点多多的管仲达到了"仁"的境界,"之所以如此,乃因为管仲'一匡天下',坚持统一,而孔子特种统一,故把坚持统

---

① 李云广:《孔子"仁""礼"思想在现代公共关系中的价值及启示》,《社科纵横》1999年第5期,第51页。

② 陈开先:《孔子仁学思想及其现代意义》,《孔子研究》2001年第2期,第51—53页。

③ 杨梦媛:《从孔子的"仁"学看当今的"明礼诚信"》,《昭通高等专科学校学报》2002年第6期,第6页。

④ 刘兴邦:《论孔子"仁学"的文化精神》,《中国文化论坛》2003年第4期,第114页。

一,看做是至高无上境界的'仁'。孔子的这种思想,潜移默化,深入人心,对增强中华民族凝聚力,起了非常非常重要的作用。"①

教育学方面:郭齐家和张理智先生认为,"孔子的仁学教育思想是以'成人'和'爱人'为主旨的教育思想。孔子基于仁学,在教育领域里致力于理想人格的塑造,从而为人生境界的追求,社会理想的实现铺垫了基础。今天,整个社会生活发生着深刻的变革,道德教育领域也在探索其新的模式。现代社会的道德文明,必须建立在一定的道德根基之上,而且,现代社会的道德建设必须转移到注重内在性上来。因此,孔子的'仁心良知'论应成为新道德建设的根本生长点,其仁爱精神正是现代教育所要大力弘扬的精神,孔子的仁学理论可为我国现代化建设和现代教育提供一种有益的思维视角和价值取向。"②孙爱春和刘美玉女士认为"孔子政治思想的核心是'礼',而其道德教育思想的核心则是'仁'。孔子仁学有两个突出特点:一是实行'仁'的最终目的是为了实现'礼';二是以'仁'为道德教育的核心,是为了促使被教育者在维护'周礼'时完全出于心理上的自觉。孔子仁学在道德教育上有三个具体原则:为人由己,推己及人,知、情、意相结合。"③任民先生透过孔子仁学来看现代师生关系的建立,"孔子仁学思想强调爱人、克己、崇德,把这种仁学思想落实到教育工作中就使教师要爱学生,要克制自我中心主义的倾向,要修身立德。这种思想对正确处理好师生关系从而赢得教育教学的成功具有极大的启示意义。"④

管理学方面:李新庚先生认为:"'仁学'管理思想,是孔子在弘扬中国远古社会道德统治和礼乐文化的基础上,创造发展的伦理型管理哲学。孔子提出了仁者爱人、为政以德、礼乐教化、见利思义、选贤任能、博施济众等管理主张,孔子的'仁学'管理思想长期占据中国传统封建社会意识形态的主导地位,对于国家统治和社会教化产生了十分重要的作用。20 世纪以来,'仁学'管理思想经过文化批判和反思而被纳入学术研究的转道,在世界各

① 黄世瑞:《简说孔子"仁"对增强中华民族凝聚力的意义》,《广东社会主义学院学报》2004 年第 1 期,第 57 页。
② 郭齐家、张理智:《孔子仁学教育思想及其现代价值》,《河北师范大学学报》(教科版)1999 年第 4 期,第 42 页。
③ 孙爱春、刘美玉:《孔子仁学及其道德教育原则》,《山东科技大学学报》(社科版)2002 年第 2 期,第 32 页。
④ 任民:《孔子仁学思想与师生关系》,《河南教育学院学报》(哲社版)2003 年第 4 期,第 102 页。

地广泛传播,受到世界人民的普遍重视。它所蕴涵的超越时代和时空意义的管理价值,对于现代管理具有积极的借鉴和指导意义,并极有可能与现代西方管理文化相融合而培养产生 21 世纪的新型管理文化。”①周育平先生从现代管理学的角度来解析孔子的“仁”学,“孔子儒学的核心是其‘仁学’管理思想,它包括‘为政以德’、‘选贤任能’等六个方面的管理原则。它对中国封建社会管理的影响表现在内在机制和外在需要两大方面。它不仅深深地影响和促进了中国伦理管理和道德文化的发展,而且对现代管理也具有积极意义。”②

医学方面:王咏芳女士探讨了孔子“仁”学思想对历史造就的众多名医的影响,有心怀仁爱的孙思邈、李宁等,有贯穿忠恕之道的朱丹溪、华佗等,有孝悌有道的李元忠、李密等,有据德游艺的薛雪等。③ 尹慧女士站在传统文化古为今用的立场,将孔子“仁”说赋予新的时代意义,以期来指导医学领域中的医患关系的实践。尹女士认为“现代医患关系的矛盾冲突呼唤孔子‘仁’说的指导,孔子‘仁’说本身所具有的真理性,使其指导现代医患关系也成为可能”,并且从孔子“仁”学出发,“要求兼顾医患双方的利益,树立‘人是目的’的理念”。④

纵观 20 世纪 80 年代以来,对孔子“仁”学研究首先基本解决了“仁”的内涵确定问题,其间经历了文本结构整理、意识形态的架构和最终的哲学理论化的逐步深入的进程。在“仁”与相关概念的比较中,不仅搭建了孔子与诸子思想交流的平台,更是打通了孔子与世界哲学的比较研究之路,而这些的发展无不借助了辩证客观的研究方法。还有一个让“仁”学研究者们振奋的景观就是,“仁”对我们当今社会的影响已经深入到了方方面面,其中包括了历史学、社会学、教育学、管理学、医学等,而政治、文化、文学等方面就自不待提了。孔子“仁”学的研究依旧炳耀,其价值深度仍期待志士仁人一如既往坚持不懈地开发。

---

① 李新庚:《孔子仁学管理思想的传统意义与现代价值》,《兰州大学学报》1997 年第 2 期,第 81 页。

② 周育平:《孔子的“仁学”与现代管理》,《桂海论丛》2001 年第 2 期,第 34 页。

③ 王咏芳:《孔子仁学造就了古代名医》,《中医教育》1995 年第 6 期,第 42—43 页。

④ 尹慧:《孔子“仁”说与现代医患关系》,《南京医科大学学报》2003 年第 4 期,第 335 页。

从家庭伦理到政治伦理

——《孝经》在儒家孝道思想史上的意义①

段江丽

《孝经》虽然通篇以孔子答曾子问的方式呈现,看似为孔子的思想,其实不然,它应该是先秦儒家孝道思想的概括和总结;同时,也是先秦儒家孝道思想的一个重要转折点。

关于《孝经》的作者及成书年代,至今尚无定论。笔者倾向于认同曾振宇、齐金江两位先生关于《孝经》为先秦时代儒家集体创作的说法,至于《孝经》最早文本在春秋晚期已经形成,则尚需有更多的证据。① 简单地说,《吕氏春秋》之《察微篇》、《孝行览》有据可查,文字基本与今本《孝经》同,因此,《吕氏春秋》的成书时间应该可以作为《孝经》成书时间下限的佐证,也就是说,《孝经》成书不晚于公元前239年的结论应该可以成立。

从内容来看,笔者不仅认同《孝经》应该是"经过几代儒家人物的增删、润色与整理"而成这一观点,而且还进一步认为,对《孝经》进行"增删、润色与整理"的,不止先秦的儒家人物,应该还包括了汉儒。

清代学者姚际恒《古今伪书考》曾说,《孝经》"来历出于汉儒,不惟非孔子作,并非周秦之言也。"现代学者黄云眉《古今伪书考补正》补充说:"要之此书内容,甚不足观,其作期必在《戴记》后。后人以其言孝,未敢直斥其伪;

---

① 关于《孝经》的作者,曾振宇、齐金江两位先生在《中华伦理范畴·孝》(中国社会科学出版社2006年版,第114—119页)一书中列举了历史上包括孔子说、曾子说、曾子弟子说、子思说、孔子弟子说、孟子门人说、汉儒说、儒家集体创作说八种说法,其结论为:"将《孝经》认定为先秦时代儒家集体创作的观点""比较合乎逻辑"。至于成书年代,曾振宇、齐金江两位先生认为:"《孝经》文本的编成,最迟不应晚于公元前239年",因为该年修成的《吕氏春秋》明确引用了《孝经》的文字。总之,"《孝经》最早文本在春秋晚期已经形成,后来又经过几代儒家人物的增删、润色与整理"。

不知孝盖天性，非待教而后能，若此书所言，矫揉肤泛，又非所以为教者也。然则此书为汉人委托，灼然可知。"①姚、黄两人主要从内容上断定判断《孝经》为汉儒委托之书，有一定的道理。仔细辨析，《孝经》论孝，与孔、曾、孟、荀等先秦儒家代表人物相比，的确有存在差别。② 而最根本的差别就是，先秦儒家所论之孝主要为家庭—家族伦理；而《孝经》所论之孝则主要为政治伦理，也就是说，《孝经》在总结先秦孝道思想的同时，实现了儒家之孝由家庭—家族伦理向政治伦理的本质性转换。

今存《孝经》凡 18 章，第一章"开宗明义"揭示孝之宗旨与根本；第二到六章依次论说天子、诸侯、卿大夫、士、庶人五等人之孝，五等人因身份地位的高下贵贱不同而各有不同的行孝方式和孝道标准；第七到九章，集中讨论孝道与政治的关系；第十章正面列举孝行；第十一章从反面论说不孝行为；第十二到十三章，分别进一步阐述孝作为"要道"、"至德"的内涵；第十四章阐述孝与"扬名"的关系；第十五章论述孝与谏诤的关系；第十六章论述孝行与天地神灵的互动感应关系；第十七章，在君子以事亲之孝移于事君的前提下，具体阐述事君的原则；第十八章阐述父母身后应该如何尽孝。具体来看，作为先秦儒家孝道思想的总结和转折性文本，《孝经》关于孝道的论述可以概括为以下几个方面③。

第一，孝德为天子治理天下之"至德"、"要道"，为一切德行之根本。

《开宗明义章第一》云："先王有至德要道，以顺天下，民用和睦，上下无怨……夫孝，德之本也，教之所由生也。"

"孔子"开篇即说，古代的圣君拥有天下最美好的德行，并掌握天下最重要的事物之理，这就是孝。先王用孝来治理天下，使得天下人心顺服、上下和睦。所以说，孝是一切德行中能够以一统万的最根本的道德，所有人伦和社会教化都由孝生发。这样，《孝经》开篇即确立了两条相互关联的原则：第一，继承商周以来孝为"文之本"（《国语·周语下》）、"礼之始"（《左传·文公二年》）等观点，确定了孝为所有道德之根本的崇高地位；第二，将孝德作为先王亦即圣王用来治理天下的法宝，开门见山提出了孝治的主张。在先秦儒家孝道思想中，虽然一直有"忠孝相通"的思想，但是，从未明确提出以孝治天下的观点。无论孔子、曾子，还是孟子、荀子，论述孝道的落脚点都在

① 黄云眉：《古今伪书考补正》，齐鲁书社 1980 年版，第 70 页。

② 关于孔子、曾子、孟子、荀子等先秦儒家代表人物的孝道思想，笔者另撰有专文《先秦儒家孝道思想的形成与解读》加以讨论。

③ 关于《孝经》注释，参见汪受宽：《孝经译注》，上海古籍出版社 1998 年版。

家人之间的亲属伦理,而《孝经》开篇即将孝德定位为天子与臣民间的政治伦理。因此,如果说,第一点体现了《孝经》对先秦以来儒家孝道思想的继承性,第二点则明显具有转折性意义,将孝道的性质由亲属伦理转向了政治伦理。联系到自西汉以来有汉一代高举"以孝治天下"①的历史事实,《孝经》中的孝治思想很难说不是汉儒思想的直接反映。

第二,孝道包括事亲、事君、立身三个阶段。

《开宗明义章第一》云:"夫孝,始于事亲,中于事君,终于立身。"尽孝从侍奉父母开始;延伸至于事君,所谓"君子之事亲孝,故忠可移于君";(《广扬名章第十四》)最后达到孝道的最高境界,即完善自身道德、成就功名事业以显亲扬名,所谓"立身行道,扬名于后世,以显父母,孝之终也。"(《开宗明义章第一》)

通观《孝经》各章,对事亲、事君、立身所要求遵循和践履的原则,各有不同程度的阐发和论述。先看事亲。

其一,孝子事亲,首先要从爱惜自己的"身体发肤"做起,所谓"身体发肤,受之父母不敢毁伤,孝之始也。"(《开宗明义章第一》)这一论述可以说是对孔子、曾子"守身""全生"思想的高度总结和概括。

其二,孝子事亲要做到"五要""三戒"。《纪孝行章第十》云:

> 孝子之事亲也,居则致其敬,养则致其乐,病则致其忧,丧则致其哀,祭则致其严。五者备矣,然后能事亲。事亲者,居上不骄,为下不乱,在丑不争。居上而骄则亡,为下而乱则刑,在丑而争则兵。三者不除。虽日用三牲之养,犹为不孝也。

即孝子日常侍奉父母要表现得竭尽忠诚恭敬,在奉养父母时要表现得快乐愉悦,在父母有病时要表现得忧伤焦虑,在父母去世时要表现得悲伤哀痛,在祭祀父母祖先时要表现得庄重肃穆,此乃"五要"。接下来所言"三不",被古人称为孝子"三戒",其中"在丑不争"之"丑",据《群书治要》郑玄注:"丑,类也。"训丑为类、众,意指卑贱者。所谓"三戒"就是要求孝子居上位戒骄傲自满,居下位戒犯上作乱,居低贱之位则戒忿争。如果说"五要"主要指家庭伦理中的孝行,"三戒"则已引申到社会伦理中的治道。要求孝子不骄、不乱、不争,一方面可以说有"守身"、"全生"、"不辱亲"的考量;另一方面,更重要的是要求不同阶层的人都从孝道出发,安分守己,以致天下和睦太平,因此,重点在于孝治。

---

① 据《汉书·武帝纪》,至迟在武帝元光元年(公元前 134 年)已经在察举制中设有"孝廉"科。

"五要"概括了先秦儒家孝道思想中的日常孝行。值得注意的是,在居、养、病、丧、祭五项中,除了丧、祭有专章论述外,"居"、"养"、"病"诸项都只是一笔带过。这从一个侧面证明,日常家庭伦理中的孝行并非《孝经》关注的重点,亦即《孝经》的主旨不在宣讲家庭层面的孝道,而在于借亲属伦理之"孝"宣讲政治伦理之"治"。《丧亲章第十八》补充论述了丧礼期间孝子在各种场合的行为表情以及丧葬之制等事项的规范,同时提出了节哀以及服丧不要超过三年等观点。在这一章的结尾,也是《孝经》全文的结尾,再总结性地提出,孝子事亲,要做到"生事爱敬,死事哀戚","春秋祭祀,以时思之",这样,"生民之本尽矣,死生之义备矣,孝子之事亲终矣。"亦即,孝子事亲,生前要按礼侍奉赡养,死后要按礼安葬、祭祀,这样,才算真正完成了孝子的任务。

其三,不孝者罪大恶极。《纪孝行章第十》是正面列举事亲之孝行,《五刑章第十一》则从反面强调不孝的严重后果:

　　子曰:"五刑之属三千,而罪莫大于不孝。要君者无上,非圣人者无法,非孝者无亲。此大乱之道也。"

即在三千条各种刑罚所列的罪行中,孝是最重要的,抑或指不孝是不包括在三千条罪行中的最严重的罪行。总之,不孝乃罪恶之极。接下来将"非孝"与"要君"、"非圣人"相提并论。所谓"要君"就是要挟、胁迫君王,"非圣人"就是指诽谤、诋毁周公等圣人的言论,"非孝"是指非但自己不孝,还诽谤、诋毁他人的孝道孝行。其潜在的逻辑是,非孝之人对自己的父母都无亲爱之心,必定会"要君"并"非圣人"。正因为这样,"非孝"与"要君"、"非圣人"一样,都是导致最严重的祸乱的根本,其落脚点还是社会的治乱。

其四,孝子事亲,要有是非之心,父母有错,要敢于谏诤。《谏诤章第十五》云:

　　曾子曰:"……敢问子从父之令,可谓孝乎?"

　　子曰:"是何言与?是何言与?昔者天子有争臣七人,虽无道,不失其天下。诸侯有争臣五人,虽无道,不失其国。大夫有争臣三人,虽无道,不失其家。士有争友,则身不离于令名。父有争子,则身不陷于不义。故当不义,则子不可以不争于父,臣不可以不争于君。故当不义,则争之。从父之令,又焉得为孝乎?"

类似的内容亦见于《荀子·子道》,不过对话者为孔子与鲁哀公。综合来看,在对待父母过错的问题上,《孝经》的思想显然同于孔子、曾子,具有明确的"谏亲"思想而异于孟子的"父子不责善"之说。

再看事君和立身。《广扬名章第十四》云:

　　子曰:"君子之事亲孝,故忠可移于君;事兄悌,故顺可移于长;居家理,故治可移于官。是以行成于内,而名立于后世矣。"

　　孔安国传云:"能孝于亲,则必能忠于君矣。求忠臣必于孝子之门也。"在梳理先秦孝道思想形成的过程中,我们发现,自西周以来,一直有忠孝合一、忠孝相通的观念。可是,在《论语》、《大戴礼》"曾子十篇"、《孟子》、《荀子》等比较可靠资料中,孔子、曾子、孟子、荀子等先秦儒家代表人物都未直接有"移孝作忠"的说法。《孝经》中明确提出"移孝作忠"的思想,直接将家庭伦理中的孝与君臣伦理中的忠等同起来。所以说,《孝经》完成了孝德由事亲的家庭伦理向事君的政治伦理的关键性转换。《礼记·坊记》有类似的说法,"子云:'孝以事君,弟以事长,示民不贰也。'"明确指出,要求用孝道侍奉君主,用悌道事奉上司,就是要指示人民不能有二心。《事君章第十七》在"移孝作忠"的基础上进一步提出了事君的具体原则:"进思尽忠,退思补过,将顺其美,匡救其恶。"即在朝为官,要竭尽忠诚,死而后已;离职闲居,要反思自己乃至朝政的过失;对国君正确有益的政令要奉行并推广,对国君的过失则要通过谏诤匡补、纠正。

　　至于立身,则是孝的最高境界。

　　《开宗明义章第一》云:"立身行道,扬名于后世,以显父母,孝之终也。"也就是说,孝子要修立自身崇高的道德,穷则独善,达则兼济,为自己留下美名,为世人称道,从而光耀父母。这是孝的最高境界。上引《广扬名章第十四》是对孝与扬名之关系的具体阐述,即孝子对父母爱敬,对兄长恭顺,将家庭治理得井井有条,这样德行完美的人走向社会也可以顺从其他长者,并效忠君王、建立功业,这样,自然就可以光宗耀祖,扬名于后世。

　　第三,孝治原则下的"五孝"说。

　　《孝经》第二到六章分别阐述了天子之孝、诸侯之孝、卿大夫之孝、士之孝以及庶人之孝"五孝",强调天子、诸侯、卿大夫、士、庶人等各个阶层因为身份地位不同而有不同的孝行方式和标准。《天子章第二》云:

　　子曰:"爱亲者,不敢恶于人;敬亲者,不敢慢于人。爱敬尽于事亲,而德教加于百姓,刑于四海。盖天子之孝也。"

　　天子拥有天下,其孝道要求是:爱敬自己的父母,并进而爱敬天下人的父母,以身作则,教化万民,使天下人都知道爱敬自己的父母。

　　《诸侯章第三》云:

　　在上不骄,高而不危;制节谨度,满而不溢。高而不危,所以长守贵也;满而不溢,所以长守富也。富贵不离其身,然后能保其社稷,而和其民人。盖诸侯之孝也。

诸侯作为一国之君，其地位仅次于天子。诸侯孝行的标准是：戒慎恐惧、不骄不奢、勤俭守礼，这样才能长守富贵、永保社稷，并使百姓和乐。

《卿大夫章第四》云：

非先王之法服不敢服，非先王之法言不敢道，非先王之德行不敢行。是故，非法不言，非道不行；口无择言，身无择行；言满天下，无口过；行满天下，无怨恶。三者备矣，然后能守其宗庙。盖卿大夫之孝也。

这里的"择"乃"斁"之假借字，为讨厌、嫌恶之意，"言行无择"即指言行符合礼制规范。作为地位次于诸侯的卿大夫，其孝行的标准是：服饰、言行都必须遵守礼法规定，这样才能长守宗庙祭祀，亦即永保卿大夫地位。

《士章第五》云：

资于事父以事母，而爱同；资于事父以事君，而敬同。故母取其爱，而君取其敬，兼之者，父也。故以孝事君则忠，以敬事长则顺。忠顺不失，以事其上，然后能保其禄位，而守其祭祀。盖士之孝也。士作为介于统治者与庶民之间的阶层，其孝行标准是：用侍奉爱敬父母的心去侍奉爱敬君长，这样才能永保禄位及宗庙祭祀。

《庶人章第六》云：

用天之道，分地之利，谨身节用，以养父母。此庶人之孝也。故自天子至于庶人，孝无终始，而患不及者。未之有也。

作为平民百姓，其行孝的方式和标准是：勤奋劳作，谨身节用，赡养父母。简而言之，五等之孝的关键是："天子须爱亲敬亲，诸侯须不骄不溢，卿大夫须言行无择，士须资亲事君，庶人谨身节用，各因心而行之。"①非常明显，《孝经》对"自天子至于庶人"的孝道要求，是从尊亲、荣亲、不辱亲的潜在逻辑出发，强调各守本分、各安其位，最终的落脚点是政治伦理秩序。

第四，提出孝道是既符合天地之道也符合人之本性的自然法则，为孝治思想提供合法性哲理论证。

《三才章第七》云：

子曰："夫孝，天之经也，地之义也，民之行也。天地之经，而民是则之。则天之明，因地之利，以顺天下，是以其教不肃而成，其政不严而治。先王见教之可以化民也，是故先之以博爱，而民莫遗其亲；陈之于德义，而民兴行；先之以敬让，而民不争；导之以礼乐。而民和睦。示之

① 《孝经正义》，见《十三经注疏》，中华书局1980年影印本。

以好恶。而民知禁。"

这一章阐述了"孝"可以致"治"的哲学依据：因为孝道是天地人三才之自然法则的体现，所以，为政者只要善用孝道来引导、教化民众，就可以达到天下大治的目标。《孝治章第八》对孝道在治理家国天下的作用做了进一步的阐述：

> 子曰："昔者明王之以孝治天下也，不敢遗小国之臣，而况于公、侯、伯、子、男乎？故得万国之欢心，以事其先王。治国者，不敢侮于鳏寡，而况于士民乎？故得百姓之欢心，以事其先君。治家者，不敢失于臣妾，而况于妻子乎？故得人之欢心，以事其亲。夫然，故生则亲安之，祭则鬼享之，是以天下和平，灾害不生，祸乱不作。故明王之以孝治天下也如此。"

简单地说，古代英明的君王以孝道治理天下，在他的影响之下，诸侯卿大夫以孝道治理国、家，从而使天下的尊亲在世时都得到子女的孝敬、舒适安乐；去世之后都得到子孙的祭祀供奉，因此，君惠臣忠，父慈子孝，天下和睦太平，灾害祸乱不生。

值得指出的是，《三才章》和《孝治章》在讨论孝治时都强调夏禹、商汤、周文王、周武王等"先王"、"明王"们的榜样和表率作用，即理想的孝治模式是由上而下的，而非相反。对此，《圣治章第九》和《广至德章第十三》亦有论述，真可谓再三致意。

《圣治章》专论圣人如何利用孝道治理天下：首先以周公为例说明圣人无以复加的最高德行是孝行；然后指出，父慈子孝是自然的人伦关系，其中也蕴涵有君臣关系的义理，因此，人们最重要、最基本的孝行是对父母的爱敬，不爱敬父母而爱敬他人，则有违情理道德，所谓"故不爱其亲，而爱他人者，谓之悖德。不敬其亲，而敬他人者，谓之悖礼。"也正因为如此，圣人君子要实现天下大治，一则要顺应人们孝敬父母的自然本性去推行教化、政令；再则要以身作则，自己的言谈举止行为都要符合德义，作尊敬父母的表率。

《广至德章第十三》云：

> 子曰："君子之教以孝也，非家至而日见之也。教以孝，所以敬天下之为人父者也；教以悌，所以敬天下之为人兄者也；教以臣，所以敬天下之为人君者也……非至德。其孰能顺民如此其大者乎。"

也就是说，天子用孝道去教化民众，并不需要一家一户去拜访，也不需要每天当面教导，而是要以身作则，通过乡饮酒礼以及郊外祭祀等活动，像尊敬自己的父亲一样去侍奉三老，像顺从自己的兄长一样去侍奉五更，并对上天和祖先行臣子之礼，从而教天下人以孝道、悌道和臣道，以便敬天下之人父、人兄、人君。

如果说统治者以身作则是孝治得以实现的经验层面的原因及保障,那么,《感应章第十六》则从天人感应的角度,给孝治提供了超验性的理由:

> 子曰:"昔者明王,事父孝,故事天明;事母孝,故事地察。长幼顺,故上下治。天地明察,神明彰矣。故虽天子必有尊也,言有父也;必有先也,言有兄也。宗庙致敬,不忘亲也。修身慎行,恐辱先也。宗庙致敬,鬼神著矣。孝悌之至。通于神明,光于四海,无所不通。"

也就是说,圣明的君王能够敬事父母,所以,也能极其诚敬地祭祀天地,天地神祇因此亦能感应到他的孝心和诚意。天子孝敬长辈、友爱兄弟、追念先祖,并完善道德,谨言慎行,就会得到天地神灵的佑护和降福,从而风调雨顺,天下归心。

综上所述,《孝经》提倡尽孝从爱护身体发肤开始;孝子事亲,应该从生到死,养之以礼、葬之以礼、祭之以礼;当父母不义时,孝子应当从义谏亲等,这些内容是对先秦儒家孝道思想的高度总结和概括。通观《孝经》,上述家庭层面的事亲之孝其实只是引子和基础,其主体内容是移孝作忠,将事亲之孝延伸或者说转化为事君之忠,比较系统地提出并具体论述了儒家的孝治思想,从这个意义上说,《孝经》是先秦儒家孝道思想一个转折点,它与孔子、曾子等原始儒家的孝道思想已经有了某些本质的变化,而秦汉以后统治者所提倡的正是《孝经》之"孝",其与原始儒家孝道思想渐行渐远也就不足为怪。

先秦儒家孝道思想的形成及解读

段江丽

《说文》曰："孝,善事父母者,从老省,从子,子承老也。"《尔雅·释训》:曰："善事父母为孝。"也就是说,从词源上来说,孝字的基本含义是善事父母,敬老爱老。这也是现代孝道观的基本含义。但是,中国传统孝道观有一个产生、发展、嬗变的过程,在历史上不同时期孝道观的具体内涵及意义并不完全一样。先秦时期,关于孝的论述并非儒家的发明和专利,却以儒家孝道思想对后世影响最为深远。即使先秦儒家的代表人物,对孝的论述也同中有异。为了对传统孝观念进行有效的反思和弘扬,本文拟返本溯源,对以孔子、曾子、孟子为代表的先秦儒家孝道观的渊源、内涵进行细致的梳理与解读,以细化并在一定程度上深化该课题的研究。

一、孝道观缘起

中国古籍中不乏孝道出自天性的说法,如《孝经·圣治章》云:"父子之道,天性也";《吕氏春秋·节丧篇》:"孝子之重其亲也,慈亲之爱其子也,痛于肌肤,性也";等等。正如乌有反哺之情、羊有跪乳之义,人类天性中应该也有敬老爱老的成分,不过,作为一种社会道德意识和伦理范畴,孝道观念无疑是人类文明的产物。

有学者认为,孝道观念是伴随着父系制家庭而产生的,[①]或许还需要更周延的论证。另有学者认为,中国与有些原始族群不同,没有食杀父母的习俗,相反,在上古传说或记载中,已有养老爱幼的观念。[②]《左传·文公十八

---

① 曾振宇、齐金江:《中华伦理范畴——孝》,中国社会科学出版社 2006 年版,第 10 页。

② 康学伟:《先秦孝道研究》,文津出版社 1992 年版,第 51 页。

年》说,舜举八元,使布五教于四方,父义、母慈、兄友、弟恭、子孝,是否真实,惜已渺不可考。不过,根据《尚书·尧典》的记载,舜被"四岳"推荐的理由即是"以孝烝烝"。另一方面,四代礼制中一个不变的传统就是"养老""尚齿",由此可见,中国传统文化中的孝道思想有着极为深远的渊源。

根据《礼记·礼运》的描述,夏禹之后,社会性质由原始公有制转入私有制:"大道既隐,天下为家,各亲其亲,各子其子,货力为己,大人世及以为礼。城郭沟池以为固,礼义以为纪;以正君臣,以笃父子,以睦兄弟,以和夫妇,以设制度,以立田里,以贤勇知,以功为己。故谋用是作,而兵由此起。禹、汤、文、武、成王、周公,由此其选也。此六君子者,未有不谨于礼者也。"也就是说,禹汤文武等人都是尊"礼"的君子,"礼"的具体内容则包括君臣、父子、兄弟、夫妇之间的伦理规范,而父子伦理中自然包含了孝道观念。

根据现存文献和地下发掘的材料,商代后期已经有了宗族观念和制度;西周则在商代宗族制度的基础上建立了包括嫡长子继承制、封邦建国制和宗庙祭祀制在内的体系完整、等级严格的宗法制。① 作为维护宗法秩序的关键纽带,孝道观念自然是商周礼乐文明的重中之重。

春秋时代,随着社会的变动,宗法政治逐渐解体。在这种历史情境之中,西周以来的礼文化发生了一种由"礼"向"义"的转变,从礼仪、礼乐到礼义、礼政的变化,强调礼作为政治秩序原则的意义。"礼"因此也越来越政治化、原则化、价值化、伦理化。② 正是在这一过程中,中国古代德行体系得到充分发展和讨论。《逸周书·宝典解》有"九德"、"十德"说,《逸周书·文政解》有"九行"、"九思"、"九德"、"九守"说,《逸周书·常训解》有"九德"说,《左传·文公十八年》有"五教"说,《左传·成公九年》有"四德"说,《国语·鲁语下》有"六德"说,《国语·周语上》有"四德"说,《国语·周语下》有"十一德"、"五德"说,《国语·晋语二》有"三德"说,《国语·晋语七》有"四德"说,《国语·楚语上》有"十二德"说,《国语·楚语下》有"六德"说。③ 陈来先生将这些典籍中涉及的相关德目分为四类:性情之德,包括齐、圣、广、渊、宽、肃、明、允;道德之德,包括仁、义、勇、让、固、信、礼;伦理之德,包括孝、

① 张岱年、方克立主编:《中国文化概论》,北京师范大学出版社2004年版,第43页。
② 陈来:《古代思想文化的世界——春秋时代的宗教、伦理与社会思想》,三联书店2002年版,第174—214页。
③ 陈来:《古代思想文化的世界——春秋时代的宗教、伦理与社会思想》,北京三联书店2002年版,第269页。

慈、悌、敬、爱、友、忠;理智之德,包括智、咨、询、度、诹、谋。四者之中,性情之德主要指个人的心理状态,道德之德为相对比较个人的道德品格,理智之德偏重处理实际事务的智能,伦理之德则与人际关系最为密切。①

从商周发展到春秋后期,在伦理之德的问题上已经有了大致稳定的认识,鲁昭公时晏子与齐侯论齐国礼政一段颇具代表性意义:"礼之可以为国也久矣,与天地并。君令,臣共,父慈,子孝,兄爱,弟敬,夫和,妻柔,姑慈,妇听,礼也。君令而不违,臣共而不贰,父慈而教,子孝而箴,兄爱而友,弟敬而顺,夫和而义,妻柔而正,姑慈而从,妇听而婉,礼之善物也。"(《左传·昭公二十六年》)这里提出的君臣、父子、兄弟、夫妻、婆媳五组相互对应的关系中,后四组都是家族间的亲属伦理。而且在宗法—政治合一的体制中,君臣伦理也在相当程度上包含了亲属伦理。

在家族伦理中,孝作为保障宗法秩序的基石,有着特殊的意义。《逸周书·宝典解》将其列为"九德"之首:"孝、悌、慈惠、忠恕、中正、恭逊、宽弘、温直、兼武。"《国语·周语下》载,单襄公说:"孝,文之本也。"这里"文"乃德行之总名,也就是说,单襄公认为,孝乃一切德行的根本。《左传·文公二年》亦载:"孝,礼之始也。"

总之,至少在商周春秋时期,中华文明中已经有了明确的孝道观念。至于这一时期关于孝道的伦理事实以及伦理观念,可以通过《尚书》、《诗经》、《左传》等早期典籍有所了解。

首先,顺从父母、曲意承欢。《尚书·尧典》篇云:"瞽子,父顽,母嚚,象傲,克谐。以孝烝烝,乂不格奸。"②四方诸侯之长向尧推荐瞽瞍的儿子舜时说,他的父亲不义、后母不慈、弟弟象不恭,舜都能与他们和谐相处,这样孝心美厚的人治理国家一定没有问题。③ 舜作为孝悌典范,其孝行主要表现为对顽父嚚母的逆来顺受。更有甚者,晋太子申生甚至为了让父亲安乐而选择含冤自杀。(《左传·僖公四年》)

其次,勤事、赡养父母。《尚书·酒诰》篇云:"小子惟一妹土,嗣尔股肱,纯其艺黍稷,奔走事厥考厥长。肇牵车牛,远服贾用。孝养厥父母;厥父母

① 陈来:《古代思想文化的世界——春秋时代的宗教、伦理与社会思想》,三联书店2002年版,第289页。

② 《尚书》中涉及孝行孝道的篇目有《尧典》、《太甲中》、《微子之命》、《康诰》、《酒诰》、《无逸》、《蔡仲之命》、《君陈》等,其中,《太甲中》、《微子之命》、《蔡仲之命》、《君陈》等一般认为是伪书,我们暂且存而不论,只引其他四篇为据。

③ 本文对《尚书》的理解主要参看周秉钧译注本,岳麓书社2001年版。

庆,自洗腆,致用酒。"酒诰是周公命令康叔在卫国宣布禁酒的诰词。这段话大意是,告诫殷民要专心住在卫国,专心种植黍稷,勤劳奉事父兄。农闲时节可以牵牛赶车到外地去从事贸易,孝顺赡养父母;父母高兴,办了丰盛的饮食,则可以饮酒。

其三,守丧三年。《尚书·无逸》篇云:"其在高宗,时旧劳于外,爰暨小人。作其即位,乃或亮阴,三年不言。其惟不言,言乃雍。"《无逸》篇是周公告诫成王的诰词,强调人君不可沉迷享乐,必须先知稼穑的艰难和小民的痛苦。将该篇与孝道联系起来,牵涉到对"亮阴"的理解。"亮阴",《尚书大传》作"梁暗",《礼记·丧服四制》作"谅暗",郑玄注:"谅暗转作梁暗,楣为之梁,暗谓庐也;小乙崩,武丁立,忧丧三年之礼。居,倚庐柱楣,不言政事。"高宗即殷王小乙的儿子武丁。也就是说,小乙去世,其子武丁守丧三年。该篇第一段云:"相小人,厥父母勤劳稼穑,厥子乃不知稼穑之艰难,乃逸乃谚。既诞,否则厥父母曰:'昔之人无闻知。'"意即:看那些老百姓,他们的父母勤劳地耕种收获,他们的儿子却不知道耕种收获的艰难,便安逸不恭。久而久之,便轻视侮慢父母说:"老人们没有知识"。《康诰》篇强调"子弗祗服厥父事,大伤厥考心"为"不孝"之举,这里说作儿子的不知父母稼穑之艰难反而轻慢取笑父母,当然也是不孝的行为,所以,接下来举历史上贤王高宗守丧三年的例子,作为"孝"的典型,合乎逻辑情理。因此,联系上下文,我们认为,这种解释是有道理的。《论语·宪问》载,子张曾就"高宗谅阴,三年不言"句的含义问孔子,孔子回答说:"何必高宗,古之人皆然。君薨,百官总已以听于冢宰三年。"孔子说,不止是高宗,古人都是这样,国君死了,继位的新国君守孝三年不谈政事,文武百官听命于宰相。亦即孔子认为,守丧三年是古已有之的礼制。《孟子·滕文公上》亦云:"三年之丧,齐疏之服,饘粥之食,自天子达于庶人,三代共之。"至于"守丧三年"的明确记载目前所见最早的资料为《左传》,"昭公十一年"、"昭公十五年"皆明确有"三年之丧"语。

其四,不孝论罪当罚。《尚书·康诰》篇云:

> 元恶大憝,矧惟不孝不友。子弗祗服厥父事,大伤厥考心;于父不能字厥子,乃疾厥子;于弟弗念天显,乃弗克恭厥兄;兄亦不念鞠子哀,大不友于弟。惟吊兹,不于我政人得罪,天惟与我民彝大泯乱。曰:乃其速由文王作罚,刑兹无赦。

《康诰》是周公告诫康叔治理殷民的诰词。周公强调,不孝不友属于不能赦免的大恶,应该受到刑法的惩罚。

其五,孝道是一种美德,孝子会受到神灵和祖先的护佑从而得到福报。《诗经·大雅·下武》云:"成王之孚,下土之式。永言孝思,孝思维则";"永言孝思,昭哉嗣服"。即武王作为周王,成为天下人民的法式,圣德之一就是能继承孝思,而且会永远留下孝思,昭示后人继承。《诗经·鲁颂·閟宫》云:"周公皇祖,亦其福女";"秋而载尝,……孝孙有庆,俾尔炽而昌,俾尔寿而藏。保彼东方,鲁邦是常"。言鲁僖公修葺祖庙、恭行祭祀必得祖先赐福,吉祥如意、兴盛昌隆、长寿康强。《大雅·既醉》云:"威仪孔时,君子有孝子。孝子不匮,永锡尔类。其类维何? 室家之壶。君子万年,永锡祚胤。"强调君子具有孝子品格、孝心永不匮乏,就会受到上天的护佑、得到理家治国的法则并福寿绵长。《周颂·潜》和《大雅·旱麓》都有"以享以祀,以介景福"的诗句,表达了祭祀祖先以求降福的观念。

其六,感念父母之恩。《诗经·邶风·凯风》歌唱母亲的辛劳、慈爱以及子女不能安慰母怀的歉疚:"棘心夭夭,母氏劬劳";"母氏圣善,我无令人";"有子七人,母氏劳苦";"有子七人,莫慰母心"。《小雅·蓼莪》反复咏叹父母养育之恩以及孝子不得终养的憾恨:"哀哀父母,生我劬劳";"哀哀父母,生我劳瘁";"父兮生我,母兮鞠我。抚我畜我,长我育我,顾我复我,出入腹我。欲报之德,昊天罔极";"民莫不穀,我独何害";"民莫不穀,我独不卒"!此诗被方玉润《诗经原始》称为"千古孝思绝作"。千古之下,犹能引发为人子女者强烈的情感共鸣。

其七,孝享祖先。宗法制的重要内容之一是宗庙祭祀制,它对维护宗族团结、保障宗法秩序有着重要的作用,所以,《左传·成公十三年》说:"国之大事,唯祀与戎",《礼记·祭统》说:"礼有五经,莫重于祭"。祭祀亡亲、缅怀先祖,是孝道的一种表现。《逸周书·谥法》云:"协时肇享曰孝。"《左传·定公四年》则从反面立论:"灭宗废祀,非孝也。"《诗经》中的祭祀诗以祭祀祖先者最多,如《周颂》之《思文》、《维清》、《维天之命》、《我将》等;《鲁颂》四篇;《商颂》五篇,这些诗篇的主要内容都是歌颂祖宗功德、表达对祖先的崇拜和敬仰。[1]

值得指出的是,商周文明的突出特点就是宗族组织与政治权力高度同构,尤其是西周封邦建国之后,周天子既是全体姬姓宗族的"大宗",又是统治天下的"天子",大小诸侯"孝"于宗室也就是"忠"于天子,因此,西周时期的"孝"还涵盖了"忠",呈现出"忠孝合一"的观念。[2] 直到春秋时期宗法制

---

[1] 褚大庆:《文化视野中的〈诗经〉祭祀诗研究》,《长春大学学报》2007 年第 5 期。
[2] 曾振宇、齐金江:《中华伦理范畴——孝》,中国社会科学出版社 2006 年版,第 27 页。

破坏之后,异族君臣关系发展起来,"忠"才从"孝"分离出来,成为独立的德目。①

综上所述,中国原始文明中即有"养老"、"尚齿"的传统;在典籍记载中,舜即以孝行著称;自商周至春秋时期,祭祀、守丧等孝行以及敬亲顺亲、事亲养亲、敬祖报本等孝道观念已经流行于社会。正是在这种背景之下,诸子对孝多有论述。如《庄子》外篇《天地》云:"孝子不谀其亲,忠臣不谄其君,臣、子之盛也。"此以孝子、忠臣并论,并以不阿谀奉承为孝子、忠臣的最好表现。《墨子》卷四云:"圣人以治天下为事者也,不可不察乱之所自起,当察乱何自起?起不相爱。臣子之不孝君父,所谓乱也。子自爱不爱父,故亏父而自利;弟自爱不爱兄,故亏兄而自利;臣自爱不爱君,故亏君而自利,此所谓乱也。虽父之不慈子,兄之不慈弟,君之不慈臣,此亦天下之所谓乱也。"在墨子看来,天下之治的关键在于君臣、父子、兄弟之间彼此相爱,而孝正是臣、子对君、父的爱。《韩非子》卷十五《亡征》云:"不为人主之孝,而慕匹夫之孝,不顾社稷之利,而听主母之令,女子用国,刑余用事者,可亡也。"韩非子不仅将孝分为"人主之孝"与"匹夫之孝",而且将"慕匹夫之孝"视为"可亡"的因素之一。先秦儒家之外诸家关于孝的论述是一值得专门讨论的课题。这里只是强调:先秦时期关于孝的论述并非儒家的发明和专利,先秦儒家的孝道观只是诸家中的最有代表性的一家,而且有清晰的文化渊源可循。在此基础上,我们再以孔子、曾子、孟子为代表,考察、分析先秦儒家孝道观的形成、发展过程及其多元性内涵。

二、孔子的孝道思想

考察孔子的孝道思想,最直接可靠的材料是《论语》中孔子的相关言论;同时参考《礼记》中所记孔子言论。

首先,孔子把孝作为人的基本品德之一,而且认为孝悌一体、忠孝相通。《论语·学而》载:

> 子曰:"弟子入则孝,出则弟,谨而信,泛爱众,而亲仁。行有余力,则以学文。"

可见,在孔子看来,做人是第一位的,做学问是第二位的。而做人的基本品德就是孝、悌、谨、信、爱等。再,《论语·子路》载:

---

① 童书业:《春秋左传研究》,中华书局 2006 年版,第 269 页;曾广开:《先秦忠君观念的形成与解读》,《中国文化研究》,2009 年第 4 期。

> 子贡问曰："何如斯可谓之士矣？"子曰："行己有耻，使于四方，不辱君命，可谓士矣。"曰："敢问其次。"曰："宗族称孝焉，乡党称弟焉。"曰："敢问其次？"曰："言必信，行必果，硁硁然小人哉！抑亦可以为次矣。"

孔子认为第一等"士"是能用羞耻之心约束自己的行为、出使外国能不辜负君主委托的人；第二等"士"是族人称赞其孝、乡人称赞其悌的人；第三等"士"是讲诚信、行动果断的人。说到底，对于没有机会"使于四方"的普通"士"来说，最重要的德行还是孝悌。或者，我们也可以这样理解，在孔子看来，真正的"士"，在家能孝悌，在国能行己有耻、使于四方不辱君命，亦即孝忠相通。事实上，孔子的确将宣扬孝悌看作"为政"之道，体现了忠孝相通的观念。《论语·为政》载：

> 或谓孔子曰："子奚不为政？"子曰："书云：'孝乎惟孝，友于兄弟。'施于有政，是以为政，奚其为为政？"

有人问孔子，你为什么不去做官参与政治呢？孔子回答说，《尚书》上讲，只有孝敬父母，才能推广到友爱兄弟。我把孝悌精神推广、影响到政治上去，这就是参与政治，为什么一定要当官才算参与政治呢？推广孝悌之道就是参政，亦即推广孝悌之道也是为国尽忠的一种方式。正因为如此，当季康子问治民之道时，孔子回答："临之以庄，则敬；孝慈，则忠。"即你对待老百姓态度庄重，他们就会恭敬；你孝顺父母、慈爱百姓，他们就会忠诚。这里有两层互相关联的重要含义：第一，领导者应该以身作则，才能教化百姓；第二，领导者本身的孝慈之德能够导引出老百姓的忠诚之德，可谓忠孝相通。

孔子的学生有子对忠孝相通、忠孝一体思想也有明晰化表述："其为人也孝弟，而好犯上者，鲜矣；不好犯上，而好作乱者，未之有也。君子务本，本立而道生。孝弟也者，其为仁之本与！"（《论语·学而》）在家孝悌的人，在国不可能犯上作乱，所以，有子将孝悌看作是仁德的根本，与前述"孝，文之本也"与"孝，礼之始也"等说法一脉相承。

其次，孔子认为"孝"不只是阶段性行为，而是应该贯穿父母生前身后，包括养生送死以及祭祀亡灵。《论语·为政》载：

> 孟懿子问孝。子曰："无违。"樊迟御，子告之曰："孟孙问孝于我，我对曰'无违'。"樊迟曰："何谓也？"子曰："生，事之以礼；死，葬之以礼，祭之以礼。"

孔子认为，"孝"就是"无违"，即不违背关于孝道的种种礼节，具体来说，父母在世，要按礼节侍奉；父母去世，要按礼节安葬，安葬之后还要按礼节祭祀，这种慎终追远的观念后来成为中国传统孝道思想中最核心的内容之一。孔子还指出，父母身后之孝，不仅止于祭祀，还应该遵循父之遗志。《论语·

学而》载：

> 子曰："父在，观其志；父没，观其行；三年无改于父之道，可谓孝矣。"

《论语·为政》（此条亦见《论语·里仁》）载：

> 子游问孝。子曰："三年无改于父之道，可谓孝矣。"

《论语·子张》载：

> 曾子曰："吾闻诸夫子：孟庄子之孝也，其他可能也，其不改父之臣与父之政，是难能也。"

古时候父亲在世，儿子不得自专，所以，只能观其志向，父亲去世之后则看他的行为。孔子认为，在三年之内不改变父亲留下来的正确原则，才算孝子。而事实上，像孟庄子一样，"不改父之臣与父之政"者并不多见，正因为"难能"，所以孔子才再三强调要遵循父之遗志。

第三，孔子认为，孝分不同层次，包括事务性的事亲、养亲以及精神性的爱亲、敬亲等，相比之下，后者高于前者。《论语·里仁》载：

> 子曰："父母在，不远游，游必有方。"

父母在世，孝子不能远离家乡，如果一定要外出，要有一定的去处或者理由。① 强调"父母在不远游"的目的是为了侍奉父母以尽孝道。不过，在孔子看来，只是事亲、养亲，还称不上真正的孝，或者说只是低层次的孝，真正的孝要有发自内心的爱敬。《论语·为政》载：

> 子游问孝。子曰："今之孝者，是谓能养。至于犬马，皆能有养；不敬，何以别乎？"

作为子女，如果对父母没有发自内心的敬爱之意，那供养父母就和饲养动物没有区别了。孔子还进一步论述了"敬"的具体含义。

一则因感恩而有丧亲之痛。《论语·阳货》载：

> 宰我问："三年之丧，期已久矣。君子三年不为礼，礼必坏；三年不为乐，乐必崩。旧谷既没，新谷既升。钻燧改火，期可已矣。"子曰："食夫稻，衣夫锦，于女安乎。"曰："安。""女安，则为之。夫君子之居丧，食旨不甘，闻乐不乐，居处不安，故不为也。今女安，则为之。"宰我出。子曰："予之不仁也。子生三年，然后免于父母之怀。夫三年之丧，天下之通丧也。予也，有三年之爱于其父母乎。"

孔子的学生宰我对孔子说，子女为父母服丧三年时间太久了，服丧一年

---

① 张诒三：《"游必有方"和"粪土之墙"正解》，《中国文化研究》2007 年第 2 期。

就可以了。孔子对宰我说,君子居丧,应该是发自内心的悲痛使然。如果父母去世之后只过一年就吃美食着锦缎,你觉得心安的话,就那么去做吧。待宰我出去之后,孔子即批评他"不仁",并进而指出,之所以天下通行"三年之丧",是因为子女出生之后,要三年才能脱离父母怀抱,所以,"三年之丧"应该是子女对父母哺育之恩的真诚感念和回报。如果没有这份感念、回报之心,就不要勉强去做。同时,孔子说,人没有把自己的真实情感全部表露的时候,如果有,一定是在父母去世的时候。《论语·子张》云:"曾子曰:'吾闻诸夫子:人未有自致者也,必也亲丧乎!'"从另一个角度强调丧亲之痛。

二则要容色恭敬、体贴入微。《论语·为政》载:

> 子夏问孝。子曰:"色难。有事弟子服其劳,有酒食先生馔,曾是以为孝乎?"

关于"色难"历来解读不一,主要可以归纳为两种:一种以东汉包咸《论语章句》所说为代表:"色难,谓承顺父母颜色乃为难也";一种以东汉郑玄《论语注》所说为代表:"和颜悦色,是为难也"。二者均将"难"解释为"困难"。今人裴传永则另出新说,解"难"为"戁"的假借字,至于"戁"的含义,《说文·心部》说:"戁,敬也。"《字汇·心部》说:"戁,恭也。"《汉语大字典》释"戁"为恭敬。因此,"色难"即"色戁",也就是说,孔子认为,侍奉父母,做到容色恭敬是最重要的。① 这种解释很有道理。接下来,孔子以反诘的口吻说,难道说有事情儿女替父母效劳、有酒食让父母先吃,就算是孝吗?——当然不是,真正的孝要有发自内心的恭敬。《荀子·子道》载:

> 子路问于孔子曰:"有人于此,夙兴夜寐,耕耘树艺,手足胼胝以养其亲,然而无孝之名,何也?"孔子曰:"意者身不敬也?辞不逊与?色不顺与?"

根据这一记载,不光是孔子,当时社会比较普遍以"敬"为孝的标准,一个人在父母面前如果言辞不谦逊、容色不恭顺,哪怕事亲再勤,也无孝名。《礼记·坊记》亦记载了孔子类似的说法,"小人皆能养其亲,君子不敬,何以辨";"父子不同位,以厚敬也"。孔子认为,君子之孝与小人之孝的区别就在于敬与不敬;父亲和儿子不能处于尊卑相同的位置,就是为了强调敬重父亲的威严。《礼记·檀弓下》载:"孔子曰:'啜菽饮水,尽其欢,斯之为孝。'"孔子说,哪怕粗茶淡饭,只要能让父母欢心,这就是孝。

除了容色恭顺、言辞谦逊之外,对父母的"敬"还体现在一些生活细节

---

① 裴传永:《〈论语〉"色难"新解》,《孔子研究》2000 年第 4 期。

上。《论语·里仁》载：

> 子曰："父母之年，不可不知，一则以喜，一则以忧。"

作儿女的，要记住父母的年岁，一则为其长寿而高兴，一则为其年老体衰而担忧。《论语·为政》载：

> 孟武伯问孝，子曰："父母唯其疾之忧。"

关于这句话，有两种解释。一种将"其"理解为孝子，整句话意思是说，孝子的言行不违背礼节，可以使父母放心，父母只需要为他的疾病担忧；另一种将"其"理解为父母，整句话意思是说，孝子要特别为父母的疾病担忧。①我们从第一种解释。《礼记》以及《孟子》中都有守身为孝的思想。《礼记·祭义》说："父母全而生之，子全而归之，可谓孝矣。不亏其体，不辱其身，可谓全矣。"《孟子·离娄上》说："事孰为大，事亲为大；守孰为大，守身为大。不失其身，而能事其亲者，吾闻之矣；失其身，而能事其亲者，吾未闻之也。"孔子强调为了不让父母担忧而守礼，可视为"守身为孝"观念的萌芽。

《礼记·坊记》载：

> 子云："善则称亲，过则称己，则民作孝"。
>
> 子云："君子弛其亲之过，而敬其美。"
>
> 子云："睦于父母之党，可谓孝矣……于父之执，可以乘其车，不可以衣其衣。君子以广孝也。"
>
> 子云："父母在，不称老。言孝不言慈。闺门之内，戏而不叹。"

也就是说，有善行则归功于父母，有过错则归咎于自己；要忘掉父母的过错，敬重父母的美德；要与父母同辈的人和睦相处，不能穿父亲同辈人的衣服。总之，要把对父亲的尊重推广到父亲的同辈；父母健在，作儿子的不应该称老，只能谈对父母的孝敬而不能要求父母对自己的慈爱。同时，家庭之内，在父母面前，应该以游戏（使之愉悦），而不应该唉声叹气（使之担忧）。

第四，孔子明确提出了谏亲思想。春秋时期，已经有了谏君观念。《国语·晋语九》载赵简子与其臣属史黯的对话：

> 简子曰："良臣，人之所愿也，又何问焉？"对曰："臣以为不良故也。夫事君者，谏过而赏善，荐可而替否，献能而进贤，择才而荐之，朝夕诵善败而纳之，道之以文，行之以顺，勤之以力，致之以死。听则进，否则退。"

这里，史黯明确强调臣子应该具有举贤、谏过、不听则退等重要德行和

---

① 参见唐满先：《论语译注》，见夏延章、唐满先、刘方元：《四书今译》，江西人民出版社 1996 年版，第 77 页。本文对《论语》的理解多参考此书。

规范。赵简子与孔子为同时代人,孔子亦非常赞同良臣谏君的思想。《论语·微子》载：

> 微子去之,箕子为之奴,比干谏而死。孔子曰："殷有三仁焉。"

《论语·宪问》载：

> 子路问事君,子曰："勿欺也,而犯之。"

殷纣王无道,微子离开了他,箕子做了他的奴隶,比干力谏而被杀害。孔子称赞他们为殷朝的三位仁人,可见孔子赞赏比干的谏君之举。子路问事君之道,孔子回答说,对君主不能暗中欺骗,但是可以当面规劝。与谏君思想一致,孔子还明确提出了谏亲思想。《论语·里仁》载：

> 子曰："事父母几谏,见志不从,又敬不违,劳而无怨。"

这里明确提出如果父母有做得不对的地方,子女应该委婉地加以规劝；不过,如果父母不听,子女不能怨怪,而仍然要恭敬无违。同样的说法亦载于《礼记·坊记》："子云：'从命不忿,微谏不倦,劳而不怨,可谓孝矣。'"同样性质的材料还见于《荀子·子道》：

> 鲁哀公问于孔子曰："子从父命,孝乎？臣从君命,贞乎？"三问,孔子不对。孔子趋出,以语子贡。曰："乡者,君问丘也曰：'子从父命,孝乎？臣从君命,贞乎？'三问,而丘不对,赐以为何如？子贡曰：'子从父命,孝矣；臣从君名,贞矣。夫子有奚对焉？'孔子曰：'小人哉！赐也不识也！昔,万乘之国,有争臣四人,则封疆不削；千乘之国,有争臣三人,则社稷不危；百乘之国,有争臣二人,则宗庙不毁；父有争子,不行无礼；士有争友,不为不义。故,子从父,奚子孝？臣从君,奚臣贞？审其所以从之之谓孝、之谓贞也。'"

据此,对于父母的过错,孔子的态度非常明确：盲目地从父,不能算孝,真正的孝应该是要弄清楚缘由再"从",也就是说,父义则从,父不义则要做"争子"。《孝经》卷十五记载了类似的一段话,不过交谈的对象是孔子与曾子。

在大致梳理了孔子的孝道思想之后,我们再来讨论曾子与孟子等儒家后学对孔子孝道思想的继承与发挥。

三、曾子的孝道思想

作为孔子的嫡传弟子,曾子(公元前505—前公元436年)直接继承和发挥了孔子的孝道思想,而且对后世产生了深远的影响。

《史记·仲尼弟子列传》说："曾子,名参……孔子以为能通孝道,故授之业,作《孝经》。"曾子作《孝经》之说一般认为不能成立,详见下文。至于说曾子因为能通孝道而成为孔子的门徒则应可信。在传世文献中有诸多关于曾子孝行的记载。《韩诗外传》卷八、《孔子家语·六本》以及《说苑·建本》等都记载了曾子受其父曾晳杖责的故事:曾子有过,曾晳引杖击之以致昏迷。曾子苏醒之后赶紧问父亲是否有事,并为父亲奏瑟消怒。《孟子·尽心上》记载了曾子忌食羊枣的故事:曾子因父亲嗜羊枣因而一生忌食羊枣,以表达对父亲的爱敬。民间广泛传播的二十四孝第三则"啮指痛心"说的就是曾子孝母的故事:"曾参采薪山中,家有客至,母无措。参不还,乃啮其指。参忽心痛,负薪以归。跪问其母,母曰:'有客忽至,吾啮指以悟汝耳。'"曾参因事母至孝而对母亲的呼唤有特殊的感应力。这则明显带有夸张色彩的故事足以证明曾子的孝子形象深入人心。

唐文治在《曾子大义》一书中曾指出:"曾子之学,传自孔子;孔子之学,传自老子。是曾子之学,承老、孔之学为学也。曾子之学,传诸子思;子思之学,传诸孟子。是曾子之学,开思孟之学以为学也。"①说孔子之学传自老子,当然值得商榷;说曾子是介于孔子与子思、孟子之间的关键纽带,则无异议。

了解曾子的思想,最可靠的材料是《论语》中的曾子之语和《大戴礼》中的曾子十篇。《论语·子张》中有两条曾子转述孔子关于孝道的论述已见上文,这里主要以《大戴礼》中的"曾子本孝"、"曾子立孝"、"曾子大孝"、"曾子事父母"等篇章为主要依据,适当参考其他资料,讨论曾子的孝道思想。

曾子在全面继承孔子孝道思想的基础上,在以下几个方面有了进一步的发展。

首先,与孔子相比,曾子更加强调孝德的包涵性及终极性意义。《大戴礼记·曾子大孝》云:

> 身者,亲之遗体也。行亲之遗体,敢不敬乎?故居处不庄,非孝也;事君不忠,非孝也;莅官不敬,非孝也;朋友不信,非孝也;战陈无勇,非孝也。五者不遂,灾及乎身,敢不敬乎?

曾子认为,人的躯体及生命是父母躯体和生命的遗留和延续,因此要谨慎以待,只有做到庄、忠、敬、信、勇才算是孝;做不到这五点,惹祸上身,就是对父母不孝。也就是说,居处庄、事君忠、莅官敬、朋友信、战陈勇,种种美德,最终目的都是为了实现孝。在此基础上,曾子进一步指出,孝德乃通行天下、充塞天地、穿越时空、放之四海而皆准的终极性法则:"夫孝者,天下之

---

① 唐文治:《曾子大义》,见《唐文治文选》,上海交通大学出版社2005年版。

大经也。夫孝置之而塞于天地,衡之而衡于四海,施诸后世而无朝夕,推而放诸东海而准,推而放诸西海而准,推而放诸南海而准,推而放诸北海而准。诗云:'自西自东,自南自北,无思不服,'此之谓也。"由此可见,在曾子看来,孝德具有广泛的包涵性以及终极性意义。如果说孔子将孝作为基本品德之一,那么,曾子则将孝作为最根本的品德,孝是总目,其他德目包括忠都是从属于孝的子目。在具体论述中,曾子明确将事父与事君联系在一起,进一步强化了忠孝相通观念,《大戴礼记·曾子立事》云:"事父可以事君,事兄可以事师长;使子犹使臣也,使弟犹使承嗣也;能取朋友者,亦能取所予从政者矣。"这里,将父君与子臣直接对应,强调父子、君臣的同构关系。《大戴礼记·曾子立孝》关于父子、兄弟、君臣关系有更具体的论述:

> 故为人子而不能孝其父者,不敢言人父不畜其子者;为人弟而不能承其兄者,不敢言人兄不能顺其弟者;为人臣而不能事其君者,不敢言人君不能使其臣者也。故与父言,言畜子;与子言,言孝父;与兄言,言顺弟;与弟言,言承兄;与君言,言使臣;与臣言,言事君。

值得指出的是,有论者以此为据,批评曾子的忠孝观具有单向性色彩,强调子臣的绝对服从,似乎值得斟酌。曾子固然强调为人子者要"无违"、要逆来顺受,但是,仅就这段话而言,前半段说子、弟、臣在没有尽好自己职责本分的情况下不能对父兄君提要求,只是强调在父子、兄弟、君臣三组关系中,后者要主动尽责,而不能简单视为单向性要求;后半段则是将畜子与孝父、顺弟与承兄、使臣与事君并列,要求父子兄弟君臣应该各自明晓、恪守自己的角色所应遵从的道义,强调的是双向互动关系。

其次,在孔子养敬有别、孝分层次的基础上,曾子明确将孝从高到低依次区分为尊亲、不辱亲、能养亲三个等级,并且强调孝的基础是爱与敬。

《曾子大孝》载:

> 曾子曰:"孝有三:大孝尊亲,其次不辱,其下能养。"

曾子认为,第一等的孝是尊重父母;第二等的孝是不使父母受辱,第三等的孝是赡养父母。参照历代注疏,①三等之孝的划分还与阶层等级相关,

---

① 《大戴礼记》虽然成书于汉代,但学界一般将其作为研究早期儒家的重要资料。本文关于《大戴礼记》的理解,主要参考方向东:《大戴礼记汇校集解》(中华书局 2008 年版);本文所引关于《大戴礼记》的相关注疏,亦见此书,不一一作注。再,《大戴礼记·曾子大孝》开篇曾子关于孝道的大段论述亦见于《礼记·祭义》,文字略有差异,如"其次不辱"为"其次弗辱"等。本文对《礼记》的理解主要参考钱玄等注译《礼记》(岳麓书社 2001 年版)。

即不同等级的孝道分别对应不同的阶层。所以,曾子在对弟子公明仪就孝的具体含义做了一番详细的说明之后,接下来又说:

> 孝有三:大孝不匮,中孝用劳,小孝用力。博施备物,可谓不匮矣。尊仁安义,可谓用劳矣。慈爱忘劳,可谓用力矣。博施备物,可谓不匮矣。尊仁安义,可谓用劳矣。慈爱忘劳,可谓用力矣。

清汪照引方氏悫言曰:"用力则能养矣,用劳则弗辱矣,不匮则可以尊亲矣。"清王聘珍、孔广森等人认为这里的三等孝之说"兼言天子诸侯卿大夫士之孝",即大孝、中孝、小孝分别指"王者之孝"、"(诸侯)大夫士之孝"以及"庶人之孝"。具体说,德泽普施于天下,使天下万物丰盛,以此来祭奠父母,无所欠缺,永无匮乏,这是上等的孝道,是王者之孝。《周礼》曰:"事功曰劳。"能尊尚仁德,安然地按照正道行事,建功立业,为父母争光,这是中等的孝道,是大夫士之孝。能感念父母的慈爱、忘掉自己的劳苦,而尽力供养父母,这是庶民之孝。《曾子本孝》亦有类似说法:

> 君子之孝也,以正致谏;士之孝也,以德从命;庶人之孝也,以力恶食;任善,不敢臣三德。

此段句读、诠释多有歧见,在此不赘。站在本文的立场,主要强调将孝道区分为"君子之孝"、"士之孝"、"庶人之孝"这一事实。

简言之,曾子将孝分大、中、小三等,其标准分别是"尊亲"、"不辱"亲、"能养"亲。概括来看,曾子关于孝道的众多论说正是对这三个标准的反复申述。需要说明的是,尽管曾子根据儒家伦理秩序将孝道做了等级化的区分,但是,他在具体论述孝道原则时并未拘泥于身份等级而是从普泛性角度着眼。

第三,具体来说,曾子孝道思想的主要内容在于对养亲、不辱亲、尊亲以及谏亲思想的细化。

关于养亲。在养亲问题上,曾子特别强调要及时行孝,并将及时行孝与入仕原则相联系。《韩诗外传》卷九载:

> 孔子行,闻哭声甚悲。孔子曰:"驱!驱!前有贤者。"至,皋鱼也。被褐拥镰,哭于道傍。孔子辟车与之言曰:"子非有丧,何哭之悲也?"皋鱼曰:"吾失之三矣:少而学,游诸侯,以后吾亲,失之一也;高尚吾志,间吾事君,失之二也;与友厚而小绝之,失之三矣。树欲静而风不止,子欲养而亲不待也。往而不可〔追者,年也,去而不可〕得见者,亲也。吾请从此辞矣。"立槁而死。孔子曰:"弟子诚之,足以识矣。"于是门人辞归而养亲者十有三人。

这个故事的重点是孝养父母要及时,不要等到父母过世后再后悔。曾子对此也有清楚的论述，《大戴礼·曾子疾病》曰：

> 人之生也，百岁之中，有疾病焉，有老幼焉，故君子思其不可复者而先施焉。亲戚既殁，虽欲孝，谁为孝？老年耆艾，虽欲弟，谁为弟？故孝有不及，弟有不时，其此之谓与？

曾子指出，父母会年老、会有疾病、会离去，这些都是不可逆转的事实，因此，孝养父母要及时；等父母辞世之后，就是想尽孝道也没有机会了。为了能够及时行孝，曾子提出了特殊的入仕原则，即父母在世，如果"家贫亲穷"，作为人子，应"不择官而仕"，以俸禄来赡养父母。据《韩诗外传》卷七记载，曾子自述，他曾在齐国担任低级官吏，俸禄很低，他却很高兴，因为能够以此奉养双亲；后来，他在楚国担任地位尊贵的官，俸禄优渥，他却北向而泣，因为父母已经辞世，再也不能够享受他的俸禄。所以，曾子提出："若夫信其志，约其亲者，非孝也。"假如一味强调自己的志向理想，不屑于低官薄禄，而让父母忍受贫穷，是不孝的表现。事实上，曾子在父母去世之后，其入仕择官原则即发生了根本性的转变。《大戴礼记·曾子制言》云："天下有道，则君子欣然以交同；天下无道，则衡言无革。……故君子不谄富贵，以为己说；不乘贫贱，以居己尊。凡行不义，则吾不事；不仁，则吾不长。奉相仁义，则吾与之聚群向尔。"《庄子·让王》载："曾子居卫，缊袍无表，颜色肿哙，手足胼胝。三日不举火，十年不制衣，……天子不得臣，诸侯不得友"；《说苑·立节》载："曾子布衣缊袍未得完，糟糠之食、藜藿之羹未得饱，义不合则辞上卿，不恬贫穷"。可见在父母辞世之后，曾子只为"道""义"入仕，如果不合"道""义"，再贫困也不勉强入仕。这也从一个侧面印证了曾子"忠"从属于"孝"的观点。

关于不辱亲和尊亲。不辱亲和尊亲，其实都是指精神层面的孝。"不辱亲"是指孝子不要让父母因为自己而受辱，也包括不让父母担惊受怕；"尊亲"，一则指孝子对父母的爱敬尊重，再则有显亲扬名、使父母以子为荣的意思，亦即"荣亲"。

怎样才能做到"不辱亲"和"尊亲"？曾子认为，一是要谨言慎行、贵体全生、显亲扬名；二是要持之以恒、慎终追远。此外，还在孔子"广孝"的基础上进一步提出要"率朋友以孝"。

曾子孝道思想中有一项非常重要的内容就是要求孝子谨言慎行、爱惜自己的身体和荣誉，从而免除父母的担忧，并让父母引以为荣：

> 孝子不登高，不履危，痺亦弗凭；不苟笑，不苟訾，隐不命，临不指。故不在尤之中也。——《大戴礼·曾子本孝》

> 孝子恶言死焉，流言止焉，美言兴焉，故恶言不出于口，烦言不及于

己。——《大戴礼·曾子本孝》

故孝子之事亲也，居易以俟命，不兴险行以徼幸；孝子游之，暴人违之；出门而使，不以或为父母忧也；险涂隘巷，不求先焉，以爱其身，以不敢忘其亲也。——《大戴礼·曾子本孝》

乐正子春，下堂而伤其足，伤瘳，数月不出，犹有忧色。门弟子问曰："夫子伤足，瘳矣，数月不出，犹有忧色，何也？"乐正子春曰："善！如尔之问也。吾闻之曾子，曾子闻诸夫子曰：'天之所生，地之所养，人为大矣。父母全而生之，子全而归之，可谓孝矣；不亏其体，可谓全矣。故君子顷步之不敢忘也。'今予忘夫孝之道矣，予是以有忧色。故君子一举足不敢忘父母，一出言不敢忘父母。一举足不敢忘父母，故道而不径，舟而不游，不敢以先父母之遗体行殆也。一出言不敢忘父母，是故恶言不出于口，忿言不及于己，然后不辱其身，不忧其亲，则可谓孝矣。草木以时伐焉，禽兽以时杀焉。夫子曰：'伐一木，杀一兽，不以其时，非孝也。'"——《大戴礼·曾子大孝》

君子之所谓孝者，国人皆称愿焉，曰："幸哉！有子如此！"所谓孝也。民之本教曰孝，其行之曰养。养，可能也；敬，为难。敬，可能也；安，为难。安，可能也；久，为难。久，可能也；卒，为难。父母既殁，慎行其身，不遗父母恶名，可谓能终也。——《大戴礼·曾子大孝》

曾子不厌其烦地指出，为了不使父母担忧，不使父母受拖累，作子女的，一言一行、一举手一投足，都要慎之又慎。否则，伤了身体，就是伤了"父母之遗体"，是不孝；惹来麻烦和耻辱，让父母担忧并连带受辱，更是不孝。反之，孝子要做到庄、忠、敬、信、勇，这样，父母就会因为拥有德行完美的儿子而成为天下人艳羡的对象。曾子这一系列关于贵体全生的论述，可以说是对孔子"守身为孝"观念的具体化和细致化表述，也是《孝经》中所提出的、影响至为深远的"身体发肤，受之父母"观念的直接来源。曾子强调，真正的孝子，不止要养亲，更难得的是尊亲、敬亲；不止是偶尔尊亲、敬亲，而是要持之以恒地尊亲、敬亲，因此，不止在父母生前要尊亲、荣亲，而且要在父母去世之后，仍然谨言慎行，不使父母的名声受损。曾子还继承和发挥了孔子的"广孝"思想，提出"尊亲"不光只是尊父母，还要尊父母的朋友；"尊亲"不光只是自己"尊"亲，还要让自己朋友一起来"尊"。

关于谏亲。曾子直接继承孔子的谏亲思想，并且提出了具体的"几谏"之道。《大戴礼·曾子本孝》云："君子之孝也，以正致谏；……故孝子之于亲也，生则有义以辅之，死则哀以莅之，以敬如此，而成于孝子也"；《大戴礼·曾子大孝》云："父母有过，谏而不逆；父母既殁，以哀，祀之加之；如此，谓礼终矣"。这样,曾子既明确提出孝子事亲应该"以正致谏"、"义以辅之",又强调谏亲的原则是"谏而不逆",即要做到孔子所说的"无违"。怎样才能做到"不逆"?对此,曾子有具体的论述。《大戴礼·曾子立孝》云:

> 君子之孝也,忠爱以敬;反是,乱也。尽力而有礼,庄敬而安之。微谏不倦,听从而不怠,欢欣忠信,咎故不生,可谓孝矣。尽力无礼,则小人也;致敬而不忠,则不入也。是故礼以将其力,敬以入其忠;饮食移味,居处温愉,著心于此,济其志也。子曰:"可人也,吾任其过;不可人也,吾辞其罪。"……不耻其亲,君子之孝也。

这里,首先强调孝要发自内心的爱敬,这样,家庭才能和乐。然后,具体提出了微谏之道。王聘珍疏曰:"微谏,几谏也";而"可人"、"不可人"之"人"字当为"入"字,"谓入谏也"。汪照则认为:"'子曰'字似他处错入"。不管是引孔子语还是自己的话,总之,曾子在这里说的是具体的"微谏之道",即作儿子的劝谏父母,要委婉,要诚心诚意,要让父母欢喜无忧。父母从谏,要主动承担过错;父母不从谏,则要站在父母的立场,为父母辩解,并为自己误会父母、使父母受委屈而道歉。总之,不能让父母不高兴、受委屈。

《礼记·祭义》云:"孝子之有深爱者必有和气,有和气者必有愉色。"只有建立在深爱、和气、愉色基础之上的劝谏,父母才能听得进去。《大戴礼记·曾子事父母》亦云:

> 单居离问于曾子曰:"事父母有道乎?"曾子曰:"有。爱而敬。父母之行若中道,则从;若不中道,则谏;谏而不用,行之如由己。从而不谏,非孝也;谏而不从,亦非孝也。孝子之谏,达善而不敢争辨;争辨者,作乱之所由兴也。由己为无咎,则宁;由己为贤人,则乱。孝子无私乐,父母所忧忧之,父母所乐乐之。孝子唯巧变,故父母安之。若夫坐如尸,立如齐,弗讯不言,言必齐色,此成人之善者也,未得为人子之道也。"

此段说的还是"几谏"之道,大意是说:孝敬父母,最重要的是爱与敬,在此基础上,父母做得对的就要服从,做得不对的就要劝谏。劝谏不被采纳,就要代父母受过,另找机会再谏。总之,孝子既要谏父母之错,又不能拂逆父母。不讲原则的顺从是不孝,谏而至于争,也是不孝。孝子要爱父母所爱、忧父母所忧、灵活机变、取悦父母。如果只是一味庄敬严肃、不问就不说话,那不是正确的事父之道。《大戴礼记·曾子大孝》云:"曾子曰:'君子之所谓孝者,先意承志,谕父母以道。'"强调的是,无论在父母发意之先还是在父母发意之后,孝子都要能晓之以理,即要主动进谏。据《韩诗外传》卷九载,曾子曾将"有亲可畏"、"有亲可谏"一同列为人生最大的快乐之中。可见,在曾子看来,敬亲、谏亲,不只是外在的伦理规则,而且是内心的情感需要。

综上所述,曾子直接继承了孔子的孝道思想而又多有发挥。

四、孟子和荀子的孝道思想

作为儒家新一代代表人物,孟子与孔子、曾子一样重视孝道,同时,又提出了某些有异于孔子、曾子的孝道原则。具体来看,孟子的孝道思想可以概括为以下几个方面。

第一,守身为事亲之本。《孟子·离娄上》将"事亲"、"从兄"视为仁义的本质:"仁之实,事亲是也;义之实,从兄是也;智之实,知斯二者弗去是也。"接下来,又指出事亲的根本则在于"守身":

> 孟子曰:"事孰为大?事亲为大;守孰为大,守身为大。不失其身而能事其亲者,吾闻之矣;失其身而能事其亲者,吾未闻之也。孰不为事?事亲,事之本也;孰不为守?守身,守之本也。"

> 孟子曰:"世俗所谓不孝者五:惰其四支,不顾父母之养,一不孝也;博弈好饮酒,不顾父母之养,二不孝也;好货财,私妻子,不顾父母之养,三不孝也;从耳目之欲,以为父母戮,四不孝也;好勇斗狠,以危父母,五不孝也。"

孟子直接继承了孔子及曾子"守身为孝"、"全生为孝"的思想,先提出"事亲为大"、"守身为大"的原则,再进一步指出,守身才能事亲。第二段引文中,"五不孝"中的第四、第五两条即属于不守身的具体表现:放纵欲望以致犯罪、逞血气之勇与人斗殴,这样就会连累父母遭受耻辱甚至刑戮。

第二,传宗接代为孝。《孟子·离娄上》云:"孟子曰:'不孝有三,无后为大。舜不告而娶,为无后也,君子以为犹告也。'"按照礼法规定,娶妻应该禀告父母,而舜则在没有禀告父母的情况下娶了尧的两个女儿。这样做的原因是,如果禀告而其父不允许的话,就会绝了后嗣,而绝后则是最大的不孝,所以,在明理的君子看来,舜不告而娶与禀告了是一样的。孟子在这里明确提出"不孝有三,无后为大",直接将子嗣与孝道联系在一起。这一传宗接代为孝的观念对中国人的生育观影响至为深远。

第三,强调"顺亲"乃至"父子不责善"。《孟子·离娄上》云:

> 孟子曰:"……视天下悦而归己,犹草芥也,惟舜为然。不得乎亲,不可以为人;不顺乎亲,不可以为子。舜尽事亲之道而瞽瞍厎豫,瞽瞍厎豫而天下化,瞽瞍厎豫而天下之为父子者定,此之谓大孝。"

孟子在这里强调,为人子女,要能"得乎亲"并"顺乎亲",即与父母相处融洽并顺从父母的意愿。舜的父亲瞽瞍性情顽固,多次欲置舜于死地,舜犹能极尽事亲之道,终于让父亲瞽瞍高兴起来。瞽瞍高兴,全天下人都得到了感化,从此天下的父子伦理也就得到了确定。孟子认为,像舜一样,千方百计顺从父(母)命、讨父(母)的欢心,才是真正的大孝。在《孟子·万章上》篇,孟子曾与万章讨论舜"往于田,号泣于旻天"即舜为什么在地里耕种时要仰天哭诉的问题。孟子说,舜之所以哭诉是因为"不顺于父母",因为在舜看来,天下之士悦之、拥有帝尧二女之美色、富有天下、贵为天子,均不足以解忧,"惟顺于父母,可以解忧"。而且,舜不像一般人那样,年幼依恋父母,长大之后却只知道宠爱妻子、倾慕君王,舜到五十岁了还一如既往地依恋父母。孟子说:"大孝终身慕父母",像舜一样,顺亲而且终身慕亲,才能算是真正的大孝。据《孟子·告子下》,孔子亦曾言:"舜其至孝矣,五十而慕。"

孟子进一步提出,要真正做到"顺乎亲",就要注意父子之间的相处之道。这样,孟子一反孔子、曾子的谏亲原则,提出了"父子不责善"的原则。《孟子·离娄下》载:

> 公都子曰:"匡章,通国皆称不孝焉。夫子与之游,又从而礼貌之,敢问何也?"

> 孟子曰:"世俗所谓不孝者五:……章子有一于是乎? 夫章子,子父责善而不相遇也。责善,朋友之道也;父子责善,贼恩之大者。夫章子,岂不欲有夫妻子母之属哉? 为得罪于父,不得近。出妻,屏子,终身不养焉。其设心以为不若是,是则罪之大者,是则章子已矣。"

如果说舜是"得乎亲"、"顺乎亲"的正面典型,章子则是不得乎亲、不顺乎亲的反面典型。据说匡章的母亲触犯了他的父亲,其父一怒之下欲杀之,章子劝谏其父,其父不听劝阻,还是将他的母亲杀了,父子关系从此恶化。站在今天的立场,父亲杀害母亲,父亲当然有错;作儿子的谏阻父亲,亦在情理之中。奇怪的是,当时的社会竟普遍认为匡章不孝,匡章自己也为了赎罪而赶走妻子、疏远儿子,以终身不受妻儿的侍养来惩罚自己。孟子虽然不认为匡章不孝,却从匡章家的伦理悲剧中引申出父子不则善的原则。孟子认为,以善相责,应该是朋友之间应该做的事,父子之间,如果以善相责,则会极大地伤害彼此的感情。孟子举匡章的例子是为了说明子不应该以善责父;另一方面,孟子甚至还将父子不责善的原则运用到教子的问题上。《孟子·离娄上》载:

> 公孙丑曰:"君子之教子,何也?"

> 孟子曰:"势不行也。教者必以正;以正不行,继之以怒;继之以怒,则反夷矣。'夫子教我以正,夫子未出于正也。'则是父子相夷也。父子

相夷,则恶矣。古者易子而教之。父子之间不责善。责善则离,离则不祥莫大焉。"

孟子说,作父亲的亲自教导自己的儿子,在情势上是行不通的。因为,执教的人一定会用正道去教导学生,教育而没有效果时,执教的人就会生气,一旦生气就会伤了父子恩情。所以,古时候人们往往易子而教。父子之间不要互相拿正道理来责求对方,否则就会疏远,疏远了就很不好了。结合前面所说的"顺乎亲",孟子强调的主要还是子不能责父。他所引的舜顺于瞽瞍的故事,被后人直接提炼出"世上无不是底父母"之教条。①

让人困惑的是,孟子所说的"不孝有三",除了"无后"之外,其他两不孝为"阿意曲从,陷亲不义"与"家贫亲老,不为禄仕",②前者明确要求为人子者如果见亲不义不能阿意曲从,否则即是不孝,这里又要求父子不能相责以善,显然矛盾。再则,《孟子·告子下》亦载,孟子在与公孙丑讨论《诗经》中的《小弁》和《凯风》两首诗时,又说:"亲之过大而不怨,是愈疏也;亲之过小而怨,是不可矶也。愈疏,不孝也;不可矶,亦不孝也。"即父母过错大而无怨言,则显得与父母疏远,父母过错小却一味抱怨,说明作儿子的受不得一点刺激,两者都是不孝。这样看来,对待父母的过错,到底应该怎么做,孟子的态度还真是有点模棱两可。

此外,值得注意的是,据《孟子·告子下》载,春秋五霸之一齐桓公在葵丘之会上与诸侯订立的盟约中第一条即是"诛不孝,无易树子,无以妾为妻"。即以诛杀不孝子为第一条第一则,可见当时社会对孝道的重视程度之一斑。

荀子关于孝道的论述比较少,主要包括两个方面的内容。

第一,慎终追远,强调丧葬祭祀之礼。如前所述,孔子、曾子均有"生,事之以礼,死,葬之以礼,祭之以礼"的说法(分别见《论语·为政》及《孟子·滕文公上》引),荀子继承了这一思想。而且,针对"厚其生薄其死"的观念,荀子尤其强调丧葬祭祀之礼的重要。《荀子·礼论》云:

礼者,谨于治生死者也。生、人之始也,死、人之终也,终始俱善,人道毕矣。故君子敬始而慎终,终始如一,是君子之道,礼义之文也。夫厚其生而薄其死,是敬其有知,而慢其无知也,是奸人之道而倍叛之心也。

① 《四书章句集注》之《孟子集注》卷七,引罗仲素语。
② 《孟子集解》引赵氏语:"于礼有不孝者三事:谓阿意曲从,陷亲不义,一也;家贫亲老,不为禄仕,二也;不娶无子,绝先祖祀,三也。三者之中,无后为大。"

> 丧礼之凡，变而饰，动而远，久而平。故死之为道也，不饰则恶，恶则不哀；尔则玩，玩则厌，厌则忘，忘则不敬。一朝而丧其严亲，而所以送葬之者，不哀不敬，则嫌于禽兽矣，君子耻之。故变而饰，所以灭恶也；动而远，所以遂敬也；久而平，所以优生也。

> 丧礼者，以生者饰死者也，大象其生以送其死也。故事死如生，事亡如存，终始一也。

> 凡礼，事生，饰欢也；送死，饰哀也；祭祀，饰敬也；师旅，饰威也。是百王之所同，古今之所一也，未有知其所由来者……故丧礼者，无他焉，明死生之义，送以哀敬，而终周藏也。故葬埋，敬藏其形也；祭祀，敬事其神也；其铭诔系世，敬传其名也。事生，饰始也；送死，饰终也；终始具，而孝子之事毕，圣人之道备矣。

荀子反复强调丧葬祭祀之礼的重要，强调不管父母是生是死、有知还是无知，子女都应该敬事如一，否则无异于奸人甚至无别于禽兽。儒家向来有重视丧葬祭祀的传统，《礼记·祭统》云："礼有五经，莫重于祭"、"祭者，教之本也"；《中庸》云："事死如事生，事亡如事存，孝之至也"。至于荀子特别强调"事亡如存"，应该与他所处的时代有关。孔子之后，荀子之前，有墨家的薄葬观念流行，所以，荀子才会针对"薄其死"的观念立论。

第二，荀子孝道思想的另一大特色是，明确将孔子、曾子的谏亲思想提升为"从义不从父"的理性法则。《荀子·子道》云：

> 入孝出弟，人之小行也；上顺下笃，人之中行也；从道不从君，从义不从父，人之大行也……孝子所不从命有三：从命则亲危，不从命则亲安，孝子不从命乃衷；从命则亲辱，不从命则亲荣，孝子不从命乃义；从命则禽兽，不从命则修饰，孝子不从命乃敬。故可以从命而不从，是不子也；未可以从而从，是不衷也；明于从不从之义，而能致恭敬、忠信、端悫、以慎行之，则可谓大孝矣。传曰："从道不从君，从义不从父。"此之谓也。

紧接此段，即是前述鲁哀公问孔子"孝与从父命"之间的关系的那段话，可见，荀子在此是非常自觉地对孔子"父有争子，不行无礼"观点进行引申、发挥。在这里，荀子对人的德行进行了层次划分：一般意义上的孝悌，只是最低层次的德行，顺从君父、笃爱卑幼是中等层次的德行，只有做到服从道义而不盲目服从君父才是最高层次的德行。接下来，荀子还具体说明了孝子不应该从父命的三种情况，并强调指出，只有知道什么该从什么不该从，才能称得上"大孝"。此段结尾部分所提出的"从道不从君，从义不从父"之论应该是中国传统忠孝思想中最具理性光芒的精华，荀子虽然说是引自

"传"文,但不见于其他典籍。因此,从某种意义上,我们可以将其视为荀子本人的思想。

五、小 结

综上所述,中国原始文明中即有"养老"、"尚齿"的传统,自商周至春秋时期,祭祀、守丧等孝行以及敬亲顺亲、事亲养亲、敬祖报本等孝道观念已经流行于社会。在原始养老、尚齿的传统以及商周孝道观念的基础上,先秦诸子均就孝观念展开了论述,而对后世影响最为深远的是儒家的孝道观念。即使同为先秦儒家的代表人物,孔子、曾子、孟子的孝道观亦同中有异,显示出多元性内涵。

孔子的孝道观主要包括以下几个方面:首先,把孝作为人的基本品德之一,而且认为孝悌一体、忠孝相通;其次,认为"孝"不只是阶段性行为,而是应该贯穿父母生前身后,包括养生送死以及祭祀亡灵;第三,认为孝分不同层次,包括事务性的事亲、养亲以及精神性的爱亲、敬亲等,相比之下,后者高于前者;第四,明确提出了谏亲思想。相对孔子来说,曾子更加强调孝德的包涵性及终极性意义;再其次,曾子在养敬有别、孝分层次的基础上,明确将孝从高到低依次区分为尊亲、不辱亲、能养亲三个等级,并且对养亲、不辱亲、尊亲以及谏亲思想有全面细化的论述。

作为儒家新一代代表人物,孟子与孔子、曾子一样重视孝道,同时,又提出了某些有异于孔子、曾子的孝道原则。具体来看,孟子的孝道思想可以概括为以下几个方面:第一,守身为事亲之本;第二,传宗接代为孝;第三,反孔子、曾子的谏亲原则,强调"顺亲"乃至"父子不责善"。荀子关于孝道的论述相对较少,主要包括两个方面的内容:第一,慎终追远,强调丧葬祭祀之礼;第二,明确将孔子、曾子的谏亲思想提升为"从义不从父"的理性法则。

概括来看,虽然孔子已隐约有忠孝相通的观念,但是,先秦儒家孝道观念的核心内容是孝亲,属于家庭伦理。历来被视为儒家孝道思想之集大成者的《孝经》,标志着儒家孝道由家庭伦理向政治理论的关键性转变。① 秦汉以后统治者不遗余力地提倡的《孝经》之"孝",其实与原始儒家的孝道思想已经有了不小的距离。

---

① 段江丽:《从家庭伦理到政治伦理——〈孝经〉在儒家孝道思想史上的意义》,《中国文化研究》2010 年第 3 期。

传统道德体系中的"耻"及其现代意义

张德建

一、耻的概念

中国传统伦理道德有一个完整、系统的范畴体系,它以儒家思想为中心,建立了一个以仁、义为基本价值观念,以血缘关系为纽带,以家庭伦理为基础,以三纲五常为结构要点,以个体修养为出发点的伦理道德体系。"耻"即是其中一个重要概念,孟子甚至把"羞恶之心"提升为人之为人的根本,《孟子·公孙丑上》曰:"无羞恶之心,非人也。"故"人不可以无耻。"朱熹解释说:"耻者,吾所固有羞恶之心也。存之则进于圣贤,失之则入于禽兽,故所系为甚大。"①陆九渊也说:"夫人之患莫大乎无耻。人而无耻,果何以为人哉?"②"耻"是传统伦理道德体系中的一个重要概念,是人之为人的起点,在中国文化语境中,无耻遂成为一个对人最低的评价。那么,什么是"耻"呢?

中国古代伦理道德体系是建立在价值观基础之上的,要理解什么是"耻",首先就要理解传统价值观是什么。价值观在传统伦理道德体系中处于核心地位,社会、群体、个人都受到价值观的内在制约,正是这种相互关联,构成了文化的价值系统。简而言之,传统价值观包括以下几个方面:第一,在天人之辨中建立起了人文取向与人道原则,同时借助道家思想,以"无以人灭天"修正儒家思想中的片面性,又在主体自由与外在天命之达成了双重确认;第二,在个体与群体关系中,强调修己以安人,通过个人人格的修成,实现群体责任,但借助道家思想,也并不排除个体自我的独立价值,而总的趋向则是群体原则的强化;第三,通过义利与理欲的辨析,坚持"义以为

---

① 朱熹:《四书章句集注·孟子集注》卷十三,中华书局1983年版,第351页。

② 钟哲点校:《陆九渊集》卷三十二,中华书局1980年版,第375页。

上"的道义原则,但也不排除对功利的追求,而理欲之辨则突出了对人欲邪恶本质的认识,追求超越的精神境界。在上述概念范畴基础上,传统价值观念造就并形成了基本人格理想:内圣的追求体现了以仁德为中心,以求知为人格完善途径,形成了仁道原则与理性原则的统一;道家的逍遥说则确认了人格的个性特征,追求与天地为一体的精神境界。① 应该说,这是一个十分复杂的价值体系,在历史的演化过程中,各种价值观相互交融渗透。

在价值体系下,人格理想得以确立。在这方面,影响最大最深远的是儒家思想。孔子仁学思想决定了理想人格必定具有一种仁爱意识,孟子、荀子都进一步加强了这种认识。为了实现仁爱就必须有坚毅的品格,诸如"仁者必有勇"、"舍生取义",都指出个体坚定意志和大义凛然之气的作为君子人格的支撑。同时,仁与智是联系在一起的,孔子说:"未知,焉得仁?"即仁爱之情与坚定的意志都要与理性的自觉相统一。孟子则从另一个方面对人格理想加以论述:"可欲之谓善,有诸己之谓信,充实之谓美,充实而有光辉之谓大,大而化之之谓圣,圣而不可知之谓神。"(《孟子·尽心下》)善是理想人格所具有的德性,信则体现了真的品格,美表现为内在的充实,大、圣、神是建立在这三者基础之上的人格感染力和潜移默化的影响和转移。② 由此,我们得出结论,传统人格理想是一个知情意和真善美的统一。中国人的人格理想的核心是"仁",即是起点,也是终点,而"仁"正是"耻"的立足点,陆九渊说:"仁,人心也。心之在人,是人之所以为人而与禽兽草木异焉者也。"③

价值观和人格理想是中国传统伦理道德体系的核心,出发点是个体人格的养成。上述传统价值观和人格理想的种种论述都是从正面对价值观和人格理想进行的思想建构,但正面的思想建构和引导并不能必然导致个体形成完善的价值观,并形成健全的人格品质,于是还要有所补充、修正,并从反面加以限制。"耻"就是这样一个道德规定,即规定人不能做什么,越过了这个底线,则几同于禽兽。这一点,古人说得很清楚,《朱子语类》:"问:孟子以恻隐为仁之端,羞恶为义之端。周子曰:爱曰仁,宜曰义,然以其存于心者而言,则恻隐与爱固为仁心之发,然羞恶乃就耻不义上反说,而非直指义之端也。"④朱子这段话很关键,点明了羞恶之心即"耻"是"就不义上反说"。

① 参见杨国荣:《理性与价值》,上海三联书店 1998 年版,第 195—224 页。
② 参见杨国荣:《理性与价值》,上海三联书店 1998 年版,第 195—224 页。
③ 陆九渊:《陆象山全集》卷三十二,中国书店 1992 年版,第 237 页。
④ 《朱子语类》,中华书局 1986 年版,第 122 页。

王阳明用比喻的方式说明进为圣贤之学的途径:"道德以为地,忠信以为之基,仁以为宅,义以为路,礼以为门,廉耻以为垣墙,六经以为户牖,四子以为阶梯。"在这里,"廉耻"是最外一层,是"墙垣"。① 另外,"耻"是一个较低层次的概念,并且是一个纯伦理概念,主要是对行为的规定和劝诫,还不具备上升为儒学范畴的可能。虽然先圣在讨论"耻"的问题时,把它上升到人之为人这一最根本的起点上,但它并没有上升为哲学范畴,充其量只是在儒学思想为主导之下而形成的一个伦理概念,这是我们讨论"耻"时应加注意的。

我们认为,可以从两个方面对"耻"加以界定。

首先,从个体修养论的角度看,耻是一种自我评价,是建立在主体人格建构上的道德自觉意识。孔子认为,"智、仁、勇"三者的统一,是主体性人格的基本表现。在孔子看来,能行恭、宽、信、敏、惠五者于天下者为"仁"。五者之中"恭"为首,"恭"的真义是"不侮",《论语·阳货》曰:"恭则不侮。"《礼记·表记》曰:"恭以远耻。"②《中庸》把孔子说的"勇者不惧"进一步阐释为"知耻近乎勇。"可见,"仁"和"勇"的要义就是"远耻"和"知耻"。在孔子看来"有耻"是"士"的理想人格的内在特质,"有耻且格"是一个由个体道德完善进而形成整个社会的共同品格。而孟子将"羞恶之心"当做"义之端",即"义"的根源和本体。荀子认为"义"是人之为人的根本所在,《荀子·王制》曰:"水火有气而无生,草木有生而无知,禽兽有知而无义。人有气、有生、有知,亦且有义,故最为天下贵。"在中国传统道德体系中,"道德"与"仁义"几乎是等同的,羞耻感就是建立在仁义基础上的一个伦理概念。

有一种观点认为,"羞耻感正是人对自己的本能欲望和感性冲动及其限度的一种自觉的道德意识。"即是说羞耻感是一种自我心理控制能力。人处在一种矛盾的失衡状态之中,既追求自我的本能欲望的满足,又需要对本能欲望进行某种限制。羞耻感就是一种自我控制能力,它设置一个心理底线,对越界的行为进行反思和调控。但对什么是本能,却是一个不能一笔带过的概念。达尔文在《物种起源》第八章中说:

> 我不试图给本能下任何定义……当人们谈到布谷鸟在"本能"促使下迁栖,并把蛋产在别的鸟巢里时,每个人都能懂得这个词的意思。一种只有经验才能使我们作出的行为,由一个动物特别是由一个没有经验的、年幼的动物作出,并且由不明白这些行为目的的许多个体以同样

---

① 王守仁:《王阳明全集》卷二十三外集五,《应天府重修儒学记》,上海古籍出版社1992年版,第900页。

② 朱彬:《礼记训纂》,中华书局1995年版,第782页。

的方式作出的时候,通常被称为本能性的行为。但是我可以表明这些特点中没有一个是普遍的。①

由于很难对本能行为进行清晰界定,因此,我们不能说耻感是对"本能"欲望的限制。查尔斯《人类本性与社会秩序》一书提出了"直觉情感"作为本能一词的替代,他认为本能性情感有如下几种:

1. 它们在人类中是普遍的,如普遍的观察、思考、文学中积累的例证,还有诸如那些精神分析学家多少有些科学性的研究,都表明了这一点。

2. 因为它们联系着身体的反应或者表情的模式,这很难是非本能性的东西。其中许多情感在人类中确实是普遍的,而且某些情感在猩猩身上也能发现。

3. 因为它们符合和促发不仅在人类而且在动物身上也能发现的确定的、长期存在的功能。简言之,它们是如此深地根植于动物进化中,以致它们若不是遗传性的就不可解释。②

据此,我们认为不能将"耻"解释为一种本能,因为本能具有天然的、遗传的特质。而将"耻"理解为一种直觉情感是一个比较好的论证策略,这是因为如果将"耻"解释成对本能满足或限制,而本能是一种与生俱来的反应模式,不受后天的影响,则本能将成为一个毫无约束的概念。根据我们对中国古代"耻"的研究,"耻"是建立在主体人格建构上的道德自觉意识,是通过建立在儒家仁义思想基础上的自我修养而获得的道德意识,而不是建立在对本能的满足和限制基础上的。在理学思想体系中,"人心"就被说成是感性的物质欲望,但并非本能。朱熹认为"人只有一个心",其中,对道德理性的自觉即"道心",由生理需要而引起的感性知觉即"人心"。"人自有人心道心,一个生于血气,一个生于义理。饥寒痛痒,此人心也。恻隐、羞恶、是非、辞让,此道心也。"③这里的"饥寒痛痒"即包括了人的基本生理需求,但又不是纯本能概念,这里因为,理学家所谓"人心"、"私欲"主要是指人出于自然需求而生的对欲望的无休止要求,而这乃是社会的产物,不单纯指本能欲望。朱熹把"恻隐、羞恶、是非、辞让"说成是道心,把饥寒痛痒、喜怒哀乐说成是人心,实际上是说两类情感意识,即道德情感和自然情感。在这一点上,"人心"这一概念与查尔斯所说的"直觉情感"是非常接近的。人的自然

---

① [英]达尔文著,周建人、叶笃庄、方宗熙译:《物种起源》,商务印书馆1997年版,第274页。

② [美]查尔斯·霍顿·库利:《人类本性与社会秩序》导论部分《遗传和本能》。

③ 《朱子全书·朱子语类》,上海古籍出版社、安徽教育出版社2002年版,第2013页。

情感必须听命于道德情感，"必使道心常为一身之主，而人心每听命焉。"①饥渴而欲得饮食是人心，但有可食者，有不可食者，须是食其所当食，饮其所当饮，"嗟来之食，便不可食"，"故当使人心每听道心之区别，方可。"②陆九渊也认为，物欲是"陷溺"所致，并不是人心所自有。王阳明则从体用来讲道心人心，体不离用，故须去除"人为"。"人为"即有意安排的功利之心，包括"私心枉念"，如声色名利。所谓"率性之谓道，便是道心，但著些人的意思在，便是人心。"③

马克思指出："动物不把自己同自己的生命活动区别开来。它就是自己的生命活动。人则使自己的生命活动本身变成自己意志的和自己意识的对象。他具有有意识的生命活动。"④这应是我们理解"耻"这一概念的一个出发点，否则"耻"的概念有由本能概念滑向自然主义的可能，而在一般的社会理解和社会行为中，自然主义等同于本能，又兼具个人主义的意思，则人将抛弃"耻"，走向自我中心主义。

其次，从社会评价体系看，通过理想人格的塑造，进而使整个社会都以羞恶之心自持，并通过礼法、习俗、民风的塑造和限制，形成广泛的社会舆论，建立一个具有约束力的社会评价体系，从而影响到个体行为。因此，在传统伦理道德思想体系中，耻的教育十分重要。管仲提出"礼义廉耻，国之四维。""何谓四维？一曰礼，二曰义，三曰廉，四曰耻。礼不逾节，义不自进，廉不蔽恶，耻不从枉。故不逾节，则上位安；不自进，则民无巧诈；不蔽恶，则行自全；不从枉，则邪事不生。"⑤在理学关于道心人心的讨论中，二者之差异实际即个体意识与群体意识的差别。人的私欲必须作出牺牲，才能保证群体利益。耻作为一个伦理概念，从自我认识的角度看，个体意识必须服从群体意识，群体意识通过个体表现出来。理学伦理往往牺牲个体意识，限制了个体意识的发展，造成绝对服从的心理，产生了严重的后果。但又不得不承认，理学家的认识固然有很多局限性，中国文化确实有限制个体意识发展的作用，但就耻的概念而言，个体意识的过度强烈也会产生否定群体伦理的作用，也就是说，个体对耻感的麻木和否定，必定导致整个社会伦理体系的逐

①《朱子全书·朱子语类》，上海古籍出版社、安徽教育出版社2002年版，第2013页。
②《朱子全书·朱子语类》，上海古籍出版社、安徽教育出版社2002年版，第2013页。
③ 王守仁：《王阳明全集》卷三语录之《传习录下》，上海古籍出版社1992年版，第102页。
④ 马克思著，刘丕坤译：《1844年经济学哲学手稿》，人民出版社1995年版，第50页。
⑤ 黎翔凤撰：《管子校注》，中华书局2004年版，第11页。

渐崩溃。个体意识的发展必须受到一定的限制。

王廷相也承认道心人心都是人人同具,不可缺一。人不能只有道心而无人心,也不能只有人心而无道心,二者都是人性的自我意识。但二者虽同属于"性之本然",却是可以改变的,而这改变的途径就是社会伦理教化,但改变的前提是承认道心、人心存在的合理性,"道化未立,我固知民之多夫人心也,道心亦与生而固有,观夫虎之负子,鸟之反哺,鸡之呼食,豺之祭兽,可以知矣。道化既立,我固知发之多夫道心也,人心亦与生而恒存,观夫饮食男女,人所同欲,贫贱夭病,人所同恶,可知矣。谓物欲蔽之,非其本性,然贫贱夭病,人所愿乎哉!"不论在道化未立,还是在道化已立的环境下,道心、人心都有其存在理由。这样便肯定了人心即欲望的合理性和个体价值。但并不是说人心可以具有与道心同等的价值,如果任由人心发展,没有道心的自觉调节和限制,那么,人和动物就没有区别了。他说:"一惟循人心而行,则智者、力者、众者无不得其欲矣,愚而寡弱者,必困穷不遂者矣。岂惟是哉,循而遂之,灭其性,亡愧耻,恣杀害,与禽兽等矣。"社会成为一个唯智、力、众是从的群体,陷于禽兽般的恣意妄为,毫无愧耻之心,杀伐争夺不止,因而必须有所限制,"自其道心者,定之以仁义,齐之以礼乐,禁之以刑法,而名教立焉。由是智愚、强弱、众寡,各安其分而不争,其人心之隄防乎!"[1]中国古代伦理思想体系中,教育主要被表述为"乐教","乐教"作为六艺之一,起着移风易俗的重要作用,通过对民众的感化和教育,从而实现社会中人与人的和谐一致,和"礼教"维护社会伦理秩序相辅相助而行。耻感教育便属于"礼教"的一部分,以礼制和礼俗及其基础上形成的社会舆论,以限制人心的无限制发展。这样一来,耻感教育就不单纯是自我道德意识,而以社会道德规范和法律的强制形式出现,则个体的人必须服从。这种强制化手段是每个社会都必须具备的。

耻感教育不可能完全以法律的形式出现,而更多地来源于舆论的制造及其为全体所遵循而形成的作用。"耻"是人的基本德行之一,而德行是养成的,中国古代倡导和推扬的是教育养成说,因而对社会教育和评价体系的建立十分关心,文学、政治领域中教化说的流行就鲜明地证明了这一点。宋濂《送王明府之官序》论治政,有云:"昔子游氏之为武城也,以礼乐为教,而圣人喜之。此千载牧民之良法,而近世以来,为县者率以法度束缚而操切之,故礼教之泽不下流于民,而醇风美俗罕或见之今。"[2]法度刑律足以惩民,

① 王廷相:《慎言》卷十《御民》,嘉靖刻王浚川所著书本。

② 宋濂:《朝京稿》卷五,见《宋濂全集》,浙江古籍出版社1999年版,第1749页。

却不足以使民知耻。惟有"先政教而后刑罚，其民之俗好辞让，而耻斗争。"礼教的养成和对整个社会的约束作用端赖于正确社会风气的形成，如果不能形成良好的社会风气，陷于不知耻，"荡成风俗"，则天下将无以为天下。而这与统治者的政策有密切关系，清人看到明人讲学结社之风对政治的巨大作用，故禁止一切结社活动，但"标之甚高，束之甚窄，甚至鉴于明末，因噎废食，上以讲学为禁，下以道学为笑。故任道之儒既少，才智之士无多。乃至嗜利无耻，荡成风俗，而国家缓急无以为用。"①这样，晚明和有清对讲学的嘲笑和限制造成"嗜利无耻"之风的流行，反过来使国家缺乏应对危机的能力。钱谦益《沈翁八十序》："孝友廉耻之士不立于朝，则法度废，阴阳失，为国之基队，诸夏衰而夷狄盛，必至之理也。"②因此，礼教的教育对社会形成知耻之风非常重要，需要进行正面的引导，钱谦益《吴母程孺人七十序》："国家之制，节妇自三十以下，年至五十，则旌表其门闾。旌之云者，劝之之道也，而耻之之道存焉……耻之为义大矣！臣耻失节于其君，妇耻失节于其夫，士耻失节于其友。廉耻之道兴，而天下国家蔑繇乱亡矣。"③这是一个在当今学术话语中十分敏感的问题，自二程倡为"失节事大，生死事小"之后，守节演化为对女性的胁迫和残害。但这是在此基础上形成的普泛化社会伦理的结果，从传统儒家伦理思想上看，臣节、妇节都是社会伦理最重要的构成，关乎廉耻之道兴还是亡，最终关系到国家之治乱。钱谦益批判当时风气："世道下衰，风教刓敝，乡里妇孺，虽有伯姬、孝己之行，截发刲股，残肌损身，非其子孙富厚，竽膝游扬，卒皆草亡木陨，声销影灭。乡贤之祠，木主林立，多储胥，有志者过而唾之，若坐涂炭。数年以来，士大夫廉耻扫地，辫发而事奴，挟策而干寇者，靦面攘臂，恬不知耻。"④本来表彰节孝乡贤是建设社会普遍价值观的一个途径，但这些举措在现实中都变了味，反倒是廉耻扫地。由此我们看到，群体伦理在施行过程中过多地掺入名利追求也会变味，从内部解构了正面建设作用。

晚清以来，中国传统伦理思想开始接受西方的影响，羞耻观也呈现出与以往不同的特点。梁启超说孔子的"有耻且格"的思想代表了儒家礼治精神："儒家确信，非养成全国人之合理的习惯，则无政治可言。不此之务，而鳃鳃然，朝制一法律，暮颁一条告，不惟无益，而徒增其害，此礼治主义根本

---

① 郑振铎：《晚清文选》卷下，中国社会科学出版社 2002 年版，第 12 页。
② 钱谦益：《初学集》卷三十六，上海古籍出版社 1989 年版，第 1023 页。
③ 钱谦益：《初学集》卷三十六，上海古籍出版社 1989 年版，第 1052—1053 页。
④ 钱谦益：《初学集》卷三十六，上海古籍出版社 1989 年版，第 821 页。

精神之所在也。"①晚清李凤苞在《答巴黎友人书》中说:西国制治之要,约有五大端:一曰通民气,二曰保民生,三曰牖民衷,四曰养民耻,五曰阜民财。其中养民耻就是专讲耻辱教育,其文有曰:"西国无残忍之刑,惟故杀者罪止远戍苦工。其余不过监禁及罚锾而已。监禁之服用清洁,与官家埒。又教以诵读,课以工艺,济以医药,无拘挛亦无鞭挞。而人犹畏刑自守,视罪犯为不齿。即寻常偶爽一约,若负重疚。偶拾一遗,若挞于市。是以牛羊昼夜遍野,货物堆聚通衢,衣物之遗忘于舟车者,每出新报招认。从未闻有宵小之觊觎者。虽由民有生计,亦民知廉耻故也。父母不怒责其子,家主不呵其仆。虽犬马亦不加捶楚。而雍然秩然,自无违忤乖张。男女杂坐谈天,而不及淫乱,皆养耻之效也。"②他注意到了西方文化中廉耻养成在社会治理当中的重要性,并把它理解成一个完整系统中的一个部分。

耻感教育的核心是建立起广泛的社会舆论,在西方文化中,它建立在这样一种机制之上:"只要观察一下我们的周围,就可以看出,对人们的反社会倾向最大的约束力,并不是人对法律的畏惧,而是对他的同伴舆论的畏惧。"③即来自社会的否定性评价,会使个体产生羞愧感,从而产生趋荣避辱的冲动。萨特指出:"羞耻按其原始结构是在某人面前的羞耻……他人是我和我本身之间不可缺少的中介:我对我自己感到羞耻,因为我向他人显现。而且,通过他人的显现本身,我才能像对一个对象做判断那样对我本身做判断。他人不只是向我揭示了我是什么,他还在一种可以支持一些新的质定的新的存在类型上构成了我……羞耻是在他人面前对自我的羞耻。"④羞耻是自我与他人的关系中产生的,而社会正是由无数个体组成的,耻离不开他人和社会所形成的评价体系。马克思指出:"人的本质是人的真正的社会联系,所以人在积极实现自己本质的过程中创造、生产人的社会联系、社会本质,而社会本质不是一种同单个人相对立的抽象的一般力量,而是每一个单个人的本质,是他自己的活动,他自己的生活,他自己的享受,他自己的财富。因此,上面提到的真正的社会联系并不是由反思产生的,它是由于有了个人的需要和利己主义才出现的,也就是个人在积极实现其存在时的直接产物。有没有这种社会联系,是不以人为转移的;但是,只要人不承认自己

---

① 梁启超:《先秦政治思想史》,中华书局、上海书店 1986 年版,第 81 页。
② 郑振铎:《晚清文选》卷上,中国社会科学出版社 2002 年版,第 219 页。
③ 赫胥黎:《进化论与伦理学》,科学出版社 1971 年版,第 20 页。
④ 萨特:《存在与虚无》,三联书店 1997 年版,第 282 页。

是人,因而不按照人的方式来组织世界,这种社会联系就以异化的形式出现。"①要维持这种真正的社会联系,社会必须取得一个共同点,而"耻"正是这个共同点的起点。

我们发觉,历史上高度提倡"耻"作为人格教育起点的时代往往都是道德堕落的时代,当社会已经败坏没落到无以复加之时,耻感教育就被提升到改造社会的重要层面上,王阳明《应天府重修儒学记》:"古之选士者,其才德行谊,皆论定于平日,而以时升之。故其时有司之待士,一惟忠信礼义,而无有乎防嫌逆诈之心也;士之应有司,一惟廉耻退让,而我有乎奔竞侥幸之图也。迨世下衰,科举之法兴而忠信廉耻之风薄。上之人不能无异于其下,而防范日密;下之人不能无异于其上,而鄙诈日生。于是乎至有搜检巡绰之事,而待之不能礼矣;有糊名易书之制,而信之不能以诚矣。有志之士,未尝不叹惜于古道,而千数百年卒无以改,殆亦风气习染之所成,学术教化之所积,势有不可得而误焉者也。"②明前后期选举风气的变化正可证明王阳明所说,前期士人循循自守,不敢越廉耻之限,后期则诈伪日生。反过来又导致了各种制度防范措施的出现,人与人之间呈现为高度的不信任,制度不得不变得更加严密,但风气已成,制度的作用又是有限的。更为严重的是士人廉耻感的丧失直接导致学术风气的败坏,从而引发整个社会耻感的消失,钱谦益《取节录序》:"世道衰微,廉耻灭熄,臣叛其君,子逆其父,士卖其友,弟子背其师,皆失节之属也。"③一旦耻感消失,各种失范失伦行为便层出不穷,导致社会体系的溃坏,社会伦理体系趋于崩溃。到了晚清,龚自珍明确提出了"教之耻为先"的主张,即针对当时的社会现状。正是因为不知耻成为一种普遍的社会现象,所以才提倡"耻"感教育,以期以社会舆论的改变扭转现行风气。劝善书形成了于宋代,明清以来尤其多,这种融合了儒家伦理与道家思想的善书成为封建社会后期一股特殊的道德教育力量。羞耻教育自然也是这股道德教育力量之一。《了凡四训》是一部劝善书,行善先须改过,改过"要发耻心":"思古之圣贤,与我同为丈夫,彼何以百世可师? 我何以一身瓦裂? 耽染尘情,私行不义,谓人不知,傲然无愧,将日沦于禽兽而不自知矣;世之可羞可耻者,莫大乎此。孟子曰:耻之于人大矣。以其得之则圣贤,失

---

①　马克思著,刘丕坤译:《1844 年经济学哲学手稿》,人民出版社 1995 年版,第170—171 页。

②　王阳明:《王阳明全集》卷二十三外集五,上海古籍出版社 1992 年版,第 900 页。

③　钱谦益:《初学集》卷二十八,上海古籍出版社 1985 年版,第 856 页。

之则禽兽耳。此改过之要机也。"①这种由民间发起的廉耻教育方式由于是儒道两家思想的结合,加之宗教的作用,曾在民间社会起重要作用,值得重视。

因此,我们可以说"耻"是自我人格养成和社会评价体系共同塑造出来的。具有知耻人格的个体能够形成自我认识,并对个体行为进行评价,进而才是对社会舆论的反应,由此产生内疚、自责、惭愧等心理体验。而随着自我认识的改变,社会道德评价体系的变动,羞耻感也会发生很大改变。二者之间是何种关系,这种改变的作用生成机制是很值得研究的。

二、"耻"观念的历史变迁

要理清"耻"在自我评价与社会评价体系中的地位及变化,有必要进行一番历史的考察。

美国学者本尼迪克特认为,西方的"罪感文化"与东方的"耻感文化"不同。日本学者森三数三郎论述了"耻的文化"的真正发源地是在中国。中国早期的"耻"与神灵信仰有关,《礼记·表记》说:"殷人尊神,率民以示神,先鬼而后礼,先罚而后赏,尊而不亲。其民之敝,荡而不清,胜而无耻。"②即是说殷人尊神而不重亲,导致了殷民"胜而无耻"。《尚书·说命》记伊尹辅成王时说:"予弗克俾厥后惟尧舜,其心愧耻,若挞于市。"③因不能追惟尧舜而生愧耻之心,就好像被鞭挞于市一样,这表明,在商朝,人们已将严厉的惩罚视为对人的羞辱,产生严重的愧耻之心。到了周朝,耻的含义确切地指向了人际伦理。《诗经·国风·相鼠》说:"相鼠有皮,人而无仪。人而无仪,不死何为? 相鼠有齿,人而无止(通耻)。人而无止,不死何俟? 相鼠有体,人而无礼。人而无礼,胡不遄死?"④至此,人的廉耻成了某种德性标准甚至是人的存在根据。

孔子系统地提出了"耻"概念,这一概念是针对人的超越性特征提出来的。人作为自然的存在,其动物性是显而易见,而人之所以为人,还要超越自然状态。孔子指出:"鸟兽不可与同群,吾非斯人之徒而谁与?"⑤不仅个

① 袁了凡:《了凡四训》,中华书局 2008 年版,第 52 页。
② 朱彬:《礼记训纂》卷三十二,中华书局 1995 年版,第 792 页。
③ 李学勤主编:《尚书正义》,北京大学出版社 1999 年版,第 254 页。
④ 周振甫:《诗经译注》,中华书局 2002 年版,第 73 页。
⑤ 杨伯峻:《论语译注》,中华书局 1980 年版,第 194 页。

体,甚至整个群体都追求超越人的动物性,就天性而言,人与动物或曰"禽兽"并没有多大区别,如果只停留在此本然的天性,则人就降为禽兽。荀子也指出:"水火有气而无生,草木有生而无知,禽兽有知而无义。人有气,有生亦且有义,故最为天下贵也。"①"有义"便成为人脱离动物状态而必需的。这个"义"在孔子那里是"仁"。孔子思想体系的核心是"仁",仁即爱人。在此基础上,孔子提出了一系列有关"耻"的观念。

《论语·学而》:"有子曰:'信近于义,言可复也。恭近于礼,远耻辱也。因不失其亲,亦可宗也。'"②就是说一个人只有讲信才能近义,符合礼义的恭敬可以使人远离耻辱。《卫灵公》:"言忠信,行笃敬,虽蛮貊之邦行矣。言不忠信,行不笃敬,虽州里,行乎哉!"都阐明了仁、义、信、敬是人之为人的基本准则,背离这些就会陷于耻辱境地。在孔子学说中,循守仁义与背离仁义是耻的界限,背离仁义就会陷于耻辱境地。《论语》中谈到"耻"字有 16 次之多,"耻辱"一次。孔子论耻可以分为两个大的方面:对个体而言是"行己有耻",对民众而言是"有耻且格"。

作为人,特别是士人,好学深思,应该不耻下问,《公治长》:"子贡问曰:'孔文子何以谓之"文"也?'子曰:'敏而好学,不耻下问,是以谓之"文"也。'"③君子应该言行一致,《宪问》:"君子耻言过其行",言行一致方为君子行径,此正如《里仁》所说:"古者言之不出,耻躬之不逮也。"④巧言谄媚之人也是可耻的,《公治长》:"巧言、令色、足恭,左丘明耻之,丘亦耻之。匿怨而友其人,左丘明耻之,丘亦耻之。"为达目的,伪善巧媚是十分可耻的行径。贪而敛财是无耻,《先进篇》记冉求为冢宰,为季氏敛财,孔子认为这是可耻的,对弟子说:"非吾徒也,小子鸣鼓而攻之,可也。"⑤国家政治清明,自己还身处贫贱,是耻辱,国家无道昏暗,自己却享有富贵,也是很可耻的。《泰伯》:"邦有道,贫且贱焉,耻也;邦无道,富且贵焉,耻也。"⑥承认个体有追求财富的权力,但又将人民的福祉放在更高的位置上,《里仁》也说:"士志于道,而耻恶衣恶食,未足与议也。"⑦因此,当国家无道之际,个人的富贵就是

① 王先谦:《荀子集解》,中华书局 1988 年版,第 164 页。
② 杨伯峻:《论语译注》,中华书局 1980 年版,第 8 页。
③ 杨伯峻:《论语译注》,中华书局 1980 年版,第 47 页。
④ 杨伯峻:《论语译注》,中华书局 1980 年版,第 155 页。
⑤ 杨伯峻:《论语译注》,中华书局 1980 年版,第 115 页。
⑥ 杨伯峻:《论语译注》,中华书局 1980 年版,第 82 页。
⑦ 杨伯峻:《论语译注》,中华书局 1980 年版,第 37 页。

无耻的。而作为占有国家俸禄的官员，不能使国家清明，百姓安居乐业，就是无耻，《宪问》："宪问耻。子曰：'邦有道，谷；邦无道，谷，耻也。'"①总之，作为士或官，孔子认为最重要的是"行己有耻，使于四方，不辱君命，可谓士矣。"更进一步，耻不仅是个体人格所必需的，也是群体社会所必需的，作为执政者，要让百姓知耻，《为政》"子曰：'道之以政，齐之以刑，民免而无耻。道之以德，齐之以礼，有耻且格。'"②政刑约束限制百姓，却不能使百姓有羞耻之心，只有以德以礼教化百姓，才能使百姓归于正道，以羞耻之心自持。"行己有耻"和"有耻且格"是孔子论耻的两个方面，对个体或士及士大夫而言，必须以仁义为中心，加强品格修养，知耻远耻，并成为士的内在修养。而对民众而言，孔子并没有强调过多的内在修养，这是士的要求，对民众则更多强调在上者的教化和引导，使民众养成知耻之风。这是很值得注意的。

　　孟子关于耻的论述仍沿着孔子仁学的路径，主张"仁者无敌"（《孟子·梁惠王上》），《公孙丑上》："夫仁，天下之尊爵也，人之安宅也。莫之御而不仁，是不智也。不仁、不义、无礼、非义，人役也。人役而无耻，由弓人耻为弓，矢人而耻为矢也。如耻之，莫如为仁。"③故他说："仁则荣，不仁则辱。"④"为仁"便要"行道"，《万章》："立乎人之本朝，而道不行，耻也。"便把士人的使命和责任表述得极为清晰。行道要有所为，有所不为，士人的气节必须要保持，孟子最突出的见解是如何在保持士人气节的同时，坚持行仁道。所谓："说大人，则藐之，勿视其巍巍然。堂高数仞，榱题数尺，我得志，弗为也。"⑤"富贵不能淫，贫贱不能移，威武不能屈，是之谓大丈夫。"在此基础上，孟子进一步把耻上升到人之为人的根本上去，《尽心上》："人不可以无耻，无耻之耻，耻也。""耻之于人大矣。为机变之巧者，无所用耻焉。"⑥

　　荀子对耻的论述集中在君子品格方面，《荀子·非十二子》："故君子耻不修，不耻见污；耻不信，不耻不见信；耻不能，不耻不见用，是以不诱以誉，不恐于讦。率道而行，端然正己，不为物倾倒，夫是之谓诚君子。"⑦耻有两类：一类是君子之耻；另一类是小人之耻，即使被污蔑，不见信，不见用，都不

---

①　杨伯峻：《论语译注》，中华书局 1980 年版，第 145 页。
②　杨伯峻：《论语译注》，中华书局 1980 年版，第 12 页。
③　杨伯峻：《论语译注》，中华书局 1980 年版，第 10、81 页。
④　杨伯峻：《论语译注》，中华书局 1980 年版，第 224 页。
⑤　杨伯峻：《论语译注》，中华书局 1980 年版，第 243 页。
⑥　杨伯峻：《论语译注》，中华书局 1980 年版，第 302—303 页。
⑦　王先谦：《荀子集解》，中华书局 1988 年版，第 102 页。

求名利,而要坚守正道,率道而行,不为外物所倾倒,"故君子苟能无以利害
义,则耻辱无由至矣。"①贪图利益只会导致耻辱。

　　先秦诸子中,道家的耻辱观念比较独特。他们反对儒墨二家,认为正是
因有了道德观念,才产生了社会的混乱。《庄子·在宥》:"今世殊死者相枕
也,桁杨者相推也,刑戮者相望也,而儒墨乃始离跂攘臂乎桎梏之间,意甚矣
哉,其无愧而不知耻也甚矣。"②这与儒墨的伦理观念形成了鲜明对比。孔子
汲汲以求行道,在庄子看来,这都是自寻耻辱,是不知耻。《让王》:"孔子穷
于陈、蔡之间,七日不火食,藜羹不糁,颜色甚惫,而歌于室。颜回择菜,子
路、子贡相与言曰:夫子再逐于鲁,削迹于卫,伐树于宋,穷于商周,围于陈、
蔡,杀夫子者无罪,籍夫子者无禁。弦歌鼓琴未尝绝音,君子之无耻也若此
乎?"③在现实社会中,往往是"无耻者富,多信者显,夫名利之大者,几在无耻
而信。故观之名,计之利,而信真是也。"④因此,他主张去除一切人为,回归
本初淳朴状态。老子"知其荣,守其辱"的观点被庄子全面接受,《秋水》有:
"世之爵禄不足以为劝,戮耻不足以为辱。"⑤这与儒家所主张的耻辱观念正
相反,是以耻为不耻,以不耻为耻。道家的荣辱观是消极的,但从另一个方
面来说又是积极的,即对荣辱颠倒社会的反抗,以个人的不作为反抗现实,
以保持个人品格的高洁对抗现实,给黑暗现实注入一注高尚之光。这种荣
辱观对后世的影响非常大,当人们追求理想正义时,儒家的荣辱观无疑给人
们提供了正面的支持。但现实不是理想之境,现实的走向不以理想的设计
为归依,并严重背离理想时,也会形成巨大的社会利益、社会压力和社会舆
论,从而导致整个社会风气对无耻思想和行为的认同。这时,不顺从潮流,
不改变信仰,坚持普遍的社会正义,以高洁的人格孤守道义与理想,便是一
种伟大的人格。这里可以举宋濂的一篇文章为例,《拙庵记》记京口徐君德
敬"居京师,处一室,不垩不华,仅御雨风。环堵图书,置榻其中。每退食,即
徒步归,宴坐诵古人言。宾客不交,请托不通,自号曰拙庵。""世之人舌长且
圆,捷若转丸,恣谈极吐,如河出昆仑而东注;适宜中理,如斧断木,炭就火,
猱援木以升,兔走圹而攫之以鹘也。其巧于言也如此,余则不能,人问以机,
谢以不知;人示以秘,瞪目顾视,莫达其□。人之所嘉,余纵欲语,舌大如杵,

① 王先谦:《荀子集解》,中华书局 1988 年版,第 526 页。
② 郭庆藩:《庄子集解》,中华书局 1961 年版,第 377 页。
③ 郭庆藩:《庄子集解》,中华书局 1961 年版,第 972 页。
④ 郭庆藩:《庄子集解》,中华书局 1961 年版,第 993 页。
⑤ 郭庆藩:《庄子集解》,中华书局 1961 年版,第 574 页。

不可以举;闻人之言,汗流颡泚;人之所讳,余不能止,开口一发,正触禁忌,人皆骇笑,余不知耻。"①在世俗社会中,"耻"不再是一个以仁义道德为中心而形成的道德规定,恰恰相反,"耻"是世俗社会为了利益追求而形成价值标准,这套标准完全背离了仁义道德。但广交际,一切名利为中心,请托盛行,并且形成了一套"禁忌",自成风气。这时,只有守拙之人才能拒绝这一套,为社会正气留一丝气息。这种生存方式来源于庄子哲学,也是儒家思想中坚守道义,坚守人格底线的一种表现。《荀子·非十二子》:"故君子耻不修,不耻见污;耻不信,不耻不见信;耻不能,不耻不见用,是以不诱以誉,不恐于耕。率道而行,端然正己,不为物倾倒,夫是之谓诚君子。"②在现实社会中会有很多与理想相悖的现象,正人君子不见用于世是很常见的,但个体仍然可以"率道而行,端然正己",不为外物所诱,以牺牲现实利益实现理想人格。

传统伦理道德中"耻"的思想在先秦时期有很多表述,但核心是以孔子思想为中心的儒家论述,影响最大。诸子之中,则以庄子思想最有代表性。可以说,耻的观念是儒道互补的产物,后世耻观念的演变都离不开儒道两家。当然,两家之中又以儒家观念影响最大,一直以正面建设为主,而道家观念则是辅助性,弥补了儒家观念的不足。

魏晋以来,"耻"的观念有所变化,建立在仁义基础上的"耻感"逐渐消失,取而代之的是很多无耻行径。曹操《求贤令》中明言:"若必廉士而后可用,则齐桓其何以霸世!"③为了任用有才之人辅佐他建立大业,在正统伦理看来,属于无耻的人和事在他眼中,都可以不必在意:"韩信、陈平,负污辱之名,有见笑之耻,卒能成就王业,声著千载。吴起贪将,杀妻自信,母死不归。然在魏,秦人不敢东向;在楚,则三晋不敢南谋。"这些无耻之徒虽然负污辱之名,行无耻之事,只要能成帝王大业,就都没有道德底线可言。这种"惟才是举"的用人策略,与儒家羞耻观大相径庭。这直接导致了魏晋以来"风俗淫僻,耻尚失所"④如刘宋前废帝即位,竟然欲掘其父景陵,后虽未行,但却在陵上泼洒粪便。在宫中命妇人裸体相逐为戏。⑤诸如此类无耻之极的事例在南北朝期间非常多,举不胜举。考诸历史,魏晋陈隋甚至包括唐的帝王、大臣也多有悖礼犯常之事,因此,如何重建以仁义为中心的伦理道德,便成

① 《宋濂全集》,《朝京稿》卷三,浙江古籍出版社 1999 年版,第 1693 页。
② 王先谦:《荀子集解》,中华书局 1988 年版,第 102 页。
③ 《曹操集译注》,中华书局 1979 年版,第 130 页。
④ 萧统:《文选》卷四十九,四库全书文渊阁本。
⑤ 李延寿:《南史》,中华书局 1975 年版,第 68 页。

为学术思想的核心。

宋代理学建构一套完整思想体系，是"儒学的完成"①。理学所谓"天理"是一种普遍的道德原则，张载认为"所谓天理者，能悦诸心，能通天下之志之理也。"②而"人欲"则指个人的私欲，只有"天理一贯，则无意、必、固、我之凿。"自张载以后，理欲之辨成为理学的重要范畴，并逐渐成为封建社会后期礼教思想的重要内容。在理欲范畴的规范和影响下，"耻"逐渐成为具有礼教性质的伦理要求，由于有哲学体系的支撑，不再只是由仁义之心而自然产生的，而成为哲学思想体系作用下礼教思想的一部分，具有了强大的规范作用。同时，由于理学涵养论的要求通过涵养培养心性本原，达到完全的自觉，礼教思想便自然内化为人的自觉追求，耻便不只是外在的规定，而内化为人发自内在的追求。

朱熹对耻的论述相当多。朱子首先解决一个问题，即"耻"是什么。孔子的论述都是围绕着"耻"的种种现象的阐释，并没有直接说耻是什么。《孟子·公孙丑上》曰："无羞恶之心，非人也。"朱熹解释说："耻者，吾所固有羞恶之心也。存之则进于圣贤，失之则入于禽兽，故所系为甚大。"③耻就是羞恶之心，但什么是羞恶之心呢？《朱子语类》：

> 问：孟子以恻隐为仁之端，羞恶为义之端。周子曰：爱曰仁，宜曰义。然以其存于心者而言，则恻隐与爱固为仁心之发。然羞恶乃就耻不义上反说，而非直指义之端也。宜字乃是就事物上说。（《朱子语类》卷六《性理三》）④

这样便将什么是"耻"说得很清楚。孟子所说的恻隐之心就仁的一面说，羞恶是就不义的一面反说，不就义的一面说，一个"反"字将耻的两个特点说出来了：耻与义的规定联系在一起，凡违背义都是耻，耻就是"有所不为"。《朱子语类》卷二十二《论语四》："或问：信近于义，莫便是合义？恭近于礼，莫便是中礼？"先生曰："近亦是对远而言。远于义，则言不可复；远于礼，则必不能远耻辱。"⑤而义在理学中即理，就是天理；礼则是天理流行的礼法规定即"规矩准绳"，凡违背义、理就是耻，这就将耻的概念明确了，耻作为伦理层面的规范意义也更明晰了。于是，耻在理学成为国家哲学之后，天理

---

① 蒙培元：《理学范畴系统》，人民出版社1989年版，第424页。
② 张载：《张子正蒙》，上海古籍出版社2000年版，第134页。
③ 朱熹：《四书章句集注·孟子集注》卷十三，中华书局1983年版，第351页。
④ 《朱子语类》，中华书局1986年版，第122页。
⑤ 《朱子语类》，中华书局1986年版，第521页。

的普及,使得耻成为伦理道德的底线。

在理学思想体系中,涵养省察是心性修养的重要方法,涵养是直接培养心性本原,省察则随时随事察识心中之理。"耻"便是省察识理之事,理学家讲慎独,讲存养,讲廉隅,讲羞耻,便都成为心性修养的一部分。朱熹称"耻辱在我":"问:致恭而中其节,则能远耻辱。这耻辱,是在人,在己?曰:兼有在里。且如见尊长而拜,礼也,我却不拜。被诘问,则无以答,这便是为人所耻辱。有一般人不当拜而拜之,便是诏谀,这则可耻可辱者在我矣。"耻辱即在人也在己,但更重要的是"在己"。于是便讲"学者须要有廉隅墙壁,便可担负得大事去。"①如何是讲廉隅墙壁呢?人须是有廉耻:

"孟子曰:耻之于人大矣!"耻便是羞恶之心。人有耻,则能有所不为。今有一样人不能安贫,其气销屈,以至立脚不住,不知廉耻,亦何所不至。因举吕舍人诗云:"逢人即有求,所以百事非!"人言今人只见曾子唯一贯之旨,遂得道统之传。此虽固然,但曾子平日是个刚毅有力量、壁立千仞底人,观其所谓"士不可以不弘毅"、"可以讬六尺之孤,可以寄百里之命,临大节而不可夺"、"晋楚之富不可及,彼以其富,我以吾仁;彼以其爵,我以吾义,何何慊乎哉"底言语,可见。虽是做工夫处比颜子觉粗,然缘他资质刚毅,先自把捉得定,故得卒传夫子之道。后来有子思孟子,其传亦永远。又如论语必先说:"富与贵是人之所欲也,不以其道得之,不处也;贫与贱是人之所恶也,不以其道得之,不去也。"然后说:"君子去仁,恶乎成名!""必先教取舍之际界限分明,然后可做工夫。不然,则立脚不定,安能有进!学者不于富贵贫贱上立定,则是入门便差了也。"②

人必须有廉耻,则能有所不为,不知廉耻将无所不为。耻就是将"取舍之际界限分明",这是立脚点,"耻"这一点不稳,入门便差。耻是义、礼的规定,但就个体而言,只有心中明了,知耻知止,才能做到,而不是外在力量的强迫。这是理学家最为重视的。

朱熹强调:"学者不于富贵贫贱上立定,则是入门便差了也。"于贫贱富贵上不能立定脚跟,则不能知耻,入门便差,这是朱熹屡次强调的,如"人之所以戚戚于贫贱,汲汲于富贵,只缘不见这个道理。若见得这个道理,贫贱不能损得,富贵不曾添得,只要知道这个道理。""学者当常以'志士不忘在沟壑'为念,则道义重,而计较死生之心轻矣。况衣食至微末事,不得未必死,

① 《朱子语类》,中华书局1986年版,第223页。
② 《朱子语类》,中华书局1986年版,第224页。

亦何用犯义犯分，役心役志，营营以求之耶！某观今人因不能咬得菜根而至于违其本心者众矣，可不戒哉！"他解释孔子"士志于道，而耻恶衣恶食者，未足与议也"一段话时，强调志于仁与志于道的差别：

> 仁是最切身底道理。志于仁，大段是亲切做工夫底，所以必无恶。志于道，则说来得阔。凡人有志于学，皆志于道也。若志来得泛泛不切，则未必无耻恶衣恶食之事。又耻恶衣恶食，亦有数样。今人不能甘粗粝之衣食，又是一样。若耻恶衣恶食者，则是也吃著得，只是怕人笑，羞不如人而已，所以不足与议。

耻辱之心须要保持，他在论"夜气存养"时说：

> 某尝见有一种人汲汲营利求官职，不知是勾当甚事。后或思量孟子说："所欲有甚于生者，所恶有甚于死者，非独贤者有是心也，人皆有之，贤者能勿丧耳"他元来有此心，只是他自失了，今却别是一种心，所以不见义理。文蔚云："他虽是如此，想羞恶之心亦须萌动，亦自见得不是，但不能胜利欲之心耳。"曰：只是如此，济甚事？今夜愧耻，明日便不做，方是。若愧耻后，又却依旧自做，何济于事？

保持羞耻之心有内外两方面的保证，一是知耻，由内而生；二是闻过，则得之于外，故他说："人之生，不幸不闻过，大不幸无耻。"此两句只是一项事。知耻是由内心以生，闻过是得之于外。人须知耻，方能改过，故耻为重。

士要成为表率，"士人先要识廉退之节。礼义廉耻，是谓四维。若寡廉鲜耻，虽能文要何用！"①而最要害处是"轻德行，毁名节，崇智术，尚变诈，读之使人痛心疾首。不知是甚至世变到这里，可畏！可畏！"②

朱熹非常重视耻辱教育，他说："道之以政，齐之以刑，民免而无耻；道之以德，齐之以礼，有耻且格，此谓庶民耳。若所谓士者，行己有耻，不待上之命也。"对士来说，行己有耻已成为心性涵养的一部分，不必等待外在的规定。对民众来说，必须讲"有耻且格"，即耻辱教育。"问：道之以德，齐之以礼。曰：资质好底便化，不好底须立个制度，教人在里面，件件是礼。后世专用以刑。然不用刑，亦无此理。但圣人先以德礼，到合用处，亦不容已。"讲得仍然是士与民的差异。但民众耻辱教育要有先后，即"道之以德，齐之以礼"，然后才是刑罚。"先之以明德，则有固有之心者，心观感而化。然禀有厚薄，感有浅深，又齐之以礼，使之有规矩准绳之可守，则民耻于不善，而有以至于善。""若齐之以刑政，则不能化其心，而但使之小革。到得刑政少弛，

---

① 《朱子语类》卷一百六十，中华书局 1986 年版，第 2646 页。
② 《朱子语类》卷一百九十，中华书局 1986 年版，第 2702 页。

依旧又不知耻矣。"朱熹的这个意思后人多十分明白,李光地《榕村续语录》卷一即云:"'民免'从政来,若非政,但'无耻'而已。'无耻'却从'刑'来。大概人既受遇,尚有何耻? 易于无忌惮矣。下有'无耻'却根德,'且格'却根礼。"①朱熹甚至提出耻辱教育就从最底层抓起,并辅以相关制度:"问:道之以德,犹可致力。齐之以礼,州县如何做得? 曰:便是如今都荡然无此家具了,便也难得相应。古人比、闾之法,比有长,闾有师,便真人能行礼以帅之。民都是救了底人,故教人可以流通。如一大圳水,分得数小圳去,无不流通。后世有圣贤作,必不肯只凭休。须法古,从底做起,始得。"②

朱子解释"齐之以礼":"是使之知其冠婚丧之仪,尊卑小大之别,教人知所趋。既知德礼之善,则有耻而格于善。"③可知耻辱教育是围绕着封建等级制度和封建礼教设计的,不同阶层根据其在制度和礼教中的地位,便有不同的耻辱感。这一点,理学耻辱观通过体制化的传播和教育得以普及。朱子关于耻辱的论述仍不离孔子的两个论断:对士是"行己有耻",对民则是"有耻且格",这种带有强烈等级特征的耻辱观决定了中国古代耻辱观念的两个主要特征:一是强调士的个体修养,通过对仁义、天理的体悟自觉达到知耻;二是强调民众应遵从根据等级设计的观念、行为体系,完全按照礼教的要求行事。"行己有耻"则"足以成其身",然后推是心以及职分,则能够"不辱君命",是为尽其职。④ 也就是说,士人单纯地"成其身"并不是最终目的,还要有益于国家,有益于人民,"自今观之,宗族乡党皆称孝弟,岂不是第一等人? 然圣人未以为士之至行者,仅能行其身无过,无益于人之国,不足深贵也。"⑤在解释"邦有道,谷,邦无道,谷,耻也"一句时,朱子曰:"谷之一字,要人玩味。谷有食禄之义。言有道无道,只会食禄,略无建明,岂不可深耻!"由此可知,士人"行己有耻"不以个体的修养为最终归依,而要贯之于行事为政。这一点造就了中国古代士人的入世品格,王阳明也说:"当于日用之间为人之本者,深加省察,而去其有害于此者为佳。不然,诵说虽精,而践其实,君子盖深耻之。"⑥

心学与程朱理学同属理学思想体系,二者存在着非常大的差异,但在伦

① 李光地:《榕村续语录》,中华书局 1995 年版,第 14 页。
② 《朱子语录》,中华书局 1986 年版,第 527 页。
③ 《朱子语录》,中华书局 1986 年版,第 527 页。
④ 《朱子语录》,中华书局 1986 年版,第 527 页。
⑤ 《朱子语录》,中华书局 1986 年版,第 527 页。
⑥ 王守仁:《王阳明全集》卷三《传习录三》,上海古籍出版社 1992 年版,第 136 页。

理思想上却是相同。王阳明对羞耻的论述是以良知为中心展开的，如："《中庸》谓知耻近乎勇，所谓知耻，只是耻其不能致得自己良知耳。今人多以言语不能屈服得人为耻，意气不能陵轧得人为耻，愤怒嗜欲不能直意任情得为耻，殊不知此数病者，皆是蔽塞自己良知之事，正君子之所宜深耻者。今乃反以不能蔽塞自己良知为耻，正是耻非其所当耻，而不知耻其所当耻也。可不大哀乎！"①良知蔽塞则陷于不知耻，只有发现良知才能知耻。这里，他仍延续着儒学对个体修养论的路子，但更强调耻感源于内心良知。另外，在此段文字中，王阳明将"耻"的范围扩大了，举凡言语意气之得人，愤怒嗜欲之任情都属于不知耻，是对普遍社会风气的一个高度概括，实际上是指出了"耻"在整个社会中的泛化。

　　在良知学说的指引下，他提倡良知发现，而良知需要保持，因此他指出了改过迁善的重要性；"夫过者，自大贤所不免，然不害其卒为大贤者，为其能改也。故不贵于无过，而贵于能改过。诸生自思平日亦有缺于廉耻忠信之行者乎？亦有薄于孝友之道，陷于狡诈偷刻之习者乎？诸生殆不至于此。不幸或有之，皆其不知而误蹈，素无师友讲习无饬也。诸生试内省，万一有近于是者，固亦不可以不痛自悔咎。"②人要善于发现"有缺于廉耻忠信"，"薄于孝友之道"和"狡诈偷刻"的行为和思想苗头，而这种发现是通过内省的方式获得的。这仍然是儒学传统思想在心学中的延续，内省是个人道德修养的主要方式，缺少内省便不足以保持良知，进而成圣成贤。另一方面，他也提到了"师友讲习"的重要性，在《责善》一文中，他将朋友之道也提到的重要位置，其文云："责善，朋友之道，然须忠信告而善道之。悉其忠爱，致其婉曲，使彼闻之而可从，绎之而可改，有所感而无所怒，乃为善耳。若先暴白其过恶，痛毁极底，使无所容，彼将发其愧耻愤恨之心，虽欲降以相从，而势有所不能，是激之而使为恶矣。故凡讦人之短，攻发人之阴私，以沽直者，皆不可以言责善。"③责善是朋友之道，但界限十分清楚，真正朋友应"悉其忠爱，致其婉曲"，而"暴白"、"痛毁"则不能称为朋友之道。在廉耻教育方面，他更倡导"乐教"与"礼教"相结合的方式，而文学可以在其中直到更好的作用："古之教者，教以人伦。后世记诵词章之习起，而先王之教亡。今教童子，惟当以孝弟忠信礼义廉耻为专务。其载培涵养之方，则宜诱之歌诗以发

---

①　王守仁：《王阳明全集》卷六《文录三》，上海古籍出版社 1992 年版，第 135 页。

②　王守仁：《王阳明全集》卷二十六《续编》，上海古籍出版社 1992 年版，第 975 页。

③　王守仁：《王阳明全集》卷二十六《续编》，上海古籍出版社 1992 年版，第 975—976 页。

其志意,导之习礼以肃其威仪,讽之读书以开其知觉。今人往往以歌诗习礼为不切时务,此皆末俗庸鄙之见,乌足以知古人立教之意哉!"①

廉耻之心起于微末,也是明代思想家十分关注的,即强调士人人格养成中廉耻感的培养主要在于士人品格修养,而要达到这一境界,对个体而言,就必须从小处着手。就此,他们对"耻恶衣恶食"有相当深入的讨论。吕枏是最有代表性的人物,《泾野子内篇》卷七有云:"问:今之讲道学者,先生曰:虽则幽深玄远,但我有捷径法,只做得不耻恶衣恶食,便是道学。"②只要不耻恶衣恶食,便是讲学,这种简易修养法其实是强调士人应该有更高远的精神追求,一旦动念为物质生活所干扰,则陷于欲望而不可能达到更高境界。而克服物质要求的引诱,就得讲求修养"工夫",卷九:"吕时耀问:平日晓得戒慎、恐惧,临事对物,毕竟引之而去者何?先生曰:还是工夫不熟。程子曰:为气所胜,习所夺,只可责志。又问范文正公为人清苦。先生曰:甚好襟怀,作秀才时便先天下之忧而忧,若士志于道而耻恶衣恶食,不甘清苦,便不可与入道。庄子曰:嗜欲深者天机浅,说得好。问:人心不公,其故安在?曰:勿以喜怒为爱憎,勿以同异为贤愚,须克去己私,方得长进。"保持戒慎、恐惧之心,临事不为外物所挠需要平日养成,清苦生活是途径之一。故宋儒说咬得菜根则百事可为。作为士,必须有经过磨砺,方知道"民情苦乐":"先生谓王舆曰:学者必须苦其心志,劳者筋骨,饿其体肤,凡百艰辛经历一番,后来为官,必能知民情苦乐,作出事业便好。先儒程子说得甚亲切:'若要熟,须从这里过。'吾与马溪田未尝耳恶衣恶食,汝师法可。"③而不耻恶衣恶食是苦其心志,劳其筋骨,饿其体肤的开端。他认为耻恶衣恶食必然导致争夺,这是人道败坏的开始。对于个人的成长来说,要知家业来之不易,要知不争不贪,过度追求物质享乐,便是"倾覆之道",而这一切都起于耻恶衣恶食,故不可不重视。如:"我尝说这只是起于耻恶衣恶食。且人欲衣食之美,从哪里来?不是贪利争夺,如何可得!故孟子谓'不夺不厌',成王戒百官,亦曰:位不期骄,禄不期侈。人多骄侈,皆生于禄位。夫前人艰难勤俭,始有此业,后人不知所从来,见有此富贵,便骄溢侈肆,不知倾覆之道即在其中,不可不谨,这皆由耻恶衣恶食之心生来。故夫子论季氏,亦以心上断他,曰:是可忍也,孰不可忍也!"④

---

① 王守仁:《王阳明全集》卷二《传习录三·训蒙大意示教读刘伯颂等》,第 87 页。
② 《泾野子内篇》卷七《柳湾精舍语》,《四库全书》文渊阁本。
③ 《泾野子内篇》卷七《柳湾精舍语》,《四库全书》文渊阁本。
④ 《泾野子内篇》卷二十五,《春官外团语》,四库全书文渊阁本。

　　心学流行，以良知学的传播为核心，个人欲望得到一定程度上的承认。但享乐之风盛行，奢侈之风，糜烂之事导致社会廉耻心尽失，在商品经济的大潮中流毒天下，也是不可否认的事实。性灵文学的领军人物袁宏道的生活方式和行为主张就很有代表性，他说过这样一段，被研究者广泛引用，当做个性解放的象征性言论：

　　　　然真乐有五，不可不知。目极世间之色，耳极世间之声，身极世间之鲜，口极世间之谭，一快活也。堂前列鼎，堂后度曲，宾客满席，男女交蹑，烛气薰天，珠翠委地，金钱不足，继以田土，二快活也。箧中藏万卷书，书皆珍异。宅畔置一馆，馆约真正同心友十余人，人中立一识见极高，如司马迁、罗贯中、关汉卿者为主，分曹布署，各成一书，远文唐宋酸儒之陋，近完一代未竟之篇，三快活也。千金买一舟，舟中置鼓吹一部，妓妾数人，游闲数人，泛家浮宅，不知老之将至，四快活也。然人生受用至此，不及十年，家资田地荡尽矣。然后一身狼狈，朝不谋夕，托钵歌妓之院，分餐孤老之盘，往来乡亲，恬不知耻，五快活也。（袁宏道《袁宏道集》卷五《锦帆集》之三《尺牍》《龚惟长先生》）

　　他的所谓"真乐"除了读书写作之乐外，都是物欲享乐，而且都是尽情放纵，极尽奢华，廉耻丧尽。从社会正义和完善的角度看，这是根本不值得提倡的东西，单纯从个性解放的意义上将这段话放大来看，实在是不应该的。针对这样的现象，明末清初以来出现了很多批评意见，最有代表性的是顾炎武，他说：

　　　　愚所谓圣人之道者如之何？曰博学于文，曰行己有耻。自一身以至于天下国家，皆学之事也；自子臣弟友以至于出入、往来、辞受、取与之间，皆有耻之事也。耻之于人大矣！不耻恶衣恶食，而耻匹夫匹妇之不被其泽，故曰：万物皆备于我矣，反身而诚。呜呼！士而不先言耻，则为无本之人；非好古而多闻，则为空虚之学。以无本之人，而讲空虚之学，吾见其日从事于圣人而去之弥远也。[1]

　　他强调士而不先言耻，则为无本之人，将廉耻提升"本"的程度。应该在"出入、往来、辞受、取与"的行事过程之中贯注知耻精神，不仅个人应当不耻恶衣恶食，还要以"匹夫匹妇之不被其泽"为耻。这样他便将士人人格修养和行为中知耻的要求贯彻到士人的社会责任和义务之中去。黄宗羲也有相关论述，《与友人论学书》：

---

　　① 顾炎武：《亭林文集》卷三《与友人论学书》，《顾亭林诗文集》，中华书局1982年版，第41页。

以为浑然天地万物一体者性也,触物而浑然一体者吾性之良知也,吾儒讲明此学,必须知耻发愤,立必须明明德于天下之志,故其功夫,在致其触物一体之知,以格通身家国天下之物,使浑然为一体,谓之复于性善,未有舍家国天下见在事,使交从之实地,而悬空致我一体之知者。①

士人要有明明德于天下的大志,不能空悬本体,不能舍弃国家天下"见在事"。

但思想界的反思并不能直接转化为社会力量,社会由于制度的僵死,不讲廉耻,特别到了末世,从上到下可谓廉耻丧尽。龚自珍对此一现象痛彻心髓,大声疾呼,《明良论二》:

士皆知有耻,则国家永无耻矣;士不知耻,为国之大耻。历览近代之士,自其敫奏之日,始进之年,而耻已存者寡矣!官益久,则气愈媮,望愈崇,则谄愈固,地益近,则媚益工。至身为三公,为六卿,非不崇高也,而其于古大者大臣巍然岸然师傅自处之风,匪但目未睹,耳未闻,梦寐亦未之及。臣节之盛,扫地尽矣。非由他,由于无以作朝廷之气故也。何以作之气?曰:以教之耻为先。

农工之人、肩荷背负之子则无耻,则辱其身而已;富而无耻者,辱其家而已;士无耻,则名之曰辱国;卿大夫无耻,名之曰辱社稷也。由庶人贵而为士,由士贵而为小官,为大官,则由始辱其身家,以延及于辱社稷也,厥灾下达上,象似火!大臣无耻,凡百士大夫法则之,以及士庶人法则之,则是有三数辱社稷者,而令合天下之人,举辱国以辱其家,辱其身,混混沄沄,而无所底,厥咎上达下,象似水!上若下胥水火之中也,则何以国?②

士是国家精英,官员是国家的直接管理者,如果连士和官都丧尽廉耻,那么,国家就"永无耻矣"。因此,他提出要"教之以耻为先"。在这他仍然承续古人之见,更重视士人羞耻之心的教育和培养。这是国家的责任,要"作之气",即以社会正气取代不知廉耻之风。《古史钩沉论一》:

气者,耻之外也;耻者,气之内也。温而文,王者之言也;惕而让,王者之行也;言文而行让,王者所以养人气也。籀其府焉,徘徊其钟祝焉,大都积百年之力,以震荡摧锄天下之廉耻;既殄,既狋,既夷,顾乃席虎

---

① 黄宗羲:《南雷诗文集》,《黄宗羲全集》第十册,浙江古籍出版社 1994 年版,第144 页。

② 龚自珍:《龚自珍全集》,上海人民出版社 1975 年版,第 31 页。

视之余荫,一旦责有气于臣,不亦暮乎!

气与耻为内外关系,养气、养耻非百年之力不可,龚自珍深刻认识到了培养廉耻之心的重要性和艰巨性,但也认识到摧折人气的后果是很严重的。而且一旦形成社会认同,就很难纠正:"善非固有,恶非固有,仁义、廉耻、诈贼、很忌非固有。或诚耻之,万人耻其名矣;或诚争之,万人争其委矣;或诚嗜之,万人嗜其貌矣;或诚守之,万人守其蹊矣。"①

龚巩祚《砚耻》:

> 昔者霸天下之民,称祖之庙,其才强,其志武,其聪明上,其财多,未尝不仇天下之士,去人之廉以快号令,去人之耻以崇高其身,一人为刚,万夫为柔,以大便其有力强武。而胤孙乃不可长,乃诽乃怨,乃责问其臣,乃辱。荣之亢,辱之始也。辨之亢,诽之始也。使之便,任法之便,责问之始也。气者,耻之外也,耻者气之内也。温而文,王者之言也。惕而让,王者之行也。言文而行让,王者之所以养人之气也。籀其府焉,徘徊其钟簴焉,大都积百年之力,以震荡摧锄天下之廉耻。既殄既狋夷,顾乃席虎视之余荫,一旦责有气亏臣,不亦莫乎!②

到了晚清,人们对这个问题的探讨已经不是单纯的个体修养和所谓社会风气层面上的了,而深入到文化和制度的根基上。所谓"霸王之业"实乃专制的代名词,正因为社会体制的问题,必"去人之廉"、"去人之耻"方能维持专制统治,使人唯有去除一切廉耻,一以柔媚应世,则此社会将陷于万劫不复之地。当然,对个体而言,可以有羞耻之心,如《菜根谈·应酬》所云:"苍蝇附骥,捷则捷矣,难辞处后之羞;萝茑依松,高则高矣,未免仰攀之耻。所以君子宁以风霜自挟,毋为鱼鸟亲人。"③但个人品性的高洁无法抵挡社会潮流,你可以"风霜自挟",但不能阻止社会"苍蝇附骥"。

三、耻的现实及其应对方式

当代中国社会存在着严重的社会失范,几乎每一个人都可以通过日常生活经验和人生基本经验感觉到。这是社会变化的产物,是每个社会都有的现象,但在转型社会中,这一现象更为突出,更为严重。社会失范的背后是严重的道德失范,承认道德失范便暗含着两个前提:一是承认某种既定的

① 龚自珍:《龚自珍全集》,上海人民出版社1975年版,第17页。
② 郑振铎:《晚清文选》卷上,中国社会科学出版社2002年版,第55页。
③ 洪应诚:《菜根谭》,浙江大学出版社1991年版,第20页。

道德规范;二是这种道德规范本身有存在的合理性。但问题就出来了,中国社会自1840年以来就进入了社会转型,从封建社会向半殖民地半封建社会的转化,再向资本主义制度的转化,再建立社会主义制度,其间又夹杂着各种复杂的中间形态(多种形态的复合体,如资本主义夹杂封建主义,社会主义也杂入了资本主义、封建主义等),这是一个复杂的社会形态。尤其是自改革开放以来,原来建立的社会主义制度进行了全面改革,引入西方资本主义的合理成分,建立了带有中国特色的社会主义。由于转型社会的复杂性,加之建设中的困难,理论上的社会主义伦理道德体系并没有完全建立,在这个并不完善的体系中,还自然夹杂着封建主义、资本主义等价值观念,存在着大量问题。在这样一个背景下,廉耻问题已经发展成一个特殊的社会问题,它由大量不知耻的现象聚合起来,成为转型期中国社会道德失范的人人都能感知到的现象,成为伦理道德失范的一个典型象征。

如何改变中国社会廉耻丧失的现实是摆在我们面前的一个严迫任务。我们认为,在重建廉耻心之时,要以开放和变革的心态,一方面借鉴中国传统伦理道德体系中注重廉耻的思想;另一方面也要借鉴西方社会文化中合理的一面,建立一个为全社会所接受,形成一股强大的社会风气,以此推动新廉耻观的建立。

就中国传统廉耻观念而论,我们认为有一个核心点,两个方面值得注意,但也正是问题所在。首先,中国传统廉耻观念的建立是在君子品格良善基础上,相信人应该有良好的品格,向善知耻。成圣是儒家的终极目标,而这一切都以无功利为起点,一旦有功利之心,则向善知耻就不完美,混杂的尘俗的功利心是绝对应当避免的。当然中国文化并不绝对排斥功利,但对象不同,为国为民求利即经世致用之学一直是核心价值观念。对士个体来说,则应当以求真求善为目标。如此一来,中国传统的廉耻观念是一个以自我修养为中心,以成仁成圣或自我完善为目标的无功利性行为。而就历史实践来看,尽管知耻避辱一直是中国文化最关注的方面,甚至可以说中国文化是一种耻文化,但历史和现实中却总是存在着无穷无尽的各种不耻行为,甚至流而为一时之社会风气。究其原因,廉耻观念中的非功利性是其根本。道德自觉对追求成圣的贤才不成问题,对广大社会成员则是无效的,更何况道德虚伪化一直是道德文化中长期存在的问题。因此,我们在建设新廉耻观时,应该对此进行全面和全新的思考,力争在社会建立一种基于平等互利的利益关系上的廉耻观念。

其次,传统文化中廉耻思想有两个方面必须注意:一是行己有耻;二是有耻且格。前者是针对士和官阶层成员的要求,主要通过自我修养以期养成完善的个体人格；后者主要是指通过价值观引导和示范作用，并通过一些机构、组织、社会舆论、乡约民俗对社会进行廉耻观教育和规范。但这个养成架构存在着一个问题，即它是一个自觉养成模式，实际上这是一个无法控制的过程，个体自觉成为一个遥不可及的目标。自古以来，中国传统文化就对自觉的伦理道德意识高度推崇，但往往只有抽象的指标，没有一套完善的评价体系，特别是廉耻问题，在礼义廉耻四维之中，耻是无法评估的并做出相应惩处的一个指标。因此，传统文化面对士风与世风的变化和失序，往往单纯强调士风的引导作用，但对士风的变化又束手无策。明清以来，大臣奏疏中有很多重建士风的建议和主张，但无一例外流于空谈。谢迁《赠都宪何君巡抚河南序》："夫廉耻者，士大夫之大闲；风俗者，国家之元气也。往自怙势窃柄之奸作，大启侥倖之门，而士习为之一变，贪汙奔竞波荡风靡，尅剥之政日加于下，而生灵因惫，有不忍言者。今欲一洗而新之，不在表率之地，激扬之任乎？"由个体的廉耻至社会风俗的形成是一个相关相连的体系和过程，但一人之心善风俗，个人的表率作用是有限的，相信这些士大夫在谈论这个问题的时候也并不相信表率能够起到真正从根本上改变世风的作用，但也只能提倡表率作用，因而所谓道德建设往往流于虚无，大而无当。当世风缺乏士风的引导时，却只能徒然感叹世风日下，无可奈何。问题就在于他们将社会廉耻感的建立完全建立在统治阶层的教育、引导之上，忽略了民众自觉道德意识的养成。这是中国文化的传统，早在孔子以前社会教化就是"治教无二，官师合一"①《周礼》中的所谓十二教：

　　　　因此五物者民之常，而施十有二教焉。一曰以祀礼教敬，则民不苟；二曰以阳礼教让，则民不争；三曰以阴礼教亲，则民不怨；四曰以乐礼教和，则民不乖；五曰以仪辨等，则民不越；六曰以俗教安，则民不偷；七曰以刑教中，则民不虣；八曰以誓教恤，则民不怠；九曰以度教节，则民知足；十曰以世事教能，则民不失职；十一曰以贤制爵，则民慎德；十二曰以庸制禄，则民兴功。②

　　这个治教体系涉及了民生的各个层面，且无不具体而微。在具体的教化行为发生时，在上者的示范作用非常大，王慎中《泉州府学明伦堂记》有云："古者立教，其具诚设然，所使长治之者皆贤卿大夫以其素讲之学，成德之行倡导而鼓舞之，其化于民，成材尤易。"他认为这是当然的，其原因在"是

---

① 章学诚著，仓修良编：《文史通义新编·内篇二·原道中》，上海古籍出版社1993年版，第49页。

② 李学勤主编：《周礼注疏》，北京大学出版社1999年版，第124页。

民之所以亲也,亲而不能明,民之所以为下也。明之而使民亲焉,士之所以为上也。"①在这个教化传统中,耻辱教育亦是自上而下的。这根源于孟子所谓"劳心者治人,劳力者治于人"的认识,应该说这种伦理道德思想已经不适应当代社会的变化。

即是说,中国传统文化中对羞耻的认识和作为伦理行为规范指标的体认有三个基本特点:即无功利性、个体自我修养和由上而下的羞耻教育体系。我们认为,传统羞耻观对当代社会耻辱观念的形成和社会行为中知耻远耻有着重要参照意义,特别是对自我修养的强调,如果能够在全社会强化个人高尚品格的养成,自然会产生积极作用。这一点是改革开放以来所缺乏的,60年以来,中国社会面临着各种问题,解决问题的急迫性以及在政治、经济、生存、发展、振兴、平等、共享等压力下,形成了不同的社会文化风尚。而近60年以来,当代中国文化呈现为积极进取的态势,可以说是中国文化的最突出变化。表现为竞争意识空前高涨,对构成社会的个体而言,竞争又表现为利益之争,即对财富的向往。这种全社会的利益诉求必然导致竞争的无序化和伦理道德意识的淡薄,以至从上到下出现了种种不讲荣辱,不知耻的行为,并正逐渐弥漫为一股强大的社会风气,侵蚀着社会肌体。因此,再建新的伦理道德体系,在全社会形成知耻求荣的社会风尚是极其迫切的一件事。我们认为要增加当代中国社会的耻辱感,努力消除或减弱无耻现象,有必要在以下几方面展开:

(一)现代社会中,法律制度是控制社会的主要手段,前提是要有一个廉洁公正、高效有序、规范制约的国家权力,否则法律对社会的整合控制亦属空言。我国目前所面临的廉耻感丧失就根本而言,主要源于权力的失控,如某些领域的权力真空,法律建设跟不上社会变化,或不在法律控制之中,长期为人们忽略,导致权力真空;如权力权威性下降,现有的国家权力是一个分层执行、掌控的体制,由于执行中存在的问题,特别是对民众利益的公开剥夺,非法但有权力的支撑,导致民众对国家权力权威性产生怀疑,缺乏发自内心的敬重;如权力滥用,掌握权力的人为了一己私利或特殊利益群体,任意践踏法律,滥用权力,造成民众对权力实施者强烈的抵触情绪。在这样的背景下,个体可以有追求道德完善的自觉,要求全体中的每个个体道德完善无疑是不可能的。我们必须建立一个以社会公正为核心支撑点的社会道德结构,既满足个体的合理要求和欲望,又能从广大人民的全体利益出发,

---

① 王慎中:《遵岩集》卷八《明朱州府学伦堂记》。

促进社会公正，从而促进廉耻心的增进，在社会形成知耻避耻之风。单纯谈道德建设，谈廉耻是毫无意义的。因此，要解决目前中国存在的道德问题包括羞耻问题，前提是权力约束和法律建设，并能够切实执行。

（二）在制度建设的前提下，实现利益回馈。当代中国社会的最大变化之一就是承认个人是一个利益主体，在平等自由的前提下承认私有财产的合法性及个人利益追求的道德合理性。但这也带来一系列问题，由于对利益无休止的追求，不择手段，抛弃人与人之间的正常关系，一切以利益为归依，更有甚者将利益与权力结合在一起，形成了特殊的利益群体，导致整个社会关系极端利益化。发展到极点，就是大量无耻现象的出现。正常的市场经济条件下，个人私利的追求必须在尊重他人私利的前提下进行，通过互惠实现自己的私利。但在转型期的现实中，由于还没有建立一套这样的社会规范和自觉心理，加之财富故事中所叙述的往往是不顾一切的利益追求，抛弃一切既有成规，彻底陷于不义无耻。而遵循规则、心意善良的人反倒得不到应有利益，使得逐利之风盛行，无耻之举反倒成为人们竞相效仿的对象。

就社会常态而言，人们是知道相应的道德律令的，知道是非善恶，其越轨行为多为明知故犯。我们不能按严格的道德主义的要求规定每个社会个体的道德完善，更何况个体存在着意志力的差异。也就是说社会上很多不耻行为的驱动力要大于知耻的要求，即在利益的驱动下作出种种不耻行为实际上是利益权衡的结果。而这种选择在特定社会条件下会被认为是聪明和理智的，得到广泛承认，于是种种行为汇聚在一起就形成社会风尚，结果是秩序混乱，诸种丑恶现象层出不穷。问题在于我们往往将道德荣辱之类的道德律令完全解释成无功利性的，忽视了道德律令本身可以带来利益，其本身也与个体的利益诉求是一致的。也就是说，我们要建立这样的社会风尚，即社会成员能够作出具有正当性的、善的行为，不仅出于法令制度或风尚，而出于内心的明智选择，符合社会要求，也符合个体利益。而不正当的、恶、无耻的行径则是不明智的选择，不符合利益诉求。我们要承认践行道德行为需要付出物质、精神、智力、体力的等成本，而这种践行是可以从中获得相应的收益，如物质的、精神的、情感的、权力的、荣誉的。反过来，违背社会公义、公德、正义则要付出相应代价，要使这类行为主体为自己的行为付出代价。当然，道德声誉本身很难用经济收益加以衡量，违背道德也同样难以用经济利益进行惩戒。一个人之所以作出违背社会公德的事，主要出于两种情况：一是巨大的利益引诱，如果缺乏制度、法律和社会正义的制裁，这容易成为社会普遍现象；二是社会正当性缺乏惩戒机制或错位、弱化、倒置，在一个严重扭曲的社会,人们的道德意识弱化,不知羞耻,正是因为社会惩戒机制的缺乏。而这正是我们这里所说的"德行成本"过低,无以形成惩戒,并昭示全社会,反而会引导社会走向反面。就我们所论述的廉耻问题也是如此,一个保持君子品格的人按照仁义精神或社会正义行事,必然付出巨大的代价,特别是相对于那些没有社会公德,不讲社会正义,毫无廉耻心,却不仅没有得到惩戒,反而获得了巨大利益的行径,德行成本非常高,自然引诱人们走向道德的反面,趋于利益争夺,最突出的现象就是社会廉耻心的丧失,各种无耻行径成为普遍社会行为。举例来说,见义勇为者付出了沉重的代价,甚至是一生的幸福和正常的生活,但面对社会的误解和生活代价,使很多人不敢选择这种行为。因此,逃避就是正当的,甚至当违背良心地去做悖礼犯义之事,还可以获得一些利益,人们自然就不会选择见义勇为。如果社会上总是一些"老实人"吃亏,理智就会促使人们适应这种生活环境,并形成道德心理机制,影响到社会成员的道德心理。也就是说只有社会形成一个社会利益分配机制,当社会成员作出符合社会道德的正当的、合法和善的行为时,就理应得到相应的利益,反之,则会付出沉重的代价。只有当一个人的善行或知耻求荣的行为得到社会的肯定,如物质利益、舆论褒奖、职务升迁,才会激励社会知耻求荣。

（三）利用舆论宣传,普及宣传八荣八耻,进行价值引导和精神塑造。当代中国文化有两个比较显著的变化,一是较为开放的新闻环境,二是享乐文化流行,三是大众文化的盛行。前者标志着党的新闻事业不再以陈旧的宣传方式控制传播,而采用较为合理的态度允许新闻报刊揭露社会弊端。但在这种社会批判和揭露过程中,读者却能够读出种种其他含义,如某官某人利用手中的权力谋取私利,某个利益集团通过垄断获得巨大权益,官员盛行养二奶,生活腐化,毫无羞耻之心。对大多数人来说,一方面对这些行为表示不齿,另一方面又会羡慕这种生活方式,会自然生出模拟之心。当然,不是说开放的新闻态度有问题,而是说社会大众以反面的例证了解了权益阶层的腐化生活,实际上造成了不知耻行为的扩张,给大众造成了对种种不耻行为的接受心理。其次,享乐文化在当代中国的流行程度是历史任何一个时期所无法比拟的,剔除个人追求幸福生活的合理因素,我们发觉中国社会对享乐的追求已达到很高程度,并且,享乐在某种意义上已经等同于幸福、自我,并成为人生终极目标。不论是各种新闻媒体上,还是街头广告,报亭刊物上,以及林立的大厦、购物场所和娱乐场所闪亮的霓虹灯都向人们呈示着享乐的快乐和身份等级满足的优越感。北京地铁里有一个非常有意思的广告:"抢是硬道理",这句话是从邓小平"发展是硬道理"转化过来的,敢于作这样直接的比附是社会文化和政治环境宽容的结果，也代表着某种程度的社会进步。但从道德角度看，但在这里这句话暗含着这样一个前提，即"抢"作为一种泛化的行为是正当的，不论是什么"抢"。这自然对普泛的社会意识和行为构成指导和濡化。这表明，社会文化或古人所谓的世风、民风已经潜在地接受这种行为。而一旦为满足享乐的目标，人们便自然地不择手段，种种无耻行径层出不穷，且为一般民众接受、认可，不仅传统文化中的廉耻感丧失，而且不知耻的行径呈增多之势。再次，大众文化地位的上升本来是社会进步的反映，但低俗文化却控制了大众文化，特别是有关名人、名星、富人的报道无形中使社会羞耻感逐渐丧失。人们只看到了财富、名声、奢侈、混乱男女关系中所包含的享乐因素，而忽视了其中种种无耻行为。对传统伦理和新伦理建设形成了巨大冲击。

因此，要使整个社会形成避耻求荣的风尚，就必须充分利传播媒介向社会进行以党的"八荣八耻"为核心的引导和教育活动。但从目前推进的效果看，不尽理想。何以会出现这样的局面呢？我们认为这是宣传方式的问题，长期以来，我们过多地采用推介先进人物的方式进行宣传，但这个模式本身存在的一系列问题使效果受到影响。羞耻问题既是一个人之为人基本问题，又是一个在生活中无处不在的问题，需要人们从每一件事做起，逐渐养成羞耻之心，不是短暂的感动所能替代的。我们需要在大量的宣传中逐渐养成知耻之心，以严格的伦理道德要求新闻报道和宣传。

（四）人的各种行为总是受他所生活的那个社会的生活方式、交往方式的影响，个人的修养虽然起一定的作用，但影响最大的还是社会生活方式。而社会生活方式主要受到制度的支配和制约，因为制度对社会经济生活、政治关系、文化传统、价值观念具有决定性的作用。这里可以先看一段王夫之的话：

> 小说邪道，惑世诬民，而持是非以与之辩，未有能息者也，而反使多游词，以益天下之惑。是与非奚准乎？理也，事也，情也。理则有似是之理，事则有偶然之事，情则末俗庸人之情。易以歆动沉溺不能自拔者也。以理折之，彼且援天以相抗，天无言，不能自辩其不然。以事征之，事有适与相合者，而彼挟之以为不爽之验。以情夺之，彼之言情者，在富贵利达偷生避死之中，为庸人固有之情，而恻隐羞恶之情不足以相胜。①

---

① 王夫之：《读通鉴论》卷二十，中华书局 1985 年版，第 706 页。

姑且不论王夫之对小说的看法有多少合理性,单就其所论理、事、情三者关系而言,可以看出王夫之对社会心理的形成有着深刻的认识。社会心理的形成是一个复杂的问题,模仿和改造是其形成机制的一个重要方面。某些个人和由这些个别人构成的现象会成为社会普泛模仿对象,由于个人或个别事件具有高度示范性,在模仿机制的作用下就形成了普遍的社会风尚。这些高居于社会文化或宣传文化、大众文化之上个体和事件成为模仿目标,而这些人或事又对传统和正常社会伦理构成反作用,就会直接导致社会伦理失范。另外,观念改造也是某种社会共识形成的一种方式。正面的、具有高度概括性的理被自觉或不自觉地改造成"似是之理"、"偶然之事"被改造成必然之事、末俗庸人之情被改造成普遍化的情,大众的接受便是顺理成章的了,于是"在富贵利达偷生避死之中,为庸人固有之情,而恻隐羞恶之情不足以相胜"。

由此,我们看到,当一个社会没有形成一个统一的、正确的价值观,各种观念便混杂出现,众声喧哗。这对封闭、专制社会的改造而言是种正常和进步现象,但我们不能一概认同,不加区分。基本价值观念和伦理守则是不能任由个体和群体随意修改的,否则便陷于混乱之中。羞耻或廉耻观念与行为也是如此,羞耻作为社会伦理的基本底线当然不是一成不变的,某些羞耻现象在一个社会是严格禁绝的,在另一个社会或文化中又可以有适当的生存空间,这是很正常的。但不能由此将羞耻观念抛弃,否则将导致社会生活的混乱。

晚清的麦孟华提出了一个新观念,认为中国的变革必须从官制改革开始,《论中国变法必自官制始》:

> 霸天下者,创于权臣藩镇之祸,虑其专擅而跋扈也,则毓之副佐,以杀其势。虑其盘踞而肆蹇也,则促之更调,以窘其力。虑其挟重柄席贵势以觑搏我也,则号令之,监察之,以剪其威。虑其侈纵不度,且官多而奉难给也,则薄糈贱禄,以节其用。权势绌,才力绌,财用绌,是驱其臣于为恶之路也。然其才智强权术巧不次之擢耳其前,不测之威蹑其后,束缚而驰驱之,不敢不罘罘循职也。①

姑且不论其立论是否合理,在大变革和新旧思想交杂的背景下,体系和设计的严密往往不如破其一点更为有力。但如果我们将他所论的"官制"问题引申到政治体制上,就会认识到社会文化的形成的确与政治体制有着密

---

① 郑振铎:《晚清文选》卷下,中国社会科学出版社 2002 年版,第 85 页。

切关系。如果不能形成一套完善的政治体制,则将丧失社会文化整合、发展的权力,任由其发展,不利于社会伦理、规范的形成以及贯注于社会文化之中。

中国古代忠君思想的形成与解读

曾广开

中国古代传统价值观念中的忠君思想,主要是在春秋时期得以成熟发展的。春秋时期,按照孔子的说法,这是一个"礼崩乐坏",王道衰落,社会从有序滑入无序的阶段。《论语·季氏》记载:"孔子曰:天下有道,则礼乐征伐自天子出;天下无道,则礼乐征伐自诸侯出。自诸侯出,盖十世希不失矣;自大夫出,五世希不失矣;陪臣执国命,三世希不失矣。天下有道,则政不在大夫。天下有道,则庶人不议。"动荡不安的社会现实,引起孔子及其同时代的思想家的忧虑。但从社会发展的角度看,春秋时期的动荡,实际上正在孕育新的社会经济结构和政治结构的胚胎,并将长久地决定中国发展的进程。

随着士阶层的兴起,代表士阶层的诸子学说渐渐形成,而诸子学说中,儒家应运而生,尽管孔子以及后学曾子、子思、孟子等没有在现实中获取实施以儒学治国的目标,最终却因儒学符合封建宗法制社会的实际,而成为两千多年来封建社会的统治思想。

一、儒家的忠君思想

儒家的价值观,集中体现在所谓的三纲五常上。[①] 这里面有后儒的发挥和改造,并不完全契合孔子及先秦儒家的思想。因此,解读传统文化中的忠君思想,必须先把握孔子及其先秦儒家后学的思想观点。

忠君观念的缘起,应该是在上古国家草创以后。唐尧虞舜之前,事迹缥缈难寻,姑且存而不论。如《礼记·礼运》篇载孔子追忆唐尧虞舜时的情形

---

① 所谓"三纲五常",即"君为臣纲,父为子纲,夫为妻纲"和"仁义礼智信"。

说:"大道之行也,天下为公。选贤与能,讲信修睦,故人不独亲其亲,不独子其子,使老有所终,壮有所用,幼有所长,矜寡孤独废疾者,皆有所养。男有分,女有归。货恶其弃于地也,不必藏于己;力恶其不出于身也,不必为己。是故谋闭而不兴,盗窃乱贼而不作,故外户而不闭,是谓大同。"而自夏禹之后,"今大道既隐,天下为家,各亲其亲,各子其子,货力为己,大人世及以为礼。城郭沟池以为固,礼义以为纪;以正君臣,以笃父子,以睦兄弟,以和夫妇,以设制度,以立田里,以贤勇知,以功为己。故谋用是作,而兵由此起。禹、汤、文、武、成王、周公,由此其选也。此六君子者,未有不谨于礼者也"。《管子·君臣下》、《商君书·开塞》、《庄子·盗跖》等论及三代以前的蒙昧时期,也有类似的言论。

西周采用封建世袭制,在宗法制影响下,王室卿士和诸侯卿大夫毫无例外地由宗臣承担,大夫之家臣也是选用同宗士人。对大夫和群士来说,在家尽孝,在国尽忠,两者是一致的,君臣关系与父子关系之间没有根本利益方面的矛盾冲突,作为宗法制基石的"孝弟"观念,成为核定君臣大义的准绳,臣子以侍父之心来侍君,以维系整个等级社会的秩序稳定。如孔子的得意门生有子说:"其为人也孝弟,而好犯上者,鲜矣;不好犯上,而好作乱者,未之有也。君子务本,本立而道生。孝弟也者,其为仁之本与!"(《论语·述而》)揭示了"孝悌"观对忠君观念的意义。

春秋时期,随着周室的衰微,诸侯兼并日趋激烈,原有的社会秩序被打破了,国家权柄不断下移,天子和各诸侯封君与所属臣子的关系发生重大的变化,尽管君主的权威仍然在强调,但君臣关系再也不能像父子之间那样强调绝对服从,忠君观念开始从孝悌观念中分离出来,成为当时社会价值观念中的核心观念之一。

据统计,"忠"字在《左传》中凡 70 见,在《国语》中 51 见,《左传》和《国语》等先秦文献中有许多涉及君臣职责和有关君臣关系的论述。这些论述,对儒家的忠君观念有着直接的影响。

首先,君臣关系的重要性得到充分的肯定,"忠"被视为春秋时期道德规范之一,君臣关系的和谐成为礼制的重要组成部分,

据《左传》记载,隐公三年:卫石碏提出"六逆"、"六顺"之说:"且夫贱妨贵,少陵长,远间亲,新间旧,小加大,淫破义,所谓六逆也。君义,臣行,父慈,子孝,兄爱,弟敬。所谓六顺也。"对于宗法等级制度的基本准则,做了准确的说明。文公元年,"忠、信、卑让之道也。忠,德之正也;信,德之固也;卑让,德之基也"。文公十八年,鲁国季文子说:"孝敬、忠信为吉德,盗贼、藏奸为凶德。"宣公十二年,晋士会论及楚庄王任用孙叔敖为相,重用宗臣勋旧,

"蒍敖为宰,择楚国之令典";"其君之举也,内姓选于亲,外姓选于旧。举不失德,赏不失劳。老有加惠,旅有施舍。君子小人,物有服章。贵有常尊,贱有等威,礼不逆矣"。昭公二十六年,齐晏婴将"君令臣共"视为礼制的重要内容。晏婴说:"礼之可以为国也久矣,与天地并。君令臣共,父慈子孝,兄爱弟敬,夫和妻柔,姑慈妇听,礼也。君令而不违,臣共而不贰;父慈而教,子孝而箴;兄爱而友,弟敬而顺;夫和而义,妻柔而正;姑慈而从,妇听而婉:礼之善物也。"

《国语·周语上》中内史过亦云:"且礼所以观忠、信、仁、义也,忠所以分也,仁所以行也,信所以守也,义所以节也。忠分则均,仁行则报,信守则固,义节则度。分均无怨,行报无匮,守固不偷,节度不携。若民不怨而财不匮,令不偷而动不携,其何事不济!"

晏婴等的论述显然是儒家基本思想的来源。

其次,论述了君的职责。春秋时期,周室尽管在名义上是天下共主,"溥天之下,莫非王土;率土之滨,莫非王臣",[1]但实际上已经失去对天下局势的控制。各国诸侯及大大小小的封君,如何在激烈动荡的局势下保存国家、兼并扩张,"忠"的价值观念对君主也提出了一定的要求。

《左传》桓公六年,季梁谏随侯曰:"所谓道,忠於民而信於神也,上思利民,忠也。祝史正辞,信也。""夫民,神之主也。是以圣王先成民,而後致力於神。""随侯惧而脩政,楚不敢伐。"春秋时期许多有远见的政治家看到了民众的力量,如何保有民众,被视为君主的职责,国君尽职尽责为民众谋利益,才符合"忠"的道德规范。又如庄公十年,当曹刿询问鲁庄公凭借什么来抵抗强齐的入侵时,明确地指出鲁庄公所说的"衣食所安,弗敢专也,必以分人"是"小惠","牺牲玉帛。弗敢加也。必以信"是"小信",民众不会支持,神明也不会保佑。只有国君做好分内的事,"小大之狱,虽不能察,必以情",曹刿才许可:"忠之属也,可以一战"。

另外,就君臣关系而言,在强调臣下尽忠的同时,对君主也进行了相应的道德规范。如《左传》襄公九年楚国子囊称赞:"晋君类能而使之,举不失选,官不易方。其卿让于善,其大夫不失守,其士竞于教,其庶人力于农穑,商工皂隶,不知迁业……君明臣忠,上让下竞,当是时也,晋不可敌。"襄公二十二年晏平仲对陈文子说:"君人执信,臣人执共。忠信笃敬,上下同之,天之道也。"《国语·周语中》刘康公曰:"为臣必臣,为君必君,宽肃宣惠,君也;

---

① 《诗经·小雅·北山》,中华书局影印《十三经注疏》1980年版,第463页。

敬恪恭俭,臣也。"加上前面所提到的"君义"、"君令",可见忠君观念并不单纯是对臣下的规范,对君主也又相应的要求。

第三,忠君观念是对臣下的道德规范,臣下的忠君,既有对国家的忠诚,为国家不惜牺牲个人利益甚至生命的积极因素,也有对君主的忠贞乃至于愚忠的因素,但由于当时是周室衰微,诸侯纷争,"故仕於公曰臣,仕於家曰仆……是谓君与臣同国。故天子有田以处其子孙。诸侯有国以处其子孙。大夫有采以处其子孙。是谓制度"①。所以,春秋时期的臣,原来只指在周室、诸侯乃至附庸之国食君俸禄的卿大夫和群士,随着权柄的下移,"陪臣执国命",仕于大夫之家的家仆也被称作臣,甚至与君主没有血缘、没有世禄的异国异姓之臣,也就是所谓陪臣,开始进入权利中心,与君主"同国",成为国家利益的享有者和守卫者。由此看来,对于未曾出仕的士人和庶民来说,并不受忠君观念的规范。了解了这一点,我们就能够理解春秋时期经常出现的这样一种情形,当昏君乱臣导致国家破灭时,异姓之臣和一般庶民并没有义务为之牺牲,如《左传》僖公四年,宫之奇进谏虞公不从,"以其族行",逃离即将灭亡的虞国。"危邦不入,乱邦不居。天下有道则见,无道则隐",②乃是贤明士大夫面对现实的最佳抉择。

春秋时期,民本思想日趋成熟,忠君观念重点强调的是保卫社稷国家,利物济民,然后才是对君主个人的忠贞。那些能够直言进谏、不惜牺牲的士大夫,尤为受到肯定。从《左传》等文献的记载中,我们可以清楚地看到这种观念的演进与影响。

《左传》僖公九年,晋献公卒。骊姬之子奚齐即位。由于晋献公曾使荀息傅奚齐,荀息对献公表态说:"臣竭其股肱之力,加之以忠贞。其济,君之灵也;不济,则以死继之。""公家之利,知无不为,忠也。送往事居,耦俱无猜,贞也。"当里克等借申生、重耳、夷吾之徒反叛之机杀掉奚齐,荀息明知这样才能使晋国安定下来,却因不肯食言而为之殉死。宣公十二年,晋楚邲之战中,晋军失败,统帅荀林父欲自杀谢罪,士贞子劝晋君赦免并重用荀林父:"林父之事君也,进思尽忠,退思补过,社稷之卫也,若之何杀之? 夫其败也,如日月之食焉,何损于明?"晋君听从了劝告,仍然用荀林父做中军帅,掌管军政。成公三年,"晋人归楚公子谷臣与连尹襄老之尸于楚,以求知罃。于是荀首佐中军矣,故楚人许之。"楚王自以为有恩于知罃,用知罃用什么报答自己,知罃却说自己身为大夫,理当率偏师"以修封疆。虽遇执事,其弗敢

---

① 《礼记·礼运》,中华书局影印《十三经注疏》1980 年版,第 1418 页。
② 《论语·泰伯》,中华书局影印《十三经注疏》1980 年版,第 2487 页。

违,其竭力致死,无有二心,以尽臣礼",以国家社稷为重,决不会对楚王有任何偏私。成公四年,"宋文公卒,始厚葬,用蜃炭,益车马,始用殉,重器备。椁有四阿,棺有翰、桧。君子谓华元、乐举于是乎不臣。臣,治烦去惑者也,是以伏死而争。今二子者,君生则纵其惑,死又益其侈,是弃君于恶也,何臣之为"?没有尽到臣子的责任,文公在世时华元、乐举没有进谏使其放弃"厚葬"、"用殉"的错误,华元、乐举逾制安葬文公使之奢侈的错误更加彰显,所以"君子"责备华元、乐举没有尽到臣子的职责。襄公五年,季文子卒。"宰庀家器为葬备,无衣帛之妾,无食粟之马,无藏金玉,无重器备,君子是以知季文子之忠于公室也:相三君矣,而无私积,可不谓忠乎?"季文子的廉洁奉公得到君子的肯定。襄公十一年,楚国子囊临终前为楚国局势担忧,告诫"必城郢"做好防范吴国入侵的准备。"君子谓子囊忠。君薨,不忘增其名;将死,不忘卫社稷,可不谓忠乎?"昭公元年,诸侯会盟期间,鲁国季武子伐莒,"莒人告於会。"楚国支持莒人,请主盟的赵武杀掉鲁国使臣叔孙豹,赵武的亲信乐鲋向叔孙豹索贿并为之求情。"叔孙曰:诸侯之会,卫社稷也。我以货免,鲁必受师,是祸之也。"于是拒绝行贿,甘愿牺牲。赵武闻听此事,感叹说:"临患不忘国,忠也。"又《国语·晋语六》,智武子称赞赵盾说:"夫宣子尽谏于襄、灵,以谏取恶,不惮死进,可不谓忠乎!"

当然,《左传》、《国语》等书中也记载了一些今天看来属于愚忠人物的事迹并予以肯定,究其原因,则是大夫和士人一旦出仕,与大大小小的封君确立君臣关系,无论其君的品行如何,为其竭尽所有乃至牺牲,这是那个时期道德观念所肯定的,也是忠君观念的体现。如《国语·晋语一》记载,"武公伐翼,杀哀侯,止栾共子曰:'苟无死,吾以子见天子,令子为上卿,制晋国之政'"。栾共子是公族大夫,有声望才能,武公夺取晋国,希望得到栾共子的协助,但其受忠君"事之如一"观念的影响,不原"从君而贰","遂斗而死"。

又如《左传》文公十六年记载,宋"昭公无道"。司城公子荡去世后,其子公孙寿鉴于宋襄公夫人与公子鲍欲控制国政,必然除掉昭公,不肯继承司城的职务,而让儿子荡意诸任司城。公孙寿说:"君无道,吾官近,惧及焉。弃官,则族无所庇。子,身之贰也,姑纾死焉。虽亡子,犹不亡族。"公孙寿认为自己一旦出仕,必须与昭公同生死,自己的子侄也会因此在宋国无法存身。如果辞去官职,因当时为世卿世禄制,自己的家族将失去爵禄,也无法存身。因而只得牺牲儿子。后来宋襄公夫人派劝荡意诸离开昭公,荡意诸说:"臣之而逃其难,若后君何?"认为自己如果遇到危险就避开,就不是忠臣,不配做后来君主的臣子。后宋襄公夫人等杀掉昭公,荡意诸为之殉死。文公即位后，"使荡虺为司马"，公孙寿虽然失去了一个儿子，却保全了君臣大义和家族利益。

第四，忠孝难以两全时的抉择。统治阶层内部充满了矛盾斗争，臣子的家族特别是父亲与君主处于利害冲突甚至你死我活的状态时常发生，臣子孰去孰从？从理论上讲，统治者把孝道作为立国的根本，似乎是应行孝在先。但在实际生活中，君主不论是从主观情感上还是从现实利益出发，都会要求臣子把忠君放在第一位。臣子一旦陷入如此两难的困境，那些具有严重道德缺失的小人自然会依照利害得失来取舍，这里置之勿论。那些恪守孝道和君臣大义的君子，该怎么办？

《左传》襄公二十二年，楚康王对令尹子南的擅权极为不满，"子南之子弃疾为王御士，王每见之，必泣。弃疾曰：'君三泣臣矣，敢问谁之罪也？'王曰：'令尹之不能，尔所知也。国将讨焉，尔其居乎？'对曰：'父戮子居，君焉用之？泄命重刑，臣亦不为'"。楚王杀掉子南后，子南的家臣劝弃疾出逃他国，弃疾说："吾与杀吾父，行将焉入？"也有人劝弃疾留下来，弃疾说："弃父事雠，吾弗忍也。"弃疾认为自己是楚王的亲信，没有把楚王要杀父亲的消息透露给父亲，实际上是参与了杀害父亲，已经违背了孝道。但如继续留下来辅佐楚王，不仅违背了"父母之仇，不共戴天"的血亲复仇的社会道德规范，自己的感情也难以接受。面对忠孝矛盾的死结，他最后选择了"遂缢而死"，以不了了之。

《左传》襄公二十一年，晋栾盈因得罪执政范宣子而出奔楚国，杀掉许多栾盈亲信。又据《国语·晋语八》记载，当时范宣子下令，"使栾氏之臣勿从，从栾氏者为大戮施。栾氏之臣辛俞行，吏执之，献诸公"。晋悼公审问辛俞行为何故意违背命令，辛俞行借口范宣子命令说"无从栾氏而从君"，辩解道："臣闻之曰：'三世事家，君之，再世以下，主之。'事君以死，事主以勤，君之明令也，自臣之祖，以无大援于晋国，世隶于栾氏，于今三世矣，臣故不敢不君。今执政曰'不从君者为大戮'，臣敢忘其死而叛其君，以烦司寇。"辛俞行称自己乃栾氏世臣，因而与栾盈早已确定君臣名分，自己唯一的选择就是忠于栾氏。晋悼公很欣赏辛俞行的忠诚，给他许多赏赐希望他留下来，辛俞行推辞说："臣尝陈辞矣，心以守志，辞以行之，所以事君也。若受君赐，是堕其前言。君问而陈辞，未退而逆之，何以事君？"晋悼公为勉励臣下的忠君，遣送辛俞行离开晋国去追随栾盈。

最为典型的事例见《左传》定公四年、定公五年和《国语·楚语下》的记载。① 伍子胥因其父兄被楚平王杀害,逃往吴国借兵报仇(这也是忠孝激烈冲突的例子,伍子胥选择了遵从血亲复仇的要求,并未受到人们的批评),吴兵攻至郢都,楚昭王逃到郧地。《国语》云:"郧公之弟怀将弑王,郧公辛止之。怀曰:'平王杀吾父,在国则君,在外则雠也。见雠弗杀,非人也。'郧公曰:'夫事君者,不我外内行,不为丰约举,苟君之,尊卑一也。且夫自敌以下则有雠,非是不雠。下虐上为弑,上虐下为讨,而况君乎! 君而讨臣,何雠之为? 若皆雠君,则何上下之有乎? 吾先人以善事君,成名十诸侯,自斗伯比以来,未之失也。今尔以是殃之,不可。'怀弗听,曰:'吾思父,不能顾矣。'郧公以王奔随。"后申包胥借秦兵复国,昭王赏赐跟随自己逃难的群臣,给予斗辛、斗怀同等的赏赐,群臣不解昭王为什么赏赐图谋杀害自己的斗怀,昭王说二人"或礼于君,或礼于父",一尽忠,一尽孝,都是应当肯定的。

研究孔子的思想,《论语》的记述是最可靠的第一手资料,《论语》中有18次提到"忠",但涉及忠君观念的远不止这18处。根据这些记述,我们大致可以了解孔子忠君思想的内涵。

首先,孔子把忠君视为道德价值判断中最为核心的观念之一,成为"君子"修德的主要内容。《论语·学而》记载:

> 子曰:"君子不重则不威,学则不固。主忠信;无友不如己者;过则勿惮改。"

《论语·述而》云:

> 子以四教:文、行、忠、信。

《论语·子罕》云:

> 子曰:"主忠信,毋友不如己者,过则勿惮改。"

《论语·颜渊》云:

> 子张问崇德、辨惑。子曰:"主忠信,徙义,崇德也。爱之欲其生,恶

---

① 《左传》定公四年:五战,及郢。己卯,楚子取其妹季芈畀我以出,涉睢……楚子涉睢,济江,入于云中。王寝,盗攻之,以戈击王,王孙由于以背受之,中肩。王奔郧。钟建负季芈以从。由于徐苏而从。郧公辛之弟怀将弑王,曰:"平王杀吾父,我杀其子,不亦可乎?"辛曰:"君讨臣,谁敢雠之? 君命,天也。若死天命,将谁雠?《诗》曰:'柔亦不茹,刚亦不吐。不侮矜寡,不畏强御',唯仁者能之。违强陵弱,非勇也;乘人之约,非仁也;灭宗废祀,非孝也;动无令名,非知也。必犯是,余将杀女。"斗辛与其弟巢以王奔随。《左传》定公五年:楚子入于郢……王赏斗辛、王孙由于、王孙圉、钟建、斗巢、申包胥、王孙贾、宋木、斗怀。子西曰:"请舍怀也。"王曰:"大德灭小怨,道也。"

之欲其死。既欲其生,又欲其死,是惑也。"

子张问政。子曰:"居之无倦,行之以忠。"

《论语·卫灵公》云:

子曰:"言忠信,行笃敬,虽蛮貊之邦行矣;言不忠信,行不笃敬,虽州里行乎哉?"

面对天下失道的现实,孔子尽管反复强调过"笃信好学,守死善道。危邦不入,乱邦不居。天下有道则见,无道则隐。邦有道,贫且贱焉,耻也。邦无道,富且贵焉,耻也。"(《论语·泰伯》)但孔子仍然以悲天悯人的大菩萨心肠来积极入世,孔子云:"天下有道,丘不与易也。"(《微子》)孔子奔走列国,席不暇暖;孔子教育弟子培养德行也是为了具备出仕的才干。"夫子之道,忠恕而已矣。"(《论语·里仁》)忠,体现了仁的积极因素,"夫仁者,己欲立而立人,己欲达而达人"。而仕君尽忠,"博施于民而能济众"(《论语·雍也》),更是孔子极力主张的。忠的道德规范,孔门子弟心领身受,如子路批评避世的隐者说:"不仕无义。长幼之节,不可废也;君臣之义,如之何其废之?欲洁其身,而乱大伦。君子之仕也,行其义也。道之不行,已知之矣。"(《论语·微子》)孔门之中,"德行"如颜渊、闵子骞辈,不愿仕于昏君庸主,其余诸人,多是仕进中人,其反复向孔子询问如何从政,孔子要求弟子"居之无倦,行之以忠",尽心尽责地做好臣子分内之事。今之学者,多以为《论语》18处论及"忠"之言语,并非指"忠君",实不其然。如《论语·学而》中曾子曰:"吾日三省吾身:为人谋而不忠乎?与朋友交而不信乎?传不习乎?"《论语·子路》中"樊迟问仁。子曰:'居处恭,执事敬,与人忠;虽之夷狄,不可弃也'"。似乎是泛言与他人交往,如果联系前后语境,可以体味出多为侍君之事。

其次,孔子强调"君君臣臣",要求君主要像君的样子,臣子要像臣的样子,各尽其责,"君使臣以礼,臣事君以忠"(《论语·八佾》),臣对君并不是绝对的服从关系,君臣之间如同朋友一样的对待性关系。孔子尤其反对不问是非、不顾社稷安危的愚忠行为。

根据《论语》的记述,可以得知,孔子尽管是有些迂阔的守道者,自己热心救世,但孔子十分清醒地意识到现实的险恶,他称赞"邦有道,则仕;邦无道,则可卷而怀之"的蘧伯玉(《论语·卫灵公》),称赞颜渊"用之则行,舍之则藏"(《论语·述而》)。他告诫弟子:"事君,敬其事而后其食。"(《论语·卫灵公》)"君子谋道不谋食……君子忧道不忧贫。""以道事君,不可则止",即使已经受到卿大夫的器重成为其臣属,"弑父与君,亦不从也"。(《论语·先进》)因此,孔子对于不能实行自己政治主张的君主,并不愿为稻粱之谋而

委身出仕。"齐人归女乐,季桓子受之,三日不朝。孔子行。""齐景公待孔
子,曰:'若季氏则吾不能,以季、孟之间待之。曰:'吾老矣,不能用也。'孔子
行。"(《论语·微子》)"卫灵公问陈于孔子。孔子对曰:'俎豆之事,则尝闻
之矣;军旅之事,未之学也。'明日遂行。"(《论语·卫灵公》)孔子对不能谏
阻季氏讨伐颛臾的冉求、子路表示不满,尤其厌恶冉求为季氏聚敛。总之,
孔子认为臣下应该以直道事君,"勿欺也,而犯之"(《论语·宪问》),但这是
有限度的,因为"事君数,斯辱矣"(《论语·八佾》),绝不能冒死犯谏,而是
像对待朋友那样:"忠告而善道之,不可则止,无自辱焉。"(《论语·颜渊》)

　　孔子曾批评管仲不够清廉,违背礼制,①或许由此引发子路、子贡对管仲
的责难。子路说:"桓公杀公子纠,召忽死之,管仲不死。曰:未仁乎"?子贡
亦云:"管仲非仁者与?桓公杀公子纠,不能死,又相之。"孔子从社稷安危着
眼,视召忽为公子纠殉死为愚忠,称赞管仲:"桓公九合诸侯,不以兵车,管仲
之力也。如其仁!如其仁!""管仲相桓公,霸诸侯,一匡天下,民到于今受其
赐。微管仲,吾其被发左衽矣!岂若匹夫匹妇之为谅也,自经于沟渎而莫之
知也。"(《论语·宪问》)孔子对管仲忠勤国事、济世救民的大节给予极高的
评价。又据《孔子家语·致思篇》,子路说:"昔管仲说襄公,公不受,是不辩
也;欲立公子纠而不能,是不智也;家残于齐,而无忧色,是不慈也;桎梏而居
槛车,无惭心,是无丑也;事所射之君,是不贞也;召忽死之,管仲不死,是不
忠也。"孔子答曰:"管仲说襄公,襄公不受,公之闇也;欲立子纠而不能,不遇
时也;家残于齐而无忧色,是知权命也;桎梏而无惭心,自裁审也;事所射之
君,通于变也;不死子纠,量轻重也。夫子纠未成君,管仲未成臣,管仲才度
义,管仲不死束缚,而立功名,未可非也。召忽虽死,过与取仁,未足多也。"
孔子强调公子纠未能即位,管仲因而不受君臣之义的约束,特别是管仲衡量
为公子纠个人殉死和安民安邦孰重孰轻,管仲为国家社稷考虑,得到孔子充
分肯定。

　　尤其值得注意的是《左传》宣公九年的记载:"陈灵公与孔宁、仪行父通
于夏姬,皆衷其衵服,以戏于朝。泄冶谏曰:'公卿宣淫,民无效焉,且闻不
令。君其纳之!'"陈灵公不仅拒绝纳谏,竟然杀之以逞其暴。对于这样一个
敢于冒死进谏的忠臣,孔子却批评说:"《诗》云:'民之多辟,无自立辟。'其
泄冶之谓乎!"《孔子家语》卷五《子路初见篇》也记载了此事。子贡认为泄

---

　　① 《论语·八佾》:"子曰:'管仲之器小哉!'或曰:'管仲俭乎?'曰:'管氏有三归,
官事不摄,焉得俭?''然则管仲知礼乎?'曰:'邦君树塞门,管氏亦树塞门;邦君为两君之
好,有反坫,管氏亦有反坫。管氏而知礼,孰不知礼?'"

冶的直言进谏与比干向殷纣王直谏被杀相同,"可谓仁乎"?孔子明确地回答:"比干于纣,亲则诸父,官则少师,忠报之心在于宗庙而已,固必以死争之,冀身死之后,纣将悔寤其本志,情在于仁者也;泄治之于灵公,位在大夫,无骨肉之亲,怀宠不去,仕于乱朝,以区区之一身,欲正一国之淫昏,死而无益,可谓狷矣。"可见,孔子认为泄治不是宗臣,位仅大夫,仕于乱朝,其地位才能决定不能改变国君和大臣荒淫的局面,徒死无益,而他既不知君,又不自知,可说是自寻狷狂邪僻。

由此可见,处于春秋后期的孔子,其忠君思想仍然契合那个时代的价值观念。面对着日益激烈争夺兼并和逾来逾多的权臣篡位窃国,君主为了巩固自己的统治,不断强调君主的权威,鼓吹忠君甚至愚忠;孔子建立的儒家学派,应该说代表了士阶层的政治诉求和道德审判,孔子在接受忠君观念的同时,为了自己的政治理想和现实利益,强调个人意志有权利支配自己对"避地"、"避人"的选择,有权利不与昏君庸主为伍,尤其是孔子因视国家社稷利益高于君主个人利益,从而轻视甚至否定由"从一而终"的君臣隶属关系产生的愚忠,这显然是具有较多的"民主"意味。

孔子去世后,诸侯兼并的局势更加混乱。晋国自文公后,一直是诸侯盟主。但此时晋国政权掌握在六卿手中,六卿间的争斗、兼并犹如列国,虽名为盟主,实无暇外顾。秦国被相邻的强国晋、楚堵住了争霸中原的道路,又不甘心奉晋楚为盟主,只得暂居西陲,等待时机。自楚庄王以后,楚国益强,晋国扶助吴国,以牵制楚国,楚屡败于吴,尚无能力号令中原。齐自桓公称霸后,最有实力与晋争霸,但由于公室日衰,田氏执政,谋夺君位,如晋之六卿,放缓了对外扩张的步伐。吴越相继崛起,虽以兵强逞于一时,终因国小力弱随即灭亡。如此混乱的局面,墨家高唱"兼爱"、"非攻"的口号,并以严密的组织来对抗日益强化的君主强权,赢得在夹缝中生存的中小封君的支持和政治地位低下、深受专制强权欺压的民众的热爱。庄周、杨朱一流人物,鉴于尘世的溷浊,富贵的无常,个人面对强权暴力的无奈,"避世"养生成为其人生追求。随着各诸侯国相继完成权力的交接和制度的变革,武力和诈谋成为各国君主凭借的法宝,儒家所宣扬的仁义道德越来越显得空洞无用,法家鼓吹的专制主义受到君主的青睐。在这样的背景下,儒家后学,主要是思孟学派继承孔子的思想,其忠君观念在保留孔子核心价值判断的同时,也随着时代发展有所损益。

首先，儒家后学根据古代的文献以及春秋时期的制度，整理出《周礼》等书，①对周朝封建制度进行总结，一方面借古讽今，批评私欲膨胀的君主僭越和聚敛，同时也是对臣下所要侍奉的君主进行制约；另一方面继续强调忠君观念是儒家道德规范中至为重要的内容，也是儒家教化百姓的重要内容。

《孟子·离娄上》根据孔子"君君臣臣"的思想，再次强调：

> 孟子曰："规矩，方员之至也。圣人，人伦之至也。欲为君，尽君道；欲为臣，尽臣道，二者皆法尧舜而已矣。不以舜之所以事尧事君，不敬其君者也；不以尧之所以治民治民，贼其民者也。"

孟子尖锐地指出，周公所制礼乐制度，对大大小小的封君的俸禄做了规定，这种制度，限制了诸侯的私欲，因而"诸侯恶其害己也，而皆去其籍"（《孟子·万章下》），才导致其散佚失传。孟子追述说：

> 大国地方百里，君十卿禄，卿禄四大夫，大夫倍上士，上士倍中士，中士倍下士，下士与庶人在官者同禄，禄足以代其耕也。次国地方七十里，君十卿禄，卿禄三大夫，大夫倍上士，上士倍中士，中士倍下士，下士与庶人在官者同禄，禄足以代其耕也。小国地方五十里，君十卿禄，卿禄二大夫，大夫倍上士，上士倍中士，中士倍下士，下士与庶人在官者同禄，禄足以代其耕也。耕者之所获，一夫百亩。百亩之粪，上农夫食九人，上次食八人，中食七人，中次食六人，下食五人。庶人在官者，其禄以是为差。　　　　　　　　　　　　　　　　　（《孟子·万章下》）

《礼记·王制》论及封君和群臣的俸禄云：

> 诸侯之下士视上农夫，禄足以代其耕也。中上倍下士，上士倍中士，下大夫倍上士；卿，四大夫禄；君，十卿禄。次国之卿，三大夫禄；君，十卿禄。小国之卿，倍大夫禄，君十卿禄。

战国时期，诸侯相继称王，无不视四境之内为自己的私有财产，横征暴敛，而各级官吏，也是为虎作伥，伺机贪墨，残害百姓。诚如孟子所说："凶年饥岁，君之民老弱转乎沟壑，壮者散而之四方者几千人矣；而君之仓廪实、府库充，有司莫以告，是上慢而残下也。"此时，遇到敌国入侵，"而民莫之死也"，"疾视其长上之死而不救"。孟子认为百姓不为国君尽忠牺牲是可以理解的，因为君没有尽到君的责任，如"君行仁政，斯民亲其上、死其长矣"（《孟子·梁惠王下》）。所以，孟子一再告诫诸侯要减轻赋税，以"土地、人民、政事"为宝，不要以"珠玉"为宝（《孟子·尽心下》）。孟子对梁惠王说："王如

---

① 关于《周礼》成书于何时，争议颇多，此处不做辨析。简而言之，孔子以《礼》教授弟子，故三礼之书出自后儒无疑，其时代似应在秦火以前。

施仁政於民,省刑罚,薄税敛,深耕易耨。壮者以暇日修其孝悌忠信,入以事其父兄,出以事其长上,可使制梃以挞秦楚之坚甲利兵矣。"(《孟子·梁惠王上》)也就是说,如果想让百姓为统治者效命,必须实行仁政,百姓才会接受"孝悌忠信"的教育,从而甘心情愿为国家牺牲。

孔子以后,儒家后学无不强调士大夫的道德修为,忠君利民是儒家道德规范的核心之一。《周礼》、《礼记》、《孟子》等书言之再三,并主动承担起以忠信教化百姓的责任。

《周礼·地官司徒》云:

> 一曰六德。知。仁。圣。义。忠。和。

《仪礼·士相见礼》亦云:

> 与众言,言忠信慈祥。与居官者言。言忠信。

《礼记·儒行》云:

> 儒有席上之珍以待聘,夙夜强学以待问,怀忠信以待举,力行以待取,其自立有如此者。
>
> 儒有不宝金玉,而忠信以为宝。

《孝经·事君章》引孔子语云:

> 子曰:"君子之事上也,进思尽忠,退思补过。将顺其美,匡救其恶,故上下能相亲也。

《礼记·祭义》引曾子语云:

> 事君不忠。非孝也……战陈无勇。非孝也。

《孔子家语·儒行解》云:

> 儒有忠信以为甲胄,礼义以为干橹;戴仁而行,抱德而处;虽有暴政,不更其所;其自立有如此者。

可见,忠信已经成为儒生的道德准绳,在策士朝秦暮楚为利害而放弃道德原则时,儒家的忠君观念虽然有些迂阔,但仍颇值得敬重,特别是孟子对那些"能为君辟土地,充府库"和"能为君约与国,战必克"的所谓"良臣",直斥为"民贼"(《孟子·告子下》)。孟子心目中的忠臣,应该是"居天下之广居,立天下之正位,行天下之大道;得志与民由之,不得志,独行其道;富贵不能淫,贫贱不能移,威武不能屈——此之谓大丈夫"(《孟子·滕文公下》)。

其次,随着战国时期士阶层地位的提高,孟子根据孔子"君使臣以禮,臣事君以忠"的思想,特别重视儒生的独立人格,对专制君主给予极大的蔑视。齐王召见孟子,孟子认为自己是用仁义教导齐王的"不召之臣",没有得到齐王的充分尊重,于是拒绝觐见。有一次,孟子告诉齐王说:

> 君之视臣如手足,则臣视君如腹心;君之视臣如犬马,则臣视君如

国人;君之视臣如土芥,则臣视君如寇仇。(《孟子·离娄下》)

孟子进一步指出如果"今也为臣,谏则不行,言则不听,膏泽不下于民;有故而去,则君搏执之,又极之于其所往;去之日,遂收其田舍",那么,臣下就会视君为"寇仇",君臣之间再没有任何情义可言。孟子的这些言论,对照宋儒鼓吹的极端专制主义言论,"天下没有不是的君王";"君叫臣死,臣不得不死,臣不死就是不忠",逾见其充满了道德理性的光辉!

孟子还举曾子和子思的事例来说明儒生应该如何侍奉君主:

曾子居武城,有越寇。或曰:"寇至,盍去诸?"曰:"无寓人于我室,毁伤其薪木。"寇退,则曰:"修我墙屋,我将反。"寇退,曾子反。左右曰:"待先生如此其忠且敬也,寇至则先去以为民望,寇退则反,殆于不可。"沈犹行曰:"是非汝所知也。昔沈犹有负刍之祸,从先生者七十人,未有与焉。"子思居于卫,有齐寇。或曰:"寇至,盍去诸?"子思曰:"如汲去,君谁与守?"孟子曰:"曾子、子思同道。曾子师也,父兄也;子思臣也,微也。曾子、子思易地则皆然。"(《孟子·离娄下》)

曾子德高望重,对君主来说,如其师长和父兄,是国家首先要保护的对象,并不是供君主任意驱使的臣下,尽管受到君主的礼敬,但当外敌入侵,曾子完全应该先外出避难,等到局势平稳再返回。子思当时谊属臣子,有义务与国君一起守卫,即使牺牲也毫不顾惜。在《孟子·离娄下》,孟子还指出:"无罪而杀士,则大夫可以去;无罪而戮民,则士可以徙。"当君主对其他人残忍施暴时,明智的臣子就该离开。更为可贵的是,孟子认为如果"四境之内不治",责任首先在高高在上的君王,而且君王应当被废置。① 因此,就臣下而论,"贵戚之卿"应该"君有大过则谏,反复之而不听,则易位"。"异姓之卿"则是"君有过则谏,反复之而不听,则去"(《孟子·万章下》)。正是由于孟子说出了"民为贵,社稷次之,君为轻","诸侯危社稷,则变置"(《孟子·尽心下》)之类让专制君主难堪的话,才使得专制皇帝朱元璋大为光火,把孟子的牌位从孔庙中搬了出来,这恰好说明孟子的忠君思想蕴涵着人文的光辉。

第三,分析了忠臣的不同类型和行为方式,深化了忠君思想的内涵。春秋以来,君主专制日益加深,残暴昏庸的君主往往容不下竭尽心智为国事操劳的忠臣,孔子尽管肯定"比干谏而死"的忠贞,他更赞同"微子去之,箕子为

---

① 《孟子注疏·梁惠王下》:"孟子谓齐宣王曰:'王之臣有托其妻子于其友而之楚游者,比其反也,则冻馁其妻子,则如之何?'王曰:'弃之。'曰:'士师不能治士,则如之何?'王曰:'已之。'曰:'四境之内不治,则如之何?'王顾左右而言他。"

之奴"的做法，一并称"殷有三仁焉"（《论语·微子》）。孔子是主张明哲保身的，《孔子家语·辩政》记述孔子的话说："忠臣之谏君，有五义焉。一曰谲谏，二曰戆谏，三曰降谏，四曰直谏，五曰风谏。唯度主而行之，吾从其风谏乎。"到了战国以后，许多清醒的政治家鉴于忠臣往往因忠信得罪君主，如伍子胥、文种、商鞅、吴起，皆因忠贞而亡身，特别是"故比干忠，不能存殷；子胥知，不能存吴；申生孝，而晋惑乱。是有忠臣孝子，国家灭乱，何也？无明君贤父以听之"①。所以，荀子总结了历史的教训，其《臣道篇》以社稷安危为出发点，提出臣下侍奉君主，有"有态臣者，有篡臣者，有功臣者，有圣臣者"。"故用圣臣者王，用功臣者强，用篡臣者危，用态臣者亡。""齐之管仲，晋之咎犯，楚之孙叔敖，可谓功臣矣。殷之伊尹，周之太公，可谓圣臣矣。"忠臣的楷模是安定国家的功臣和救世济民的圣臣。荀子还分析说：

> 有大忠者，有次忠者，有下忠者，有国贼者：以德覆君而化之，大忠也；以德调君而辅之，次忠也；以是谏非而怒之，下忠也；不恤君之荣辱，不恤国之臧否，偷合苟容以持禄养交而已耳，国贼也。若周公之於成王也，可谓大忠矣；若管仲之於桓公，可谓次忠矣；若子胥之於夫差，可谓下忠矣；若曹触龙之於纣者，可谓国贼矣。

荀子的这番议论，亦见于《韩诗外传》卷四，法家韩非所谓"行小忠则大忠之贼也"显然也受到荀子观点的影响。②荀子根据孔子的权变思想，指出："入孝出弟，人之小行也。上顺下笃，人之中行也；从道不从君，从义不从父，人之大行也。"（《荀子·子道篇》）那么，臣下对君主"从命而利君谓之顺，从命而不利君谓之谄；逆命而利君谓之忠"（《荀子·臣道篇》），忠君绝不能无条件绝对服从，而是要从大局出发，以社稷安危为重，只要可以安定国家，救世济民，就是"利君"，就应该义无返顾地去实行，而不顾惜其他。

我们知道，历史上君明臣贤，达到天下治平的境界是不多的，臣下面对的绝大多数是平庸之辈甚至是荒淫残暴之主，尽管"人主不公，人臣不忠也"，③臣子可以选择离开，但战国时期已经不再是春秋时列国并立、处处封建的局面，世卿世禄的情况早已不复存在，"滔滔者天下皆是也"，④一旦放弃官职离开，很难到其他国家重新谋求发展，另外，从国家安危和百姓存亡考虑，国家破亡带来的灾难是难以承受的，所以说尽管君主是平庸的甚至是残

① 《战国策·秦策三》，上海古籍出版社 1985 年版，第 214 页。
② 《韩非子·十过第十》，浙江人民出版社影印《百子全书》1984 年版。
③ 《荀子·王霸篇》，浙江人民出版社 1984 年版。
④ 《论语·微子》，中华书局影印《十三经注疏》1980 年版，第 2529 页。

暴的,忠臣也需要留下来,不过,需要采取相应的方式。"忠信而不谀,谏争而不谄,拣然刚折端志而无倾侧之心,是案曰是,非案曰非,是事中君之义也。调而不流,柔而不屈,宽容而不乱,晓然以至道而无不调和也,而能化易,时关内之,是事暴君之义也。"(《荀子·臣道篇》)

综上所述,先秦儒家的忠君观念是含有许多人文因素的,随着中国古代社会封建专制的严酷,其民主性的精华几乎被摧残殆尽,无论是汉儒还是宋儒,都在封建专制的高压下与之妥协,逐渐偏离了原始儒家那种独立的自由精神。今天,我们要重建社会主义的道德规范,使之走向世界,必须从传统文化中汲取营养。儒家文化虽说其体系早已不能应对现代化的需要,但先秦孔子和儒家后学思想中的人文因素依然是我们最可宝贵的文化遗产。

二、先秦道家对忠君观念的审视

春秋时期的孔子及其创立的儒家学派,代表了士阶层的政治诉求和道德审判。儒家在接受西周以来的忠君观念的同时,根据时代的需要和自己的政治理想,强调个人意志有权利支配自己对"避地"、"避人"的选择,[1]有权利不与昏君庸主为伍,尤其是孔子、孟子因视社稷利益高于君主个人利益,从而轻视甚至否定由"从一而终"的君臣隶属关系产生的愚忠,这显然是具有较多的"民主"意味。[2]战国时期,随着诸侯兼并的进一步加剧,要求社会变革的呼声越来越高,原始儒家的分化组合,诸子学派的产生,带来了百家争鸣的新局面。诸子学派的忠君观念,从不同角度深化了传统的价值观,成为即将统一的秦汉帝国的思想基础的重要组成部分。其中,道家对忠君思想的审视与批评,对于秦汉以后的封建社会,具有十分特殊的意义。

近代学者梁启超、胡适等认为老子的生活时代晚于孔子,且《道德经》后出,因其证据不足未被学界接受。学界普遍认为,司马迁《史记·老子韩非列传》中有关老子的记述是可信的,根据先秦其他典籍的记载,老子生活在春秋末期,年略长于孔子,《道德经》的成书也在《论语》等之前。

根据《史记·老子韩非列传》的记述,老子是"周守藏室之史","其学以自隐无名为务"。"世之学老子者则绌儒学,儒学亦绌老子。"面对周室日益

---

① 《论语·宪问》:"子曰:贤者辟世,其次辟地,其次辟色,其次辟言。"中华书局影印《十三经注疏》1980年版,第2513页。

② 详见拙作《先秦儒家忠君思想的形成与解读》,《中国文化研究》2009年《冬之卷》。

衰落、诸侯兼并的现实，老子采取与社会上大多数政治家不同的角度去审视历史演进的动因，老子认为社会动乱的根本原因是人们的欲望膨胀，君上奢侈，臣下贪虐，老子反对社会在恶欲引导下取得的所谓文明进步，他认为只有退回到民智未开的上古才能消除现实中的罪恶与痛苦。《道德经》80章曰："小国寡民，使有什伯之器而不用，使民重死而不远徙，虽有舟舆无所乘之，虽有甲兵无所陈之。使民复结绳而用之。甘其食、美其服、安其居、乐其俗。邻国相望，鸡犬之声相闻，民至老死不相往来。"后世的礼乐制作、道德伦理，都是对这种和谐宁靖生活的破坏，"五色令人目盲，五音令人耳聋，五味令人口爽，驰骋畋猎，令人心发狂，难得之货令人行妨"（《道德经》12章）。"大道废，有仁义；智慧出，有大伪；六亲不和，有孝慈；国家缗乱，有忠臣。"（《道德经》18章）"故失道而后德，失德而后仁，失仁而后义，失义而后礼。夫礼者，忠信之薄，而乱之首。"（《道德经》38章）所以，老子大声疾呼："不尚贤，使民不争；不贵难得之货，使民不为盗；不见可欲，使心不乱。"（《道德经》3章）"绝圣弃智，民利百倍；绝仁弃义，民复孝慈；绝巧弃利，盗贼无有。"（《道德经》19章）毫无疑问，老子对西周以来的忠孝节义等道德伦理观念持否定态度。

《庄子》一书，乃庄子与其后学之集体撰述，初无内、外、杂之分，《史记·老庄申韩列传》曰："其学无所不窥，然其要本归于老子之言。故其著书十余万言，大抵率寓言也。作渔父、盗跖、胠箧，以诋訾孔子之徒，以明老子之术。"尽管《庄子》一书内容驳杂，个别篇章态度温和，有称许孔子、颜渊的地方，但大多数篇章言辞激烈，充满了痛斥儒家、墨家及其他学派的激烈言论，观其基本倾向，毫无疑问书是以老子的思想为旨归，追寻着一个思想者的终极解脱，并对越来越严酷的现实进行批判，表现出与先秦其他思想思想学派，尤其是与儒家学派不同的人生追求和价值判断。

《庄子》继承了老子的学说，把民智未开的远古看做人类理想的黄金时代，《庄子·胠箧》曰："昔者容成氏、大庭氏、伯皇氏、中央氏、栗陆氏、骊畜氏、轩辕氏、赫胥氏、尊卢氏、祝融氏、伏牺氏、神农氏，当是时也，民结绳而用之。甘其食，美其服，乐其俗，安其居，邻国相望，鸡狗之音相闻，民至老死而不相往来。若此之时，则至治已。"《庄子·天地篇》亦云："至德之世，不尚贤，不使能；上如标枝，民如野鹿。端正而不知以为义，相爱而不知以为仁，实而不知以为忠，当而不知以为信，蠢动而相使，不以为赐。是故行而无迹，事而无传。"一切都是自然而然，没有纷争，没有虚伪，也没有儒家鼓吹的圣贤与礼乐。因而，庄子学派认为，面对混浊、纷乱的现实，如何在残酷的压迫下避免遭受身体和精神的双重折磨，只有以养生全性为旨归，如《庄子·盗跖》说:"人上寿百岁,中寿八十,下寿六十,除病瘦死丧忧患,其中开口而笑者,一月之中不过四五日而已矣。天与地无穷,人死者有时,操有时之具,而托于无穷之间,忽然无异骐骥之驰过隙也。不能说其志意、养其寿命者,皆非通道者也。"在庄子及其后学眼中,孔子及儒家信徒,为救世而四处奔走,与贪鄙小人汲汲于荣华富贵而时刻投机钻营,从有违养生全性的大道角度来看,均是"狂狂汲汲,诈巧虚伪事也,非可以全真也"。《庄子》一书,反反复复,批评儒家及其他学派奔走于仕途,迷失了自我。

《庄子·天地》曰:"百年之木,破为牺尊,青黄而文之,其断在沟中。比牺尊于沟中之断,则美恶有间矣,其于失性一也。跖与曾、史,行义有间矣,然其失性均也。"生长百年的大树,被砍伐下来制作成礼器,与被砍断丢弃在山沟里,虽然形态美丑不同,但其失去自然本性的性质是一样的。盗跖与儒家推崇的圣贤曾参、史猷虽然品行的好坏不同,但其违背养生全性的人生根本目的却是一样的。

《庄子·骈拇》曰:"自虞氏招仁义以挠天下也,天下莫不奔命于仁义。是非以仁义易其性与?故尝试论之:自三代以下者,天下莫不以物易其性矣。小人则以身殉利,士则以身殉名,大夫则以身殉家,圣人则以身殉天下。故此数子者,事业不同,名声异号,其于伤性以身为殉,一也。臧与谷,二人相与牧羊而俱亡其羊。问臧奚事,则挟筴读书;问谷奚事,则博塞以游。二人者,事业不同,其于亡羊,均也。伯夷死名于首阳之下,盗跖死利于东陵之上,二人者,所死不同,其于残生伤性均也,奚必伯夷之是而盗跖之非乎!天下尽殉也。彼其所殉仁义也,则俗谓之君子;其所殉货财也,则俗谓之小人。其殉一也,则有君子焉,有小人焉;若其残生损性,则盗跖亦伯夷已,又恶取君子小人于其间哉?"儒家鼓吹仁义,推崇唐尧、虞舜,《庄子》学派将儒家信徒推崇所谓的内圣外王看做迷失自我的"残生伤性",其实质与儒家所鄙视的小人、盗跖并无二致,"事业不同,其于亡羊,均也"。

庄子学派强调一切都要顺应自然,使人的本性得到自由的发展。在《庄子·刻意》中,庄子从与世俯仰、和光同尘的人生态度出发,对儒家及其他学派提出批评。"刻意尚行,离世异俗,高论怨诽,为亢而已矣。此山谷之士,非世之人,枯槁赴渊者之所好也。语仁义忠信,恭俭推让,为修而已矣。此平世之士,教诲之人,游居学者之所好也。语大功,立大名,礼君臣,正上下,为治而已矣。此朝廷之士,尊主强国之人,致功并兼者之所好也。就薮泽,处闲旷,钓鱼闲处,无为而已矣。此江海之士,避世之人,闲暇者之所好也。吹呴呼吸,吐故纳新,熊经鸟申,为寿而已矣。此道引之士,养形之人,彭祖寿考者之所好也。若夫不刻意而高,无仁义而修,无功名而治,无江海而闲,

不道引而寿,无不忘也,无不有也。澹然无极而众美从之。此天地之道,圣
人之德也。"刻意追求隐居岩穴,江湖闲钓,与汲汲用世,鼓吹"仁义忠信、恭
俭推让","尊主强国",都偏离了"天地之道"、"圣人之德"。《庄子·天运
篇》特别指出:"夫孝悌仁义,忠信贞廉,此皆自勉以役其德者也,不足多也。"
在庄子学派看来,儒家的仁义学说以及忠孝等价值判断,与老庄"养生全性"
的宗旨是格格不入的。

战国时期,随着诸侯兼并的加剧,统治者一方面极力倡导富国强兵之
术,另一方面逐渐强化封建专制,鼓吹忠君观念以巩固王权。庄子学派清醒
地意识到在封建专制下,整个士阶层将更多地失去自己的独立精神与独立
品格,特别是政治一天天黑暗,忠臣如果遭遇到昏君庸主,不仅于国事无补,
反而会遭受祸患,甚至丧失性命。《庄子·胠箧》说:"尝试论之,世俗之所谓
至知者,有不为大盗积者乎? 所谓至圣者,有不为大盗守者乎? 何以知其然
邪? 昔者龙逢斩,比干剖,苌弘胣,子胥靡,故四子之贤,而身不免于戮。"《庄
子·盗跖》更是借盗跖之口抨击儒家学说的忠君观念。"介子推至忠也,自
割其股以食文公,文公后背之,子推怒而去,抱木而燔死……世之所谓忠臣
者,莫若王子比干、伍子胥。子胥沉江,比干剖心,此二子者,世谓忠臣也,然
卒为天下笑。"《庄子·外物》总结历史教训说:"人主莫不欲其臣之忠,而忠
未必信,故伍员流于江,苌弘死于蜀,藏其血三年而化为碧。"春秋时期,孔子
面对险恶的现实,也有明哲保身的主张:"危邦不入,乱邦不居。天下有道则
见,无道则隐。"(《论语·泰伯》)但孔子实际上无论环境如何,热心救世一
直是他唯一的抉择。他那种席不暇暖的奔走经历,以及"天下有道,丘不与
易也"(《论语·微子》)的喟叹,说明孔子所谓"卷而怀之"的归隐仅仅是一
时的感慨。降至战国,纵横策士朝秦暮楚,为求利禄更是反复无常。法家崛
起,鼓吹君主专制不遗余力,天下纷纷扰扰,贤与不肖,无不宣扬自己是忠臣
义士以献媚于君主。《庄子·盗跖》中,满苟得痛斥儒家仁义的虚伪,指出忠
信的危害。满苟得对孔子弟子子张说:"尧杀长子,舜流母弟,疏戚有伦乎?
汤放桀,武王杀纣,贵贱有义乎? 王季为适,周公杀兄,长幼有序乎? 儒者伪
辞,墨子兼爱,五纪六位,将有别乎? 且子正为名,我正为利。名利之实,不
顺于理,不监于道。吾日与子讼于无约,曰:'小人殉财,君子殉名,其所以变
其精、易其性,则异矣;乃至于弃其所为而殉其所不为,则一也。'故曰:无为
小人,反殉而天;无为君子,从天之理。若枉若直,相而天极;面观四方,与时
消息。若是若非,执而圆机;独成而意,与道徘徊。无转而行,无成而义,将
失而所为。无赴而富,无徇而成,将弃而天。比干剖心,子胥抉眼,忠之祸
也;直躬证父,尾生溺死,信之患也;鲍子立干,申子不自理,廉之害也;孔子

不见母,匡子不见父,义之失也。此上世之所传、下世之所语,以为士者正其言,必其行,故服其殃,离其患也。"满苟得指出儒家推崇的圣君尧舜、商汤、周武王,以及周之圣贤王季、周公旦,依照儒家之伦理道德,均有可非议之处。至于儒家宣扬的忠信廉义,均是教导人们背离人的本性,追求身外虚妄的东西。"比干剖心,子胥抉眼,忠之祸也;直躬证父,尾生溺死,信之患也";如果以忠信"正其言,必其行",最终只能是"服其殃,离其患也",带来无穷无尽的祸患。

《庄子》书中《骈拇》、《胠箧》、《盗跖》、《渔父》等篇,均属外、杂篇。近代学者多认为《庄子》内篇是庄子本人所著,外、杂篇多为庄子后学所作,《盗跖》等篇,指斥孔子,言辞之激烈,与内篇中许多章节借孔子之口表达道家观念的风格迥异,自然是出自庄子后学之手。但观其大旨,主张弃圣绝智,与老庄思想的核心未曾偏离。特别是《渔父》一篇,对孔子知其不可而为之的救世热情泼上一瓢冷水,批评孔子:"今子既上无君侯有司之势,而下无大臣职事之官,而擅饰礼乐,选人伦,以化齐民,不泰多事乎?"虽说"仁则仁矣,恐不免其身;苦心劳形以危其真。鸣呼! 远哉,其分于道也!"站在道家的立场,"天子诸侯大夫庶人,此四者自正,治之美也;四者离位而乱莫大焉。官治其职,人忧其事,乃无所陵。"每个人要恪守自己的本分,顺应自然,"廷无忠臣,国家昏乱,工技不巧,贡职不美,春秋后伦,不顺天子,诸侯之忧也;阴阳不和,寒暑不时,以伤庶物,诸侯暴乱,擅相攘伐,以残民人,礼乐不节,财用穷匮,人伦不饬,百姓淫乱,天子有司之忧也。"作为普通人的孔子,"上无君侯有司之势,而下无大臣职事之官",根本没有能力也没有义务去改变黑暗的现实,虽然孔子博取了仁义的名声,但这样做"苦心劳形",背离了养生全性的人生最高法则,根本没有体悟到"圣人法天贵真,不拘于俗"的真谛。

《荀子·解蔽篇》曰:"庄子蔽於天而不知人",批评庄子学派在有关社会政治、伦理等方面的理论有重大缺失。荀子的看法,有一定的道理。庄子学派对社会发展的看法是有片面性的,只看到了社会发展带来的灾难性的一面,没有意识到这是文明进化必然要付出的代价,尤其是庄子学派由此而否定人类的文明成果,这显然是错误的。但是,我们应该看到,在战国时期封建专制思想日益加强的时代,庄子学派否定仁义礼乐,否定忠信,揭露统治者的自私、荒淫和虚伪,充分揭示了封建专制社会的种种不合理性,对启发人们的平等意识,促使人们的自由理性的觉醒具有重大的现实意义和历史意义。

《列子》一书,班固《汉书·艺文志》著录八卷,早佚。今本《列子》八卷,季羡林、杨伯峻等学者对此已有不少精辟的论断,认为是晋人的伪作。但从思想内容和语言使用上看,显然是后人根据古代资料编著的,书中反映的思想,与战国时期道家思想颇有相合之处,不能简单地视为晋人的著作。

首先,《列子》否定儒家所谓的"君臣大义"。原始儒家虽然反对君主专制,但儒家认为宗法社会基础上的君主体制是文明进化的必然结果,是亘古不变的基本法则。《诗经·小雅·北山》云:"溥天之下,莫非王土。率土之滨,莫非王臣。"封建君主不仅仅是国家的象征,而是国家的一切——土地、人民、财富及所有资源的占有者。所以,《论语》中孔子高足子路批评隐居不仕的"丈人"说:"不仕无义。长幼之节,不可废也;君臣之义,如之何其废之?欲洁其身,而乱大伦。君子之仕也,行其义也。道之不行,已知之矣。"秦汉以后,随着封建专制的强化,"君臣大义"成为维系封建统治的"三纲五常"之首,毒害着人们的精神。

《列子·黄帝篇》记述华胥氏之国,"华胥氏之国在弇州之西,台州之北,不知斯齐国几千万里;盖非舟车足力之所及,神游而已。其国无师长,自然而已。其民无嗜欲,自然而已。不知乐生,不知恶死,故无夭殇;不知亲己,不知疏物,故无爱憎;不知背逆,不知向顺,故无利害:都无所爱惜,都无所畏忌"。虽有浓厚的神仙色彩,但"其国无师长",已透出否定君主制度的气息。

《列子·汤问》记述北海之"终北"国,"四方悉平,周以乔陟。当国之中有山,山名壶领,状若甔甀。顶有口,状若员环,名曰滋穴。有水涌出,名曰神瀵,臭过兰椒,味过醪醴。一源分为四埒,注于山下。经营一国,亡不悉遍。土气和,亡札厉。人性婉而从物,不竞不争。柔心而弱骨,不骄不忌;长幼侪居。不君不臣;男女杂游,不媒不聘;缘水而居,不耕不稼。土气温适,不织不衣;百年而死,不夭不病。其民孳阜亡数,有喜乐,亡衰老哀苦。其俗好声,相携而迭谣,终日不辍音。饥惓则饮神瀵,力志和平。过则醉,经旬乃醒。沐浴神瀵,肤色脂泽,香气经旬乃歇"。如此胜地,"周穆王北游过其国,三年忘归"。齐桓公心驰神往。近代学者陈寅恪曾考察东晋时期的坞壁与陶渊明《桃花源诗并记》的关系,认为陶渊明《桃花源诗并记》是当时北方民众屯聚坞壁的写照。① 不知何故,陈寅恪先生未能指出陶渊明《桃花源诗并记》中的思想与道家思想的联系。《列子》这段文字,熟读道家典籍的陶渊明必然是耳熟能详,他摈弃《列子》文中的神仙家因素,以写实的手法,描述了"问今是何世,不知有汉,无论魏晋"的世外桃源,"春蚕收长丝,秋熟靡王税",与《列子》文中的"不君不臣"的思想一脉相承。战国以后,诸子百家争

---

① 参见万绳楠整理:《陈寅恪魏晋南北朝史讲演录》,黄山书社 1987 年版,第 134—144 页。

鸣,无非是为封建统治筹划方略,即使是道家学派的庄子、文中子,也未能否定君主制度,如《庄子·人间世》借孔子的话说:"仲尼曰:'天下有大戒二:其一,命也;其一,义也。子之爱亲,命也。不可解於心;臣之事君,义也,无适而非君也,无所逃於天地之间,是之谓大戒。"《通玄真经》卷十说:"君子察实,无信谗言,君过而不谏,非忠臣也,谏而不听,君不明也,民沉溺而不忧,非贤言也,故守节死难,人臣之职也。"所以说,《列子》虽然夹杂神仙家的思想,但在封建专制日益强化的时候,否定"神圣的""君主大义",的确难能可贵。

其次,《列子·杨朱篇》集中记述了杨朱的事迹,杨朱从老子养生全性的思想出发,提出"万物齐生齐死,齐贤齐愚,齐贵齐贱"的观点,认为一个人"十年亦死,百年亦死,仁圣亦死,凶愚亦死。生则尧舜,死则腐骨;生则桀纣,死则腐骨。腐骨一矣,熟知其异?"杨朱以舜、禹、周、孔与桀、纣做对照,如孔子,"孔子明帝王之道,应时君之聘,伐树于宋,削迹于卫,穷于商周,围于陈蔡,受屈于季氏,见辱于阳虎,戚戚然以至于死:此天民之遑遽者也"。又如殷纣,"纣亦藉累世之资,居南面之尊;威无不行,志无不从;肆情于倾宫,纵欲于长夜;不以礼义自苦,熙熙然以至于诛:此天民之放纵者也。"舜、禹、周、孔"彼四圣者,生无一日之欢,死有万世之名。"夏桀、殷纣"彼二凶也,生有纵欲之欢,死被愚暴之名"。"虽毁之不知,虽称之弗知,此与株块奚以异矣。彼四圣虽美之所归,苦以至终,亦同于死矣。彼二凶虽恶之所归,乐以至终,亦同归于死矣。"由此可见,"贤愚、好丑、成败、是非,无不消灭,但迟速之间耳。矜一时之毁誉,以焦苦其神形,要死后数百年中余名,岂足润枯骨?何生之乐哉"?所以,杨朱对儒家的忠义学说提出尖锐的批评:"忠不足以安君,适足以危身;义不足以利物,适足以害生。"

由于杨朱将个人的顺应自然、养生全性视为人生的根本法则,当封建专制的发展越来越限制个人的自由时,杨朱毅然决然地采取不合作态度,他追求的是这样一种境界:"吾乡誉不以为荣,国毁不以为辱;得而不喜,失而弗忧;视生如死;视富如贫;视人如豕;视吾如人。处吾之家,如逆旅之舍;观吾之乡,如戎蛮之国。凡此众疾,爵赏不能劝,刑罚不能威,盛衰、利害不能易,哀乐不能移。固不可事国君,交亲友,御妻子,制仆隶。此奚疾哉?奚方能已之乎?"(《列子·仲尼篇》)由于杨朱思想中含有浓厚的鄙视功名利禄、无视君主权威的成分,因而儒家孟子等人对杨朱异常不满,孟子曰:"杨子取'为我',拔一毛而利天下,不为也。"(《孟子·尽心上》)孟子甚至大声疾呼:"圣王不作,诸侯放恣,处士横议。杨朱、墨翟之言盈天下。天下之言,不归杨则归墨。杨氏为我,是无君也。墨氏兼爱,是无父也。无父无君,是禽兽也。"(《孟子·滕文公下》)事实上，孟子采取断章取义的方法来批评杨朱，并没有正确理解杨朱"贵我"的要义。

杨朱曰："伯成子高不以一毫利物，舍国而隐耕。大禹不以一身自利，一体偏枯。古之人，损一毫利天下，不与也，悉天下奉一身，不取也。人人有损一毫，人人不利天下，天下治矣。"(《列子·杨朱篇》)细绎其意，杨朱不过是如同庄子一样告诫人们不要为外物所累，天下虽大，众生虽广，体道之人无须为之劳神伤生。反过来说，亦不可向天下众生妄取一毫一利。所以，当墨者禽子询问杨朱："去子体之一毛，以济一世，不汝为之乎？"杨子曰："世因非一毛之所济。"禽子曰："假济，为之乎？"杨子不理睬他，拂袖而去。杨朱弟子孟孙阳告诉禽子说："子不达夫子之心，吾请言之。有侵苦肌肤获万金者，若为之夫？"禽子回答说："为之。"孟孙阳又问："有断若一节得一国。子为之乎？"禽子再也答不上来，辩解说："吾不能所以答子。然则以子之言问老聃、关尹，则子言当矣；以吾言问大禹、墨翟，则吾言当矣。"杨朱和墨家禽子的辩难，与今天的自由主义与集体主义的思想交锋颇有相似的地方，价值观不同，是非难以统一。明白了杨朱的真实思想，再来看孟子攻击杨朱"无君"，只能说明孟子以偏赅全，抓住杨朱"拔一毛而利天下，不为也"的说法，误导人们把杨朱视为极端自私自利者，归之为"禽兽"，显然是不公正的。

汉承秦制，尽管汉初统治者废除了暴秦的苛政，特别是汉初采用黄老学说，与民休息，百姓得到相对多的自由和安定。但是，随着儒家思想的影响逐渐扩展，汉武帝采取董仲舒的建议，罢黜百家，独尊儒术，先秦时期原始儒家的学说与阴阳无行、刑法、谶纬等思想杂糅在一起，君权神授的观念彻底颠覆了先秦儒家的忠君观，"君为臣纲"成为神圣不可侵犯的天条。在严酷的精神禁锢下，以《淮南子》为代表的道家思想，再也没有《庄子》、《列子》中那种鄙视封建君权、与天地精神独往来的豪气，不得不沦落为统治思想的附庸，在儒道互补的格局中扮演着"拾遗补缺"的次要角色。

首先，对于儒家推崇的圣人和忠君的观念，《淮南子》再也没有抨击的锋芒，开始调和儒道两家的立场。《泰族训》说："舜、许由异行而皆圣，伊尹、伯夷异道而皆仁，箕子、比干异趋而皆贤。"在《齐俗训》中放弃了以是否养生全性作为评判人物的标准，"王子比干非不知箕子被发佯狂以免其身也，然而乐直行尽忠以死节，故不为也。伯夷、叔齐非不能受禄任官以致其功也，然而乐离世伉行以绝众，故不务也。"儒家所鼓吹的"君施其德，臣尽其忠，父行其慈，子竭其孝"(《本经训》)，已经成为《淮南子》立论申说的依据。

《泛论训》中，记载了这样一个小故事：赵襄子围于晋阳，罢围而赏有功者五人，高赫为赏首。左右曰："晋阳之难，赫无大功，今为赏首，何也？"襄子曰："晋阳之围,寡人社稷危,国家殆,群臣无不有骄侮之心,唯赫不失君臣之礼。"一个人能够在君主遭遇国家破灭、君位难保的危急时刻,保持对君主的忠贞和恭敬,尽管他没有能力帮助君主脱离危险,但君主却最欣赏这样的臣子。《淮南子》肯定这样的做法,说明《淮南子》在忠君观念上,受时代风气的影响,"君臣大义"是不能、也是不敢逾越的鸿沟。

其次,与汉儒稍有不同的是,《淮南子》受先秦诸子的影响,尚不能接受愚忠,强调忠孝之行是发自内心,并且有"义"、"仁"作为效忠行孝的基础。如《缪称训》说:"子之死父也,臣之死君也,世有行之者矣,非出死以要名也,恩心之藏于中,而不能违其难也……义正乎君,仁亲乎父,故君之于臣也,能死生之,不能使为苟简易;父之于子也,能发起之,不能使无忧寻。故义胜君,仁胜父,则君尊而臣忠,父慈而子孝。"

《道应训》中,记载了这样一个小故事:魏文侯觞诸大夫于曲阳。饮酒酣,文侯喟然叹曰:"吾独无豫让以为臣乎!"蹇重举白而进之,曰:"请浮君!"君曰:"何也?"对曰:"臣闻之,有命之父母不知孝子,有道之君不知忠臣。夫豫让之君,亦何如哉?"文侯受觞而饮醨不献,曰:"无管仲、鲍叔以为臣,故有豫让之功。"故老子曰:"国家昏乱,有忠臣。"魏文侯希望臣下如同战国时豫让一样对君主绝对忠诚,蹇重认为文侯说错了话,应当罚酒惩戒,因为根据老子的看法,君主如果贤明,重用良臣,国家安定,根本用不着危难之际出现的"忠臣"。

另外,《淮南子》从权变思想出发,认为臣子尽忠,要能"乘时应变",不拘泥于礼法。《泛论训》说:"昔楚恭王战于阴陵,潘尪、养由基、黄衰微、公孙丙相与篡之。恭王惧而失体,黄衰微举足蹴其体,恭王乃觉。怒其失礼,夺体而起,四大夫载而行。""夫君臣之接,屈膝卑拜,以相尊礼也;至其迫于患也,则举足蹴其体,天下莫能非也。是故忠之所在,礼不足以难之也。"特别是《淮南子》接受法家主张,反对儒家的泛道德论。《泛论训》说:"夫颜啄聚,梁父之大盗也,而为齐忠臣。段干木,晋国之大驵也,而为文侯师。孟卯妻其嫂,有五子焉,然而相魏,宁其危,解其患。景阳淫酒,被发而御于妇人,威服诸侯。此四人者,皆有所短,然而功名不灭者,其略得也。季襄、陈仲子立节抗行,不入洿君之朝,不食乱世之食,遂饿而死。不能存亡接绝者何? 小节伸而大略屈。"在儒家道德至上论的笼罩下,《淮南子》不以伦理道德为尺度来裁定"忠臣",也算得是黑暗中的一抹亮光了。

两晋以下,原始道家衰微,道家与神仙方术等思想杂糅而衍生出道教,为取得封建君主的庇护,道教只有拜服在专制君主的脚下,向统治者摇尾乞怜,效忠的誓言在道教经典《云笈七签》中比比皆是,选录如下:

《云笈七签》卷十《老君太上虚无自然本起经》云：

> 故老君作《道经》，复作《德经》，使忠信者奉行之。
>
> 审视形气，必慈仁忠信、耽玄注真、不毁真正、敬乐神仙者，乃可示耳。

《云笈七签》卷三十七《洞玄灵宝六斋十直》云：

> 十善：一念孝顺父母；二念忠事君师……凡人常行此五戒、十善，恒有天人善神卫之，永灭灾殃，长臻福佑，唯在坚志。

《云笈七签》卷三十八《说十戒》云：

> 第三戒者，不得叛逆君主，谋害家国。

《云笈七签》卷四十《崇百药》云：

> 老君曰：古之圣人，其于善也，无小而不得；其于恶也，无微而不改。而能行之，可谓饵药焉。所谓百药者……内修孝悌是一药……助人执忠是一药。

《云笈七签》卷八十六《地下主者》云：

> 夫至忠至孝之人，既终皆受书为地下主者。一百四十年乃得受下仙之教，授以大道。从此渐进，得补仙官。又一百四十年，听一试进也。至孝者，能感激于鬼神，使百鸟山兽驯其坟埏也。至忠者，能公抱直心，精贯白日，或剖藏杀身，以激其君者也。比干今在戎山，李善今在少室，有此得变炼者甚多，略举二人为标耳。

《云笈七签》卷一百零三《翊圣保德真君（陈抟）传》云：

> 真君曰：《太上道·德经》大无不包，细无不纳，修身炼行，治家治国。世人若悟其指归，达其妙用，造次于是，信奉而行，岂惟增福，谅无所不至矣。释氏之四十二章经，制心治性，去贪远祸，垂慈训诫，证以千恶，亦一贯于道矣！奉之求福，固亦无涯。至于周公、孔子，皆列仙品，而五经六籍，治世之法、治民之术，尽在此矣。世虽讽诵，多不依从。若口诵而心随，心随而事应，仁义信行礼智之道常存于怀，岂惟正其人事，长生久视之理，亦何远矣！
>
> 尽力事君，以为忠臣，浊财勿顾，邪事莫闻。整雪刑岳，救疗人民。动合王道，终为吉人。

东汉以后，佛教传入中国，道教开始形成，儒释道三家，在漫长的封建社会中，互相斗争又互相吸取，但无论三教兴衰之势如何，其鼓吹"君臣大义"都是不遗余力，等到理学兴起，"天下没有不是的君王"、"君叫臣死，臣不死就是不忠"的叫嚣将先秦道家赐给古代士大夫的自由精神阉割殆尽，两千多年来，黄宗羲的《原君》的出现犹如空谷足音，把批判的锋芒直指罪恶的根源——专制君主,让我们回想起久违的《庄子》及其他道家先哲。

三、先秦墨家对忠君观念的审视

墨家学派兴盛于战国初期。《淮南子·要略篇》记载:"墨子学儒者之业,受孔子之术,以为其礼烦扰而不说,厚葬靡财而贫民,服伤生而害事,故背周道而用夏政。"这记载是可靠的。据近代学者考证,墨子生活的时代在孔子之后、孟子之前,与曾子、子夏、公孙尼子、子思等同时。墨子的思想,来源于孔子,同时又根据墨子所属的社会阶层的需要,进行了较大的修改,形成了一种新学说。

墨子根据孔子"泛爱众而亲仁"的思想,提倡"兼相爱,交相利",反对儒家礼乐制度下的等级观念和亲疏之别。墨子的思想,是从小手工业者和农夫的立场出发,以带有浓厚平均色彩的"平等"观念来控诉现实社会的不公,借助"先圣王"的旗号,希望统治者减少欲望,衣食住行按照"贱人"的标准,节用节葬,废除礼乐,从而达到天下大治。因此,尽管墨子学派没有否定忠君观念,但墨子用"兼相爱,交相利"作为君臣之间的行动准则,与儒家的忠君说存在着较大的差异。

首先,对君主来说,要贯彻墨家的"兼爱"学说,要有"惠爱"百姓之心,"之上者尊天事鬼,下者爱利百姓"(《墨子·鲁问》),"视人之国若视其国,视人之家若视其家,视人之身若视其身。是故诸侯相爱则不野战,家主相爱则不相篡,人与人相爱则不相贼"(《墨子·兼爱中》)。如果君主一心要满足自己的私欲,"攻其邻国,杀其民人,取其牛马粟米货财,则书之于竹帛,镂之于金石,以为铭于钟鼎,傅遗后世子孙曰:'莫若我多'"(《墨子·鲁问》)。这样势必造成天下纷乱的局面,"若大国之攻小国也,大家之乱小家也,强之劫弱,众之暴寡,诈之谋愚,贵之敖贱,此天下之害也"(《墨子·兼爱下》)。所以,墨子总结说:"古者明王圣人,所以王天下,正诸侯者,彼其爱民谨忠,利民谨厚,忠信相连,又示之以利,是以终身不餍,殁世而不卷。古者明王圣人,其所以王天下正诸侯者,此也。"(《墨子·节用中》)

其次,墨子强调臣子对君主的尽忠,不是一味的服从,臣下要依据君主和自己的作为是否符合墨家思想的核心价值观来确定自己的进退。《墨子·鲁问》记载,鲁阳文君问墨子:"有语我以忠臣者,令之俯则俯,令之仰则仰,处则静,呼则应,可谓忠臣乎?"墨子回答说:"令之俯则俯,令之仰则仰,是似景也。处则静,呼则应,是似响也。君将何得于景与响哉?若以翟之所谓忠臣者,上有过则微之以谏,己有善,则访之上,而无敢以告。外匡其邪,而入其善,尚同而无下比,是以美善在上,而怨雠在下,安乐在上,而忧戚在臣。此翟之所谓忠臣者也。"可见墨子反对臣下对君主一味的俯首帖耳,要求臣下对尽到匡谏过失的职责。在《墨子·鲁问》中还记述了墨子拒绝越王以"故吴""方五百里"之地的封赏,墨子对弟子公尚过说:"子观越王之志何若?意越王将听吾言,用我道,则翟将往,量腹而食,度身而衣,自比於群臣,奚能以封为哉?抑越不听吾言,不用吾道,而吾往焉,则是我以义粜也。钧之粜,亦於中国耳,何必於越哉?"

在《墨子·公输》中,"公输盘为楚造云梯之械,成,将以攻宋。子墨子闻之,起于齐,行十日十夜而至于郢,见公输盘"。墨子斥责公输盘说:"吾从北方,闻子为梯,将以攻宋。宋何罪之有?荆国有余于地,而不足于民,杀所不足,而争所有余,不可谓智。宋无罪而攻之,不可谓仁。知而不争,不可谓忠。争而不得,不可谓强。义不杀少而杀众,不可谓知类。"在这里,墨子从"兼爱"、"非攻"的根本原则出发,反对公输盘帮助楚国对宋国的攻夺,尤其是对百姓生命的戕害。指出公输盘明明知道楚国这样做是"不仁",却不谏争,"知而不争,不可谓忠"。

再次,墨家的忠君具有强烈的事功色彩。墨子说:"仁人之所以为事者,必兴天下之利,除去天下之害,以此为事者也。"(《墨子·兼爱中》)"凡入国,必择务而从事焉。国家昏乱,则语之尚贤、尚同;国家贫,则语之节用、节葬;国家说音湛湎,则语之非乐、非命;国家遥僻无礼,则语之尊天、事鬼;国家务夺侵凌,即语之兼爱、非攻,故曰择务而从事焉。"(《墨子·鲁问》)墨子认为墨者出仕主要是"以为利而强君也"(《墨子·经上》),但这"利"不是君主或臣子个人的私利,而是天下百姓的公利。如墨子反对儒家的厚葬、反对儒家的礼乐,原因是"以此亏夺民衣食之财,仁者弗为也"。所以说,墨子"非以大钟鸣鼓,琴瑟竽笙之声,以为不乐也,非以刻镂华文章之色,以为不美也,非以犓豢煎炙之味,以为不甘也,非以高台厚榭邃野之居,以为不安也。虽身知其安也,口知其甘也,目知其美也,耳知其乐也,然上考之不中圣王之事,下度之不中万民之利"(《墨子·非乐上》)。尤其可贵的是,墨子从注重事功的角度,充分肯定儒家鄙视的所谓小人之道,称赞"羿作弓,杼作甲,奚仲作车,巧垂作舟"(《墨子·非儒下》)的利民济物。在《墨子》一书中,绝没有那种侈言道德的腐儒习气,墨家的忠君观与重视事功紧密的结合在一起。《墨子·备城门》说:

百步一亭,高垣丈四尺,厚四尺,为闺门两扇,令各可以自闭。亭一尉,尉必取有重厚忠信可任事者。

《墨子·号令》说:

守之所亲,举吏贞廉、忠信、无害、可任事者,其饮食酒肉勿禁,钱金、布帛、财物各自守之,慎勿相盗。葆宫之墙必三重,墙之垣,守者皆累瓦釜墙上。门有吏,主者门里,篓闭,必须太守之节。葆卫必取戍卒有重厚者。请择吏之忠信者,无害可任事者。

发候,必使乡邑忠信、善重士,有亲戚、妻子,厚奉资之。

"重厚忠信可任事者",这就是墨子的用人标准,也是墨家弟子成才的基本要求。孔子生活在春秋末期,世卿世禄的制度与影响使得孔子反对弟子从事"小人"之事,[①]"君子谋道不谋食。耕也,馁在其中矣;学也,禄在其中矣"(《论语·卫灵公》)。降至战国之时,激烈的兼并使一大批封君和士失去了领土和俸禄,现实的需要越来越强调个人的才具,即使是鸡鸣狗盗之徒也比坐谈道德者容易得到诸侯的赏识。所以,面对日益无序的现实社会,身处社会下层的墨家学派,自然而然地强调事功实用。当然,不可否认,墨家这种主张,难免有功利主义的倾向。

另外,我们还应该指出,墨家学派从"尚贤"、"尚同"思想出发,彻底颠覆了儒家的等级观念,提出"古者圣王甚尊尚贤而任使能,不党父兄,不偏贵富,不嬖颜色,贤者举而上之,富而贵之,以为官长;不肖者抑而废之,贫而贱之以为徒役"(《墨子·尚贤中》)。"虽在农与工肆之人,有能则举之",墨子甚至提出"官无常贵,而民无终贱"(《墨子·尚贤上》)的主张,这充分反映墨子所代表的社会下层要求改变生存状态的合理需求。在《尚同》中,墨子甚至进一步提出"选天下之贤可者,立以为天子。天子立,以其力为未足,又选天下之贤可者,置立之以为三公"。在这里,我们似乎已经听到"王侯将相,宁有种乎"的呐喊。孟子痛斥墨家学说是"无父",杨朱学说是"无君",[②]如此看来,也可互文见义,墨家学说也必然是既"无父"又"无君"。所以,在封建专制逐渐强化的过程中,乱世中的杨墨显学率先遭受到打压,不容于主流意识形态。不过,这也恰好说明墨家学说其最富有民主性的精华所在。

---

① 如《论语·子路》记载:"樊迟请学稼,子曰:'吾不如老农。'请学为圃。曰:'吾不如老圃。'樊迟出。子曰:'小人哉,樊须也!上好礼,则民莫敢不敬;上好义,则民莫敢不服;上好信,则民莫敢不用情。夫如是,则四方之民襁负其子而至矣,焉用稼?'"

② 《孟子·滕文公下》:"圣王不作,诸侯放恣,处士横议,杨朱墨翟之言,盈天下,天下之言,不归杨则归墨。杨氏为我,是无君也;墨氏兼爱,是无父也。无父无君。是禽兽也。"

四、先秦法家对忠君观念的鼓吹与强化

春秋末期,王权衰微,社会动荡不安,在乱世中如何保全性命,保有国家,成为大大小小的封君和士大夫不得不面对的现实问题。儒家学说虽世称显学,但孔子去世后"儒分为八","取舍相反"(《韩非子·显学篇》),儒家的道德说教对现实问题很难取得实效,所以当时是"杨朱、墨翟之言盈天下。天下之言,不归杨则归墨"(《孟子·滕文公下》),儒家学说反而未能如杨朱与墨家那样被社会广泛接受。我们知道,杨朱学说宣传"贵我"、"贵生",属于道家隐逸之说,明哲保身的"君子"在乱世之中往往会接受其思想。"墨子学儒者之业,受孔子之术,以为其礼烦扰而不悦,厚葬靡财而贫民,服伤生而害事,故背周道而用夏政。"(《淮南子·要略》)墨家宣扬"兼爱"、"非攻",身体力行,"摩顶放踵利天下,为之"(《孟子·尽心上》)。尤其是"墨子服役百八十人,皆可使赴火蹈刃,死不旋踵"(《淮南子·泰族训》),成为弱小封君抵御兼并的依靠力量,墨家的侠义亦可以为社会民众抵御专制强权提供庇护,因而在战国初期墨家的影响非常广泛。

然而,战国七雄的出现,改变了春秋以来"尊王攘夷"的政治格局,除魏文侯、齐威王一度尊崇周室外,"周贫且微,诸侯莫朝"(《战国策·赵三》"秦围赵之邯郸")。儒家所言"仁义道德,不可以来朝"(《战国策·赵二》"王破原阳"),"轻税租,薄赋敛,不足恃也"(《管子·立政》)。"寝兵之说胜,则险阻不守;兼爱之说胜,则士卒不战。全生之说胜,则廉耻不立。私议自贵之说胜,则上令不行。群徒比周之说胜,则贤不肖不分。金玉货财之说胜。则爵服下流,观乐玩好之说胜。则奸民在上位。请谒任举之说胜,则绳墨不正,诣谀饰过之说胜,则巧佞者用。"(《管子·立政》)儒墨诸家被称为"六虱",其"曰礼乐,曰诗书,曰修善,曰孝弟,曰诚信,曰贞廉,曰仁义,曰非兵,曰羞战。国有十二者,上无使农战,必贫至削。十二者成群,此谓君之治不胜其臣,官之治不胜其民,此谓六虱胜其政也"(《商君书·靳令》)。甚至君主尚德尚贤也成了亡国的原因。① 可见,一度的显学儒家和墨家,已经不能适应战国激烈兼并的需要,开始受到冷落。战国七雄相继称王,任用智术之

---

① 《战国策·中山》(主父欲伐中山):主父欲伐中山,使李疵观之。李疵曰:"可伐也。君弗攻,恐后天下。"主父曰:"何以?"对曰:"中山之君,所倾盖与车而朝穷闾隘巷之士者,七十家。"主父曰:"是贤君也,安可伐?"李疵曰:"不然。举士,则民务名不存本;朝贤,则耕者惰而战士懦。若此不亡者,未之有也。"

士,纷纷变法图强,法家、兵家及纵横术士,逐渐垄断了话语权。

　　早期的法家著作如《管子》、《晏子春秋》、《商君书》等,尽管其成书时代颇有争议,但基本上可以说是在战国时期整理定型的,反映了先秦法家的思想。其忠君观念的鼓吹,具有鲜明的时代色彩。

　　首先,法家主张巩固君主的权势,以防止主弱臣强,使国家陷入混乱。如《管子·法法》说:"凡人君之所以为君者,势也;故人君失势,则臣制之矣。势在下,则君制于臣矣;势在上,则臣制于君矣;故君臣之易位,势在下也。"君主虽然要贤明,"为人君者,中正而无私"(《管子·五辅》)。但更重要的是君主要控制权柄,"兼听独断"(《管子·明法解》),严明号令,"赏罚以为君"(《管子·君臣下》),以赏罚奖忠功能。《管子·重令》强调说:"故安国在乎尊君,尊君在乎行令,行令在乎严罚;罚严令行,则百吏皆恐;罚不严,令不行,则百吏皆喜。"为了强化君主的权威,《管子》甚至要求所有人绝对服从君主的政令,"亏令者死,益令者死,不行令者死,留令者死,不从令者死。五者死而无赦,惟令是视"。

　　战国初期,"卫鞅亡魏入秦,孝公以为相,封之于商,号曰商君。商君治秦,法令至行,公平无私,罚不讳强大,赏不私亲近,法及太子,黥劓其傅。期年之后,道不拾遗,民不妄取,兵革大强,诸侯畏惧"(《战国策·秦一》)。商鞅的学说中,一方面强调"法者,君臣之所共操也;信者,君臣之所共立也";"君臣释法任私,必乱。故立法明分,而不以私害法,则治"。另一方面,商鞅从巩固王权出发,特别强调"权者,君之所独制也。人主失守,则危";"权制独断于君,则威;民信其赏则事功成,信其刑则奸无端"。商鞅认为,只有君主保持权威,才能使国家的法度得以维持。所以,君主要把持刑、赏的权柄,"立法明分,中程者赏之,毁公者诛之"。"赏厚而利,刑重而必,不失疏远,不私亲近。"(《商君书·修权》)

　　其次,早期法家虽然强调忠君,但大多反对愚忠,而是把推行法制、保存国家社稷作为自己的职责。管仲说:"能据法而不阿,上以匡主之过,下以振民之病者,忠臣之行也。明君在上,忠臣佐之,则齐民以政刑。"(《管子·君臣下》)管仲曾强调说:"渊然击鼓,士忿怒。枪然击金,士帅然笑,桐鼓从之,舆死扶伤,争进而无止,口满用,手满钱,非大父母之仇也,重禄重赏之所使也。"(《管子·轻重甲》)法家洞察人情,深知在激烈的兼并战争中,士卒冒死奋进,是由于"重禄重赏"的激励。所以说臣子的尽忠,最重要的就是严守法度,赏罚公正,使国家安定。臣子的忠君,不是简单地忠于国君个人,而是忠于国家社稷。据《管子·匡君大匡》记载:齐僖公使鲍叔牙辅佐公子小白,管仲和召忽辅佐公子纠,召忽对管仲说:"百岁之後,吾君卜世,犯吾君命,而废吾所立，夺吾纠也，虽得天下吾不生也。"管仲回答说："夷吾之为君臣也，将承君命，奉社稷，以持宗庙，岂死一纠哉？夷吾之所死者，社稷破，宗庙灭，祭祀绝，则夷吾死之，非此三者，则夷吾生。夷吾生，则齐国利，夷吾死，则齐国不利。"后来，齐国发生内乱，公子小白即位为齐桓公，听从鲍叔牙的建议，逼迫鲁国杀掉公子纠，准备重用管仲和召忽。召忽对管仲说："杀君而用吾身，是再辱我也。""忽也知得万乘之政而死，公子纠可谓有死臣矣。"召忽放弃"知得万乘之政"为齐国谋利益的机会，成为效忠个人的牺牲品，管仲不为君死难，后受到孔子的称赞。①

据《左传》襄公二十五年记载，齐国崔杼弑齐庄公，"贾举、州绰、邴师、公孙敖、封具、铎父、襄伊、偻堙皆死"。晏婴不为庄公死难，晏婴说："臣君者，岂为其口实，社稷是养。故君为社稷死，则死之；为社稷亡，则亡之。若为己死，而为己亡，非其私昵，谁敢任之？"崔杼立景公，"盟国人于大宫，曰：'所不与崔、庆者。'晏子仰天叹曰：'婴所不唯忠于君，利社稷者是与，有如上帝！'乃歃"。在《晏子春秋》卷三《内篇问上·景公问忠臣之事君何若晏子对以不与君陷于难》中，晏婴说"忠臣事君"应该是"有难不死，出亡不送"。景公不高兴，责问说："君裂地而封之，疏爵而贵之，君有难不死，出亡不送，可谓忠乎？"晏婴回答道："君裂地而封之，疏爵而贵之，君有难不死，出亡不送，可谓忠乎？"对曰："言而见用，终身无难，臣奚死焉；谋而见从，终身不出，臣奚送焉。若言不用，有难而死之，是妄死也；谋而不从，出亡而送之，是诈伪也。故忠臣也者，能纳善于君，不能与君陷于难。"在晏婴看来，所谓忠臣，"不掩君过，谏乎前，不华乎外；选贤进能，不私乎内；称身就位，计能定禄；睹贤不居其上，受禄不过其量；不权居以为行，不称位以为忠；不擗贤以隐长，不刻下以谀上；君在不事太子，国危不交诸侯；顺则进，否则退，不与君行邪也"②。

韩非是战国后期法家思想的集大成者，他根据现实的需要，融刑名法术势为一炉，建立起以法治为中心的高度集权主义理论，为秦帝国的统一和巩固提供理论支持。韩非巩固君权的思想，成为其忠君观念的核心。

首先，韩非总结了东周以来主弱臣强、江山易主的教训，强调君主应该以法术威势驾驭臣下，这样才能长保君位。《韩非子·难四》说："桓公，五伯

---

① 《论语·宪问》："桓公九合诸侯，不以兵车，管仲之力也。如其仁！如其仁！""管仲相桓公，霸诸侯，一匡天下，民到于今受其赐。微管仲，吾其被发左衽矣！岂若匹夫匹妇之为谅也，自经于沟渎而莫之知也。"

② 《晏子春秋》卷三《内篇问上·景公问忠臣之行何如晏子对以不与君行邪》，浙江人民出版社影印《百子全书》1984 年版。

之上也,争国而杀其兄,其利大也。臣主之间,非兄弟之亲也。劫杀之功,制万乘而享大利,则群臣孰非阳虎也。""群臣之未起难也,其备未具也。""臣之忠诈,在君所行也。君明而严则群臣忠,君懦而闇则群臣诈。"真的是人心险恶,莫不贪心好利,君主的宝座能够给人带来巨大的利益,如果有机可乘,人人都会窥窃君主的宝座,父子兄弟之间照样会你争我枪。臣下是否忠贞,并不是出自臣下自身的道德修养,关键是君主能否掌握权势,尤其是善于运用赏罚之权柄。"赏罚者,邦之利器也,在君则制臣,在臣则胜君。""势重者,人君之渊也。君人者势重于人臣之闲,失则不可复得也。简公失之于田成,晋公失之于六卿,而邦亡身死。"(《韩非子·喻老》)所以,君主只能依法用赏罚来约束臣下,"爵禄生于功,诛罚生于罪,臣明于此,则尽死力而非忠君也。"以法而行,即使"君通于不仁,臣通于不忠,则可以王矣"(《韩非子·外储说右下》)。

为防止臣下擅权篡位,影响国家稳定,韩非赞同吴起和商鞅的做法,"大臣太重,封君太众,若此则上逼主而下虐民,此贫国弱兵之道也。不如使封君之子孙三世而收爵禄,绝灭百吏之禄秩,损不急之枝官,以奉选练之士"。"商君教秦孝公以连什伍,设告坐之过,燔诗书而明法令,塞私门之请而遂公家之劳,禁游宦之民而显耕战之士。孝公行之,主以尊安,国以富强。""楚不用吴起而削乱,秦行商君法而富强,二子之言也已当矣"(《韩非子·和氏》)。韩非反复告诫君主要提高警惕:"爱臣太亲,必危其身;人臣太贵,必易主位;主妾无等,必危嫡子;兄弟不服,必危社稷。臣闻千乘之君无备,必有百乘之臣在其侧,以徙其民而倾其国;万乘之君无备,必有千乘之家在其侧,以徙其威而倾其国。是以奸臣蕃息,主道衰亡。是故诸侯之博大,天子之害也;群臣之太富,君主之败也。"君主对于亲近大臣,"大臣之禄虽大,不得藉威城市;党与虽众,不得臣士卒。故人臣处国无私朝,居军无私交,其府库不得私贷于家,此明君之所以禁其邪"(《韩非子·爱臣》)。即使是对忠信贤能之士,君主也要严明法纪,"使人臣虽有智能不得背法而专制,虽有贤行不得踰功而先劳,虽有忠信不得释法而不禁,此之谓明法"(《韩非子·南面》)。

其次,韩非从法家的基本思想出发,对战国时期各种损害君国利益的策士、辩士、隐士等提出批评。我们知道,战国初期,周王室虽然衰微,但仍保持天下"共主"的名号,受到各国诸侯的尊敬。同时,受春秋以来的风习的影响,大批士人游仕他国,尤其是当遇到昏君乱主导致家国破灭时,明智之士往往会逃往他国,即使是公子公孙、世卿世臣不以死殉难也无可厚非。如知伯联合韩魏两家攻赵,赵襄子用张孟谈之计联合韩魏,约定灭掉知氏。知过察觉三家阴谋，告诫知伯，知过见知伯刚愎拒谏，遂改姓辅氏，逃往他国。①
然而，随着周王室的覆灭，失去了天下"共主"，战国诸王不仅要求宗臣效忠
王室，逐渐要求所有臣下对自己绝对忠诚。韩非从巩固君权出发，对春秋、
战国时期各种不利于君国利益的现象提出批评。《韩非子·有度》说："今夫
轻爵禄，易去亡，以择其主，臣不谓廉。诈说逆法，倍主强谏，臣不谓忠。行
惠施利，收下为名，臣不谓仁。离俗隐居，而以作非上，臣不谓义。外使诸
侯，内耗其国，伺其危崄之陂以恐其主曰：'交非我不亲，怨非我不解'，而主
乃信之，以国听之，卑主之名以显其身，毁国之厚以利其家，臣不谓智。"韩非
反对为个人利益反复易主；反对破坏法度的臣子用"诈说"游说君主；反对为
自己收揽声誉而向百姓"行惠施利"；反对不满现实、批评君主的隐士；尤其
是那些损公肥私的策士。

　　《韩非子·八奸》也说："为人臣者散公财以说民人，行小惠以取百姓，使
朝廷市井皆劝誉己，以塞其主而成其所欲，此之谓民萌。"如"季孙相鲁，子路
为邱令。鲁以五月起众为长沟，当此之为，子路以其私秩粟为浆饭，要作沟
者于五父之衢而餐之"。孔子却批评子路死守仁义之说而违背礼制，孔子
说："夫礼，天子爱天下，诸侯爱境内，大夫爱官职，士爱其家，过其所爱曰侵。
今鲁君有民而子擅爱之，是子侵也。"孔子话刚说完，季孙就派使者来责备
说："肥也起民而使之，先生使弟子令徒役而餐之，将夺肥之民耶？"臣下对百
姓行恩惠，曾致使姜姓的齐国化为田姓的齐国。这在韩非看来，不论臣下是
否有不臣之心，都是要制止的，目的是防微杜渐，"以景公之势而禁田常之侵
也，则必无劫弑之患矣"（《韩非子·外储说右上》），同时对臣下来说，也是
避免被君主猜忌。《韩非子·八奸》中还批评了"施属虚辞以坏其主"的"辩
士"；对"聚带剑之客、养必死之士"的孟尝君之流，批评其"明为己者必利，不
为己者必死，以恐其群臣百姓而行其私，此之谓威强"。对于奔走诸国之间
的纵横策士，韩非分析说："君人者，国小则事大国，兵弱则畏强兵，大国之所

---

　　① 《战国策·赵一》："张孟谈因朝知伯而出，遇知过辕门之外。知过入见知伯曰：
'二主殆将有变。'君曰：'何如？'对曰：'臣遇张孟谈于辕门之外，其志矜，其行高。'知伯
曰：'不然。吾与二主约谨矣，破赵三分其地，寡人所亲之，必不欺也。子释之，勿出于
口。'知过出见二主，入说知伯曰：'二主色动而意变，必背君，不如令杀之。'知伯曰：'兵
箸晋阳三年矣，且暮当拔之而飨其利，乃有他心？不可，子慎勿复言。'知过曰：'不杀则遂
亲之。'知伯曰：'亲之奈何？'知过曰：'魏宣子之谋臣曰赵葭，康子之谋臣曰段规，是皆能
移其君之计。君其与二君约，破赵则封二子者各万家之县一，如是则二主之心可不变，而
君得其所欲矣。'知伯曰：'破赵而三分其地，又封二子者各万家之县一，则吾所得者少，不
可。'知过见君之不用也，言之不听，出，更其姓为辅氏，遂去不见。"

索,小国必听,强兵之所加,弱兵必服。为人臣者,重赋敛,尽府库,虚其国以事大国,而用其威求诱其君;甚者举兵以聚边境而制敛于内,薄者数内大使以震其君,使之恐惧,此之谓四方。"

韩非的批评,从反面可以看出韩非的主张,那就是把守法、事功、利君以及无私视为忠臣的职责。《韩非子·忠孝》说:"人臣毋称尧、舜之贤,毋誉汤、武之伐,毋言烈士之高,尽力守法,专心于事主者为忠臣。"尧、舜、汤、武是先秦诸子推崇的圣君,韩非主张"法后王",而守法必然是忠臣的首要信条。在《韩非子·奸劫弑臣》中,韩非又强调说:"故有忠臣者,外无敌国之患,内无乱臣之忧,长安于天下,而名垂后世,所谓忠臣也。"韩非以此为尺度,尖锐批评世人特别是君主推崇的忠臣豫让和廉士伯夷、叔齐。韩非说:"若夫豫让为智伯臣也,上不能说人主使之明法术、度数之理,以避祸难之患,下不能领御其众,以安其国;及襄子之杀智伯也,豫让乃自黔劓,败其形容,以为智伯报襄子之仇;是虽有残刑杀身以为人主之名,而实无益于智伯若秋毫之末。此吾之所下也,而世主以为忠而高之。古有伯夷、叔齐者,武王让以天下而弗受,二人饿死首阳之陵;若此臣者,不畏重诛,不利重赏,不可以罚禁也,不可以赏使也。此之谓无益之臣也,吾所少而去也,而世主之所多而求也。"在《韩非子·外储说右上》中,韩非假借太公望诛杀齐国隐士狂矞、华士之事,对"吾不臣天子,不友诸侯,耕作而食之,掘井而饮之,吾无求于人也,无上之名,无君之禄,不事仕而事力"所谓"贤者"口诛笔伐,"彼不臣天子者,是望不得而臣也。不友诸侯者,是望不得而使也。耕作而食之,掘井而饮之,无求于人者,是望不得以赏罚劝禁也。且无上名,虽知、不为望用;不仰君禄,虽贤、不为望功。不仕则不治,不任则不忠。且先王之所以使其臣民者,非爵禄则刑罚也。今四者不足以使之,则望当谁为君乎?"最后,韩非用骐骥为喻,骐骥虽良,但"驱之不前,却之不止,左之不左,右之不右",犹如"贤士"不为君主所用,"是以诛之"。韩非的观点,含有极端的功利色彩,尤其以是否为君主所用做评判的准绳,无疑对强化君主专制起到推动作用。

五、忠君观念在汉代的成熟与定型

秦国自商鞅变法后,奖励耕战,国力剧增,公元前221年,秦王政灭齐,建立起中央集权的封建帝国,自称始皇帝。秦始皇为了巩固统治,也采取过了一些发展经济的有利措施。但由于秦始皇不能够审时度势,意识到一味地采用法家学说的弊端,"于是废先王之道,燔百家之言,以愚黔首。堕名城,杀豪俊,收天下之兵,聚之咸阳。销锋镝,铸以为金人十二,以弱天下之民。"尤其是"秦王怀贪鄙之心,行自奋之智,不信功臣,不亲士民。废王道而立私爱,焚文书而酷刑法,先诈力而后仁义,以暴虐为天下始"。无休止的劳役和异常残酷的刑法,使百姓深陷水深火热之中。当陈涉振臂一呼,"斩木为兵,揭竿为旗,天下云合响应,赢粮而景从。山东豪杰并起,而亡秦族矣"①。

汉朝初立,承袭秦朝的典章制度,但废除了秦朝的严刑酷法,高祖刘邦"命萧何次律令,韩信申军法,张苍定章程,叔孙通制礼仪,陆贾造新语。又与功臣剖符作誓,丹书铁契,金匮石室,藏之宗庙。虽日不暇给,规摹弘远矣。"②可见汉朝统治者鉴于秦王朝灭亡的教训,杂用王霸学说,又采用黄老之术,与民休息,减轻赋税,发展经济。唯汉初恢复分封制,致使日后有诸侯王割据、反叛之虞。汉武帝时,凭借"文景之治"打下的基础,连年用兵征讨匈奴,消除了中国西北长期的威胁;汉武帝又相继对南粤、西南和朝鲜用兵,扩张疆土。为了适应大一统封建帝国的需要,汉武帝接受董仲舒的建议,"罢黜百家,独尊儒术",儒家思想逐渐成为封建社会的统治思想,儒家的道德伦理观念逐渐成为约束社会民众的价值尺度,而作为儒家道德体系中的忠君观念逐渐被强化,成为封建帝国最核心的价值观念"三纲五常"之一。

西汉时期,尽管统治者接受了儒家学说,但统治者历来都是王道、霸道两手交替使用,仁政、刑罚各取所需,特别是在汉宣帝之前,受战国以来世风的影响,儒家思想并未取得"独尊"的地位。③ 汉高祖时,虽起用叔孙通制礼仪,但忙于平定异姓诸侯王的叛乱,天下"尚有干戈,平定四海,亦未暇遑庠序之事也。孝惠、吕后时,公卿皆武力有功之臣。孝文时颇征用,然孝文帝本好刑名之言。及至孝景,不任儒者,而窦太后又好黄老之术,故诸博士具官待问,未有进者"(《史记·儒林传》)。汉武帝早年也是多重用崇尚法家的能臣干吏,张汤、郅都、主父偃、赵禹等虽被司马迁视为酷吏,但其执法如山,不避权贵,且多有谋略,因而得到汉武帝的信任,即使是司马迁也不得不

① 贾谊《新书》卷一《过秦论》。
② 《汉书·高祖纪下》,中华书局1962年版,第80—81页。
③ 《汉书·元帝纪》记载:"孝元皇帝,宣帝太子也。母曰共哀许皇后,宣帝微时生民间。年二岁,宣帝即位。八岁,立为太子。壮大,柔仁好儒。见宣帝所用多文法吏,以刑名绳下,大臣杨恽、盖宽饶等坐刺讥辞语为罪而诛,尝侍燕从容言:'陛下持刑太深,宜用儒生。'宣帝作色曰:'汉家自有制度,本以霸王道杂之,奈何纯任德教,用周政乎!且俗儒不达时宜,好是古非今,使人眩于名实,不知所守,何足委任!'乃叹曰:'乱我家者,太子也!'"由此可见,至汉宣帝之时,仍是"以霸王道杂之",未"纯任德教"。

承认其有功于国家。《史记·酷吏列传》记载：

> 孝景帝乃使使持节拜都为雁门太守,而便道之官,得以便宜从事。匈奴素闻郅都节,居边,为引兵去,竟郅都死不近雁门。匈奴至为偶人象郅都,令骑驰射,莫能中,见惮如此。

> 会浑邪等降,汉大兴兵伐匈奴,山东水旱,贫民流徙,皆仰给县官,县官空虚。于是丞上指,请造白金及五铢钱,笼天下盐铁,排富商大贾,出告缗令,锄豪强并兼之家,舞文巧诋以辅法。汤每朝奏事,语国家用,日晏,天子忘食。丞相取充位,天下事皆决于汤。

> 太史公曰:……然郅都伉直,引是非,争天下大体。张汤以知阴阳,人主与俱上下,时数辩当否,国家赖其便。赵禹时据法守正。

由此可见,西汉也还是一个思想相对自由的时期,如晁错学"申商刑名"法家之术。司马迁"其是非颇缪于圣人,论大道则先黄老而后六经,序游侠则退处士而进奸雄,述货殖则崇势利而羞贱贫"(班固:《汉书·司马迁传赞》)。主父偃更是"学长短从横术,晚乃学易、春秋、百家之言。游齐诸子间,诸儒生相与排傧,不容于齐"(《汉书·主父偃传》)。特别是以后儒的观点来看,陆贾、贾谊、刘向等均非纯儒。所以说,尽管汉武帝时提出"罢黜百家,独尊儒术",但儒家地位的巩固需要一定的时间和相适应的历史条件,儒家思想也要根据现实的需求进行必要的调整。就忠君观念而言,先秦诸家学派的观点仍有一定的影响,可以说也是处于一个整合的阶段。

陆贾《新语》总结秦朝的教训说:"秦始皇设刑罚,为车裂之诛,以歛奸邪,筑长城於戎境,以备胡、越,征大吞小,威震天下,将帅横行,以服外国,蒙恬讨乱於外,李斯治法於内,事逾烦天下逾乱,法逾滋而天下逾炽,兵马益设而敌人逾多。秦非不欲治也,然失之者,乃举措太众、刑罚太极故也。"(《新语·无为》)为了避免重蹈秦朝灭亡的覆辙,陆贾提出为政必须要有儒家的仁义之心和道家的无为之术。陆贾《新语·道基》说:"夫谋事不并仁义者后必败,殖不固本而立高基者后必崩。故圣人防乱以经艺,工正曲以准绳。德盛者威广,力盛者骄众。齐桓公尚德以霸,秦二世尚刑而亡。"《新语·无为》又说:"道莫大于无为,行莫大于谨敬。何以言之?昔舜治天下也,弹五弦之琴,歌南风之诗,寂若无治国之意,漠若无忧天下之心,然而天下大治。"由此可以看出汉朝初建时基本国策,即以儒家的仁政为本,辅以黄老的无为之术,"丁男耕耘於野,在朝者忠於君,在家者孝於亲;于是赏善罚恶而润色之,兴辟雍庠序而教诲之"(《新语·至德》),从而达到"至德"之治。所以,陆贾强调"人君莫不知求贤以自助,近贤以自辅"(《新语·资质》),"君臣以义序","君以仁治,臣以义平","君臣以义制忠"(《新语·道基》),君臣之间依靠"义"来维系，不取法家的绝对效忠。

据《史记·屈原贾生列传》，贾谊"年十八，以能诵诗属书闻于郡中"。"贾生以为汉兴至孝文二十余年，天下和洽，而固当改正朔，易服色，法制度，定官名，兴礼乐。乃悉草具其事仪法，色尚黄，数用五，为官名，悉更秦之法。孝文帝初即位，谦让未遑也。诸律令所更定，及列侯悉就国，其说皆自贾生发之。"可见贾谊虽是博学的儒生，但具有敏锐的政治眼光和实际的治国才能。贾谊的文章，后人集为《新书》58篇，其关于君臣关系的论述，颇有见地。

贾谊继承了春秋以来的民本思想，在《新书·大政上》中强调："夫民者，万世之本也，不可欺。""与民为敌者，民必胜之。""故率民而守，而民不欲存，则莫能以存矣。故率民而攻，民不欲得，则莫能以得矣。故率民而战，民不欲胜，则莫能以胜矣。故其民之为其上也，接敌而喜，进而不能止，敌人必骇，战由此胜也。夫民之于其上也，接而惧，必走去，战由此败也。故夫蓄与福也，非粹在天也，必在士民也。"因此，君主必须施行仁政，注意道德修养。在《新书·傅职》篇中，贾谊列举了君主种种恶行，①说明师傅有责任教导、帮助君主克服这些恶行，但也从反面说明君主应有的作为。

贾谊根据儒家的礼乐精神，指出："礼者，所以固国家，定社稷，使君无失其民者也。主主臣臣，礼之正也；威德在君，礼之分也；尊卑大小强弱有位，礼之数也。礼，天子爱天下，诸侯爱境内，大夫爱官属，士庶各爱其家。失爱不仁，过爱不义，故礼者所以守尊卑之经，强弱之称者也。"（《新书·礼》）要求君臣各守其分，"故君以知贤为明，吏以爱民为忠"。在这里，贾谊强调的不是臣下要效忠君主个人，而是臣下如何尽职尽责地使君主保有民众，"夫民者，唯君者有之；为人臣者，助君理之。故夫为人臣者，以富乐民为功，以贫苦民为罪"（《新书·大政上》）。在《新书·官人》中，贾谊特别指出，由于君主对待臣下的态度不同，臣下也会相应地用不同的态度对待君主。贾谊说：

> 王者官人有六等：一曰师，二曰友，三曰大臣，四曰左右，五曰侍御，六曰厮役。

---

① 如《新书·傅职》云："天子不谕于先圣人之德，不知君国畜民之道，不见礼义之正，不察应事之理，不博古之典传，不偶于威仪之数，诗书礼乐无经，天子学业之不法，凡此其属太师之任也，古者齐太公职之。天子不恩于亲戚，不惠于庶民，无礼于大臣，不忠于刑狱，无经于百官，不哀于丧，不敬于祭，不诚于戎事，不信于诸侯，不诚于赏罚，不厚于德，不强于行，赐予侈于左右近臣，授予疏远卑贱，不能惩忿窒欲，大行大礼大义大道，不从太师之教。"

知足以为源泉,行足以为表仪。问焉则应,求焉则得。入人之家,足以重人之家,入人之国,足以重人之国者,谓之师。知足以为砻砺,行足以为辅助,仁足以访议,明于进贤,敢于退不肖,内相匡正,外相扬美,谓之友。知足以谋国事,行足以为民率,仁足以合上下之欢,国有法则退而守之,君有难则进而死之,职之所守,君不得以阿私托者,大臣也。修身正行,不怍于乡曲,道语谈说,不怍于朝廷。智能不困于事业,服一介之使,能合两君之欢,执戟居前,能举君之失过,不难以死持之者,左右也。不贪于财,不淫于色,事君不敢有二心。居君旁,不敢泄君之谋。君有失过,虽不能正谏,以其死持之,憔悴有忧色,不劝听从者,侍御也。柔色伛偻,唯谀之行,唯言之听,以睚眦之闲事君者,厮役也。

故与师为国者,帝;与友为国者,王;与大臣为国者,伯;与左右为国者,强;与侍御为国者,若存若亡;与厮役为国者,亡可立待也。

在《新书·阶级》、《谕诚》中,贾谊反复征引春秋时豫让为智伯报仇而不为旧主中行氏尽忠之事,借豫让之口说:"中行众人畜我,我故众人事之;智伯国士遇我,故为之国士用。"告诫君主要礼遇群下。不能将群下视为"厮役"。贾谊说:"故人主遇其大臣,如遇犬马,彼将犬马自为也;如遇官徒,彼将官徒自为也。顽顿无耻,嫠苟无节,廉耻不立,则且不自好,则苟若而可,见利则趋,见便则夺。主上有败,困而揽之矣;主上有患,则吾苟免而已,立而观之耳。有便吾身者,则欺卖而利之耳。"(《新书·阶级》)贾谊此语,对照孟子所说:"君之视臣如手足,则臣视君如腹心;君之视臣如犬马,则臣视君如国人;君之视臣如土芥,则臣视君如寇雠。"(《孟子·离娄下》)足以证明贾谊对君臣关系有十分清醒的认识。尤为可贵的是,贾谊肯定百姓与贤臣有权利不为昏君殉难。如《新书·先醒》记述:

昔者虢君,谄谀亲贵,谏臣诘逐,政治踳乱,国人不服。晋师伐之,虢人不守。虢君出走,至于泽中,曰:"吾渴而欲饮。"其御乃进清酒。曰:"吾饥而欲食。"御进腶脯粱糗。虢君喜曰:"何给也?"御曰:"储之久矣。"曰:"何故储之?"对曰:"为君出亡而道饥渴也。"君曰:"知寡人亡邪?"对曰:"知之。"曰:"知之,何以不谏?"对曰:"君好谄谀,而恶至言,臣愿谏,恐先虢亡。"虢君作色而怒,御谢曰:"臣之言过也。"为闲,君曰:"吾之亡者诚何也?"其御曰:"君弗知耶?君之所以亡者,以大贤也。"虢君曰:"贤人之所以存也,乃亡,何也?"对曰:"天下之君皆不肖,夫疾吾君之独贤也,故亡。"虢君喜,据式而笑曰:"嗟!贤固若是苦耶?"遂徒行而于山中居,饥倦,枕御膝而卧,御以块自易,逃行而去,君遂饿死,为禽兽食。

又如《新书·春秋》记述：

> 卫懿公喜鹤，鹤有饰以文绣而乘轩者。赋敛繁多，而不顾其民，贵优而轻大臣。群臣或谏，则面叱之。及翟伐卫，寇挟城堞矣，卫君垂泣而拜其臣民曰："寇迫矣，士民其勉之！"士民曰："君亦使君之贵优，将君之爱鹤，以为君战矣。我侪弃人也，安能守战？"乃溃门而出走，翟寇遂入，卫君奔死，遂丧其国。故贤主者不以草木禽兽妨害人民，进忠正而远邪伪，故民顺附，而臣下为用。今释人民而爱鸟兽，远忠道而贵优笑，反甚矣。

贾谊认为虢"御"之逃亡和卫"士民"之出走，皆因虢君"骄恣自伐"和卫君"赋敛繁多，而不顾其民"，是咎由自取。

我们知道，贾谊是汉代削藩说的首倡者，贾谊接受荀子和韩非的看法，认为忠臣不仅仅是出自道德自律，也有形势使然，不得不如此。在《新书·藩强》中，贾谊说：

> 窃迹前事，大抵强者先反。淮阴王楚最强，则最先反；韩王信倚胡，则又反；贯高因赵资，则又反；陈豨兵精强，则又反；彭越用梁，则又反；黥布用淮南，则又反；卢绾国比最弱，则最后反。长沙乃才二万五千户耳，力不足以行逆，则功少而最完，埶疏而最忠，全骨肉。时长沙无故者，非独性异人也，其形势然矣。
>
> 曩令樊、郦、绛、灌据数十城而王，今虽以残亡可也。令韩信黥布彭越之伦，列为彻侯而居，虽至今存可也。然则天下大计可知已。欲诸王皆忠附，则莫若令如长沙；欲勿令菹醢，则莫若令如樊、郦、绛、灌；欲天下之治安，天子之无忧，莫如众建诸侯而少其力。力少则易使以义，国小则无邪心。

当然，贾谊从战国以来的现实出发，充分肯定臣下对君主的忠诚。如《新书·阶级》说：

> 上设廉耻礼义以遇其臣，而群臣不以节行而报其上者，即非人类也。
>
> 故化成俗定，则为人臣者，主尔忘身，国尔忘家，公尔忘私。利不苟就，害不苟去，唯义所在，主上之化也。故父兄之臣，诚死宗庙；法度之臣，诚死社稷；辅翼之臣，诚死君上；守卫捍敌之臣，诚死城廓封境。故曰圣人有金城者，比物此志也。

在这里，贾谊虽然区分为"父兄之臣"、"法度之臣"、"辅翼之臣"和"守卫捍敌之臣"，但忠于王事，死而后已是其一致的要求。

贾谊的思想在西汉儒生中颇具代表性，他们信守儒家的仁义学说，强调对君主效忠是臣下应有的义务，特别是"为人臣者，主尔忘身，国尔忘家，公尔忘私。利不苟就，害不苟去，唯义所在"，但大多反对愚忠，反对法家鼓吹的集权专制。贾谊的这种看法，在刘向的《新序》和《说苑》中也可以找到例证。

《新序》和《说苑》是刘向整理编辑的先秦、西汉的史料和传说，但透过其选择可以看出刘向对儒家伦理道德的认同，如《说苑》卷三借孔子之口阐发"君道义，臣道忠"原则，主张"君臣之与百姓，转相为本，如循环无端"。君主要"尊天事地，敬社稷，固四国，慈爱万民，薄赋敛，轻租税"（《新序·杂事第二》）；而"贤臣之事君也，受官之日，以主为父，以国为家，以士人为兄弟；故苟有可以安国家，利人民者不避其难，不惮其劳，以成其义"（《说苑》卷三）。这显然是春秋以来儒家的基本观点。

《新序》和《说苑》中有一些章节表现了刘向对在忠君观念的思考。如刘向在君臣关系中提出"尊臣"的主张，反对君主视臣下如"厮役"。《新序·杂事第一》记述：

赵简子上羊肠之阪，群臣皆偏袒推车，而虎会独担戟行歌，不推车。简子曰："寡人上阪，群臣皆推车，会独担戟行歌不推车，是会为人臣侮其主，为人臣侮其主，其罪何若？"虎会曰："为人臣而侮其主者，死而又死。"简子曰"何谓死而又死？"虎会曰："身死，妻子又死，若是谓死而又死，君既已闻为人臣而侮其主之罪矣，君亦闻为人君而侮其臣者乎？"简子曰："为人君而侮其臣者何若？"虎会对曰："为人君而侮其臣者，智者不为谋，辩者不为使，勇者不为斗。智者不为谋，则社稷危；辩者不为使，则使不通；勇者不为斗，则边境侵。"简子曰："善。"乃罢群臣不推车，为士大夫置酒，与群臣饮，以虎会为上客。

请再看《新序·杂事第四》中的记述：

桓公田，至於麦丘，见麦丘邑人，问之："子何为也？"对曰："麦丘邑人也。"公曰："年几何？"对曰："八十有三矣。"公曰："美哉寿乎！子其以子寿祝寡人。"麦丘邑人曰："祝主君，使主君万寿，金玉是贱，人为宝。"桓公曰："善哉！至德不孤，善言必再，吾子其复之。"麦丘邑人曰："祝主君，使主君无羞学，无下问，贤者在傍，谏者得人。"桓公曰："善哉！至德不孤，善言必三，吾子其复之。"麦丘邑人曰："祝主君，使主君无得罪群臣百姓。"桓公拂然作色曰："吾闻之，子得罪於父，臣得罪於君，未尝闻君得罪於臣者也，此一言者，非夫二言者之匹也，子更之。"麦丘邑人坐拜而起曰："此一言者，夫二言之长也，子得罪於父，可以因姑姊叔父而解之，父能赦之。臣得罪于君，可以因便辟左右而谢之，君能赦之。

昔桀得罪于汤，纣得罪于武王，此则君之得罪于其臣者也。莫为谢，至今不赦。"公曰："善，赖国家之福，社稷之灵，使寡人得吾子于此。"扶而载之，自御以归，礼之于朝，封之以麦丘，而断政焉。

刘向从民本思想出发，要求君主礼敬大臣，尤其是指出"君之得罪于其臣者也。莫为谢，至今不赦"，只能是身败国亡。刘向这种观点，在西汉统治者接受董仲舒学说逐渐将将君权神圣化的环境下，愈见其难能可贵。

另外，刘向强调臣下进谏是尽忠的主要职责，"大臣重禄而不极谏，近臣畏罚而不敢言，下情不上通，此患之大者也"（《新序·杂事第五》）。"卑身贱体，夙兴夜寐，进贤不解，数称于往古之德行事以厉主意，庶几有益，以安国家社稷宗庙，如此者忠臣也。"（《说苑》卷二）在《新序》和《说苑》中，记述了许多忠臣强谏的故事。如《新序·刺奢第六》记载：

> 齐宣王为大室，大盖百亩，堂上三百户，以齐国之大，具之三年而未能成，群臣莫敢谏者。香居问宣王曰："荆王释先王之礼乐而为淫乐，敢问荆邦为有主乎？"王曰："为无主。""敢问荆邦为有臣乎？"王曰："为无臣。"居曰："今主为大室，三年不能成，而群臣莫敢谏者，敢问王为有臣乎？"王曰："为无臣。"香居曰："臣请避矣。"趋而出。王曰："香子留，何谏寡人之晚也？"遽召尚书曰："书之，寡人不肖，为大室，香子止寡人也。"

> 赵襄子饮酒五日五夜，不废酒，谓侍者曰："我诚邦士也。夫饮酒五日五夜矣，而殊不病。"优莫曰："君勉之，不及纣二日耳。纣七日七夜，今君五日。"襄子惧，谓优莫曰："然则吾亡乎？"优莫曰："不亡。"襄子曰："不及纣二日耳，不亡何待？"优莫曰："桀纣之亡也遇汤武，今天下尽桀也，而君纣也，桀纣并世，焉能相亡，然亦殆矣。"

随着时代的推移，君主集权日益强化，人臣的进谏有时承担着巨大的风险。刘向非常赞同孔子所说的"讽谏"，反对愚忠。刘向《说苑》卷九说：

> 君有过失者，危亡之萌也；见君之过失而不谏，是轻君之危亡也。夫轻君之危亡者，忠臣不忍为也。三谏而不用则去，不去则身亡；身亡者，仁人之所不为也。是故谏有五：一曰正谏，二曰降谏，三曰忠谏，四曰戆谏，五曰讽谏。孔子曰："吾其从讽谏乎。"夫不谏则危君，固谏则危身；与其危君、宁危身；危身而终不用，则谏亦无功矣。智者度君权时，调其缓急而处其宜，上不敢危君，下不以危身，故在国而国不危，在身而身不殆。

刘向生活在西汉后期，《新序》和《说苑》所表达的忠君观念，与今文经学大师董仲舒的看法颇有不同，反而比较接近先秦儒家的看法，这说明汉武帝时尽管接受董仲舒的学说,但以董仲舒为代表的汉儒的思想体系的完成还需要一个整合的过程。

　　毫无疑问,董仲舒是汉朝乃至中国古代最为重要的思想家之一。董仲舒在汉武帝元光元年(公元前134年)的贤良对策中,以儒家学说为基础,引入阴阳五行学说,借助"天人感应"学说,将祥瑞灾异与王政得失联系起来,鼓吹儒家的仁义学说,建议汉武帝"立大学以教于国,设庠序以化于邑,渐民以仁,摩民以谊(义),节民以礼"。"使诸列侯、郡守、二千石各择其吏民之贤者,岁贡各二人以给宿卫",以革除汉初"夫长吏多出于郎中中郎,吏二千石子弟选郎吏,又以富货"的选官弊政,最后,董仲舒在意识形态上调合孔老,而归宗儒本,提出"道之大原出于天,天不变,道亦不变。""繇是观之,继治世者其道同,继乱世者其道变。今汉继大乱之后,若宜少损周之文致,用夏之忠者。"(《汉书·董仲舒传》)在这里董仲舒将儒家的仁政视为天道的体现,但又指出时代迁移,不能照搬周朝的礼乐制度,而应该采用夏朝的做法,强化王权,以忠君思想巩固统治。董仲舒的对策,深受汉武帝的赏识,不仅影响了汉武帝的政教政策,而且影响了两汉及后来各封建王朝的政教政策。

　　董仲舒的著作,后来大都汇集在《春秋繁露》一书中。《春秋繁露·立元神》说:

　　　　君人者,国之元,发言动作,万物之枢机,枢机之发,荣辱之端也,失之毫厘,驷不及追……君人者,国之本也,夫为国,其化莫大于崇本,崇本则君化若神,不崇本则君无以兼人,无以兼人,虽峻刑重诛,而民不从,是所谓驱国而弃之者也,患庸甚焉!

《春秋繁露·五行对》说:

　　　　天有五行:木、火、土、金、水是也。木生火,火生土,土生金、金生水。水为冬,金为秋,土为季夏,火为夏,木为春。春主生,夏主长,季夏主养,秋主收,冬主藏,藏,冬之所成也。是故父之所生,其子长之;父之所长,其子养之;父之所养,其子成之。诸父所为,其子皆奉承而续行之,不敢不致如父之意,尽为人之道也。故五行者,五行也。由此观之,父授之,子受之,乃天之道也。故曰:夫孝者,天之经也。此之谓也……地出云为雨,起气为风,风雨者,地之所为,地不敢有其功名,必上之于天,命若从天气者,故曰天风天雨也,莫曰地风地雨也;勤劳在地,名一归于天,非至有义,其庸能行此;故下事上,如地事天也,可谓大忠矣。土者,火之子也,五行莫贵于土,土之于四时,无所命者,不与火分功名;木名春,火名夏,金名秋,水名冬,忠臣之义,孝子之行取之土;土者,五行最贵者也,其义不可以加矣。五声莫贵于宫,五味莫美于甘,五色莫盛于黄，此谓孝者地之义也。

《春秋繁露·阳尊阴卑》说：

是故春秋君不名恶，臣不名善，善皆归于君，恶皆归于臣。臣之义比于地，故为人臣者，视地之事天也；为人子者，视土之事火也，虽居中央，亦岁七十二日之王，傅于火，以调和养长，然而弗名者，皆并功于火，火得以盛，不敢与父分功，美孝之至也。是故孝子之行，忠臣之义，皆法于地也，地事天也，犹下之事上也。

我们知道，董仲舒继承了儒家思孟学派和阴阳家邹衍的学说，认为天是有意志的，天生万物是有目的的，天意要大一统的，皇帝是受命于天来进行统治的。这就从根本上放弃了先秦的民本思想，改变为"君人者，国之本也"；同时，董仲舒利用阴阳五行学说来体现天的意志，用阴阳的流转，与四时相配合，推论出东南西北中的方位和金木水火土五行的关系。而且突出土居中央，为五行之主的地位，认为五行是天道的表现，并进而把这种阳尊阴卑的理论用于社会，"是故孝子之行，忠臣之义，皆法于地也，地事天也，犹下之事上也"。"是故春秋君不名恶，臣不名善，善皆归于君，恶皆归于臣。"尽管在《春秋繁露》中，董仲舒一再强调君主应当贤明，"为人君者，谨本详始，敬小慎微，志如死灰，形如委衣，安精养神，寂寞无为，休形无见影，揜声无出响，虚心下士，观来察往，谋于众贤，考求众人，得其心，遍见其情，察其好恶，以参忠佞，考其往行，验之于今，计其蓄积，受于先贤，释其雠怨，视其所争，差其党族，所依为臬，据位治人，用何为名，累日积久，何功不成？"（《春秋繁露·立元神》）但董仲舒君权神授的理论，无疑是强化中央集权的思想武器，并直接开启"三纲五常"等鼓吹君主专制的学说。①

按照董仲舒的观点，臣为地，君为天；臣为阴，君为阳。君主主宰一切，臣下只能辅佐、依从君主，先秦儒家君臣间"对待性"的关系被彻底颠覆，董仲舒使得法家鼓吹的君主专制又披上君权神授的外衣，"事君，若土之敬天也；可谓有行人矣"（《春秋繁露·五行之义》）。因此，在董仲舒看来，臣下的一切作为，都要以是否有利于君主为依归。《春秋繁露·天地之行》说：

地卑其位而上其气，暴其形而着其情，受其死而献其生，成其事而归其功。卑其位，所以事天也；上其气，所以养阳也；暴其形，所以为忠也；着其情，所以为信也；受其死，所以藏终也；献其生，所以助明也；成其事，所以助化也；归其功，所以致义也。为人臣者，其法取象于地，故

---

① 所谓"三纲"，即"君为臣之纲，父为子之纲，夫为妇之纲。"出自汉代纬书《礼纬含文嘉》，因隋炀帝严禁纬书，后失传，现有明清学者的辑佚本。

> 朝夕进退,奉职应对,所以事贵也;供设饮食,候视疢疾,所以致养也;委身致命,事无专制,所以为忠也;竭愚写情,不饰其过,所以为信也;伏节死难,不惜其命,所以救穷也;推进光荣,褒扬其善,所以助明也;受命宣恩,辅成君子,所以助化也;功成事就,归德于上,所以致义也。

董仲舒鼓吹儒家的伦理道德,强调臣下应该贱利重义,甚至要求臣下为了忠君"委身致命",这固然有激励仁人志士注重节操、造就光辉峻洁品格的一面,但也为后世统治者无视臣下及普通百姓的权益、实施独裁统治大开方便之门。

尽管董仲舒标榜仁义,鼓吹儒家思想,但董仲舒在许多方面背离先秦儒家的立场与基本原则,尤其是为了迎合大一统帝国条件下君主专制的需要,完全遗弃了孔子思想中那些反对君主专制的民本思想,因而受到后人的批评。如王充《论衡·实知篇》说:"孔子将死,遗谶书……又曰:'董仲舒乱我书。'其后,江都相董仲舒,论思《春秋》,造著传记。"谶纬学说在两汉盛极一时,王充虽不赞同谶书的说法出自孔子,但从另一方面可以推知两汉儒生并未完成服膺董仲舒的学说。

如在《潜夫论》中,王符特别强调春秋以来的民本思想,《潜夫论·忠贵》说:"帝王之所尊敬,天之所甚爱者,民也。"《务本》也说:"凡为治之大体,莫善于抑末而务本,莫不善于离本而饰末。夫为国者以富民为本,以正学为□。民富乃可教,学正乃得义,民贫则背善,学淫则诈伪,入学则不乱,得义则忠孝。"这显然是孔子"富而教之"的阐发。又如《本政》说:

> 凡人君之治,莫大于和阴阳。阴阳者,以天为本。

> 天心顺则阴阳和,天心逆则阴阳乖。天以民为心,民安乐则天心顺,民愁苦则天心逆。民以君为统,君政善则民和治,君政恶则民冤乱。君以恤民为本,臣忠良则君政善,臣奸枉则君政恶。

王符一再强调国家安定、君主尊荣必须是在百姓富庶以基础,而要实施仁政,关键是君贤臣良。王符针对东汉以来世族逐渐垄断政权的现实感叹说:

> 自成帝以降,至于莽,公卿列侯,下讫令尉,大小之官,且十万人,皆自汉所谓贤明忠正贵宠之臣也。莽之篡位,惟安众侯刘崇、东郡太守翟义思事君之礼,义勇奋发,欲诛莽。功虽不成,志节可纪。夫以十万之计,其能奉报恩,二人而已。

当王莽篡汉时,汉朝官吏不下十万余人,仅有刘崇、翟义二人起来反对,这对宣传忠君的统治者来说不能不是莫大的讽刺。究其原因,就是君主未能实施仁政,得不到百姓的拥护,一旦国家陷入危亡,即使有臣下站出来拥戴君主,百姓仍然是无动于衷。中国古代上演的一幕幕改朝换代的闹剧,说明如果不能保障臣下与百姓应有的权益,侈谈效忠君主并不能使千千万万具有常识理性的小民信服。

东汉时期,统治者进一步沿着儒学与阴阳五行学说互相结合的道路前行,谶纬之说与今文经学杂糅在一起,如汉章帝时编成的《白虎通义》,其对封建社会的政治制度、伦理道德的解释,显示出浓郁的神学与儒学相结合的特色。东汉末年出现的马融的《忠经》,正是《白虎通义》将儒学思想神学化的一种具体示范,将先秦两汉的忠君思想做了一个全面的总结,使之完全适应封建君主集权专制的需要。

据《后汉书·马融列传》的记述,"融才高博洽,为世通儒",但其人品颇有议之处,如"居宇器服,多存侈饰。常坐高堂,施绛纱帐,前授生徒,后列女乐","初,融惩于邓氏,不敢复违忤执家,遂为梁冀草奏李固,又作大将军西第颂,以此颇为正直所羞"。所以说,马融《忠经》把臣下效忠君主视为天经地义的法则,但一旦面临个人利益乃至身家性命的考量,忠君理论的鼓吹者却不是忠君理论的践行者,不能不让人感叹理论总是苍白的。

首先,马融鼓吹君权神授,将忠的品质提升至上天对人的普遍要求,同时也进一步阐述了忠君的重大意义。《忠经·天地神明章》说:

天之所覆,地之所载,人之所履,莫大乎忠……为国之本,何莫由忠。忠能固君臣、安社稷、感天地、动神明,而况于人乎?

《忠经·圣君章》说:

惟君以圣德监于万邦。自下至上,各有尊也。故王者上事于天,下事于地,中事于宗庙以临于人,则人化之天下,尽忠以奉上也。

《忠经·冢宰章》说:

尊其君,有天地之大,日月之明,阴阳之和,四时之信。圣德洋溢,颂声作焉。

《忠经·兆人章》说:

天地泰宁,君之德也。君德昭明,则阴阳风雨以和,人赖之而生也。

《忠经·尽忠章》说:

无下尽忠,淳化行也。君子尽忠,则尽其心;小人尽忠,则尽其力……故明王之理也,务有任贤。贤臣尽忠,则君德广矣。政教以之而美,礼乐以之而兴,刑罚以之而清,仁惠以之而布。四海之内有太平音。

《忠经·辩忠章》说:

大哉,忠之为用也!施之于迩,则可以保家邦;施之于远,则可以极天地。

　　在这里,可以明显地看到董仲舒思想的影响。皇帝是天之子,是承上天之命来治理百姓的,"王者上事于天,下事于地",臣民尊敬君主,就是尊敬上天;君主的恩泽,犹如天上的日月,"阴阳风雨以和,人赖之而生也",天下所有人都要效忠君主,君子尽心,小人尽力,上天就会降下福祉,保佑国泰民安。

　　其次,马融论述君臣、百姓各自的职责和义务,阐明了忠君的道德观念应该如何践行。

　　《忠经·广至理章》说:

　　　　古者圣人以天下之耳目为视听,天下之心为心。端旒而自化,居成而不有,斯可谓致理也已矣。王者思于至理,其远乎哉? 无为而天下自清,不疑而天下自信,不私而天下自公。贱珍则人去贪,彻侈则人从俭,用实则人不伪,崇让则人不争。故得人心和平,天下淳质,乐其生,保其寿,优游圣德以为自然之至也。

　　《忠经·广至理章》主要是对君王的要求。先要了解情况,想民众之所想;再要不懈的努力,做到无为、不疑、不私、贱珍、彻侈、用实、崇让,这样君王的行为才能具有正确的导向作用,使得人心平和、天下淳质、乐生保寿、优游圣德,让民众觉得君王给予他们的就跟上天赐予的东西差不多重要。教化广施,人民安居乐业,这就离至理的时代不远了,也达到了"广至理"的要求。另外,在《忠经·广为章》说"明主之为国也,任于正,去于邪",重用贤良,"内睦以文,外威以武,被服礼乐,堤防政刑"。在《忠经·政理章》中则概述了教化百姓的基本原则,那就是"君子务于德,修于政,谨于刑"。《忠经·政理章》说:

　　　　夫化之以德,理之上也,则人日迁善而不知;施之以政,理之中也,则人不得不为善;惩之以刑,理之下也,则人畏而不敢为非也。刑则在省而中,政则在简而能,德则在博而久。

　　由此,我们就可以看出,统治者提倡忠君、提倡仁政,并不是不要刑罚,而是反对法家的单纯以刑罚治理国家。

　　《忠经·冢臣章》说:

　　　　冢臣于君,可谓一体。下行而上信,故能成其忠。夫忠者,岂惟奉君忘身,徇国忘家,正色直辞,临难死节已矣? 在乎沉谋潜运,正国安人,任贤以为理,端委而自化。

　　所谓冢臣,是指三公、丞相等执政大臣,这些股肱之臣,可以说与君主同为一体,他们和君主一样担负着调和阴阳、协理万邦的重任,这些人仅仅做到"奉君忘身,徇国忘家,正色直辞,临难死节"是不够的,他们的职责是推举贤人，安定国家。

《忠经·百工章》说：

> 君子之事上也，入则献其谋，出则行其政，居则思其道，动则有仪，秉职不回，言事无惮，苟利社稷，则不顾其身。上下用成，故昭君德，盖百工之忠也。

朝廷百官主要是忠于职守，尤其是要"言事无惮"，敢于进谏，甚至不怕牺牲，如《忠经·忠谏章》所说："违而不谏，则非忠臣。夫谏，始于顺辞，中于抗议，终于死节，以成君休，以宁社稷。"当然，还有进谏的时机，"谏于未形者，上也；谏于已彰者，次也；谏于既行者，下也"。另外，还需要指出的是，所有臣子都要具有忠谏的品德，不过是由于职守的不同，各自有所侧重。

《忠经·守宰章》说：

> 夫人莫不欲安，君子顺而安之；莫不欲富，君子教而富之。笃之以仁义，以固其心；导之以礼乐，以和其气；宣君德以弘大其化，明国法以至于无刑；视君之人如观乎子，则人爱之如爱其亲，盖守宰之忠也。

两汉特别重视郡守的选择，因为郡守是代天子行政，口衔宪章，有生杀予夺之权，所以《忠经·守宰章》要求郡守"在官惟明，莅事惟平，立身惟清"，推行仁政，就是忠君的最好实践。

此外，《忠经·武备章》要求"统军之帅"能够"淳德布治，戎夷禀命"，统领军队应该是"仁以怀之，义以厉之，礼以训之，信以行之，赏以劝之，刑以严之"，使之"攻之则克，守之则固"。《忠经·观风章》则告诫代天子出巡的大臣要"君子去其私，正其色，不害理以伤物，不惮势以举任，惟善是与，惟恶是除，以之而陟，则有成；以之而出，则无怨"。

即使是没有职守的子民，马融也没有忽略，《忠经·兆人章》告诫说：

> 祗承君之法度，行孝悌于其家，服勤稼穑以供王赋。此兆人之忠也。

对于万千子民来说，毕敬地接受君王法度的约束，在家庭里孝顺父母尊敬兄长，不辞劳苦地耕种以便完成需要向君王交纳的赋税，这就是万千子民应尽的忠爱之心。

第三，马融在《忠经》中，将忠君的道德规范视为儒家伦理道德的核心，要求臣下把报答君主作为人生的终极目标。这实际上是将忠君观念无限的放大，为君主专制政治的合理化、神圣化奠定了基础。《忠经·扬圣章》说："君德圣明，忠臣以荣；君德不足，忠臣以辱。不足，则补之；圣明，则扬之。"要求臣下对君主要歌功颂德，即使君主有做得不够、不全面的地方，臣下应该想尽办法去补充完善它。宣扬君主的盛德，使之流传后世，是忠诚的体现。毫无疑问,这是对儒家"为尊者讳"的引申发挥,也是如何将君主神圣化的一种途径。

如前所述,我们看到了《忠经》仍然在强调孝道,但应该注意的是,董仲舒、马融等人,已经将儒家伦理道德的基石"孝悌"偷换为"忠君"。《论语·学而》说:"孝弟也者,其为仁之本与!"《忠经·证应章》则说:"善莫大于作忠,恶莫大于不忠。"并用因果报应来告诫臣下,"惟天监人,善恶必应"。"忠则福禄至焉;不忠,则刑罚加焉。"《忠经·保孝行章》更是明确地说:"夫惟孝者必贵于忠。忠苟不行,所率犹非其道。是以忠不及之,而失其守。非惟危身,辱及亲也。故君子行其孝,必先以忠。竭其忠,则福禄至矣。故得尽爱敬之心,以养其亲,施及于人,此之谓保孝行也。"意思说行孝之人要懂得忠君比孝亲更重要,如果行孝与忠君发生了冲突,人就失去了他最重要的操守,这样不仅仅是危害自己,还会使自己的父母受到伤害。再说忠君尽力,福分和俸禄才会来到你身边,也使你有尽孝道的物质基础。这样一来,才能做到对双亲极尽爱敬之心,让他们过上好日子,如果进一步也把这份爱敬之心传达给其他的人,这就叫保证孝行。如前所述,先秦时期当忠孝发生冲突时,无论选择做忠臣还是选择做孝子都是无可厚非的,但在《忠经》中,行孝必须服从忠君的要求,并且认为只有忠君才能保障行孝,威逼利诱,要将天下臣民全部纳入忠君的轨道。

在《忠经·辨忠章》中,马融提出儒家的"仁"、"智"、"勇",如果没有"忠"做基础,不仅不能发挥其优秀的品质,反而会带来恶果。《忠经·辨忠章》说:

> 夫忠而能仁,则国德彰;忠而能知,则国政举;忠而能勇,则国难清。故虽有其能,必由忠而成也。仁而不忠,则私其恩;知而不忠,则文其诈;勇而不忠,则易其乱。是虽有其能,以不忠而败也。此三者不可辨也。

尤其值得注意的是,《忠经·报国章》采取偷换概念的方法,把"忠君"与"报国"混而为一,将臣子的一切都归于君主的恩赐,"为人臣者,官于君。先后光庆,皆君之德"。一个人做了官,不仅祖上有光,自己荣耀,自己的后代也跟着沾光,这都是君主赏赐的。因而臣子必须或"贡贤"、或"献猷"、或"立功"、或"兴利",来报答君主,也就是报效国家。由此,我们可以清醒地看到,孟子所说的"民为贵,社稷次之,君为轻"(《孟子·尽心下》)的次序早以被颠覆,君主就是国家,君主就是"天意",君主的意志要统领一切道德观念。

综上所述,两汉时期虽然还有些学者能够继承先秦儒家的优良传统,但随着时代的推移,君主专制的影响越来越广泛,必然要求思想领域特别是道德规范作出回应。董仲舒顺应时代潮流,与时俱进,尽管董仲舒个人仕途由于方方面面的原因尚不如意,但汉武帝采纳了董仲舒的建议,接受了董仲舒的学说,就是对董仲舒最大的信任和重用。从此,在王权的保护下,董仲舒的思想成为汉儒的基本思想。所以,尽管东汉的政治日趋腐败,但统治者对思想的禁锢却日趋严厉,我们无法证明马融在东汉末年是否以鼓吹忠君来试图改变宦官、外戚当权的局面,但《忠经》所阐述的忠君思想却为后世的统治者普遍接受,作为巩固君主专制的思想武器。

六、忠君观念的历史演进

就儒家思想体系的发展而言,汉代、宋代和明代较为重要。自马融《忠经》产生后,忠君观念的发展当然也以宋明两朝较有特色。由于篇幅所限,我们在讨论忠君观念的历史演进时,自然把注意力放在宋明两朝,除了对唐太宗的论述稍作分析外,其他历史阶段就略而不述。

唐太宗和魏征之间的忠谏,是史家交口称赞的中国古代君明臣贤的典范。据《贞观政要·求谏》记述:

贞观十五年,太宗问魏征曰:"比来朝臣都不论事,何也?"征对曰:"陛下虚心采纳,诚宜有言者。然古人云:'未信而谏,则以为谤己;信而不谏,则谓之尸禄。'但人之才器各有不同,懦弱之人,怀忠直而不能言;疏远之人,恐不信而不得言;怀禄之人,虑不便身而不敢言。所以相与缄默,俯仰过日。"太宗曰:"诚如卿言。朕每思之,人臣欲谏,辄惧死亡之祸,与夫赴鼎镬、冒白刃,亦何异哉?故忠贞之臣,非不欲竭诚。竭诚者,乃是极难。所以禹拜昌言,岂不为此也! 朕今开怀抱,纳谏诤。卿等无劳怖惧,遂不极言。"

唐太宗的虚心纳谏,魏征的尽忠直言,才成就了一段历史佳话。然而,就魏征而言,他接受先秦的民本思想,经常用荀子所说"水能载舟,亦能覆舟"(《贞观政要·论政体》)告诫太宗,[①]他不愿做所谓直谏的忠臣,他希望自己是保国安民的"良臣"。魏征曾对太宗说:"臣以身许国,直道而行,必不敢有所欺负。但愿陛下使臣为良臣,勿使臣为忠臣。"太宗曰:"忠良有异乎?"征曰:"良臣使身获美名,君受显号,子孙传世,福禄无疆。忠臣身受诛夷,君陷大恶,家国并丧,独有其名。以此而言,相去远矣。"(《贞观政要·

---

① 《荀子·哀公》:"君者,舟也;庶人者,水也。水则载舟,水则覆舟。"《荀子·王制》:"君者,舟也;庶人者,水也;水则载舟,水则覆舟。"

纳谏》)

　　相比之下,唐太宗对忠君观念的看法似乎就不是那么"贤明"。唐太宗从维护君权出发,在贞观二年曾对臣下说:"君虽不君,臣不可以不臣。"(《旧唐书·太宗纪上》)显然是鼓吹君权的绝对化,即使是无道昏君,也不允许臣下有反叛之心。隋朝末年,李渊、李世民父子为了夺取天下,招降纳叛,裴虔通等隋朝降臣都得到委用。等到贞观二年,唐太宗坐稳了皇帝的宝座,开始算起前朝的旧账,下诏曰:

　　　　天地定位,君臣之义以彰;卑高既陈,人伦之道斯著。是用笃厚风俗,化成天下。虽复时经治乱,主或昏明,疾风劲草,芬芬无绝,剖心焚体,赴蹈如归。夫岂不爱七尺之躯,重百年之命?谅由君臣义重,名教所先,故能明大节于当时,立清风于身后。至如赵高之殒二世,董卓之鸩弘农,人神所疾,异代同愤。况凡庸小竖,有怀凶悖,遐观典策,莫不诛夷。辰州刺史、长蛇县男裴虔通,昔在隋代,委质晋藩,炀帝以旧邸之情,特相爱幸。遂乃志蔑君亲,潜图弑逆,密伺间隙,招结群丑,长戟流矢,一朝窃发。天下之恶,孰云可忍!宜其夷宗焚首,以彰大戮。但年代异时,累逢赦令,可特免极刑,除名削爵,迁配驩州。

到贞观七年,唐太宗又下诏说:

　　　　宇文化及弟智及、司马德戡、裴虔通、孟景、元礼、杨览、唐奉义、牛方裕、元敏、薛良、马举、元武达、李孝本、李孝质、张恺、许弘仁、令狐行达、席德方、李覆等,大业季年,咸居列职,或恩结一代,任重一时;乃包藏凶愿,罔思忠义,爰在江都,遂行弑逆,罪百阎、赵,衅深枭獍。虽事是前代,岁月已久,而天下之恶,古今同弃,宜实重典,以励臣节。其子孙并宜禁锢,勿令齿叙。

昔晋文公杀郤芮,后重用其子冀缺;《左传》僖公三十三年引《康诰》曰:"父不慈,子不祗,兄不友,弟不共,不相及也。"[1]三国时司马师杀嵇康,其子

---

　　[1]　此段文字不见于今本《尚书·康诰》,恐为佚文。《左传》曰:"初,臼季使,过冀,见冀缺耨,其妻馌之,敬,相待如宾。与之归,言诸文公曰:'敬,德之聚也。能敬必有德。德以治民,君请用之!臣闻之:出门如宾,承事如祭,仁之则也。'公曰:'其父有罪,可乎?'对曰:'舜之罪也殛鲧,其举也兴禹。管敬仲,桓之贼也,实相以济。《康诰》曰:"父不慈,子不祗,兄不友,弟不共,不相及也。"《诗》曰:"采葑采菲,无以下体。"君取节焉可也。'文公以为下军大夫。反自箕,襄公以三命命先且居将中军,以再命命先茅之县赏胥臣,曰:'举郤缺,子之功也。'以一命命郤缺为卿,复与之冀,亦未有军行。

嵇绍却是晋朝之忠臣。① 我们知道,法家为了严明刑罚,用家族连坐、邻里连坐来巩固集权专制,这是法家思想中最缺少人道精神的部分。唐太宗明令隋朝叛臣"其子孙并宜禁锢,勿令齿叙",禁止叛臣的后代进入仕途,用意是严厉警告对君主怀有二心的臣子,但鼓吹这样极端专制的法家主张,见识尚不及起用嵇绍的晋武帝,尤不及宽厚的汉宣帝和能够改过的汉章帝。据《汉书·宣帝纪》,汉宣帝地节四年(公元前66年)五月诏曰:"父子之亲,夫妇之道,天性也。虽有患祸,犹蒙死而存之。诚爱结于心,仁厚之至也,岂能违之哉! 自今子首匿父母,妻匿夫,孙匿大父母,皆勿坐。其父母匿子,夫匿妻,大父母匿孙,罪殊死,皆上请廷尉以闻。"汉宣帝此诏,与今日泰西各国法律规定犯罪嫌疑人的直系亲属有权利拒绝与警方和法庭合作,以免危害自己亲属的生命安全,其含义相同,的确是难能可贵。又据《后汉书·章帝纪》,汉章帝元和初年十二月,诏曰:"《书》云:'父不慈子不祗,兄不友弟不恭,不相及也。'往者妖言大狱,所及广远,一人犯罪,禁至三属,莫得垂缨仕宦王朝。如有贤才而没齿无用,朕甚怜之,非所谓与之更始也。诸以前妖恶禁锢者,一皆蠲除之,以明弃咎之路,但不得在宿卫而已。"

赵宋于五代藩镇割据之间乘机谋得皇帝宝座,鉴于唐末以来的历史教训,采取优待文人,防范武将的基本国策,宋王室重用儒臣,大幅度提高科举取士的人数,提高文臣的地位和待遇,儒学思想的发展进入一个新的阶段。程朱理学将儒家的纲常伦理上升为"天理",提出"存天理,灭人欲"的口号,把个人的权利和情欲看做"天理"、"本心"、"良知"的对立面,倡导宗教式的禁欲主义。因此,程朱理学极力强化忠君观念,鼓吹君权至上,宣扬"天下没有不是的君王"、"君让臣死,臣不死就是不忠"的极端专制思想,中国古代的忠君观念的集权专制因素被无限的放大,从而与封建政治结合为道德专制主义,成为"以理杀人"的工具。

朱熹认为君臣大义源自天理,人生世上,无处可以规避。特别是朱熹认为"臣子无说君父不是底道理,"无疑是秦汉以来愚忠思想和君权至上观念

----

① 《晋书·忠义列传》:嵇绍,字延祖,魏中散大夫康之子也。十岁而孤,事母孝谨。以父得罪,靖居私门。山涛领选,启武帝曰:"《康诰》有言:'父子罪不相及。'嵇绍贤侔郤缺,宜加旌命,请为秘书郎。"帝谓涛曰:"如卿所言,乃堪为丞,何但郎也。"乃发诏征之,起家为秘书丞……寻而朝廷复有北征之役,征绍,复其爵位。绍以天子蒙尘,承诏驰诣行在所。值王师败绩于荡阴,百官及侍卫莫不散溃,唯绍俨然端冕,以身捍卫。兵交御辇,飞箭雨集,绍遂被害于帝侧,血溅御服,天子深哀叹之。及事定,左右欲浣衣,帝曰:"此嵇侍中血,勿去。"

的综合，尽管朱熹口口声声说自己宣扬儒家的仁义道德，实际上，自汉儒董仲舒起，包括朱熹在内的后儒无不篡改孔子思想中那些含有自由、民主思想的内容，以适应日趋严酷的封建集权专制，同时又为更进一步加强这种集权专制提供理论服务。所以说，元、明、清时期的统治者鼓吹程朱理学，不是程朱理学适应社会发展的需要，而是程朱理学有利于巩固、加强封建集权专制，随着时间的推移，封建君主制度和程朱理学逾来逾成为社会进步的障碍，尤其是朱熹所鼓吹的愚忠，成为共和政体和民主政治的阻碍。如《朱子语类》卷十三《学七·力行》记述，朱熹弟子问："忠，只是实心，人伦日用皆当用之，何独只于事君上说'忠'字？"朱熹回答说："父子兄弟夫妇，皆是天理自然，人皆莫不自知爱敬。君臣虽亦是天理，然是义合。世之人便自易得苟且，故须于此说'忠'，却是就不足处说。如庄子说'命也，义也，天下之大戒。'看这说，君臣自是有不得已意思。"《力行》篇又曰：

问："君臣父子，同是天伦，爱君之心，终不如爱父，何也？"曰："离畔也只是庶民，贤人君子便不如此。韩退之云：'臣罪当诛兮，天王圣明！'此语，何故程子道是好？文王岂不知纣之无道，却如此说？是非欺诳众人，直是有说。须是有转语，方说得文王心出。看来臣子无说君父不是底道理，此便见得是君臣之义处。庄子云：'天下之大戒二：命也，义也。子之于父，无适而非命也；臣之于君，无适而非义也；无所逃于天地之间。'旧尝题跋一文字，曾引此语，以为庄子此说，乃杨氏无君之说。似他这意思，便是没奈何了，方恁地有义，却不知此是自然有底道理。"

先秦儒家从常识理性出发，由孝道推求出君臣之义，由于世人"爱君之心，终不如爱父"，君主只能因势利导，由孝及忠，而不是夺孝为忠。自汉儒以忠君为儒家伦理道德的纲领之后，君臣之间的平衡逐渐倾斜，韩愈说："臣罪当诛兮，天王圣明！"受到程颐与朱熹的激赏，朱熹又进一步阐述："臣子无说君父不是底道理，此便见得是君臣之义处。"君臣关系从此只剩下了臣对君的绝对忠诚，即使是臣下蒙受冤屈而死，也要感谢这是"圣主"的"恩典"。明朝东厂的特务统治，清朝无时不在、无处不在的文字狱，统治者动辄株连九族的残暴，与程朱理学的鼓吹有着天然的联系。

在这种鼓吹君权专制思想指导下，朱熹通过对儒家经典重新诠释和重新评述历史人物，曲解先秦儒家经典和古代人物的思想，削弱其自由、民主的思想成分。如《朱子语类》卷十三《学七·力行》篇曲解《孟子》说：

又曰："'臣之视君如寇仇'，孟子说得来怪差，却是那时说得。如云'三月无君则吊'等语，似是逐旋去寻个君，与今世不同。而今却是只有进退，无有去之之理，只得退去。又有一种退不得底人，如贵戚之卿是也。贾生吊屈原文云:'历九州而相其君兮,何必怀此都也!'又为怀王傅,王坠马死,谊自伤傅王无状,悲泣而死。张文潜有诗讥之。当时谊何不去? 直是去不得。看得谊当初年少,也只是胡说。"

朱熹认为孟子所说的君臣间的对待性关系仅仅是为战国时君主所设,所谓"君之视臣如手足,则臣视君如腹心;君之视臣如犬马,则臣视君如国人;君之视臣如土芥,则臣视君如寇雠"(《孟子·离娄下》)。这种君臣关系的论述仅仅适用于一时,到了秦汉以后,皇帝受命于天,"而今却是只有进退,无有去之之理",特别是像屈原这样的"贵戚之卿","直是去不得"。贾谊感叹屈原"历九州而相其君兮,何必怀此都也",朱熹非常不满地批评贾谊是"年少""胡说"。

在《朱子语类》卷一三七《战国汉唐诸子》中,朱熹认为:"且屈原一书,近偶阅之,从头被人错解了。自古至今,讹谬相传,更无一人能破之者,而又为说以增饰之。看来屈原本是一个忠诚恻怛爱君底人。观他所作离骚数篇,尽是归依爱慕,不忍舍去怀王之意。所以拳拳反复,不能自已,何尝有一句是骂怀王。亦不见他有偏躁之心,后来没出气处,不奈何,方投河殒命。而今人句句尽解做骂怀王,枉屈说了屈原。只是不曾平心看他语意,所以如此。"班固批评屈原"露才扬己","竞於群小之中,怨恨怀王,讥刺椒、兰,苟欲求进,强非其人,不见容纳,忿恚自沈","是亏其高明,而损其清洁者也"。①朱熹却认为屈原"何尝有一句是骂怀王"。班固虽然站在儒家立场上批评屈原,但他对屈原作品的理解还是明白的;朱熹为了说明自己的观点,显然是不顾屈原作品的实际,有意曲解。

又如《朱子语类》卷一三四《历代一》批评"管仲全是功利心,不好",认为即使孔子称赞子产"有君子之道四","然只就得如此",子产不是理学推崇的圣贤,原因是子产的思想驳杂,不是纯儒。在朱熹师徒看来,范仲淹"亦粗"、"只是杂",不值得称道。由此可见,理学家用其道德专制思想来评判历史人物时,完全背离了先秦儒学的思想精神,徒有儒家仁义道德的驱壳。

明朝儒学又有了新发展,明儒王守仁等发挥陆九渊的学说,认为所谓"天理",不是外在的客观实体,而是人的本心,即良心。这显然是受禅宗"即心即佛"的启发。王守仁主张"致良知","破心中贼",就是要识得本心,存心明性,达到道德修养的目的。由于王阳明强调"心"的主观能动性的充分发挥,倡导怀疑精神,从而导致了左派王学对"理"的怀疑与否定,并最终导

_____

① 《楚辞》卷一《离骚》、《王逸叙》,影印文渊阁四库全书本。

致了宋明理学的自我否定。

王守仁提出"心即理也"的命题,批评朱熹"心理为二之弊",将儒家的伦理道德,特别是忠孝等观念归源于心性之至善。《王阳明全集·知行录之一·传习录上》说:"心即理也。此心无私欲之蔽,即是天理,不须外面添一分。以此纯乎天理之心,发之事父便是孝,发之事君便是忠,发之交友治民便是信与仁。只在此心去人欲、存天理上用功便是。""忠与孝之理在君亲身上,在自己心上?若在自己心上,亦只是穷此心之理矣。"在《王阳明全集·知行录之二·传习录中》,王守仁强调说:

> 夫物理不外于吾心,外吾心而求物理,无物理矣;遗物理而求吾心,吾心又何物邪?心之体,性也;性即理也。故有孝亲之心,即有孝之理,无孝亲之心,即无孝之理矣。有忠君之心,即有忠之理,无忠君之心,即无忠之理矣。理岂外于吾心邪?

根据王阳明的心学,忠孝等伦理道德,即王阳明所谓良知,"人人所自有,故虽至愚下品,一提便省觉。若致其极,虽圣人天地不能无憾"。① 王阳明还借用佛家的说法,"真知即所以为行,不行不足谓之知",强调求本心,"致良知",不是停留在口头上,"知之真切笃实处,即是行;行之明觉精察处,即是知,知行工夫本不可离"②。由此来看,根据王阳明的心学,忠君的关键不在于强化"君为臣纲"的说教,更不是将其他道德观念置于忠君观念的统领之下,而在于启发人心中的至善、良知,使之自然而然地履行忠君的职责。

在《王阳明全集·悟真录之三·文山别集序》中,王守仁说:

> 古之君子之忠于其君,求尽吾心焉以自慊而已,亦岂屑屑言之,以蕲知于世?然而仁人之心忠于其君,亦欲夫人之忠于其君也。忠于其君,则尽心焉已。欲夫人忠于其君,而思以吾之忠于其君者启其良心,固有人弗及知之者,非自言之,何由以及人乎?斯先生之所为自述,将以教世之忠也。当其时,仗节死义之士无不备载,亦因是以有传,是又与人为善者也。是集也,在先生之自尽,若嫌于蕲世之知;以先生之教人,则吾惟恐其知之不尽也!在先生之自尽,若可以无传;以先生之与人为善,则吾惟恐其传之不远也!

王守仁认为,臣下的忠君,不过是尽心而已,并没有值得特别褒奖的地方;但由于世风日下,需要"与人为善","将以教世之忠",像文天祥这样的忠

---

① 王守仁:《王阳明全集·静心录之三·书三·寄邹谦之》,上海古籍出版社 1992 年版。

② 王守仁:《王阳明全集·知行录之二·传习录中》,上海古籍出版社 1992 年版。

君的典范才特别值得敬重。《王阳明全集·悟真录之五·题梦槎奇游诗卷》也说:"君子之学,求尽吾心焉尔。故其事亲也,求尽吾心之孝,而非以为孝也;事君也,求尽吾心之忠,而非以为忠也。是故夙兴夜寐,非以为勤也;剸繁理剧,非以为能也;嫉邪祛蠹,非以为刚也;规切谏诤,非以为直也;临难死义,非以为节也。吾心有不尽焉,是谓自欺其心;心尽而后,吾之心始自以为快也。惟夫求以自快吾心。"这样,王守仁就把后天形成的伦理道德,说成是与生俱来的心性之本能。由于人在现实中迷失了本性,因而要采用禅宗见心明性的方法,觉悟到本心之至善,躬行实践之,自然就是忠臣孝子。

陆王心学一派的观点,对儒林产生非常大的影响,但由于程朱理学被朝廷奉为金科玉律,明代儒生受朱熹学说的影响,多有食古不化、愚忠愚孝的鼓吹者。如敖英《东谷赘言》卷上论曰:

> 或问孟子言孔子成《春秋》而乱臣贼子惧,独不言君父惧者何也?予曰:"《春秋》之义,莫大于尊君父,讨乱贼。"夫乱贼既讨,则圣人之斧钺在春秋,而后死者惧而君父尊矣,君父尊则君父庆矣。奚惧哉?尝观古来固有君而不君,父而不父者矣。忠臣孝子之心,以为君父天也,天可逃耶?是故西伯不怨羑里之囚也,申生不怨新城之死也。又尝观古之君子,伤一代人伦之变,亦未闻罪人君父者。是故汤武奉天讨诛独夫而巢伯不罪桀也,夷齐不罪纣也。桃园之变,董狐不罪灵公也。棠姜之祸,南史不罪庄公也。知此则知孟子不言君父惧者,所以存万世之防也。严哉!

敖英认为,孔子、孟子为了避免后世产生怀疑君父的邪念,虽其"伤一代人伦之变,亦未闻罪人君父者",即使是君主荒淫,导致社稷危亡,也要为尊者讳,"桃园之变,董狐不罪灵公也。棠姜之祸,南史不罪庄公也",就是要严防后世有怀疑、否定君主的念头出现。从这种浅陋的观点出发,敖英甚至说:

> 唐宪宗以节度使王锷带宰相之衔,李藩以笔涂诏,而附奏曰不可。宋真宗以刘美人为贵妃,李沆引烛焚诏,而附奏曰不可。呜呼!二公可谓能执大臣吁咈之义矣,然窃有说焉。古者人臣不敢齿君之路马,孔子过君虚位,必勃然变色。盖敬君之礼固当然者,况诏王言也?而辄涂之,而辄焚之,可乎?向使天子震怒而不吏议,则不敬之罪,二公将何词以自解?大抵宝臣居密勿之地,君有过举执奏可也,涂诏不可也,焚诏不可也。

据《旧唐书·李藩传》记载,唐宪宗元和四年冬,"时河东节度使王锷用钱数千万赂遗权幸,求兼宰相。藩与权德舆在中书,有密旨曰:'王锷可兼宰相,宜即拟来。'藩遂以笔涂'兼相'字,却奏上云:'不可。'德舆失色曰:'纵不可,宜别作奏,岂可以笔涂诏耶!'曰:'势迫矣!出今日,便不可止。日又暮,何暇别作奏!'事果寝。"又据《宋史·李沆传》记载,宋真宗时,"一夕,遣使持手诏欲以刘氏为贵妃,沆对使者引烛焚诏,附奏曰:'但道臣沆以为不可。'其议遂寝……帝以沆无密奏,谓之曰:'人皆有密启,卿独无,何也?'对曰:'臣待罪宰相,公事则公言之,何用密启?夫人臣有密启者,非谗即佞,臣常恶之,岂可效尤!'"李藩和李沆是史书中一再称赞的贤相,其刚正不阿的骨气尤为士大夫所仰慕。敖英不知唐宋时期宰相地位尊贵,受到皇帝礼敬,与明朝皇帝独揽朝廷大权、动辄廷杖大臣的极端专制与野蛮有所不同,他站在明朝人愚忠的立场上批评李藩、李沆,如此冬烘可笑。

明末清初,王夫之、黄宗羲、顾炎武等人承袭王学左派的批判精神,鉴于明朝的覆灭,深刻分析明朝灭亡的历史教训,对儒家传统的理论道德特别是忠君观念进行审视,发出振聋发聩的呐喊。

王夫之是一位渊博的学者,对天文、历法、数学、地理等均有研究,尤精于经学、史学和文学。在政治思想方面,王夫之的《读通鉴论》、《宋论》以"循天下之公"为主旨,猛烈抨击以天下为私产的历代封建帝王,直斥"孤秦"与"陋宋",显示出其对传统忠君观念的思考。尤其是《读通鉴论》,以"夷夏之防"为依据,对三代以来的一家一姓"家天下"的历史做了透彻的分析,尽管王夫之依然视"君臣大义"为人伦道德的基本法则之一,但王夫之却把能否安定黎民百姓、使华夏文明向前发展作为道德评判标准,对汉儒、宋儒丑陋的愚忠观念大加痛斥,并把批判的矛头直接指向极端自私自利的专职君主。

王夫之根据先秦原始儒家的思想,探究父子君臣之间的关系,其《读通鉴论》卷二《文帝》说:"子之于父母,可宠、可辱,而不可杀。身者,父母之身也。故宠辱听命而不惭。至于杀,则父母之自戕其生,父不可以为父;子不能免焉,子不可以为子也。臣之于君,可贵、可贱、可生、可杀,而不可辱。刑赏者,天之所以命人主也,贵贱生死,君即逆而吾固顺乎天。至于辱,则君自处于非礼,君不可以为君;臣不知愧而顺承之,臣不可以为臣也。故有盘水加剑,闻命自弛,而不可捽。抑臣之异于子,天之秩也。人性之顺者不可逆,健者不可屈也。"王夫之对明朝皇帝实行特务统治,动辄廷辱大臣的做法深恶痛绝,认为是"君自处于非礼,君不可以为君"。

在《读通鉴论》卷十《三国》中,王夫之指出,"魏之得天下也不以道,其守天下也不以仁,其进天下之士也不以礼;利啗之,法制之,奴虏使之,士生其时,不能秉耒而食,葛屦而履霜也。无管宁之操,则抑与之波流,保其家世已耳"。傅嘏、王昶、王祥等"以全身保家为智，以随时委顺为贤，以静言处錞为道，役于乱臣而不怍，视国之亡、君之死，漠然而不动于心"，"虽然，有未可以过责数子者存焉"。联系到"欧阳永叔伤五代无死节之臣，而不念所事之何君也，亦过矣"。君主荒嬉非礼，甚至残暴无道，臣子根本没有愚忠致死的义务。"人臣捐身以事主，苟有裨于社稷，死之无可辟矣。闇主不庸，谗臣交搆，无所裨于社稷，而捐身以犯难，亦自靖之忧也。"（《读通鉴论》卷八《桓帝》）所以王夫之并不赞同东汉末年党锢诸贤的"忠以忘身"。王夫之认为，凡是乱世能够让天下百姓安身立命，升平时期让百姓富足安康，王朝姓氏的改易，完全是可以接受的。《读通鉴论》卷十一《晋泰始元年起》云："天下者，非一姓之私也，兴亡之修短有恒数，苟易姓而无原野流血之惨，则轻授他人而民不病。魏之授晋，上虽逆而下固安，无乃不可乎！"卷十七《敬帝》亦云："一姓之兴亡，私也，而生民之生死，公也。"所以说，王夫之认为即使是夏商周三代明君圣主，其"必欲享国长久而无能夺"亦完全是出自私之心，王夫之特别尖锐地指出："天子无大公之德以立于人上，独灭裂小民而使之公，是仁义中正为帝王桎梏天下之具，而躬行藏恕为迂远之过计矣。"（《读通鉴论》卷五《哀帝》）历代统治者，打着道德教化的旗号，为君者荒淫无道，却向百姓灌输无私效忠的说教，"是仁义中正为帝王桎梏天下之具"，可见，历代统治者鼓吹忠君学说，是出自维护一家天下的私心，并非出于公心。

《读通鉴论》卷十三《安帝》曰："有一人之正义，有一时之大义，有古今之通义；轻重之衡，公私之辨，三者不可不察。以一人之义，视一时之大义，而一人之义私矣；以一时之义，视古今之通义，而一时之义私矣"；就君臣关系而言，"事是君而为是君死，食焉不避其难，义之正也"。但在春秋之时，臣子有权利"择君而后仕，仕而君不可事则去之，君子之守固然也"。如果是"失身于不道之君而不能去，则抑无可避之名义矣"。尽管如此，"徒人费、石之纷如、贾举、州绰之不得为死义，以其从君于邪也"（《读通鉴论》卷十九《隋炀帝》）。即使是如孔门高足子路，"子路死于卫辄，而不得为义，卫辄者，一时之乱人也。推此，则事偏方割据之主不足以为天下君者，守之以死，而抗大公至正之主，许以为义而义乱；去之以就有道，而讥其不义，而义愈乱。何也？君臣者，义之正者也，然而君非天下之君，一时之人心不属焉，则义徙矣；此一人之义，不可废天下之公也。"（《读通鉴论》卷十三《安帝》）

王夫之鉴于明朝灭亡的切肤之痛，视"夷夏之防"为古今之通义，视华夏文明的传承为大义之所在。王夫之说："义也；而夷夏者，义之尤严者也。五帝、三王，劳其神明，殚其智勇，为天分气，为地分理，以绝夷于夏，即以绝禽于人，万世守之而不可易，义之确乎不拔而无可徙者也。"（《读通鉴论》卷十三《汉安帝》)东晋桓温北伐,有借其成功谋求篡夺之心,"而恶温之逆者,忌其成而抑之;于是而中挠之情深于外御,为宰相保其勋名,为天子防其篡夺,情系于此,则天下胥以为当然,而后世因之以无异议。"王夫之对此万分感慨:"呜呼! 天下之大防,人禽之大辨,五帝、三王之大统,即令桓温功成而篡,犹贤于戴异类以为中国主,况仅王导之与庾亮争权势而分水火哉!"(《读通鉴论》卷十三《成帝》)

为了严明"夷夏之防",王夫之多次指出:"夫诚信者,中国邦交之守也。夷狄既蹭防而为中夏之祸矣,殄之而不为不仁,夺之而不为不义,掩之而不为不信。"(《读通鉴论》卷二十六《文帝》)"夷狄者,歼之不为不仁,夺之不为不义,诱之不为不信。何也? 信义者,人与人相于之道,非以施之非人者也。"(《读通鉴论》卷四《昭帝》)王夫之所悲痛的是西晋以后,异族入侵,"于是而生民之肝脑,五帝三王之衣冠礼乐,驱以入于狂流。契丹弱而女直乘之,女直弱而蒙古乘之,贻祸无穷,人胥为夷"(《读通鉴论》卷二十九《五代中》),华夏文明命悬一丝。特别是那些所谓的儒生,盗用孔夫子圣人之教,"沐猴而冠,教猱而升木,尸名以徼利,为夷狄盗贼之羽翼,以文致之为圣贤,而恣为妖妄,方且施施然谓守先王之道以化成天下"(《读通鉴论》卷十三《成帝》)。如拓拔氏设"明堂辟雍,养老兴学","乃不数十年之间,而君浮寄于无人之国";"虞集、危素祇益蒙古之亡,而为儒者之耻";王夫之认为:"鬻诗书礼乐于非类之廷者,其国之妖也。其迹似,其理逆,其文诡,其说淫,相帅以嬉,不亡也奚待?"(《读通鉴论》卷十七《梁武帝》)显见王夫之是有为而发,满清入关后重开科举,一方面实行文化专制,另一方面却假借孔孟之道鼓吹忠孝节义,其目的都是为巩固一家一姓的集权专制统治。

黄宗羲是明末清初伟大的思想家,黄宗羲的《明夷待访录》诞生于明清之际,是一部具有启蒙性质的批判君主专制的名著。尽管黄宗羲还没有彻底否定君主制度,但《明夷待访录》阐发的近代民主政治思想,对晚清梁启超、谭嗣同等倡导民权共和之说,特别是对反对帝制、建立民国的革命家孙中山、邹容、陈天华等,产生了巨大影响。

《原君》是《明夷待访录》的第一篇,黄宗羲从唯物论出发,考察上古社会国家的由来,从而否定君权神授的专制思想赖以存在的基础。黄宗羲说:

有生之初,人各自私也,人各自利也,天下有公利而莫或兴之,有公害而莫或除之。有人者出,不以一己之利为利,而使天下受其利,不以一己之害为害,而使天下释其害。此其人之勤劳必千万於天下之人。夫以千万倍之勤劳而己又不享其利,必非天下之人情所欲居也。故古之人君,量而不欲入者,许由、务光是也;入而又去者,尧、舜是也;初不欲入而不得去者，禹是也。岂古之人有所异哉？好逸恶劳，亦犹夫人之情也……向使无君，人各得自私也，人各得自利也。呜呼，岂设君之道固如是乎！

黄宗羲由此尖锐地指出：

　　小儒规规焉以君臣之义无所逃於天地之间，至桀、纣之暴，犹谓汤、武不当诛之，而妄传伯夷、叔齐无稽之事，使兆人万姓崩溃之血肉，曾不异夫腐鼠。岂天地之大，於兆人万姓之中，独私其一人一姓乎？

在《奄宦下》中，黄宗羲托古改制，借唐尧、虞舜的禅让，痛斥夏禹、商汤以来的家天下的概念，"吾不能治天下，尚欲避之，况於子孙乎！彼鳃鳃然唯恐后之有天下者不出于其子孙，是乃流俗富翁之见。故尧、舜有子，尚不传之。宋徽宗未尝不多子，止以供金人之屠醢耳。"黄宗羲通过深刻地分析，指出历代君主"视天下为莫大之产业，传之子孙"，实际上就是"以我之大私为天下之大公"，换言之，所谓"朕即国家"，要求天下臣民"忠君爱国"，实际上就是"屠毒天下之肝脑，离散天下之子女，以博我一人之产业"；"敲剥天下之骨髓，离散天下之子女，以奉我一人之淫乐"，"然则为天下之大害者，君而已矣"。黄宗羲把君主专制视为危害天下的根源，这就从根本上颠覆了两千多年来的忠君观念，从而在思想上适应世界潮流的发展，开启了古老的中华帝国走向现代文明国家的梦想。

在《原臣》中，黄宗羲考察了父子关系与君臣关系的不同，指出"缘夫天下之大，非一人之所能治，而分治之以群工"。"故我之出而仕也，为天下，非为君也；为万民，非为一姓也。"由此出发，黄宗羲认为臣子之道，在于为天下万民谋福祉，不在于为一家一姓之尽忠。黄宗羲说：

　　盖天下之治乱，不在一姓之兴亡，而在万民之忧乐。是故桀、纣之亡，乃所以为治也；秦政、蒙古之兴，乃所以为乱也；晋、宋、齐、梁之兴亡，无与于治乱者也。为臣者轻视斯民之水火，即能辅君而兴，从君而亡，其于臣道固未尝不背也。

黄宗羲指出秦朝、元朝的建立，给百姓带来的是更多的痛苦和灾难；两晋、刘宋以及齐梁之皇权交替，仅仅是皇帝姓氏之改换，对天下治乱的格局并没有什么改变。如果"轻视斯民之水火"，此时臣子对君主无比忠诚，成就所谓开国功业或为君主尽忠而死，与天下黎民百姓并无关联，也没有尽到臣之道。

为了消除君主专制制度的危害，黄宗羲在深入研究中国古代民主政治因素的基础上，提出了颇具近代民主政治的责任内阁制和代议议会制。

《明夷待访录·置相》根据《原君》、《原臣》的基本思想，考察了宰相设立的原委,"原夫作君之意,所以治天下也。天下不能一人而治,则设官以治之;是官者,分身之君也"。"昔者伊尹、周公之摄政,以宰相而摄天子,亦不殊于大夫之摄卿,士之摄大夫耳。"秦汉以前,宰相地位尊贵,"君之待臣也,臣拜,君必答拜。秦、汉以后,废而不讲,然丞相进,天子御座为起,在舆为下。"明朝朱元璋废除宰相制度,"天子更无与为礼者矣。遂谓百官之设,所以事我,能事我者我贤之,不能事我者我否之。"封建君主遂走向个人专制的极端。因而,选取贤人担任宰相,扩大宰相及属员的职权,可以对封建君主有所制衡,防止昏君利用专制权利危害国家与人民。

晚明资本主义萌芽有了一定程度的发展,受其影响,黄宗羲在《明夷待访录·明夷待访录·学校》中提出了颇具近代代议议会制的构想。黄宗羲根据周秦以来学校的设置与作用,托古改制,把学校设想为类似近代议会,具有立法、监督政府、改造社会风习之权威机构。首先,学校将是社会正义、法律的最终审判者。黄宗羲说:"三代以下,天下之是非一出于朝廷。天子荣之,则群趋以为是;天子辱之,则群摘以为非。"即使是有学校,学校无非是科举的一部分,现实的势利使学校早已丧失了应有的作用。因此,"必使治天下之具皆出于学校","天子之所是未必是,天子之所非未必非,天子亦遂不敢自为非是,而公其非是于学校。"其次,学校有监督政府、引领社会风习的功能。黄宗羲说:"东汉太学三万人,危言深论,不隐豪强,公卿避其贬议。宋诸生伏阙捶鼓,请起李纲。三代遗风,惟此犹为相近。使当日之在朝廷者,以其所非是为非是,将见盗贼奸邪慑心於正气霜雪之下!"黄宗羲设想各郡县乃至于"离城烟火聚落之处"均应设立学校,请名儒或"诸生之老而不仕者"主之。"其人稍有干於清议,则诸生得共起而易之。""太学祭酒,推择当世大儒,其重与宰相等,或宰相退处为之。每朔日,天子临幸太学,宰相、六卿、谏议皆从之。祭酒南面讲学,天子亦就弟子之列。政有缺失,祭酒直言无讳……郡县朔望,大会一邑之缙绅士子……郡县官政事缺失,小则纠绳,大则伐鼓号于众。"在封建专制下,天子言出为律,地方官吏人人口衔宪章,予取予夺,百姓根本无权利监督,也无能力监督。黄宗羲设想通过学校及社会舆论对地方政府及天子、朝廷进行监督,提出了如何消除君主集权专制的具体途径,在实践的层面上进一步批判并消除历代统治者宣扬的忠君概念。

顾炎武是一位非常注重社会实践的思想家,鉴于明朝的覆亡,他热切关注关系国计民生的法律、制度、政策和各项实务。其《天下郡国利病书》中,揭示土地兼并与赋税繁重不均的原因所在;《军制论》、《形势论》、《田功论》、《钱法论》和《郡县论》中探讨君主集权专制下郡县制的各种弊端,表达了社会改革的强烈愿望。而在《日知录》中,顾炎武通过严谨的学术考辩,从先秦儒家以及历代思想家那里寻求社会变革的思想武器。

在《日知录》卷三"言私其豵"条,顾炎武探讨公私之间的关系,充分肯定百姓的私利。顾炎武说:"自天下为家,各亲其亲,各子其子,而人之有私,固情之所不能免矣。故先王弗为之禁。非为弗禁,且从而恤之。建国亲侯,胙土命氏,画井分田,合天下之私,以成天下之公。此所以为王政也。"至于要求各级官吏"以公灭私",是由于其俸禄、赏田足以保证其家庭衣食所需,这也是"恤其私也"。只有天下臣民的私利得到满足,这才是天下的大公。《日知录》卷十"周室班爵禄"条中,顾炎武认为:"为民而立之君,故班爵之意天子与公侯伯子男一也。而非绝世之贵,代耕而赋之禄,故班禄之意君卿大夫士与庶人在官一也,而非无事之食。"由此来看,顾炎武认为人之有私是合乎情理的事情,卿大夫与士为民操劳,禄以代耕;天子也是如此,"而非绝世之贵",天子和各级官吏要明白自己的所得来自农夫,"则不敢肆于民上以自尊"、"不敢厚取于民以自奉",然而,"侮夺人之君常多于三代之下矣"。特别是秦汉以后的专制君主,视天下为一人、一家之私有,无视天下百姓的私利,却以国家"大公"的名义来盘剥天下百姓,以满足一人、一家之私利。顾炎武的思想,直接萌发了对封建君权的怀疑与否定。

顾炎武与王夫之一样,从"夷夏大防"出发,在《日知录》中把有君有臣的国家与百姓的天下做了直接的切割,反对汉儒以来的忠君观念,提出"天下兴亡,匹夫有责"的口号,鼓吹民族大义。如《日知录》卷九"管仲不死子纠"条曰:

> 君臣之分所关者在一身,夷夏之防所系者在天下。故夫子之于管仲,略其不死子纠之罪,而取其一匡九合之功。盖权衡于大小之间,而以天下为心也。夫以君臣之分犹不敌夷夏之防,春秋之志可知矣……夫子之意以被发左衽之祸尤重于忘君事雠也。

《日知录》卷十三"正始"条亦曰:

> 有亡国,有亡天下,亡国与亡天下奚辨?曰,易姓改号谓之亡国。仁义充塞,而至于率兽食人,人将相食,谓之亡天下。魏晋人之清谈,何以亡天下?是孟子所谓杨墨之言,至于使天下无父无君,而入于禽兽者也……是故知保天下,然后知保其国。保国者,其君其臣,肉食者谋之。保天下者,匹夫之贱与有责焉耳矣。

一家一姓的王朝,国家有难,即使是权臣谋逆、王权移易,但这应该是"肉食者谋之",未食俸禄的士人和平民百姓没有为君主尽忠牺牲的义务。但如遇到外族入侵,尽管君荒臣嬉,但涉及"夷夏大防",关系到华夏文明的生死存亡,自然是"匹夫之贱与有责焉耳矣"。

满清入主中原以后，采取更严酷的文化专制政策，一方面鼓吹宋儒以来的愚忠学说，开博学宏词科，修四库全书以功名富贵笼络士人。清初所谓一代大儒，李光地忘亲背交，至为奸谀；汤之柔媚取容，欺罔流俗，其食不御炙鸡，帷帐不过枲绸，实乃汉朝公孙弘之流亚。"后此则陆陇其、陆世仪、张履祥、方苞、徐乾学辈，以婘婉夸毗之学术，文致期奸，其人格殆犹在元许衡、吴澄之下，所谓《国朝宋学渊源记》者，殆尽于是矣。"①另一方面满清朝廷实行政治高压手段，"摭拾文字小故以兴冤狱，廷辱大臣耆宿以蔑廉耻"，又借修撰四库全书之际禁毁、改窜具有民族意识反抗精神的历代典籍。封建专制于是登峰造极，除却以文字狱滥杀无辜，还假借程朱理学进行精神虐杀。戴震有感于此，愤而疾呼："尊者以理责卑，长者以理责幼，贵者以理责贱，虽失，谓之顺；卑者、幼者、贱者以理争之，虽得，谓之逆。于是下之人不能以天下之同情、天下所同欲达之于上；上以理责其下，而在下之罪，人人不胜指数。人死于法，犹有怜之者；死于理，其谁怜之！"②然而，面对残酷的政治高压，乾嘉学者阎若璩、王念孙王引之父子、段玉裁，甚至于曾经痛斥虚伪理学的戴震，再没有清初王夫之、黄宗羲、顾炎武那种铮铮铁骨，他们虽然继承了顾炎武等人的学术思想与方法，却"立于人间社会以外，而与二千年前地下之僵石为伍，虽著述累百卷，而决无一伤时之语；虽辩论千万言，而皆非出本心之谈"。以至于后来人格分裂者如王鸣盛之流，更是视考据学问为钓名沽誉之手段，王鸣盛甚至大言不惭地宣称："'吾贪脏之恶名，不过五十年；吾著书之盛名，可以五百年。'此二语者，直代表全部汉学家之用心矣。庄子曰：'哀莫大于心死。'汉学家者率天下而心死者也。此等谬种，与八股同毒，盘踞于二百余年学界之中心，直至甲午、乙未以后，而其气焰始衰，而此不痛不痒之世界，既已造成，而今正食其报，耗矣哀哉！"③梁启超的批评可能有些偏激，但大体上可以概括有清一代整个知识分子阶层全部处于被失语的生存状态。品格高洁者，著述以自娱；品格低劣者，欺世盗名以求富贵。原始儒家所谓忠君爱民、济世利物之观念，早已荡然无存。而满清朝廷却日益借助早已失去民主、自由精神的所谓儒学，鼓吹忠孝节义等道德观念，束缚天下臣民的思想，甚至不惜以牺牲社会进步、民生发展为代价，闭关锁国，以维持其日益衰落的腐朽统治。

---

① 见《梁启超文集·论私德》，燕山出版社 2009 年版。

② （清）戴震：《孟子字义疏证》卷上，见张岱年主编整理《戴震全书》，黄山书社 1997 版，第 162 页。

③ 参见《梁启超文集·论私德》，燕山出版社 2009 年版。

辛亥革命的胜利，宣告了封建帝制的结束。虽然此时没有了君主，但广大的民众并没有立即接受平等、自由、民主的新思想，旧的意识形态还在很大程度上影响着人们，尤其是忠君观念并没有随着帝制的结束而消失，袁世凯的复辟帝制，是在20世纪共和制度下忠君观念的沉渣泛起。甚至于到了20世纪60年代，疯狂的个人崇拜导致"文化大革命"的爆发，两千多年来的忠君观念又一次对中华民族的复兴和进步制造着障碍。由此看来，作为封建农业社会的价值观念的核心——忠君思想，已经不能应对今天中国现代化进程的需要，而且随着时间的推移，其负面的影响越来越明显。所以，我们今天研究两千多年来忠君观念的发展、演变过程，将有助于我们对传统文化的精华进行吸收和扬弃，以建设新时期的精神文明，建设和谐、繁荣的社会主义国家。

先哲智识与以德驭智

杨建国

人类需要哲人，是因为哲人拥有超凡的智慧能够为人类迷惘的心灵指明方向；社会需要智者，是由于智者具有敏锐的眼光可以为社会进步开出良方。英国著名的哲学家阿诺德·汤因比（Arnold Toynbee，1889—1975 年）博士 20 世纪 70 年代在日本与池田长谈时提出了令举世深思的论点："挽救二十一世纪的社会问题，唯有中国的孔孟学说和大乘佛法。"①毋庸置疑，孔孟的仁义之道和大乘的慈悲为怀，依然是构建和谐世界的智慧指针。

"智"是儒家"五常"之一，释家称为"般若"。但关注"智"并形成智识的却不止儒、释两家，智者也不限于大儒与高僧大德。因此，本文在梳理中国古代不同时期关于"智"的经典表述时，也旁及道家、兵家、法家等，但主要是儒释道三家合一形成的中华大智慧。

梳理之前，我们先来探究一下《中庸》作者借孔子之口提出的三个与"智慧"相关的判断：一是"或生而知之，或学而知之，或困而知之，及其知之。"二是"好学近乎知"。三是"唯天下至圣为能聪明睿智"。第一个判断中的"生而知之"与我们熟知的"人非生而知之者"产生观念上的认知冲突，问题可归结为"究竟有没有先天智慧存在"这样一个可以推测但目前无法确证的论题。对第二个判断，《四书集注·中庸章句》的相应注释是："好学非知，然足以破愚。"这容易理解与接受。这里的"知"通"智"。第三个判断容易理解，但难以完全接受。因为按照这一标准，孔子勉强算得上聪明睿智，孟子甚至还不够格。因此我们怀疑《中庸》作者是针对其时"人皆曰'予知'"的社会现象告诫那些自以为聪明的人，同时用尧舜的高度来从严要求士子，以致该

---

① ［英］A. J. I. 汤因比、［日］池田大佐著，荀春生、陈国栋译：《展望 21 世纪》，国际文化出版社 1985 年版。

命题的外延太窄。

当下,已远离了《中庸》作者所处的"人皆曰'予知'"的时代,进入急功近利、追逐财富的时代,常言道:"小富靠勤奋,中富靠机遇,大富靠智慧。"很多人都想拥有大智慧,因此"智慧"一词又成为书籍报纸里的热门高频词。××的智慧,作为书籍或文章的题目特别夺人眼球。能够填入空位××的词语颇多,智者如老子、孔子、庄子、孟子……智慧书籍如《易经》、《孙子兵法》、《菜根谭》……其他如处世、包容、养生、经商、炒股……不一而足。从韩非子所说的"逐于智"的中古时代轮转至今,智慧再度被热炒,其实与现时代的境况是相呼应的,因而也不足为奇。但智慧确实有助于个体规划人生、实现人生目标,有助于社会群体减少摩擦、实现社会理想。

那么,古圣先贤心目中的智慧到底是什么?儒家为什么总是将"智"与仁、勇相提并论?释家的大智慧如何证得?兵家又是如何用智的?让我们追随圣哲的心迹,从其智识、智论中撷取精华并自觉地身体而力行之。

一、先哲智识

(一)儒家之"智"

这里的儒家主要指先秦儒学,明智是中国传统道德的基本规范之一。汉代至今,也有少量有关"智"的论述。不过,前者是源,后者是流。

先秦儒学的代表人物是孔子、孟子、荀子等人,儒家之智融会在儒家学说,载于《论语》、《孟子》、《荀子》、《礼记》等典籍。儒家学说主要包括两方面的内容:一是对"学而优则仕"的"士"修身、齐家方面的道德规范;二是对"士"治国、平天下方面的行为准则。士阶层要完成齐家、治国、平天下的社会使命,必须以"仁"为准则,推己及人,"己所不欲,勿施于人"(《论语·颜渊》);推行仁政,以民为本;同时,荀子提出治国的关键在于"明分使群",以臻"群居和一之道"。

具体到"智"本身,儒家专门的论述并不多见。《论语》记载,樊迟向孔子问过"智"(与"知"通)。孔子从服务百姓的立场出发,认为"敬鬼神而远之"可以算作"智"(参见《论语·雍也》)。这其实隐含着规劝统治者服务现实,以民为本。同样是樊迟,在向孔子问"仁"的时候,捎带问"智",孔子的答案是"知人"(参见《论语·颜渊》)。有个成语叫"知人善任",联系孔子的入世思想,这里的"知人"主要指要了解清楚拟任用的士人,看他们的仁德才智是否能胜任相应的职位。推而广之,人生在世,要跟形形色色的人打交道,不了解对方,人际交往就难以深入,处理事情就难免不顺。从"我"的角度立论,就是孔子说的"不患人之不己知,患不知人也"(《论语·学而》)。人家不了解自己,当然也会造成误会,但对于君子来说,他人误会自己算不得什么,而自己的一言一行都宜建立在对他人了解的基础之上,才不致失当。要做到明智,就必须做到态度诚恳、老实,"知之为知之,不知为不知"(《论语·为政》)。

也许有人会提出疑问,樊迟两次向孔子问"智",得到的答案为何不同?仔细推敲,两个答案其实是紧密相关的。远古是神道设教,以神为中心,人们对神顶礼膜拜;到孔子的时代,提倡对鬼神敬而远之,实际上是眼睛向下,从天上回到人间,重视人的生存境况。这样,强调"知人"是明智的,就不难理解。到了孟子的时代,进一步提倡民本思想,借用《老子》语"知人者智"就更好理解了。

另外,《论语·雍也》还有"知者乐水"、"知者动"和"知者乐"的言论,这里的"水"应是流动的清澈的活水,至于智者为何乐水、为何好动、为何快乐,需要进一步探究。同样值得思考的还有,孔子为何将水的属性赋予智者,而将山的属性赋予仁者。古人提供的答案可作参考:

《荀子·宥坐》记述孔子以水比德云:"孔子观于东流之水。子贡问曰:'君子见大水必观焉,何也?'孔子曰:'夫水,遍于诸生而无为也,似德;其流也卑下倨句,必循其理,似义;其浩浩不居,似有道;其赴万仞之谷,不惧,似勇;主量必平,似法;盈不求概,似正;绰约微达,似察;以出以入就洁,似善;发源必东,似志。是以君子见大水必观焉。'"《韩诗外传·卷三》继承和发展了这种观点,指出:"夫水者缘理而行,不遗小间,似有智者;动而之下,似有礼者;蹈深不疑,似有勇者;障防而清,似知命者;历险致远,卒成不毁,似有德者。天地以成,群物以生,国家以平,品物以正,此智者所以乐于水也。"①

关于水,日本的医学博士江本胜的《水知道答案》可能能为我们进一步理解孔子的言论提供支撑或某些启示。②

荀子论智比较多,两次言及"智",一次言及"智者"。《荀子·修身》里说:"是是、非非谓之知,非是、是非谓之愚。"这里的"知"与"愚"对举,通"智",要求个体首先能够分清是非,然后态度鲜明地肯定正确的、否定错误的。《荀子·非十二子》有:"言而当,知也;默而当,亦知也。故知默犹知言矣。"该说的时候说得恰当,不该说的时候保持沉默,都是明智的。对于智者

----

① 转引自程裕祯:《中国文化要略》,外语教学与研究出版社 2003 年版,第 434 页。

② 〔日〕江本胜著,〔日〕猿渡静子译:《水知道答案》,南海出版公司 2009 年版。

行事，荀子在赞美孔子的时候说过一段话："故知者之举事也，满则虑嗛，平则虑险，安则虑危，曲重其豫，犹恐及其祸，是以百举而不陷也。"（《荀子·仲尼》）能做到富裕时考虑到有不足的时候，顺利时考虑到有艰险的时候，安全时考虑到有危险的时候，细密慎重地做好预防，还担心会遭到祸害，这样办事很多也不会陷于失败。用今天的话说，大致可以表述为：居安思危，未雨绸缪，谨慎行事，将立于不败之地。

董仲舒通过论证"智"与"智者"，给出了汉代版的智慧指南。原文如下：

何谓之智？先言而后当。凡人欲舍行为，皆以其智先规而后为之。其规是者，其所为得，其所事当，其行遂，其名荣，其身故利而无患，福及子孙，德加万民，汤武是也。其规非者，其所为不得，其所事不当，其行不遂，其名辱，害及其身，绝世无复，残类灭宗亡国是也。故曰莫急于智。智者见祸福远，其知利害蚤；物动而知其化，事兴而知其归，见始而知其终，言之而无敢哗，立之而不可废，取之而不可舍，前后不相悖，终始有类，思之而有复，及之而不可厌。其言寡而足，约而喻，简而达，省而具，少而不可益，多而不可损。其动中伦，其言当务。如是者谓之智。

这段文字出自《春秋繁露·必仁且智》，表明大儒董仲舒是主张"仁智合一"的。这段话的要点是，"先言而后当"、"先规而后为"、"其动中伦，其言当务"。用现代汉语表达，大意是判断在先，证明在后；谋划在前，举事在后；行有条理，言合时宜。智者具有远见，能预知利害得失，能够见微知著，对发展趋势作出合理的判断。这一判断智者的标准，我们认为能跨越时空，历久而不变。

宋代的张载区分"德性所知"和"见闻之知"，《正蒙·大心》里有："大其心则能体天下之物，物有未体，则心为有外。世人之心，止于闻见之狭。圣人尽性，不以见闻梏其心，其视天下无一物非我，孟子谓尽心则知性知天以此。天大无外，故有外之心不足以合天心。见闻之知乃物交而知，非德性所知，德性所知，不萌于见闻。"顾名思义，"见闻之知"局限于所见所闻，属于感性认识；"德性所知"是大心体物的结果，是对道的认识和体悟，属于哲学认识。有了这种认识，人便"能体天下之物"，而"天下之物"是无限的，因而其人的宇宙也就是无限的了。用张载的话就是"神化"，"穷神知化"，"合内外于耳目之外"（《正蒙·大心》）。

明末清初的陈确提出了别样的观点："知过之谓智，改过之谓勇，无过之谓仁。学者无遽言仁，先为其智勇者而已矣。好问好察，改过不吝之谓上智,饰非拒谏,自以为是之谓下愚。故上智者必不自智,下愚者必不自愚。"①知道自己的过失是明智的;"好问好察,改过不吝"是最明智的。以"知过""改过"作为"智"、"上智"的标准,一般人可能不太好理解,其实这是荀子的"是是、非非谓之知"观点的发挥与升华。

除此之外,《礼记·中庸》把智与仁、勇并称为"天下之达德",即后世所说的"三达德"。孟子把智看成是判别是非善恶的一种能力,提出"是非之心,智也"的命题。

总括一下,儒家赋予明智以丰富的道德内涵,主要包括以下几个方面:其一,知道遵道;其二,利人利国;其三,自知知人;其四,谨言慎行;其五,见微达变;其六,知过改过;其七,居安思危。

目前,最为学界称道的儒家智慧有二:一是孔子的中庸之道;二是朱熹的生死之道。下面简略地谈一谈。

孔子的中庸之道。儒家认为"中庸"是"天下之正理"。正理何在?明理方能得智,明智方能处世。中庸之道正是一种恰好的平衡处世之道。这种指引世人如何处世的智慧,曾经一度遭到非议。这是因为中庸之道有两种价值指向,关键看用道之人作怎样的价值取向。如果立足于和谐,则要做到天人合一,人我合一,欲理合一,也就是以中庸为基本原则处理好人与自然、人与人、人与我之间的关系,用理性来制约欲望,用折中来调和过与不及,追求适度来保证可持续发展,保持社会结构在动态变化中相对处于稳态。如果立足于个体的明哲保身,折中的调剂手段发展为折中主义,毫无疑问,和事老的处世哲学就会大行其道,人人奉行你好我好大家好,遇事睁一只眼闭一只眼,这样问题就会堆积,矛盾得不到及时化解,势必阻碍社会向前发展。也许可以这样说,中庸之道在于利世,折中主义在于利己。

朱熹的生死之道。朱熹指出:"天之生物,有有血气知觉者,人兽是也;有无血气知觉而但有生气者,草木是也;有生气已绝而但有形质臭味者,枯槁也。是虽其分之殊,而其理则未尝不同。但以其分之殊,则其之在是者不能不异。故人为最灵而备有五常之性,禽兽则昏而不能备,草木枯槁,则又并与其知觉者而亡焉。"②这是朱熹的理气论,发挥了《周易·系辞上》的观点:"原始反终,故知死生之说。精气为物,游魂为变,是故知鬼神之情状。"但朱熹关心的是人生的动力,它立足于孟子的"尽心""知性"说,阐释如何获

① (明)陈确:《陈确集》(下册)卷二《近言集》,中华书局1979年版,第426页。
② (宋)朱熹:《朱熹集》卷五十九《书·答余方叔》,四川教育出版社1996年版,第3067页。

得"立命"的生死智慧。

孟子说:"尽其心者,知其性也。知其性,则知天矣。存其心,养其性,所以事天也。夭寿不贰,修身以俟之,所以立命也。"(《孟子·尽心章句上》)万物有生就有死,这是自然的理性法则。问题是,是等死,或是糊里糊涂地死去,还是积极地完成人生使命之后坦然地接受死亡,做到无怨无惧无愧,这就需要智慧。而获得生死智慧的路径就是,从孟子的"尽心"、"知性"达到"立命"。在朱熹看来,人只要具备了五常之性,则为"尽心",尽心则能"知性",知性便可"事天"。他进一步解释道:"'夭寿不贰',是不疑他。若一日未死,一日要是当;百年未死,百年要是当,这便是'立命'。'夭寿不贰',便是知性知天之力;'修身以俟',便是存心养性之功。"①"生理已尽",不得不死时,便可"安于死而无愧"。能达到"安于死而无愧"是一种很高的境界,是德行积累和智慧人生的必然结果。限于篇幅,此处不做进一步阐释。总之,"质本洁来还洁去",死而无憾,死而无惧。这便是朱熹的生死之道留给我们的启示。

(二)佛家之"智"

佛家之智属于大智慧,超脱生死。佛家经典卷帙浩繁,能通三藏者人数少之又少。想通晓《金刚经》、《心经》、《坛经》等有限的几部,就需慧根深植,放下凡心,方能开悟接近真谛。

梵语中跟"智慧"一词差不多的是"般若",般若是大智慧。从天竺取回或流传到中土的真经,全名中大多带有"般若"二字,如《金刚般若波萝蜜经》、《般若波萝蜜多心经》等。由此可见,这类佛家经典是旗帜鲜明地标示智慧,就看芸芸众生有没有佛缘参透其中蕴涵的广大智慧。以《金刚般若波萝蜜经》为例,很多人都知道它属于佛经的般若部,内中包含了一切宗教性。作为宗教,它具有劝人为善的教化功能;但很少有人知道它同时也超越了一切宗教性,你说它是哲学,它比迄今能看到的哲学著作蕴涵的智慧要深广得多;你说它是科学,它没有介绍任何实验原理和实验步骤,但它从宏观到微观揭示的科学道理无穷无尽。如"所有一切众生之类,若卵生,若胎生,若湿生,若化生……"揭示出地球所有生命的产生形态,可谓穷尽。另如,"一切贤圣,皆以无为法而有差别。"就人类德行悟性最好最高的圣贤来说,同在圣贤层级,但因个人般若程度深浅不同,时间地域机缘等不同,修行造化及传

---

① (宋)黎靖德编:《朱子语类》,中华书局1994年版,第1429页。

化的方式也有差别。在《金刚经》中,佛祖介绍了"五眼说"。所谓五眼,由凡到超凡依次为肉眼、天眼、慧眼、法眼、佛眼。动物皆有眼,盲者有眼而失明,丧失了视觉功能,不能直接了解现象界。修炼之人一般能开天目,但易受二度空间的他相所困扰,只有定力超强的人不断精修,才能达到性空悟道,达到眼力无边。我们在尘世熙熙攘攘,如果能修成慧眼,小聪明在社会生活中就很难有市场。人人安分守己,各司其职,各尽其责,不投机钻营,不枉费心机,其乐融融的和谐景象就会变成现实。

佛家所讲的般若不是普通的智慧,是指能够了解道、悟道、修正、了脱生死、超凡入圣的大智慧,属于道体上根本的智慧。所谓道体上根本的智慧,就是能降伏其心之人超越有相达到色空,了解到形而上生命的本源、本性的一种不能他证、只能通过身心投入自证的能力。换句话说,一个有慧根的修炼之人当其身体与大脑的能量能同时最大程度地释放,达到身心高度自由的境界,就能自证菩提,得般若智慧。

据高僧大德介绍,般若有五:一曰实相般若,二曰境界般若,三曰文字般若,四曰方便般若,五曰眷属般若。五般若的内涵就是金刚般若。

佛学界认为,实相般若就是形而上的道体,是宇宙万有的本源,亦即悟道、明心见性所悟的那个道体。所谓悟道,就是见到那个道体的空性,得实相般若,属上乘智慧。在佛学人士看来,聪明只是意识部分,局限于现有的知识范围以及现有的经验与感觉想象的范围。欲得实相般若,只能修持求证,不能妄想。真正证得实相般若,无需言辩,生命的本源已然了然于心。就像佛祖传道,迦叶拈花一笑。

境界般若,是一种修道达到空灵层次的体验能力。禅师、诗僧常用偈或诗句来表达自己的体会。而境界就在其中。如药山禅师的"云在青天水在瓶"①有"自然"境界;《嘉泰普灯录》卷十八中的"千江有水千江月,万里无云万里天"②又是一种美好的境界。因后两句悟道的禅师不言而喻当属明心见性;对后两句如作解读,不妨认为是运用了修辞中的比况手法,理解为:月如佛性天如佛心,水如众生云如物欲。止水映月,佛性自明;物欲退尽,佛心自现。

境界可以意会,难以言传。就像陶潜《桃花源记》中渔夫寻到水穷处,豁然开朗,别有洞天。修道修到理想境界,便是离苦得乐;如果是浑浑噩噩过

---

① [日]高楠顺次郎等编:《大正藏》(全称《大正新修大藏经》)卷五十,昭和五十四年(1979年)再版,第816页。

② (宋)正受编:《嘉泰普灯录》,《新纂续藏经》第79册,第1559页。

日子，没有修道，便易陷于"百年三万六千日，不在愁中即病中"的苦恼境界。

文字般若是借助语言文字固有的智慧将自己的思想情感流畅优美地表达出来的一种能力。从事文字表达工作的人，如文学家、翻译家等，都有文字般若。不同的文字般若，形成不同的文字格调，不同的语言风格。大文学家、大翻译家的作品往往难以超越，就是由于他们的文字般若出类拔萃。清代的赵翼晚年有诗云："少时学语苦难圆，只道功夫半未全。到老方知非力取，三分人事七分天。"这道出天赋的重要性。学问好的人记忆力强，老而不衰，阅读能力常人不可思议，这也是文字般若作用的结果。

方便般若毋庸多言，就是干什么都有办法，具有无师自通的方便法门。

眷属般若是指佛家"六度"（指布施、持戒、忍辱、精进、禅定、般若）中的前五度与般若的眷属关系。得大智慧需完成布施、持戒、忍辱、精进、禅定五个行愿，可见修正的过程是大彻大悟前必有的功课。

上述五般若最终成就金刚般若。所谓金刚般若，就是能断一切法，能破一切烦恼，能成就佛道的大智慧。明明蕴藏着大智慧，佛陀却自称无一法可说，原因就在于心性的本质无法用言语进行精确的说明。佛教认为，人可以开发"心"所具有的"止"、"观"两种能力，对心的本质产生直接的体悟，进而运用由此产生的智慧断除烦恼，超凡入圣，获得"涅槃"的永恒幸福。

（三）道家之"智"

道家的代表人物是老子和庄子。道家的经典是《道德经》，也叫《老子》。道家的智慧主要集中于《道德经》和《庄子》。

老子是道家的创始人，他的《道德经》据汉马王堆帛书分为德经和道经上下两篇，不过在老子的心中，"道"是宇宙的最高范畴，先天地而生，是万事万物之源，所谓"道生一，一生二，二生三，三生万物"。以宇宙论和本体论为起点，老子将自然之道延伸到社会层面，提出"人法地，地法天，天法道，道法自然"，为人处世的最高境界是虚静寡欲，与世无争；强调统治者应该处无为之事，行不言之教，对老百姓的自发需求因势利导，最大程度地尊重百姓的自然本性，充分发挥人民群众的创造力，从而实现社会的和谐稳定，百姓的安居乐业。我们可以将这种思想理解为以出世之心行入世之事，没有钩心斗角，没有尔虞我诈，没有心理压力，自在祥和地生活。

如果仅从《道德经》的某些词句看，老子似乎是一个十足的"反智论"者，例如"恒使民无知无欲也"、"绝圣弃知"、"民之难治也，以其知也"之类的话就常被人用来引证支持这一点。但老子同时又讲"大智若愚"，区分"以知知邦"与"以不知知邦"，整体来看，老子是提倡大智慧，鄙视小聪明的，强调合道和德,遵循事物的客观规律,无为而无不为。

具体到智,老子有一句名言,叫"知人者智,自知者明"(《老子》第三十三章)。这里"智""明"互文,意为知己知彼,谓之明智。其中后一句发展为熟语"人贵有自知之明",为后人常用。但老子所处的时代,属于韩非所说的"逐于智"的中古,人心早已不古,老子敏锐地觉察了人类智巧的危机,因而以否定的方式极力鼓吹"绝圣弃智"和"无知",以守愚之为智,"不敢为天下先",结果是"以其不争,故天下莫能与之争"。这种因应世俗社会争名夺利而藏拙韬光养晦的生存方式,正是一种保全自身顺势而为的生存智慧。

特别值得一提的是,毛泽东曾说"《老子》是一部兵书"。这话当做何理解呢?常识告诉我们,《老子》是一部享誉中外的哲学著作,其中大量运用辩证法所揭示的事物的道理,适用面非常广,适用性非常强,因此,毛泽东称它是兵书,一点都不足为怪。毛泽东曾经摘录和引用过的《老子》言论主要有:"天下莫柔弱于水,而攻坚强者莫之能胜。""将欲取之,必先予之。""不为天下先。""民不畏死,奈何以死惧之?""祸兮福所倚,福兮祸所伏。"这些格言警句为毛泽东不同时期所引用,足见《老子》的智慧不仅启迪常人,也启迪伟人。

庄子继承并发展了老子的道论,还把"气"的概念引入道论之中。庄子在《大宗师》中说:"夫道,有情有性,无为无形;可传而不可受,可得而不可见;自本自根,未有天地,自古以固存。神鬼神帝,生天生地,在太极之先而不为高,在六极之下而不为深;先天地生而不为久,长于上古而不为老。"可见,庄子同样肯定"道"是宇宙万物的根源。不仅如此,庄子还认为"天地与我并生,万物与我为一",至此,"道"与主体同一,"道"同时成为主体追求的最高境界。在庄子的想象世界里,所谓真人、神人、至人、圣人,都是与宇宙万物相通的得道之人。得道之人心灵是完全自由的,没有名缰利锁的束缚,也没有其他欲念的束缚。庄子认为,人要获得真正的自由,就要通过"心斋"和"坐忘"的功夫,超越"有所待"和"有己",从而达到"无所待"、"无己"的自由境界,在"人间世"实现"逍遥游"。

与智相关联,庄子区分了"知有所待"与"知无所待"(《庄子·大宗师》),有所待就是有条件或前提,无条件或前提就是无所待。有所待之知使用的范围及其时效是受限的,而无所待之知则是放之四海而皆准的真理性知识。显然,庄子推崇的是后者,他称为"莫知恃其知之所不知而后知"(《庄子·则阳》)。

（四）兵家之"智"

兵家的思想和智慧独树一帜。兵家的代表人物是孙武和孙膑，前者著有《孙子兵法》，后者著有《孙膑兵法》。兵家的思想和智慧主要集中在这两本著作中。后世还有一种说法，认为《鬼谷子》也是兵法著作，跟前述的武兵法不同的是，它属于文兵法。

《孙子兵法》是我国春秋末期大军事家孙武为助吴王阖闾成就霸业所写的一部兵书，它将影响战争的核心要素概括为道、天、地、将、法五种，其中"道（即道义）"居所有要素之首，这是所有不得不用兵者必须注意的。一旦用兵，就必须求胜，而要赢得战争的胜利，就必须讲究谋略和战术技巧。《孙子兵法》全书分始计篇、作战篇、谋攻篇、军形篇、兵势篇、虚实篇、军争篇、九变篇、行军篇、地形篇、九地篇、火攻篇、用间篇 13 篇，囊括驾驭全局、先谋后策、识虚知实则无不胜等谋略思想。

先秦兵家的谋略理论和战术技巧总括起来集中体现了四点原则：一是"知"为谋用，"先谋为本"。此即所谓"知彼知己者，百战不殆；不知彼而知己，一胜一负；不知彼，不知己，每战必殆"（《孙子兵法·谋攻篇》）；"明主知道之将，必先谋可有功于未战之前，故不失可有功于已战之后"。① 二是虚虚实实，兵不厌诈。此即所谓"兵者，诡道也。故能而示之不能，用而示之不用，近而示之远，远而示之近"（《孙子兵法·始计篇》）。三是乘势而为，势在必得。此即所谓"善战者，求之于势，不责于人，故能择人而任势"（《孙子兵法·兵势篇》）。无势则造势，小势则大势，有势则任势，总之是形成有利于己方的优势并果断地化优势为胜势。四是随机应变，不拘常规。孙子说，"战势不过奇正，奇正之变，不可胜穷也。"（《孙子兵法·兵势篇》）"故兵无常势，水无常形，能因敌变化而取胜者，谓之神。"（《孙子兵法·虚实篇》）

必须指出的是，兵家无论武兵法、文兵法，虽然各自在 13 篇兵法里提出了致全胜的方略和致强兵的圆略，但"不战而屈人之兵"却是他们共同的主张，以战止战方为上上之策。

到了热兵器时代，尽管方略和圆略依然在高科技条件下的现代战争中发挥作用，但和平与发展已经成为当今世界的主题。于是乎，在看不到硝烟的商场，兵法商用，《孙子兵法》更是受到众多知名企业家的推崇。日本麦肯锡公司董事长大前研一称其为"最高的经营教科书"，声称"没有哪一本书能

---

① 孙膑：《孙膑兵法·客主人分》，转引自张震泽：《孙膑兵法校理》，中华书局 1984 年版，第 157 页。

像它一样为我们提供如此丰富的经营思想,它有着取之不尽的战略思想"。①
企业家对《孙子兵法》的赞誉,表明兵家智慧的功能并不局限于某一领域。
它跨时空、跨领域,留给人类一笔珍贵的思想财富。

(五)墨家、法家、名家之"智"

墨家的思想集中体现在《墨子》一书中。《墨子·鲁问》中这样记载墨
子:"凡入国,必择务而从事焉。国家昏乱,则语之尚贤尚同;国家贫,则语之
节用节葬;国家熹音湛湎,则语之非乐非命;国家淫僻无礼,则语之尊天事
鬼;国家务夺侵凌,则语之兼爱非攻。"墨子的主张就浓缩在这段文字中,其
目的是"求兴天下之利,除天下之害";其特点是因地制宜;其根本思想是"兼
相爱,交相利"。墨家作为先秦时代的显学,其价值在式微两千多年后重新
显露出来。其"兼爱"思想,与现代人类的"博爱"价值观精神实质一致;其
"非攻"主张,与当代政治理念中的和平反战思想异曲同工。这种远见卓识
对于启迪今人解决现实世界中的争端无疑具有借鉴参考价值。

墨子曾两次明确言及"知者"(这里"知"通"智"),一见于《墨子·尚同
下》:"知者之事,必计国家百姓所以治者而为之,必计国家百姓之所以乱者
而辟之。"这里的智者要求胸怀天下苍生,具备高尚的道德情操。另一见于
《墨子·公孟》:"夫知者,必量其力所能至,而从事焉。"意思就是说智者行事
须量力而行。这是善意的忠告,因为不论谁,量力而行都是明智之举。

法家的代表人物是韩非。韩非所处的时代,用他在《韩非子·五蠹》里
概括的"上古竞于道德,中世逐于智谋,当今争于气力"的话来说,正是"争于
气力"的时代,王道不存,霸道风行。为了保证社会秩序,必须依靠法度。法
家的思想集中体现在《韩非子》一书中,韩非将商鞅的法(见《商君书》)、申
不害的术(见《申子》)和慎到的势(见《慎子》)融为一体。其基本主张是"以
法治国",最早见于《管子》。西汉初年的史学家司马谈在《论六家要旨》中
概括了法家的思想特点,即"不别亲疏,不殊贵贱,一断于法"。法家的立法
原则主要包括:顺天道;因民情;随时变;尊事理;量可能;务明易。法家思想
在现实社会中作用巨大,一直是"外儒内法"(或叫儒表法里、儒法互补)统治
模式的基石,其思想固然与今天的依法治国理念不可同日而语,但其对法的
尊重和维护以及严格执法的追求等,无疑对我们建设健全的法制社会富有
启示作用。

---

① 参见张文儒:《孙子兵法与企业战略》,华夏出版社 2006 年版。

具体到"智"，韩非主张"求圣通之士"（《韩非子·显学》），"使智者尽其虑，而君因以断事，故君不穷于智"。希望国君让有智慧有知识的人最大限度地发挥他们的才华，用他们的智慧来进行决断，这样，国君就能够拥有无穷无尽的智慧。也许韩非认为当时的"民"阶层不"圣"不"通"，导致"不知犯其所小苦致其所大利"，属于因小失大、鼠目寸光之辈，因此他说"民知之不足师用"（《韩非子·显学》）。关于"民知（通智）"，会有争议，这里存而不论。但"求圣通之士"的主张，足可证明韩非是追求大智慧的，因为"圣"与"通"大体概括了大智慧的特征。

先秦名家的代表人物是惠施和公孙龙。惠施的思想主要见于《庄子·天下篇》，公孙龙的思想主要见于《公孙龙子》。名家辩名析理，专事研究逻辑推理的方法、形式和结构。如惠施的"至大无外，谓之大一；至小无内，谓之小一"；"大同而与小同异，此之谓小同异；万物毕同毕异，此之谓大同异"；公孙龙的"白马非马"和"离坚白"都是著名的命题。除却其中的名实脱节的概念游戏成分，名家重视语言功能、重视概念分析、重视逻辑论证的新的思想路径，对增强后世学者著作的思辨色彩定有潜移默化的启示。

（六）中华大智慧的要旨

考察诸子百家思想之流变，对中华民族的思想言行影响至深的最终是儒、佛、道三家合流后形成的中国传统文化。儒家尊德性，道家讲道心，佛家言佛性，三者互补融合，形成刚性、柔性、忍性三位一体的中华传统文化结构，入世为进，出世（避世）为退，刚柔相济，进退有据。儒家伦理强调积极进取，道家智慧追求人生悟性，佛家智慧追求超脱生死。儒、佛、道三家在对立的基础上相互取长补短，先扬弃，后融合，融世俗的关注性与超越性以及宗教的神圣性于一炉，既具情感特性，又有理性品格。这种开放包容的文化秉性，其追求的价值理念直接指向"和合"。你中有我，我中有你，因和谐而融合。

"和合"之"和"，在《论语·学而》中表述为："礼之用，和为贵。"在《孟子·公孙丑下》中表述为："天时不如地利，地利不如人和。"在《中庸》中表述为："和也者，天下之达道也。"在《春秋繁露·循天之道》表述为："德莫大于和。"儒家思想中的"和"遵循着"和而不同"和"和而不流"这样两个基本原则。孔子说"君子和而不同，小人同而不和"（《论语·子路》）；《中庸》的作者进而提倡"君子和而不流"。以二程的话是："世以随俗为和，非也，流徇而已矣。君子之和,和于义。"①可见,"和"是儒家解决人际关系中各种矛盾的智慧理念。遵循"和为贵"的理念,就能找到一种和谐、和合之道;追求"致中和"的人际关系境界就能营造一个"同归而殊途"(《易传》语)的祥和稳定社会。

"和合"是中华民族贡献给全人类的智慧,是中华文化的最高境界。"和合生生道体"是和爱与智慧的结晶,是人类度越生态危机、人文危机、道德危机、精神危机和价值危机的诺亚方舟,是化解人与自然、人与社会、人与人、人的心灵和各文明之间的五大冲突的智慧之旅,也是安顿高科技全球化的精神家园。②

个体处世智慧的要旨是从容淡定、宠辱不惊。教育家吕型伟这样概括自己何以能从容:"人的心志可以永远是自由的,而且这种自由是唯一与生俱来的。在任何恶劣的环境中,人们都可以有这种自由,那就是选择自己的心志。"③有了这份平等心,就不难做到从容淡定、宠辱不惊。可以说,能做到放眼长远,胸有全局,知己知彼,道德高尚,就基本具备了智者的特征。

二、以德驭智

(一)智慧辨析

智与愚相对。"愚昧无知"这一词语反衬出"智"与"知"相连,一个人如果能够日积月累知识,就能从他人的经验、教训中习得智慧。智慧与心相通,无论自己的认识还是他人的见解,都需要心之器官重新梳理、凝练,才能转识成智。智者待人接物仁智,考虑问题理智,处理问题明智。以仁义为本之人出谋划策多为阳谋,以智为工具不择手段者用计奸诈多为阴谋。无论阳谋阴谋,都是计谋。以道德作为尺度,可以分出妙计、良策、奸计、毒计,等等。

由大智慧到小聪明,呈金字塔结构,程度逐级下降,但很难量度。虽然有智商(Intelligence Quotient,简写作 IQ)公式,可以对儿童的智力按照智商=智龄÷实足年龄×100 进行测量,得出"聪明"(IQ > 120)、"中等"(IQ = 100)、"愚蠢"(IQ < 80)的结论。但智商说一般认为智商基本不变,这与我们

---

① 《河南程氏粹言》卷一。
② 参见方国根:《民族智慧与哲学创新——读张立文教授〈和合哲学论〉》,《中山大学学报》2007 年第 4 期。
③ 叶澜:《智慧从容大气恢宏》,《中国教育学刊》2007 年第 10 期。

的观察及认识所得有一定的差异。我们认为,智商高的个体从事自然科学研究有优势,往往能出成就。但如果情商(Emotional Quotient,简写作 EQ)不高,在社会生活中往往碰壁,难有作为。加入 EQ 作为参数,我们便不难理解成语"大智若愚"的含义。

智慧是个联合词,据《辞源》,智与慧各有三个义项:智:1. 聪明,才能;2. 谋略,机智;3. 知识。慧:1. 聪明,有才智;2. 狡黠;3. 梵语"般若",意译为"慧"。按各自序号的语素义两两拼合,我们发现智与慧基本上是同义组合,但词语本身有着难以细辨的复杂含义。《左传》以"不能辨菽麦"为无慧,但不能辨菽麦的人并不能简单地定性为白痴,有可能是某方面的认知能力差。因为按照世俗的观点,白痴就是不开窍的愚钝之人,什么都不懂。《国语·周·下》讲"言智必及事",这是讲智慧须在处理事物事情当中才能体现出来。处理事物事情,都需要知识的积累和对知识的合目的性使用,因此《荀子·正名》里说:"所以知之在人者,谓之知。知有所合谓之智。"这样,直接将"智"解释成"知识"就值得商榷。智慧的词语场有:智力、智巧、智能、智略、智谋、智囊、智多星、智商、智术、慧心、慧根、慧眼。其中的"慧根、慧眼"是佛家用语,我们在后面介绍佛家之智时会涉及。

一般的汉语词典认为"智慧"就是"辨析判断、发明创造的能力"。拆开讲,这种能力包括辨析力、判断力、创造力。进一步讲,这种能力属于劳心者而非劳力者,属于脑力劳动。我们习惯用"聪明"释"智慧",但聪明不等于智慧。这一点我们借助《新英汉词典》对"Clever"和"Wisdom"等词语的用例作为参照,很容易看出二者的联系和区别。

Clever:聪明

be clever at painting(擅长绘画)

clever fingers(灵巧的手指)

a clever horse(擅长跳跃障碍物的马)

a clever speech(机敏的谈话)

Wisdom:智慧、才智、明智

the collective wisdom of the masses(群众的集体智慧)

聪明一般就个体而言,智慧则不限个体、群体。聪明与智慧的联系在于,智慧包含聪明,换句话说,智慧以聪明为前提。表现在英语中,既可以用 Cleverish 来表示"有小聪明的"意思,也可以用 wise guy 表示"自作聪明的"的意思。聪明与智慧的区别在于,聪明是个体的天赋和后天所学共同作用的结果,智慧除此之外,其本身就存在于科学知识、生活常识、哲人名言和常人的教训中。聪明随着个体生命的产生而发展,直至生命终结。而智慧则可通过文字等媒介留传久远,跨越时空。各种经典著作都是哲人智慧的结晶,熟读并领悟经典是增长智慧的阶梯;各式各样的教训都是人们失败乃至痛切心扉的总结,了解并牢记教训同样是增长智慧的路径,格言"吃一堑,长一智"总结的就是这个道理。

足智多谋的人被称为智囊。据《辞源》"智囊"条,古史记载以智囊称者甚多,著名的有战国秦樗里子(《史记》七一卷)、汉晁错(《史记》一〇一卷)、后汉鲁丕(《后汉书》二十五卷《鲁恭传》)、三国魏桓范(《三国志·魏·曹爽传》)、唐王德俭(《大唐新语·酷忍》)等。我们如果不读史书,很难知晓这些古之智囊,我们知道的著名的有影响力的历史人物可能限于在说唱文学、通俗演义、影视作品口耳相传或荧屏上艺术再现的少数几个,如春秋的范蠡、汉代的张良、三国的诸葛亮、明代的刘伯温。其中张良,刘邦赞其"运筹帷幄之中,决胜于千里外,子房功也"(《史记·留侯世家》)。至于诸葛亮,更被民间演绎成智慧的化身、代名词,汉语俗语有"三个臭皮匠,顶个诸葛亮";鲁迅在批评《三国演义》时所言"状诸葛之智近乎妖",也反证了诸葛亮的智慧在坊间的影响。事实上,只要读一读《隆中对》,就可略知三分。刘备"欲信大义于天下",而自觉"智术浅短",三顾茅庐,问计于诸葛孔明。孔明在隆中详细地陈述了当时的天下时势、山川形势和各诸侯的利弊,献了三分天下之计。历史用三国鼎立证明了诸葛亮的过人智慧。

冷兵器时代能够凸显智囊的作用。而后冷兵器时代,尤其是信息时代,更强调集体智慧。这样,官方组织、大学组织、民间组织的各种智库应运而生。由智囊到智囊团到智库,证明了西汉刘向的前瞻性,《说苑·建本》中有言:"千金之裘,非一狐之皮;台庙之榱,非一木之枝;先王之法,非一士之智也。故曰讯问者智之本,思虑者智之道。"

那么,不同学科背景下的智慧究竟所指为何? 不同的智慧观决定了智慧的不同阐释路径和对智慧本质的看法。

(二)智慧观述评

凡智慧都是人类在观察认识自然现象、研究解决社会问题中产生的深刻认识,其中解决人类困惑的规律性认识属于大智慧。借用金庸的话说,就是"智慧用来解决大问题,聪明用来解决小问题"。无论这些问题二分为理论的还是实践的,道德的还是非道德的,问题的最终解决还得依靠人类自身的智慧。

考察古今中外有关智慧的论述,可以大致梳理出七种智慧观:即不可知论的智慧观、道德论的智慧观、知识论的智慧观、工具论的智慧观、进化论的智慧观、认知论的智慧观、综合论的智慧观等。

1. 不可知论的智慧观。主要包括对古希腊哲学中的逻各斯、道家的"道"等的认识。说不可知，是说这种智慧难以验证，难以言说。逻各斯，希腊语为 logos，是古希腊哲学家赫拉克利特最早使用的一个哲学概念。赫拉克利特认为，逻各斯是一种隐秘的智慧，是世间万物变化的一种微妙尺度和准则。换句话说，对逻各斯的认识是发现智慧的智慧。提倡并发扬逻各斯的斯多亚学派进一步认为，逻各斯是宇宙万物的理性和规则，充塞于天地之间，弥漫无形，不过可以通过语言加以传达。"逻各斯"这一概念与道家的"道"这一哲学范畴极其相似。不同的是，"逻各斯"有内在逻各斯与外在逻各斯之分，而道家的"道"则无内道与外道之别。

2. 道德论的智慧观。主要指儒家对智慧的认识，古希腊哲学家苏格拉底也认为美德就是智慧。儒家之智我们后面还要单独阐释。作为"三达德"（"智、仁、勇"）之一的智，从春秋传到西汉，又被董仲舒纳入"五常"（"仁、义、礼、智、信"），成为官方认定的道德规范并作为道统一直延续到 20 世纪初。值得指出的是，儒家的"仁智合一"智慧观与早期西方哲学提倡的"智德一体"智慧观不谋而合。

以道德为中心的智慧，有利于和谐人际关系，维护社会秩序。但道德毕竟不能替代智慧，智慧要解决的除了人生、社会问题外，还要用于科学研究、智能生产等。除了克隆人涉及道德伦理外，目前的科学技术仍然遵奉工具理性原则，但我们反对科学主义。科学主义强调以自然为中心，而实际上人与自然并非对立关系，人定胜天表现出人类的狂妄，天人合一才是正道。

3. 知识论的智慧观。这方面的论述很多，中西方都有，代表性言论如："智，知也，无所不知也。"（《释名·释言语》）"智者，知也。独见前闻，不惑于事，见微知著也。"（班固：《白虎通·情性》）"所以知之在人者谓之知，知有所合谓之智。"（《荀子·正名》）杨倞注："知有所合，谓所知能合于物也。""知识就是力量。"（培根《论知识》）

这种智慧观主张"知而获智"，在先天智慧之谜被揭示之前，毫无疑问，任何智慧都源于知识。但对"知"的理解不应只限于静止的知识，正如赫拉克利特所说的"博学并不能使人智慧"。死读书不知学以致用的人被人讥为"两脚书橱"，战国时期赵国的赵括和三国时期蜀国的马谡，都是纸上谈兵的典型人物。这里的"知"是一个由知识到知道到智识的动态把握，是一个转识成智的过程。原创知识是智慧，重复应用已有的知识去解决简单的问题，就谈不上智慧，只是心理学意义上的记忆力。解决疑难问题，没有现成的答案可用时才能体现出不同个体的智慧高低。心智对信息的系统加工能力决定了每个人的智力水平。其中的上智就是真正意义上的智慧。

这里要特别介绍的是创造性地超越了科学主义和人文主义对峙的冯契的智慧说。冯契借"顿悟"说把从知识到智慧的飞跃概括为"转识成智"。转识的阶段包括由"无知"到"知"、由"知识"到"智慧";转识的手段包括化理论为方法、化理论为德性。"转识成智"的过程包括理性的直觉(庄子的《庖丁解牛》可为例证)、辩证的综合和德性的自证。从知识到智慧的飞跃给人以连续性的中断和顿然实现的感觉,是一种存在的客观事实。智慧是对天道、人道的根本原理的认识,是一种整体性的认识。在认知活动中不断把握到的具体的知识,通过飞跃才可达到顿然性的具体把握。瞬间所悟、一下照见的正是长期认识过程中对整体性真理的把握,是在与知识经验的动态联系中实现的转化。

4. 工具论的智慧观。这种智慧观实质上是将智慧视为逻辑思维的工具。目前看到的大致有这样两种观点:一种观点是将智慧仅仅视为一种抽象思维的能力,将直觉思维等排除在智慧范围之外。另一种观点是美国当代著名教育心理学家罗伯特·加涅(R. M. Gagne)提出的,他用"智慧技能"(intellectual skill)和"认知策略"(cognitive strategy)这对概念来区分智慧。加涅认为,智慧技能指个体运用概念和规则对外办事的程序性知识。而认知策略指人们运用概念和规则对内调控的程序性知识。认知策略不属于智慧范畴。加涅用区别于陈述性知识的程序性知识来揭示智慧的本质,否定了机械地运用知识,内中蕴涵了动态的信息加工和逻辑推导能力。但他将认知策略和智慧技能从智慧中割裂开,取一舍一,缩小了智慧的外延。事实上,对内调控也是智慧,知彼不易,知己更难。所以雅典娜神庙之上才有"认识你自己"的铭文对后人加以告诫。

5. 进化论的智慧观。持这种观点的代表性人物是发生认识论的创始人、瑞士心理学家让·皮亚杰(Jean Piaget),他从生物进化的角度来阐释智慧的本质,认为"智慧的本质就是适应",这种适应"是有机体和环境之间的一种平衡状态,有机体依赖与同化和顺应两种机能的协调,取得与环境的平衡"。这一观点后来被日内瓦新皮亚杰学派加以修正,药方就是用社会性补生物性之偏,通过教育用人格塑造补本能之偏。在关于"智力的社会性发展"研究中,他们虽然使用了皮亚杰原有的概念,但更多是从社会认知或发生社会心理学的观点来加以阐释的,即同化、顺应、平衡等过程发展的线索是由社会环境(包括教育)来提供的。显然,生物的本能适应环境与人适应社会环境是有区别的,社会交往、社会文化对个体人格的发展升华至关重要。只有通过学习提高,个体的心智加工能力、环境适应能力才能不断增强，最后达到智慧生存的境界。

6. 认知论的智慧观。主要指科学主义兴起后，心理学家在习得方面不懈探索所取得的成果。在心理学领域，"智慧"一词更多地用"智力"来表达。《辞海》的编者采纳了心理学家的研究成果，用"智力"释"智慧"。"智力"条目的释文是这样的："通常被叫做智慧，指人认识客观事物并运用知识解决实际问题的能力。集中表现在反映客观事物深刻、正确、完全的程度上和应用知识解决实际问题的速度和质量上，往往通过观察、记忆、想象、思考、判断等表现出来。"这个解释是有权威性的，判别个体智慧与否，可以把握两个"度"、五种"力"。两个"度"就是认识事物准确、深刻的程度和遇事反应的速度。五种"力"就是观察力、记忆力、想象力、思考力、判断力。

心理学上对"智力"界定的探讨新近的一个著名成果是美国多元智能理论的提出者加德纳（Howard Gardner）作出的。他修订了他以前对"智力"的界定，认为"智力是个体处理信息的生理和心理潜能，这种潜能可以在某种文化背景中被激活以解决问题和创造该文化所珍视的产品"。

基于心理实验探求人类个体智慧，有其科学理据，但将"智慧"限定于"认知领域"，不指涉道德，恐难得到"智慧"的真谛。对"智慧"所要解决的问题可以划分为"理论的"和"实践的"，也可以划分为"道德的（moral）"和"非道德的（amoral/nonmoral）"①。与道德相关的不只是社会问题，也涉及自然、科学等。提出"道德智慧"，既是对传统的继承，也是解决当下全球性痼疾的指针，有助于人与人、人与自然的和谐相处。

7. 综合论的智慧观。持这种观点的人认为，智慧是指个体经由练习或经验习得的一种新颖、巧妙、准确地解决复杂问题或疑难问题的能力②。根据此定义，真正能够称得上"智慧"的东西一般具有三个显著特点：第一，它是个体凭借后天的练习或经验而习得的能力。与生俱来的是本能，不能称作智慧；第二，它是个体在解决疑难问题或复杂问题的过程中展现出来的能力；第三，展现智慧的问题解决方式常常具有新颖、巧妙、准确的特征。据此，他们进一步将智慧分为关于待物的智慧（简称"物慧"）和关于做人的智慧（简称"德慧"）两种类型。所谓物慧，是指个体经由练习或经验习得的一种新颖、巧妙、准确地解决复杂物理问题或疑难物理问题的能力。所谓德

---

① 蔡连玉：《道德智慧：概念内涵及其与多元智能的关系》，《上海教育科研》2007年第6期。

② 郑红、汪凤炎：《论智慧的本质、类型与培育方法》，《江西教育科研》2007年第5期。

慧,则是指个体经由练习或经验习得的一种新颖、巧妙、准确地解决复杂人生问题或疑难人生问题的能力。

"物慧"与"德慧"之分,让我们想起当代新儒家学者牟宗三关于"认知的知识"与"道德的知识"的知识分类法,如果用知与智对应,依转识成智说,"认知的知识"可以转成"物慧","道德的知识"可以转成"德慧"。综合论者强调智慧是一种新颖、巧妙、准确地解决复杂问题或疑难问题的能力的论断,揭示了智慧的本质特征,但否认"先天智慧"值得商榷,因为《论语·季氏》里就有"生而知之者,上也;学而知之者,次也"的观点,著名发明家爱迪生也认为百分之一的灵感很重要;而简单地将人视为普通生物,将生物本能与人的灵智不加区分,极有可能有失偏颇。

(三)计谋与用智

《礼记·礼运》篇里阐述"大同世界"时,讲到由于行大道而"谋闭而不兴";而小康世界由于大道隐而"谋用是作"。在儒家看来,谋略尤其是机巧属于大道不行、道德不完美的产物。

以此为标准,当今仍属于小康社会。国家生活、社会生活中用智不可避免。既然要用智,则无论党派、群体还是个体,不管是集体智慧还是个人智慧,都需要在现实层面转化为谋略或计谋,大到治国方略,小到个人点子,都必须说出来或写出来,予以组织实施。

用计需有计。计从何来? 智谋源于大脑对已有信息的系统处理和变通使用。利则行,不利则舍。只有具备灵活、变通地使用知识或信息的能力,而不是死守某一知识在某一方面的价值,才有可能将知识或信息的利用价值发挥到最大限度,才能实现智慧的价值。价值大小,取决于用智得当与否。《庄子·逍遥游》记载了这样一则故事:"宋人有善为不龟手之药者,世世以洴澼絖为事。客闻之,请买其方百金。聚族而谋之曰:'我世世为洴澼絖,不过数金。今一朝而鬻技百金,请与之。'客得之,以说吴王。越有难,吴王使之将。冬,与越人水战,大败越人,裂地而封之。能不龟手一也,或以封,或不免于洴澼絖,则所用之异也。"翻译成现代汉语,就是:有个宋国人,善于制造不龟裂手的药物,他家世世代代以漂丝絮为业。有个商人听说了,愿意出百金收买他的药方。于是他集合全家人来商量说:"我家世世代代以漂丝絮为业,所得不过数金;现今卖出这个药方,立马可得百金,我看还是卖给买主吧。"这位商人得了药方,去游说吴王。这时越国正遇灾难,吴王就趁机派他为将,率兵在冬天跟越国水战,因为有不龟裂手的药,大败越国;吴王就划分了土地封赏给他。同是一个不龟裂手的药方,有人因此得到封赏,有人却只是用来漂丝絮,这就是使用方法的不同。由此可见,同样一种东西,使用方法不同,结果大不一样。商人不但有金点子,还能用好,所以赚个盆满钵满。这个故事表明转识成智和灵活用计的重要性。

上面讲的是聪明的商人以点子谋利,而伟大的政治家则以智慧谋天下。20世纪80年代,我国由于经历了十年浩劫,元气大伤,急需一心一意谋发展。中共第二代领导集体的核心邓小平同志用发展的眼光、卓越的胆识灵活运用马克思主义,相继提出:走有中国特色的社会主义道路;"和平统一、一国两制";在外交上实行韬光养晦的政策等。这些治国方略充分体现了小平同志的政治智慧。确立走有中国特色的社会主义道路,首先需要明确什么是社会主义,怎样建设社会主义,这样才能统一认识,明确前进的方向;也才能将政治理论智慧化为国家意志,变成全民动力。历史已经雄辩地证明,以经济建设为中心,实行改革开放的基本国策,为中国的和平崛起奠定了坚实的基础。

在台、港、澳问题上,小平同志创造性地提出了"和平统一、一国两制"的政治构想。中国政府1997年7月1日和1999年12月20日先后顺利恢复对香港、澳门行使主权。"一国两制"的提出和在香港、澳门的成功实施,充分说明和平共处是完全行得通的。

至于在外交上实行"韬光养晦"的政策,并不是无原则地事事、时时、处处避让,而是选择"有所为、有所不为"。在实力还不够强大、经济还欠发达、人民生活还不富裕的情况下,集中精力抓好国内经济建设,而不是与大国争锋。而在直接涉及国家主权和国家利益,涉及发展中国家的正当权益,涉及世界和平与地区稳定,以及建立公正合理的国际政治经济新秩序等问题上,则毫不含糊,始终旗帜鲜明,坚持原则,卓有成效地开展工作。这种斗争策略,是一种有效的策略,是一种高明的做法。"韬光养晦"是特定历史条件下的智慧选择,"有所为、有所不为"是具有长远意义的韬略。

除了商业头脑、政治智慧,在生活中的言语智慧比比皆是。大家熟知的民间智者阿凡提,周恩来等的言语智慧,一直为人们所津津乐道,此处不再赘述。我们来看看话剧《陈毅市长》中陈毅是如何破了化学家齐仰之"闲谈不过三分钟"的惯例的:

陈毅夜访齐老先生,看到门上贴着"闲谈不过三分钟"的告示,灵机一动,巧妙地运用了"卖关子"策略。

陈毅:"我以为,齐先生虽是海内外闻名的化学家,可是有一门化学,齐先生也许还一窍不通。"

齐仰之:"什么!我齐仰之研究了化学四十余年,虽然生性驽钝,建树不多,但举凡是化学,不才总还是略有所知。"

陈毅:"不,齐先生对这门化学确实一无所知。"

齐仰之(不悦):"那倒要请教。敢问是哪门化学,是否无机化学?"

陈毅:"不是。"

齐仰之:"有机化学?"

陈毅:"非也!"

齐仰之:"医药化学?"

陈毅:"亦不是。"

齐仰之:"生物化学?"

陈毅:"更不是。"

齐仰之:"这就怪了,那我的无知究竟何在?"

陈毅:"齐先生想知道?"

齐仰之:"极盼赐教。"

陈毅(看表):"哎呀呀,三分钟已到,改日再来奉告。"

齐仰之:"话没说完,怎么好走?"

陈毅:"闲谈不能超过三分钟啊!"

齐仰之:"这……可以延长片刻。"

陈毅:"说来话长,片刻之间,难以尽意,还是改日再来,改日再来!"

(陈毅站起,假意要走,齐仰之急忙拦住)

齐仰之:"不、不、不,请陈市长尽情尽意言之,不受三分钟之限制。"

陈毅:"要不得,要不得,齐先生是从不破例的。"

齐仰之:"今日可以破此一例。"

陈毅:"可以破此一例?"

齐仰之:"学者以无知为最大耻辱,我一定要问问明白。"

(摘自沙叶新《陈毅市长》)

陈毅市长的"卖关子"用得极妙,先揭示需求,说齐仰之"有一门化学也许还一窍不通"。维护自尊,是人的需求之一,齐仰之以无知为耻,这就揭示了需求,接下来就"吊",一直吊到他自己迫不及待地宣布破例为止。这就是言语智慧。

(四)以德驭智,和谐生活

凤凰卫视有个节目叫"智慧东方",从文化视角深入浅出地介绍中国的人文景观,将祖先物化、诗化了的智慧通过研究者身临其境的介绍直观地展现给观众。确实,中国是个文化大观园。翻阅中国古代经典著作,虽不能说字字珠玑、句句有用，但德治、仁治、法治的政治理念应有尽有，有的思想或理想历时两千多年而依然无比新鲜。走访人文景观，无异于文化漫步，建筑、碑林、石刻、塑像等，都包含着丰富的文化意韵。中华民族是充满了智慧的民族，但智慧谋略不具有阶级性，伟人用智，以天下苍生为念；奸人使计，以一己之利为先；君子用计以人为本大公无私，小人用计自私自利不择手段乃至草菅人命。为了构建和谐社会，我们提倡以德驭智。

以德驭智，德为准绳智为用。德就是一般意义上的道德，具体映射在不同的行业从业者及其言行上，就是通常所说的官德、师德、医德、商德、口德、酒德，等等。一般说，行为容易失德的，就会有相应的词语产生，以便告诫规劝。比如只图自己痛快口没遮拦，酒后耍酒疯等。我们坚持依法治国，同时也提倡以德治国，原因就在于法律只是60分的道德，是做人的底线。只有全民提升道德修养，提高道德水准，才能具备良知良能，才能是是、非非，作出正确的价值判断。为此，我们提倡给灵魂经常洗洗澡，在正常的社会人际交往中不耍小聪明，以便让心灵愉悦。

何谓小聪明？在回答这个问题之前，先看两篇报道：

①表哥多年前去了美国，我以为经过奋斗，他应该事业有成，没想到境况并不好。

刚到美国的我搬进了表哥的公寓。我们的邻居名叫汉森，是个美国人。不久前，他们一起参加了一个网络培训班，老师让他们去买一本参考书，表哥和汉森跑遍当地书店都没买到，只好去图书馆，每人借了一本。过了两个星期，汉森复印了这本书的部分内容，把书还了，表哥的那本却没有还。我问表哥："借的书到期了，怎么不还呢？"

"我不打算还了。我算过，复印书要50美元，如果办个图书遗失手续，只需付10美元。"一旁的汉森惊讶地说："图书馆的书是公共资源，怎么可以据为己有？"

此后的一天，我们去海滨公园玩。到了目的地，表哥在挂着"禁止停车"标牌的地方停下了车。汉森不安地说："车停在这里是要被罚款的。"表哥却听不进去。游玩回来，车窗上果然有一张罚单。这时，表哥得意地对我们说："如果我把车停在停车场里，停车费是24美元，而把车停在这里，警察只开一张8美元的罚单，哪个更划算？"汉森瞪大了眼睛，过了许久说出一句话："你们中国人太聪明了。"

这样省钱的高招，汉森恐怕想不出来。而我，却说不出心里是个啥滋味。（《青年参考》2009年7月10日 卢豪玉文）

②名牌服饰、鞋帽10天内可无条件退换货。扬州一家大型商场在

该市率先推出这一便民促销举措,国庆长假,商场顾客量骤增,其中有不少人是外出旅游或者参加亲友聚会来"借"名牌衣服、鞋帽一穿的。这些"借穿族"利用商家的承诺天天穿名牌,让商家哭笑不得。其中一个的哥为过"名牌瘾",竟连续穿了 3 个月的"免费"高档皮鞋!(《扬子晚报》2008 年 10 月 4 日报道)

报道①原来的标题是"表哥的小聪明",不褒不贬;有趣的是,转贴到互联网上,有位用繁体字的网友将标题改为"耍小聪明的表哥",讥贬之意立现。这位"表哥"将公共资源据为己有省了 40 美元;不去停车场而在"禁止停车"处停车省了 16 美元。一共 56 美元将"中国人"脸上贴上了"太聪明"的标签。这样的事例在国内屡见不鲜,不知损害的是谁的利益?有多少人认为是有损人格、国格的呢?报道②转引自乔志峰的 BLOG,未见原标题,博客的标题"这样的'聪明'不要也罢"态度已非常鲜明。一项便民促销举措,让贪小便宜的"借穿族"在天天穿名牌的同时也立马脱下了道德外衣,原形毕露,值得深思。

比这有过之而无不及的现象还可列出很多,如:用硫黄薰木耳、用瘦肉精养猪、用避孕药养甲鱼、用旧皮鞋做牛奶、用催熟剂育水果……不一而足。连进口的东西都敢马马虎虎,让人不是担心激素色素,就是毒素,面临吃什么心里没数的无奈。这就是耍小聪明之怪现状!正应了《无量寿经》所言:"唯此世间,善少恶多,饮苦食毒,未尝宁息。"

有人这样界定"小聪明":指特有的具体能力,常常表现得聪明伶俐,能言善道,机灵敏捷,善于伪装,善于演戏,随机应变等。其综合特征主要表现为:1. 自以为是,自作聪明;2. 自我炫耀,自我卖弄;3. 常常觉得不满足,追求别人的赞赏和肯定,常常以此得意;4. 容易随波逐流,做事浮躁,不能识大体,总是纠缠于细节;5. 在不弄清事物原委的前提下,就进行肆意的揣测和兀自判断,追求急功近利。① 岳晓东以三国时的杨修为例,来阐明耍小聪明的危害。其实,杨修不是小聪明,他是太聪明而没有注意谨言慎行,加之曹操生性多疑才招来杀身之祸的。但岳从心理学的角度对小聪明所作的特征概括还是基本准确的。

我们认为,小聪明是个体以自我为中心,以牺牲社会公共秩序为代价,以贪小便宜为追求,以钻空子为手段来满足个人虚荣心的一种能力。而智慧是一种精神力量,是对人生的大彻大悟和对世事洞明之后自我驾驭人生

---

① 岳晓东:《谨言慎行走职场不学杨修小聪明》,北青网 2009 年 8 月 22 日。

的一种高超能力。运用智慧，须以良知和道德信仰作为底线（至少用智者自己是这么认为的），无论扶危济世，还是抗暴自嘲。而耍小聪明，则是经常或一时将道德良知置于脑后，不管不顾。因此，小聪明的行为准则是表里不一，虚假成风。哗众取宠的多，花言巧语的多，自我表扬的多，欺上瞒下的多，文过饰非的多。顺手牵羊和浑水摸鱼是小聪明的初级表现形式，投机取巧则是小聪明的通用形式。小聪明的方法论是只图当前，不计后果。这从腐败分子和药品制假贩假现象中可见一斑。一位诚实的网友在留言板上直白地坦承："总是想多占便宜，少付出。于是就开始耍小聪明了。"

我们必须正视"耍小聪明"所带来的危害。概括地说，其危害在于：诱发社会成员的投机侥幸心理，破坏公平竞争环境，导致社会诚信、社会秩序、职业道德、社会责任等缺失，最终导致所有人的社会生态环境恶化。耍小聪明者缘于道德缺失，如果竞相成风，不以德驭智，那么建设和谐社会和谐生活，就会成为一句空话。

一位网友对耍小聪明者有一段这样的劝告："和小聪明的人交往，第一次或许感觉不错，但时间久了，难免厌倦，毕竟大多（数的）人都不傻。一个人可以活的自我，但不能太自私，可以很聪明但不能太过度，可以不招人喜欢但不要让人讨厌，可以不要求别人容纳你但一定要让别人能够忍受你，可以不能做到知人之明但一定要有自知之明，可以不帮助别人但一定不要陷害别人，可以不高尚但一定不要不道德，可以不顶天立地但一定要堂堂正正。"曹雪芹笔下的王熙凤可资借鉴。王熙凤何等角色？《红楼梦》第二回冷子兴就曾对贾雨村说，王熙凤"模样又极标致，言谈又极爽利，心机又极深细，竟是个男人万不及一的。"她善于察言观色，机变奉迎，喜欢弄权，以显示自己的精明能干。可最终的结局却是"机关算尽太聪明，反算了卿卿性命"。世人当以此为鉴。

为什么不能耍小聪明？道理很简单，每个人都耍小聪明，这个社会就会乱套。应该说，除了愚者，人们或多或少都有点小聪明。有小聪明是好事，但小聪明不能"耍"，涉及"耍"就是态度问题、道德问题，如"耍花招、耍小心眼儿"等。一旦耍小聪明，道德水准就会滑坡，也容易遭受他人的厌恶乃至唾弃。我国社会主义市场经济还处于不完善阶段，人们急功近利，少数人在经济生活、政治生活及其他社会生活中，为了自身利益，耍小聪明甚至机关算尽，毒化了和谐的社会环境，造成人际关系紧张。为了构建社会主义和谐社会，在正确的伦理观指导下，充分发挥人的聪明才智是强国富民的重要前提。

三、结　语

我们认为,智慧可以分为先天智慧和后天智慧,先天智慧对应于"生而知之者",后天智慧对应于"学而知之者"。但先天智慧(包括佛家大德自证的大智慧)目前还很难解释,易失之于玄;后天智慧则易"止于闻见之狭"(张载《正蒙·大心》语)。无论先天智慧、后天智慧,都有物慧与德慧之别。得物慧不易,证德慧更难。作为20世纪最伟大的科学家,爱因斯坦的大脑经解剖证实才用了8%,可见人的智慧潜能相当大。如果我们综合研究儒家、佛家、道家、兵家等的经典,撷取圣哲的智识、智论,突破唯物主义与唯心主义的对峙,对于更加深入地了解人的智慧产生及培植的方法,从而提升人的聪明才智,推动社会进步,造福天下苍生,无疑是功德之举。笔者以为,探索智慧,圣智、士智、民智皆可师用,物证、自证、他证均可采用。体物体心,见微知著,进而达到穷神知化。

至于儒家缘何将"智"与仁、勇相提并论,我们的理解是,智是仁的前提条件,勇是仁的保障手段,仁是智、勇的道德归宿。心智开然后能辨是非善恶,能明辨是非善恶方能具有杀身成仁舍生取义的勇气。仁义深植于心田,正气就会充塞于天地之间,最后臻于家庭和睦社会和谐世界和平的美好生活境界。

老子要"绝圣弃智"是希望人们"见素抱朴,少私寡欲"(《老子》第十九章)。孔子则将智、仁、勇三者统一,作为志士仁人的基本品德。在他看来,智是实现仁的重要条件,因为"智者不惑"。身处世俗社会,我们认为德智成就才智,提升自身的小聪明,发展自己的大智慧非常重要。

随着我国市场经济体制的确立和改革开放的不断深化,经济与市场一体化建设加速,市场竞争成为常态机制。如何变竞争压力为动力,如何在市场公平竞争中求得双赢乃至多赢,将企业做大做强,就需要用高超的智慧去化解因激烈竞争所带来的利益冲突和社会矛盾冲突,用过硬的产品质量和服务质量去征服消费者。"智者见利而思难,暗者见利而忘患。思难而难不至,忘患而患反生。"(刘勰:《刘子·利害》)显然,见利忘义是短视的商业行为,是极不明智的。

对于个体而言,提升个人德智与才智的途径至少有:1. 不断累积学识,勤思勤修,发明本心,提高审慎批判的能力;2. 以史为鉴,积众善为己德,将前人的得失化成智慧;3. 静观默察社会与市场,用发展的眼光对待变动不居的世界,从现代诸多学科中汲取营养;4. 广交贤能,从谏如流,汇聚众人之智;5. 多揣摩历史上的智囊生智用智之道,多留意当代不同智库发表的研究报告,准确把握时代发展趋势;6. 人机结合,适当利用智能设备,帮助自己搜集和处理相关领域的数据尤其是海量复杂数据,用电脑补人脑之不足。

如果是修大智慧以处世并能安身立命,则可效仿宁武子的大智若愚,分清治世与乱世,即所谓"邦有道则知,邦无道则愚"(《公冶长·第五》)。问题在于,"其知可及也,其愚不可及也"(出处同前)。所以,要修养到家才能达此境界。

当今正是盛世,虽然社会上还有些不和谐之音,但无疑仍是有为之士充分施展聪明才智的时代。我们只需秉持"和谐"与"和合"的价值理念,正视各种矛盾,做到多元互补,将对立冲突转化为求同存异,平等互利,和睦相处。我们坚信,中华民族的"和合"大智慧将有助于改善全球生态环境,促进"和谐中国"、"和谐世界"的建设,为中国的和平崛起,世界人民的和谐与幸福贡献不可估量的智能。

慈:中国人关于爱的哲学

孙海燕

"慈"是中国人道德理论的重要范畴,是表示爱的伦理。它由单纯的父母爱子之心始,而不断拓展,延伸到对家族、社会、天下之人的关爱,再由人与人之间的爱扩化至垂悯一切众生;从维护家庭出发的具目的之爱,发展为对众生的无条件大爱。从慈孝、慈惠、慈爱到慈善、慈悲,爱的概念不断被深化、扩展,"慈"的理念演化与慈善实践的历程,揭示了中国人关于爱的哲学的深刻内涵,展现了中华民族关于爱的道德教育与实践的特色。

一、慈的字源字义

"慈"作为汉字,出现较晚,甲骨文无"慈",西周金文出现"慈"字。文曰:"慈孝□(宣)惠,举贤使能"(《殷周金文集成》15.9735),"慈"、"孝"连用,表示家庭伦理的含义。

慈,从心,兹声。《说文解字》释为"爱也"。兹,《说文》解释为"草木多益也",从字形上看,"慈"之爱,主要指父母爱子,隐含着父母之爱滋养后代,令其家族蕃盛之义。"慈"早期与"字"相通,如《尚书·康诰》的:"于父不能字厥子,乃疾厥子。"孔颖达疏曰:"字,爱也。""字"与"疾"相对,表示是情感含义,此处可以理解为父(母)对子女的慈爱。东汉刘熙依声训释词义,在《释名·释言语》中以"字"释"慈",曰:"慈,字也。字爱物也。"实际上,"慈"与"字",还是有字义上的微细差别,"字",《说文》解释为"人及鸟生子曰乳","字"的本义指的是生养这一行为层面含义,还不具有情感意蕴,后来才慢慢有了"爱"的含义。而"慈"从心,开始就表示一种爱的情感。与"字"义相通,说明"慈"的本义正是为了显发父母养育孩子这一行为背后的情感因素。

二、慈孝、慈惠、慈爱：从家庭伦理到社会伦理

（一）家庭伦理：母慈、父慈与慈孝

为了协调家庭成员之间以及家庭成员与亲族之间的关系，规范和约束家庭成员的行为举止，自家庭诞生伊始，中国社会就逐步形成了一定的家庭伦理规范和行为准则。"慈"——父母对孩子的慈爱抚育，在家庭中的作用表现为：抚育后代，稳定人口，维护家庭和谐。这对于家族兴盛与维护社会秩序是十分重要的。所以，"母慈"、"父慈"先后成为中国古代"五教"、"十义"道德教育的重要内容。后来，又出现"慈孝"这样涵盖父母儿女双向要求的伦理道德内容。

在儒家的古史系统中，远古文明是教化文明，尧舜推行教化，舜使契为司徒，体现了仁政的实践特征。王国维认为："周之制度典礼，乃道德之器械"，"其旨则在上下于道德，而合天子诸侯卿大夫庶民，以成一道德之团体。"（《观堂集林》卷十《殷周制度论》）周代在制礼倡德的过程中，也将德育内容系统化了。孝是最基本的品德，此外有"字（慈）"、"良"、"弟"、"恭"、"义"、"敬"、"和"等品德及伦理规范。其中尤其突出了稳定伦理秩序的品德，而这恰恰是教化的核心。"慈"，作为母亲的道德，是"五教"或曰"五常"之一，是最早的教化内容。"五常"是关于家庭伦理的教育，据《史记·五帝本纪》记载："契，百姓不亲，五品不驯，汝作司徒，而敬敷五教，在宽。"注曰："五品谓五常"，"布五常之教"。《尚书·泰誓下》："今商王受（纣）狎侮五常，荒怠弗敬，自绝于天，结怨于民。"疏曰："五常即五典，谓父义、母慈、兄友、弟恭、子孝，五者人之常行，法天明道为之。轻狎五常之教，侮慢而不遵行之，是违天显也。"《左传·文公十八年》："舜臣尧……举八元，使布五教于四方，父义、母慈、兄友、弟恭、子孝，内平外成。"疏曰："一家之内，父母兄弟子，尊卑有五品，父不义、母不慈、兄不友、弟不恭、子不孝，是五品不逊顺也。故使契为司徒，布五教于四方，教父以义，教母以慈，教兄以友，教弟以共，教子以孝，是之谓五教。此五教可常行，又谓之五典也。"

后世对"母慈"的道德品质也是十分嘉许的。如《周书》卷十中所记载："世称母为广病，广为母亡，慈孝之道，极于一门。"《旧唐书》卷一百八十五中写道：

> 开元中，为贵乡令。县人有母子相讼者，景骏谓之曰："吾少孤，每见人养亲，自恨终天无分，汝幸在温清之地，何得如此？锡类不行，令之

罪也。"因垂泣呜咽,仍取《孝经》付令习读之。于是母子感悟,各请改
悔,遂称慈孝。

母子因共读《孝经》,而相互关爱,重新回到"慈孝"的伦理当中。

在上文中所提及的《尚书·康诰》中"于父不能字厥子",《尚书·正义》
中指出:"上文不言'不慈',意以'不孝'为总焉。父当言'义'而云'不慈'
者,以父母于子并为慈,因父有爱敬多少而分之。言父义母慈,而由慈以义,
故虽义言'不慈',且见父兼母耳"。这一方面说明,先古对父亲也有"慈"的
道德要求,另一方面说明,文中虽然说的是父亲之伦理,但实际上是兼指父
母的。"慈"是对父母共同的伦理要求。

但随着家庭关系的发展变化,社会更为重视父子关系。春秋末年,孔子
提出,理想的政治秩序应该是:"君君、臣臣、父父、子子",即做父亲的要把自
己的儿子当做儿子,实质上也就是要求父亲要有怜惜儿子之心。《易经·序
卦传》有言:"有天地,然后有万物;有万物,然后有男女;有男女,然后有夫
妇;有夫妇,然后有父子;有父子,然后有君臣;有君臣,然后有上下;有上下,
然后礼义有所错。"经下《家人卦象传》:"象曰:家人,女正位乎内,男正位乎
外,男女正,天地之大义也。家人有严君焉,父母之谓也;父父子子,兄兄弟
弟,夫夫妇妇,而家道正,正家而天下定矣。"把父子关系放在家庭伦理关系
的首要位置。父子轴成为中国传统家庭关系的核心。父子关系成为"五伦"
之一,所以母慈就慢慢不再被强调了。

调节父子关系的原则即是"父慈子孝",所以"慈孝"成为维系家庭的重
要伦理。但先秦时期孝道中的父慈子孝思想相辅相成,和后代的思想相比
较,父慈的思想比较突出,只是到了战国末年尤其是秦汉以后,孝道中父慈
的一面才被父为子纲所遮蔽。

先秦早期父慈子孝的思想屡见于典籍之中。重视父慈是先秦时期的一
个重要特点。《尚书》、《左传》、《论语》、《周礼》等文献中都有这种观念的反
映。《左传·隐公三年》中记载:"贱妨贵,少陵长,远间亲,新间旧,小加大,
淫破义,所谓六逆也。君义,臣行,父慈,子孝,兄爱,弟敬,所谓六顺也。"反
映春秋时期人们已经把父慈和其他五种行为品德的具备看成理顺社会关
系、家庭关系的重要因素。

《礼记·礼运第九》中写道:

> 何谓人情?喜怒哀惧爱恶欲,七者,弗学而能。何谓人义?父慈,
> 子孝,兄良,弟弟,夫义,妇听,长惠,幼顺,君仁,臣忠,十者,谓之人义。
> 讲信修睦,谓之人利。争夺相杀,谓之人患。故圣人所以治人七情,修
> 十义,讲信修睦,尚辞让,去争夺,舍礼何以治之?

"十义"是"礼"的重要内容,通过这十种伦理道德,就可以稳定社会秩序,使其达到"讲信修睦"的理想状态。"父慈"是其中之一。

"慈"、"孝"连言,是强调父子双方的责任。《逸周书·官人》篇记周公述文王官人之法曰:"父子之间,观其孝慈。"(《大戴礼记·文王官人》同)据记载,孔子的言论中亦有多处提及"慈孝",如:

> 哀爱无失节,是以父慈子孝,兄爱弟敬。(《大戴礼记·四代》)
>
> 为父不慈妨于政,为子不孝妨于政。(《大戴礼记·四代》)
>
> 父母在,不称老,言孝不言慈……君子以此坊民。民犹薄於孝而厚于慈。(《礼记·坊记》)
>
> 临之以庄则敬,孝慈则忠,举善而教不能则劝。(《论语·为政》)

这里都是慈孝并举,是对父子伦理双向的要求。"慈孝"或曰"孝慈"成为家庭伦理最重要的内容。如《礼记·礼运第九》中写道:

> 故礼行于郊,而百神受职焉;礼行于社,而百货可极焉;礼行于祖庙,而孝慈服焉,礼行于五祀,而正法则焉。故自郊社祖庙山川五祀,义之修而礼之藏也。

《礼记集解》中对此注解曰:"孝慈服,言天下化之而服行孝慈之道也。"[1]说明当时社会是极为重视孝慈之道的,将它作为社会教化的目的。而且,将"齐家"的原理与"治国"之理相比附,《礼记·大学》中认为"慈"的作用在于统治民众:

> 所谓治国必先齐其家者,其家不可教而能教人者,无之。故君子不出家而成教于国。孝者,所以事君也;弟者,所以事长也;慈者,所以使众也。《康诰》曰:"如保赤子。"心诚求之,虽不中不远矣。未有学养子而后嫁者也。一家仁,一国兴仁;一家让,一国兴让;一人贪戾,一国作乱:其机如此。

家人由于其慈爱而愿意亲近他,容易被其统领,扩展到社会上,也是一样。治国先齐家,慈的功用,由家庭而推广到社会。其所再如《汉书》中所记载:"天子所以永保宗庙总一海内者,以慈孝、礼谊、赏罚为本",(《汉书》卷六十八,《霍光金日磾传》)更是将之上升为治国之道的根本。

父慈的内容包括:一是养子;二是教子;三是关心子女的婚姻。在父子轴中,父子关系的两个基本属性是连续性和包容性。因为,每一组父子关系都是无尽的父子关系链中的一环。因此,其首要特征是相互依赖。许烺光

---

① (清)孙希旦撰,沈啸寰、王星贤点校:《礼记集解》,中华书局1989年版,第616页。

认为，儿子须向父亲提供各种服务，服从和尊敬，竭尽全力地侍奉生前和死后的父亲。父亲对儿子则要在安排儿子婚事，房产，保护儿子以及在财产继承方面的各项事务。父亲对子女的婚姻的干涉，包括择偶、婚姻的缔结、子女离婚等都基于对祖宗的尽职尽责。因此，个人的事在一定程度上也成为整个宗族的事情。①

作为父母，对子女负有抚育之责。爱幼，首先是保证孩子吃饱穿暖，不受冻馁之苦。但是，这并非爱子女的全部，真正的爱不仅包括养，更要包括教育，《左传·昭公二十六年》有"父慈而教"之说。"爱其子而不教，犹为不爱也。"(《逊志斋集》卷一《杂诫第二十七章》)那么作为父母，应当如何施教呢？"贤父之于子也，慈惠以生之，教诲以成之，养其谊，藏其伪，时其节，慎其施"(《说苑·建本》)也就是说，父母应当从培养孩子的道义，积蓄孩子的后天才能，对孩子的节操适时培养，视孩子的行为谨慎入手施教，只有这样，子女才能成才成器。

不过，"慈孝"之义，后来越来越侧重于"孝"的一面，单方面地表示孝的含义。如《史记》卷五十八，《梁孝王世家第二十八》中所记载：

> 孝王慈孝，每闻太后病，口不能食，居不安寝，常欲留长安侍太后。太后亦爱之。

(二)慈惠、慈爱：国君之德与社会伦理

此后，"慈"的含义由父母之爱扩展到更广义的"爱"，比如，延伸到上之爱下，国君关爱百姓："慈和遍服曰顺"，服虔注曰："上爱下曰慈"(《毛诗正义》卷十六)；或长之爱幼：《周礼·大司徒》："一曰慈幼。"注："爱幼少也。"

《礼记·表记第三十二》指出君子必有孝慈之德："子言之：君子之所谓仁者，其难乎！《诗》云：'凯弟君子，民之父母。凯以强教之，弟以说安之。'乐而毋荒，有礼而亲；威庄而安，孝慈而敬。使民有父之尊，有母之亲。如此而后可以为民父母矣。"有家才有国，天子为百姓父母，故孝慈亦为君德之一。如《左传·哀公十六年》曰：叶公"国人望君如望慈父母焉"。同时，君王需要教民以慈，而施之百姓，《礼记·祭义第二十四》引孔子言曰："立爱自亲始，教民睦也。立教自长始，教民顺也。教以慈睦，而民贵有亲；教以敬长，而民贵用命。孝以事亲，顺以听命，错诸天下，无所不行。"君王具有慈孝之德，教化天下慈，则生民人人都能爱护亲人，则天下相处和睦无争。正如上

---

① 许烺光著，薛刚译：《宗族·种姓·俱乐部》，华夏出版社 1990 年版，第 161 页。

文所言:"慈和遍服曰顺",君王施慈于天下,则百姓顺之,天下定矣。"慈和而后能安靖其国家"(《春秋左传·襄公二十七年》)可见,在春秋时代,人们认为慈不仅有齐家之用,治国平天下之用亦大矣。

据《春秋左传·成公十二年》记载:"世之治也,诸侯闲于天子之事,则相朝也,于是乎有享宴之礼。享以训共俭,宴以示慈惠。共俭以行礼,而慈惠以布政。政以礼成,民是以息。百官承事,朝而不夕,此公侯之所以扞城其民也。"春秋诸侯朝天子有享礼与宴礼,享礼指诸侯向天子进献的仪式,宴礼则为天子招待诸侯的仪式。《左传正礼》言:"宴则节折其肉,升之於俎,相与共啗食之,所以表示慈惠也。"宴礼体现了天子对诸侯的慈爱与恩惠,君臣同乐,上下一心,则有利于政治的实施。于此,"慈"之意义已经延伸及政治,成为天子君王之德的一个层面。

"慈"义延伸的基础有两个方面,一方面由齐家扩展至治国平天下之用,另一方面则是君为天子,效天之德,施万物以慈惠,正如《春秋左传·昭公二十七年》所言:是故为礼以奉之:为六畜、五牲、三牺,以奉五味……为刑罚、威狱,使民畏忌,以类其震曜杀戮;为温慈、惠和,以效天之生殖长育。

当然,除了是对君王的要求外,"慈惠"也是对社会个人品德的要求,所以《春秋左传·昭公六年》中记载郑人铸刑书,叔向表示反对,认为刑法非治国之良药,而应"求圣哲之上,明察之官,忠信之长,慈惠之师,民于是乎可任使也,而不生祸乱。""慈"成为一种普遍的社会道德:"夫慈者不忍,而惠者好与也"(《韩非子·内储说上》)。

慈作为更深一层的爱,既体现在其程度上,也体现在其广度上,故"慈"从家族内部之爱逐渐扩展到社会、国家之爱。

《国语·楚语上》指出君王应"明慈爱以导之仁"。慈爱成为君王的品德要求,因慈爱与仁相关联,欲为仁,则必明慈爱,可见慈爱为仁之基础。

在先秦,对于制礼作乐非常讲求,因为古人认为"乐也者,圣人之所乐也,而可以善民心。其感人深,其移风易俗,故先王著其教也。"对乐与"慈"的关系也有所阐述,如《礼记·乐记第十九》中指出:"……宽裕、肉好、顺成、和动之音作,而民慈爱。流辟、邪散、狄成、涤滥之音作,而民淫乱。"强调音乐对人性的影响。而宽畅从容,圆润洪亮,流利活泼,平和顺畅的音乐如何能使民归于慈爱,孔颖达疏曰:"君上如宽裕厚重,则乐音应序而和谐动作,故民皆应之而慈爱也。"乐为圣人所作,应圣人之德,故圣人慈爱,则其乐对于听者有感染力和教化力。"慈爱"则不仅为君王或圣人品德,也成为教化的内容,从而影响生民的性情。

由上我们可以看出,"慈"从西周时期开始,本是家庭伦理道德之一,后来逐渐演变为政治道德与社会道德。

三、老子关于"慈"的观点

周秦时代是我国以家庭为核心的纲常伦理体系的奠基时期，纲常伦理不仅对中国古代家庭生活，而且对整个古代中国都产生了非常深刻而广泛的影响。但我们不能单纯考察儒家伦理规范在家庭生活中的实际作用，先秦诸子对于"慈"之伦理道德含义都发表了意见，与儒家的主张既有相同部分，也有与其相颉颃的一面。其中，老子的"慈"思想具有代表性。

老子的政治思想之出发点在于，以一个史官的身份，探问天道本质以及与人道的关系，以期解决现实问题。正如杨义先生所言："他看到了'大道废'，'六亲不和'，'国家昏乱'这类现实，以及用仁义、孝慈、忠臣来挽救的失效。因而运用史官'知天道'的职业思维习惯，追问天道何在，以历史的公正性原则质问人间规则的迷误。①"老子政治思想的核心是"无为而治"。老子的《道德经》中有三处提到"慈"。其中的"大道废有仁义；慧智出有大伪；六亲不和有孝慈；国家昏乱有忠臣"与"绝圣弃智，民利百倍；绝仁弃义，民复孝慈"两段文字中所提到的"孝慈"与前文所言是一个概念，兹不赘述。但其所提出的：

> 我有三宝持而保之：一曰慈，二曰俭，三曰不敢为天下先。慈故能勇，俭故能广，不敢为天下先故能成器长。今舍慈且勇，舍俭且广，舍后且先，死矣！夫慈以战则胜，以守则固。天将救之，以慈卫之。

老子此处提出的"慈"概念，是三大法宝之一。在老子所谈到的"三宝"之中，它还居于核心和首要的地位。老子从两方面谈到了"慈"的作用，一是从人的角度，人有了"慈"，不仅能勇，而且战则胜，守则固；二是从"天"，亦即"道"的角度，"天"是用"慈"来救助、护卫人。"慈"，实际上为人与"天道"所共有。"慈"是天道的品质，所以也应是国君所保有的道德。国君要像老天慈爱护佑万物一样去保护他的子民。

与《老子》里面其他部分所描述的天道品质联系，我们可以更清晰老子对天道的定义。

> 涤除玄鉴，能无疵乎？爱民治国，能无为乎？……生之畜之，生而不有，为而不恃，长而不宰，是谓玄德。

---

① 杨义：《还原老子》，中华书局 2011 年版，第 8 页。

　　天地不仁，以万物为刍狗；圣人不仁，以百姓为刍狗。

　　天道无亲，常与善人。

　　上善若水。水善利万物而不争，处众人之所恶，故几于道。居善地，心善渊，与善仁。

　　知常容，容乃公，公乃全，全乃天，天乃道，道乃久，没身不殆。是以圣人抱一为天下式。不自见故明，不自是故彰，不自伐故有功，不自矜故长。

　　大道泛兮，其可左右。万物恃之而生，而不辞，功成不名有。衣养万物而不为主，常无欲，可名于小；万物归焉而不为主，可名为大。以其终不自为大，故能成其大。

天道的特征是包容一切，没有自我的偏私，滋养万物，但不居功。有意思的是，老子的天道是"不仁"和"无亲"的，表面上看，这似乎与"慈"的精神相冲突。但仔细考量，"仁"是儒家提出的伦理道德，可以说是最高的品质。但"仁"的基础是建立在"事亲"之上的，"仁"特别强调其中的血缘纽带成分，孔子将"亲亲"、"尊尊"作为"仁"的标准，孟子也说"仁之实，事亲是也"。这样的爱，在家庭之中是笃厚的，但放及天下，却是有亲疏之分，不够广大的。

　　而在老子看来，天道与人道最根本的差别在于无私与有私。《道德经》云："失道而后德，失德而后仁，失仁而后义，失义而后礼。"（第三十八章）老子认为，如果人仅仅立足于人道，而不学习天的品德，那么人就会陷于自我中心，将自己与他人隔离，人与人之间的关系就是充满对立和争斗的。所以儒家所提倡的"仁义"、"孝慈"等道德伦理是外在的规范，是治标不治本的。所以必须超越"人道"，回归"天道"。只有回到人人平等互助的境地，人与人之间才可能获得真正的和谐。而这种和谐所赖以存在的根本，是人本然、自发的精神，而非外在的或强制性的规范。这种精神，正是天道之"慈"。

　　对于一国之主来说，就更需要有这样的道德高度。《道德经》第四十九章中写道："圣人无常心，以百姓心为心。善者吾善之，不善者吾亦善之，德善。信者吾信之，不信者，吾亦信之，德信。圣人在天下怵怵，为天下浑其心，百姓皆注其耳目，圣人皆孩之。""无常心"，即是没有一己之偏好，而以百姓的利益为上。"浑其心"亦是指没有分别喜恶之心，所有的百姓都在其关注之中，圣人像父母对待孩子一样对待他们——而父母之爱，正是慈心。正如第八十一章所言："圣人不积，既以为人，己愈有；既以与人，己愈多。天之道，利而不害；圣人之道，为而不争。"国君之于百姓，就要像老天一样，全然地付出、给予，利益而不损害。

　　在《老子的智慧》一书中，林语堂非常肯定地认为，"慈"是老子思想中最好的学说。其他学派没有这一思想，就连老子思想的直接继承者庄子也没有。

《道德经》设定"道"法自然，而人的理想状态就是体合"大道"，大道是广大与无限的，最重要的特质是"无私"，一旦没有自我之偏私，也就不需要基于保护自我利益而与他人争斗。所以老子给当时社会所开出的病方，就是从人道回归天道，反对自我中心主义，效仿天道的博大，超越人性的狭隘与自私。而且他认为这是人性的"本然"，而不是儒家那样用伦理束缚的"应然"。

人这种本然自发的精神，老子谓之曰"慈"。因此"慈"所体现的关爱就克服了"仁"之理论起点的狭隘性，体现为施及天下、惠及万物。一些研究者将"天地不仁"、"圣人不仁"之"仁"释作"偏爱"，这一释解的确能传神地表达老子所谓天地、圣人之"慈"与儒家之"仁"的区别。

老子之"慈"与墨子的"兼爱"也有差别。后者是建立在现实利益这一层面，"兼相爱，交相利"，是认为有利益，才必须如此——类似于"合作共赢"，如他自己所言："投我以桃，报之以李，即此言，爱人者必见爱也"，这实际上还是是一种有着极强功利色彩的行为。而在老子看来，"慈"，既是天道的品质，又是人性的本然。只有回归到这种本然，人类社会才会消弭基于保护自我利益而不断开始的争斗，才会有真正的和谐与和平。

四、佛教的慈悲精神

佛教诞生于公元前6世纪的古印度，其创始人为乔达摩·悉达多。佛教教义中把成佛的最高品质，归纳"慈悲"和"智慧"，讲求悲智双运。慈，是慈爱众生，给予快乐，悲，是悲悯众生，拔除痛苦，二者合称为慈悲。简言之，慈悲就是"与乐拔苦"。慈与悲相辅相成，缺一不可。只有慈悲相连，才能产生"与乐拔苦"的践行作用。智慧，指的是具备正知正见，破除邪知、邪见，离暗离痴，解脱自在。

佛教的慈悲观是建立在其"缘起论"哲学基础以及"世间皆苦"的认识之上的，因应着众生解脱痛苦的内在需求。佛教核心的教义是缘起论，《杂阿含经》卷二云："有因有缘集世间，有因有缘世间集，有因有缘灭世间，有因有缘世间灭"，说明一切众生乃至山河大地，都是因缘条件的组合，彼此间有着千丝万缕的联系，其中没有唯一、独立、常恒不变、能主宰的"我"存在。基于这种缘起法则，佛教提出了"无我论"、"同体论"、"平等论"、"自他不二"、"依正不二"（大自然与生命个体不二）、"无缘大慈，同体大悲"等独具特色的主张。方立天先生指出："按照缘起论，没有任何事物可以离开因缘而独立产生和独立存在，同样，每个人也都与其他众生息息相关。从三世因果关系来看，其他众生的某某在过去世可能就是自己的亲人，宇宙间各类生命实质上是一个整体。进一步说，佛、菩萨观照众生与己身具有同一的本性（同体），也就是说，一切众生皆具有存在的同一性、本质的同一性和至善的同一性。佛、菩萨也由此而生起与众生的绝对平等心，生起为众生拔苦与乐的慈悲心。这是佛教提出慈悲理念的必然性和践行慈悲理念的可能性的理论基础"①。

佛教的纲领为"四谛"，即"苦集灭道"，苦为第一义谛，佛教认为众生因为没有智慧而认清生命的真相，所以充满痛苦，有八苦、六苦、三苦之说。其中的"八苦"说比较有代表性，《大般涅槃经》卷上中有云："比丘，苦谛者，所谓八苦，一生苦，二老苦，三病苦，四死苦，五所求不得苦，六怨憎会苦，七爱别离苦，八受阴苦。汝等当知，此八种苦，及有漏法，以逼迫故，谛实是苦。集谛者，无明及爱，能为八苦而作因本②"。人有生老病死的痛苦，有欲望和追求得不到满足与实现的痛苦。这就形成人生的一种根本的需要：抚慰痛苦，解除痛苦。所以佛教的修行，从个人的角度来说，需要按照"八正道"的方法来修道，解除痛苦与轮回；从他力的角度来说，就需要他人的帮助与支持，而"慈悲"精神一方面体现了这种对于他力救助的需求，另一方面，从自他一体的理念出发，它又是修行者完善、成就佛陀悲智二德的必然途径。佛教慈悲理念的重要性和必要性由此而被凸显出来。

《大智度论》对佛教的"慈悲"理论及其重要性有深刻的阐发，论中指出："大悲是一切诸佛菩萨功德之本，是般若波罗蜜之母，诸佛之母，菩萨以大悲心故得般若波罗蜜。"这里讲透了两点：一是般若是成佛之母，而大悲是般若波罗蜜之母。二是菩萨以大悲心故得般若波罗蜜。所以，大悲是一切诸佛菩萨的功德之本。这两者，不可分离，亦不能分割。无大悲，不能得般若波罗蜜，无般若波罗蜜，不能成佛。大悲者，慈悲也。般若波罗蜜者，依智慧得度也。

佛教创始人乔达摩一开始就反对婆罗门坚守的四种姓制度，他主张"四姓平等"，宣扬种姓平等观。这是人类历史上最为划时代的以人为本的伟大思想创造。这里的平等观，不仅仅是社会出身的平等，作为人的一切权利的平等，而且是四种姓在出家修持和佛教僧伽内部也一律平等。由此，又进而

① 方立天：《中国佛教慈悲理念的特质及其现代意义》，《文史哲》2004 年第 4 期。
② ［日］高楠顺次郎等编，《大正藏》卷一，第 195 页。

指出业报平等,不论种姓高低,凡所作业,各依其业获得相应的果报。由人性平等,果报平等,再提出"心佛众生,三无差别",一切众生,有情无情,悉有法性(有情众生称佛性,无情众生称法性),法法平等,无二无别。不论贫富贵贱,不论冤、亲,一律平等,一视同仁。正源于这一伟大的众生平等理念,才展现出诸佛菩萨对众生的无限慈爱与悲愿,对一切众生的幸福快乐,给予无限度无条件的关怀,对一切众生的痛苦不幸,给予无限度无条件的悲悯、拯救、济拔。平等正是慈悲的思想基础,慈悲正是平等的道德体现。离开了慈悲,无菩萨道可修,亦无佛道可成。《法华经》中说:"如来室者,慈悲心是"。《大涅槃经》中说:"一切声闻、缘觉、菩萨、诸佛如来,所有善根,慈悲为本。"可见,慈悲是佛教之本,是大乘佛教的基石,是大乘义理的核心和灵魂。

佛法中,将慈悲分为三个层次:一众生缘慈悲,视众生如赤子,出自同情、怜悯、人的善良本性,这是小悲,是凡夫的慈悲;二法缘慈悲,修学般若,悟得"诸法无我",由般若空智,证知实相而引发的慈悲,这是中悲,是阿罗汉和初地以上菩萨的慈悲;三无缘慈悲,由无分别心而生起的平等无差别的佛心慈悲,这是佛所独有的,亦即"无缘大慈,同体大悲",这是大悲,亦即我们所常说的"大慈大悲"。对于最高层次的"无缘慈悲",在《大智度论》卷二十中,还有一段论述:

> 心不住有为、无为中,不依止过去世、未来世、现在世。知诸缘不实、颠倒虚诳故,心无所缘。佛以众生不知是诸法实相,往来五道,心著诸法,分别取舍。以是诸法实法智慧,令众生得之,是名无缘。

由凡夫的小悲,到佛菩萨的大悲,这三种梯级形态,正是知见和思想境界逐步提高的次第与结果。《大智度论》卷二十七中云:

> 大慈与一切众生乐,大悲拔一切众生苦。
>
> 大慈以喜乐因缘与众生,大悲以离苦因缘与众生……
>
> 小慈但心念与众生乐,实无乐事。
>
> 小悲名观众生种种身苦心苦,怜悯而已,不能令脱。
>
> 大慈者令众生得乐,亦与乐事。
>
> 大悲者怜悯众生苦,亦能令脱苦。

慈悲是成佛的根本。菩萨之所以成为菩萨,就是上求无上菩提(即求阿耨多罗三藐三菩提)下化一切众生。因为有慈悲之心,慈悲之愿,才有菩萨行,才行菩萨道。菩萨不入涅槃不取证,就是以慈悲心、慈悲力,不忍众生苦,为救众生苦,假若不是坚持大慈大悲的根本原则,那就早入涅槃而取证了。所以,菩萨心,菩萨的情怀,正是舍己为人。慈悲的崇高道德原则与规范,正是菩萨道的生动见证。龙树菩萨在《大智度论》中的上述阐述，由于慈悲，为了"救如是苦"，然后才有了上求无上菩提的发心；由于慈悲，"以大慈悲力故"，然后才有了无量劫中，心不厌没，"应得涅槃而不取证"的救度精神。恰恰是慈悲，把"上求下化"统一起来，贯通起来，成为一个至高无上的道德整体。

综上所述，"慈悲观"乃佛教教义的核心，最高层次的慈悲是"无我"、"利他"，视众生为一体，视人如己，做到了众生的完全平等，人我完全平等，正如《大宝积经》里所说的："慈爱众生如己身"，知其困厄，感同身受，所以才有力量"能为众生作大利益，心无疲倦"。此处的众生，是指六道（天、人、阿修罗、地狱、饿鬼、畜生），将施受爱心的对象由人延伸至所有有情，更为广大、深厚，而且施不求报，完全是一种自觉自愿的主动性行为，没有任何功利目的。由此我们可以看出，佛教所提倡的慈悲精神，相比儒家的"慈爱"与道家的"慈"，是一种更为深广的爱心。可以说，以平等、关怀、尊重生命价值为基础的佛教慈悲理念，是一种跨种族、跨宗教、跨国界的博爱文化。

慈悲是净化的爱、升华的爱，是无私而充满智慧的服务济助，是不求回报的布施奉献，更是成就对方的一种愿心，集合了爱心、智慧、布施、愿力就是慈悲。

国民伦理道德建设必须建立在符合人性的本质和要求上。可以说佛教提倡的慈悲理念，符合人性的弱点与优点共存的本质、去恶从善的要求、离苦与乐的愿望，以及平等博爱的追求。提倡慈悲理念，必将有助于发扬团结和互助友爱的精神，有助于实践无私奉献、济世利人、救死扶伤、扶危济困等美德善行，有助于社会公德的完美与职业道德的提高。

尽管慈悲并不完全等同于慈善，但由慈悲思想引申出的中国佛教的大乘利他精神，却是普度一切众生，救济天下孤寡等慈善行为的动力和源泉。中国佛教界古代就建有"悲田坊"、福田院、安乐坊、养病坊、义仓、粥厂、无尽藏（南北朝时期的，相当于基金会）等慈善机构。历代佛教高僧都深怀慈悲之心，把放生、赈济、养老、育婴、医疗等救济事业看做是利益众生的实践性行为，并积极带动徒众行善积德，有助于形成相互关爱的良好社会风气。

五、中国人的慈善实践

中国传统文化中的慈善思想源远流长，"慈善"意义上的敬老爱幼、扶贫帮困已成为中国人民约定俗成的一种道德规范。

在中国的传统文化典籍中，"慈"是"爱"的意思。"善"的本义是"吉祥、美好"，即《说文解字》中所解释的"善，吉也"。后引申为和善、亲善、友好，

《管子·心术下》中所说："善气迎人，亲如弟兄；恶气迎人，害于戈兵"即是此意。

"慈善"二字合用，在我国的典籍中当首见于《北史·崔光传》："光宽和慈善，不忤于物，进退沉浮，自得而已。"此处的"慈善"应是"仁慈"、"善良"、"富于同情心"的意思，而在此之前，《韩非子·内储》中指出："王曰，慈惠，行善也。"即以慈爱之心来做善事。

慈善的观念，自先秦出现以来，中经汉晋，又受儒释道等多元文化的影响，不断丰富，在中国已经深入人心，成为一种社会公德，并伴随着多种实践行为，形成颇具规模的慈善事业。

我国的慈善思想源远流长，先秦时期的诸子百家对此有过精辟的阐发。孔子创立了以"仁"为核心的人本主义思想体系；孟了提出"守望相助，出入相支，疾病相持"的主张。不难看出，以拯救世道人心、济贫扶弱为基本内容的中国传统慈善理念在先秦时期就已经深入人心。

据《政府在培育社会慈善理念方面的作用与责任研究》[1]一文观点，东汉时期，随着佛教传入中国，中国的慈善理念逐渐与佛教的"济贫"思想结合起来。佛教寺院的出现，使中国有了最早的民间慈善事业。到了唐宋年间，随着佛教的迅猛发展，佛教寺院的资产充盈起来，民间的寺院慈善事业也迅速发展起来。

宋代后期到元朝，民间慈善与政府开始结合，由封建朝廷主办的慈善机构开始出现，成为当时政府治理国家、稳定社会秩序的重要举措之一。到了明末清初年间，出现了现代慈善事业的萌芽。在经济条件比较好的江南地区，先后出现了同善会、广仁会、同仁会等民间慈善团体。其中，明朝万历十八年（1590 年）成立的"同善会"是中国最早的具有现代慈善色彩的民间慈善组织。同善会既不同于宋朝时期国家干预的慈善事业，也有异于此前出现的寺院和个人的慈善活动，它是中国历史上一种全新的非宗教性的、非个人志愿性的慈善救济事业，是中国现代慈善事业的萌芽。

清末以后，随着西方帝国主义的入侵，西方文化也开始向中国渗透，中国传统的慈善理念受到西方带有民主色彩的慈善理念的冲击。随着洋务思潮的勃兴和近代资产阶级改良思想的产生，不少先进思想家通过大量接触西方文化，进行中西慈善事业的比较，认识到西方国家"教养并重"的慈善理念的合理性，一改抗拒心态，主张向西方学习。从客观的角度来说，这一阶

---

[1] 《道德与文明》2008 年第 1 期。

段中西慈善文化的融合使中国的慈善理念变得更加丰富。

然而,新中国成立以后,我国的慈善文化却受到了严重的打击。慈善事业被视作封建毒素和资产阶级的糖衣炮弹扫地出门。《新中国的救济福利事业的报告》把包括民间慈善事业在内的旧福利救济事业定性为"统治阶级欺骗与麻痹人民的装饰品"①,并且表示,在新中国的福利救济事业中,政府是主体,"吸收"个人和团体参加,这无形之中否定了民间慈善事业的独立地位。在随后的四十几年中,在中国大陆上,只有政府救济,没有民间慈善事业。

改革开放后,特别是20世纪90年代以来,慈善事业终于在中国大陆重新出现并迅猛发展起来。

慈善文化的核心是利他主义价值观,是平等互助的理念。慈善文化是社会文化的重要组成部分,深厚的慈善文化对社会良性运行、缩小贫富差距、缓解社会矛盾有着重要的作用。我们应该充分开发和利用本土的慈善文化资源,宣传中国传统慈善文化中的精华,继承和发扬中华民族的传统慈善美德,提倡社会成员富裕后的乐善好施,鼓励人们通过人道关怀体现自我的社会价值,树立全社会相互帮助和关怀的新的思维和行为方式,使慈善成为一种社会责任和公民义务。

综上所述,"慈"的观念,由西周时期开始,经由儒家、道家、佛教的不断阐释,内涵与外延都得到了极大的拓展和深化,发展成为一种关于爱的哲学和道德理念,其中既有基于宗教信仰的"慈悲"精神,又有属于社会公德方面的"慈善"之风,并且落实到行为实践层面,形成了源远流长的慈善传统。"慈"的理念在五千年的文化传承中,深入影响了国人的道德观与价值观,不但有利于提高个人道德水平,也有助于良好社会风气的形成。时至今日,经济的高速发展并未给人类带来幸福的心态,反而加剧了人与人、国与国之间的激烈竞争甚至冲突。如果能重新阐发与践行这种爱的哲学,消弭人我对立,拓展心胸,发扬爱人如己的精神,一定可以促进个人的心灵平静,社会和谐与世界和平。

---

① 许达琛:《中华人民共和国实录》第一卷(上),吉林人民出版社1994年版,第232页。

佛教的慈善思想与实践

陈星桥

佛教是一个特别讲因果、重伦理、修慈悲、非暴力、求出世解脱的宗教。她传入中国两千多年来,与以重伦理、尚仁义、讲忠孝、谋三立(立德、立名、立功)的儒家和重修身养性、讲自然和谐的道家为代表的中华文明有机地结合,对中华文化的发展与民族心理的形成,产生了巨大而深远的影响。

中国佛教的慈善事业是从清末民初开始的,是在对抗庙产兴学之风、重塑佛教良好形象,并借鉴基督教的种种善举而发展起来的,后来在太虚大师等提倡的人间佛教思想的指导下,才得到较广泛的重视。因此,全面认识和弘扬佛教慈善的真谛,对于充分发挥佛教慈善的作用,改进和推动整个社会的慈善事业,都是一项很有意义的事情。

一、佛教慈善的思想资源与社会资源

佛教慈善的思想资源,主要体现在如下两大方面:

(一)无我慈悲观

佛教核心的教义是缘起论,《杂阿含经》卷二云:"有因有缘集世间,有因有缘世间集,有因有缘灭世间,有因有缘世间灭",说明一切众生乃至山河大地,都是因缘条件的组合,彼此间有着千丝万缕的联系,其中没有唯一、独立、常恒不变、能主宰的"我"存在。基于这种缘起法则,佛教提出了"无我论"、"同体论"、"平等论"、"自他不二"、"依正不二"(大自然与生命个体不二)、"非暴力"、"无缘大慈,同体大悲"等独具特色的主张。佛教的修行就在于亲证"无我",从而开发出无上的解脱智慧,并产生普及一切的大慈悲,所谓悲智双运,福慧双修。这类思想在汗牛充栋的佛教大藏经中可说比比皆是。如《观无量寿经》上称"佛心者大慈悲是";《大度智论》云:"大慈与一切众生乐,大悲拔一切众生苦。大慈以喜乐因缘与众生,大悲以离苦因缘与众生";《法华经》云:"大慈大悲,常无懈怠,恒求善事,利益一切";大乘佛教提倡"不为自己求安乐,但愿众生得离苦"、"庄严国土,得乐有情"的菩萨精神,具有"布施、爱语、利行、同事"四种摄受众生的法门;《观世音菩萨普门品》所介绍的大慈大悲、救苦救难的观音菩萨形象已深入人心;佛经中广泛称赞慈、悲、喜、舍四无量心,并介绍有专修四无量心的禅定方法等。佛教这种特有的理论,成为佛教慈善公益思想的哲学基础,从中可见,佛教慈善理念具有内涵深邃、覆盖面广、超越时空、亘古常新的特点,对于人们的精神升华,塑造无私奉献的精神品格,具有特殊的作用。

(二)修善功德观

佛教提倡"持五戒"(戒杀生,戒偷盗,戒邪淫,戒妄语,戒饮酒)、"修十善"(不杀、不盗、不邪淫、不妄言、不绮语、不两舌、不恶口、不贪、不瞋、不痴)、"报四恩"(三宝恩、父母恩、国家恩、众生恩)、"种福田"(《梵网经菩萨戒本疏》)卷五列举有八种福田:1. 旷路义井;2. 建造桥梁;3. 平治险隘;4. 孝养父母;5. 恭敬佛法僧三宝;6. 给事病人;7. 救济贫穷;8. 设无遮普度大会,当这些规定、要求与虔诚的信仰和因果报应的理论以及儒家的伦理道德思想相结合时,就形成了积极入世、庄严国土、利乐有情的修缮功德观,从而为佛教徒乃至普通民众自觉投身于慈善公益事业,提供了强大的思想、价值支撑和行动指南。

佛教慈善的社会资源,主要体现在如下两大方面:

1. 佛教创建两千五百多年来,已成为世界三大宗教之一。佛教传入中国就长达两千多年,已成为中国传统文化的一个重要组成部分,也是中国最大的宗教,其影响涉及社会的方方面面,这使佛教慈善公益思想和事业更容易为各界人士理解、认同和支持,从而成为佛教慈善可以充分利用的社会资源。

2. 佛教寺院遍及城乡,历史上往往成为一地的文化和社会活动中心。佛教诚信与慈悲济世的社会形象、发达的寺院经济与大量心怀爱心的僧俗信众,更是推动、实践佛教慈善公益事业的重要社会资源。

从古至今,中国佛教慈善公益事业正是在上述佛教思想的推动下,在佛化中国的社会环境的支撑下,取得了令人瞩目的业绩,形成了优良的传统。从梁武帝时代的"孤独园"、竟陵文宣王时代的"福德舍",到现代佛教界在养老育幼方面的各种设施;从阿育王的"药藏"、齐文惠太子的"六疾馆"、唐朝的"养病坊"、宋代的"福田院"到现代佛寺创办的医院、诊所;从古印度、西域五年一次的般遮于瑟会,到中国梁武帝推行的无遮大会、隋唐三阶教的"无尽藏";从北魏以来的"僧祇粟"到现代佛教团体跨国越洲的救济行动;从宋代以来的"漏泽园"、"义冢"到现代佛教组织的施棺、施龛,乃至安宁病房、往生助念……无一不是佛教慈善思想在各个不同时代社会生活中的体现。佛教所建立的这套集社会公益和生、老、病、死救助于一体的保障机构,利济了无数的众生。

二、当代中国大陆佛教慈善概观

新中国成立以来,大陆佛教慈善公益事业走过了相当曲折的道路,大约可分为三个阶段:

(一)1949 年到 1958 年"大跃进"时期。这一阶段,新中国百废待兴,革命和生产同步发展,佛教界在新的形势下,开展了生产化、学术化运动,组织起各种形式的生产队、工场或企业,从事织造、缝纫、园艺、印刷、丧葬等工作,并尽己所能地做了许多慈善公益工作。但由于宗教活动的日益减少,宗教资产的大幅萎缩,佛教的各项慈善公益事业逐渐被国家或集体的相关部门的职能所取代。

(二)1959 年到 1978 年。这一阶段,全国城乡普遍实行生产资料全民所有或集体所有制,佛教界的各种资产基本都被捐献出去,加上"文化大革命"等政治运动不断,宗教界各种活动处于停顿的边缘,所以佛教界的慈善公益事业也近乎停顿,只有局部地方的一些佛教徒个人默默地救助鳏寡孤独,或为人治病,或进行植树活动。

不仅佛教是这样,在新中国成立的前 30 年中,国家和集体几乎包揽了民众一切的生产和生活,民众的收入、生活水平和要求都比较低,遇到困难,也是严重依赖政府或单位,因此社会性的慈善公益活动非常有限,通常也是按照"为人民服务"的理念和号召,在政府的主导下进行。

(三)1979 年到现在。期间又可分为两个阶段,一是 20 世纪 80 年代初到 90 年代初,随着国家实行改革开放,党的宗教信仰自由政策的贯彻落实,各地寺院和各级佛教协会相继恢复活动,自筹资金进行大规模的寺院修建,并通过各种途径实现寺院自养,不仅减轻了国家的负担,还为地方经济的发展注入了活力,只是在稍有余力时随缘开展一些慈善活动。二是 20 世纪 90 年代初到现在,随着改革开放的深入,社会急剧转型,各种形式的所有制经济获得很大的发展,贫富差距拉大,民众对佛教的接受程度和需要程度有很大提高,寺院经济也日益壮大,各种弘法活动深入开展,同时,各地佛教界本着佛陀慈悲济世的精神,以"取之社会,用之于社会"的宗旨,在赈灾济困,施医送药,修桥铺路,植树造林,捐资助学,办养老院,恤贫助残,救助野生动物等方面做了许多卓有成效的慈善工作,许多地方佛教协会和有条件的寺院还建立了专门的慈善功德基金会。据统计,截至2006年6月,在民政部门正式登记注册的各级佛教慈善团体有六十多家,其中省级机构十余家,地市县级机构有四十余家。其中比较著名的佛教慈善组织有:"重庆市慈善功德会"(成立于1993年)、厦门南普陀寺慈善事业基金会(创立于1994年)、广东省慈善基金会、湖南省佛教基金会(创立于2000年)、上海佛教慈善基金会、河北佛教慈善功德会、北京仁爱慈善基金会(北京龙泉寺于2006年创立)等。此外,还存在一些因各种原因未进行注册的各类佛教慈善机构。

从近20年来看,佛教慈善活动涵盖面广、具有相当的感召力,募集善款能力强、基层动员力大,运行成本低,具有许多不可替代的优势,也取得了前所未有的发展。但是,大多数佛教寺院和慈善组织慈善规模小,协作性差,成熟度低,深入不够。一方面受制于固有的传统模式,佛教徒自身素质也有待提高,如跟不上社会的发展,缺乏系统的慈善理念和专业训练;另一方面则受制于当地的政策管理环境和社会各界对佛教的认识、理解,以至佛教慈善或处于"合理不合法"的状态,或处于被动指令性状态,或处于交易性状态(某些人借慈善谋取名誉和地位),或处于单纯的捐钱捐物状态,不能充分按照佛教自身的理念和特点从事慈善,广大信众的积极性难以充分调动,佛教特有的作用得不到充分发挥。近年来,教界和学界举办了不少有关佛教慈善公益问题的研讨会、座谈会,如何突破佛教慈善公益事业发展的瓶颈,以充分发挥其特殊的作用,已成为教界、学界乃至政界共同关注的一个重要话题。2011年"郭美美"等事件发生以后,引发了全民对如何开展慈善公益事业的高度关注,社会对于包括佛教慈善在内的宗教慈善公益事业,有了更大的期待。

三、佛教慈善的定位与特殊作用

随着我国经济的发展,文明的进步,参与慈善事业的爱心人士越来越多。各行各界的慈善工作各有特点,只有找到自己的定位,才能优势互补,更好地配合政府,利益民众,并协同发展。通过以上分析,我们清楚了佛教慈善的内涵、优势与不足,以及新中国佛教慈善事业走过的曲折历程,就不难为佛教慈善作一明晰的定位,从而充分发挥佛教慈善的特殊作用。

（一）佛教慈善的定位

1. 佛教慈善是一种宗教性慈善

（1）佛教慈善，必然要遵循佛教的理念和相关规定进行，并充分运用佛教的资源，或依托于佛教组织、寺院，或依托于高僧和大德居士，通过广大信众的发心，出钱出力，共襄善举；慈善的规模与形式不重要，关键是主要负责人要有大悲心和智慧观照，这是佛教慈善能否取信于民、保持其特色的根本；作为宗教性慈善，必须充分尊重高僧和发心信众的信仰和意愿，维护佛教的良好形象，如此才能做大做强，可持续发展。

（2）佛教慈善，是人间佛教思想的体现，是基于佛教慈悲教义与布施波罗蜜的一种修行，是佛教接引、摄受众生的方便法门，是振兴佛教的一种有效途径（如当代高僧慈航法师常说："教育、文化、慈善，是佛教的三大救命圈"）。只有弘扬和强化这种意识，佛教慈善才能打破自身的种种束缚，焕发出勃勃生机。反过来看，由于佛教慈善依托的是佛教及其寺庙、僧俗大众，因此，佛教的弘扬发展是基础，寺院的信仰建设、道风建设是关键，僧人的勤修戒、定、慧为核心，这是佛教慈善区别于其他慈善的根本所在，更远非简单的出钱出力的问题。只有充分认识这一点，才能引导佛教不仅自身做好慈善，还能广泛影响社会做好慈善。

2. 佛教慈善的构成

慈善慈善，由慈而善。如上所述，慈善是佛教的一种修行，也是接引、摄受众生的方便法门，它于内心须修慈、悲、喜、舍四无量心，于外行须修布施、爱语、利行、同事"四摄法"。"摄"字有导引、摄受之义，"四摄"是大乘菩萨摄受、救度众生时所应坚持的四种方法，也完全可以作为佛教慈善的四大途径。

"慈、悲、喜、舍"四无量心，是佛教慈善的最高境界，它可以化敌为友，超越自他、肤色、族群、国界、信仰、政党、好恶、敌我、乃至人与动物等畛域。

（1）慈：令心充满仁慈，愿给予一切众生快乐。

（2）悲：令心充满悲悯，愿拔除一切众生的痛苦。

这里的一切众生，是指包括仇人在内的人类乃至动物和各种有机生物。

（3）喜：为善最乐。当慈、悲心充溢时，内心会无比的轻松，欢喜无量。

（4）舍：喜的心境会令人生起执著，进而产生贪欲、憍慢等负面情绪，此时须修"舍"，从而超越一切情境的分别执著，如此才能始终保持一颗纯净无染的慈悲心。

布施、爱语、利行、同事"四摄法",则是佛教慈善的四大法门。

（1）布施。可分为三种：

①财施。以金银、财宝、饮食、衣服、医药等物惠施众生,这叫外财施;以体力脑力甚至器官等施舍他人,这叫内财施。财施属于对众生作有形的物质层面的帮助,是很有限的,低层次的,通常只能救一时之急,不能从根本上"救穷"。

②法施。狭义上是指以"佛法"布施众生,令众生真正"离苦得乐";广义上则包括一切知识、技能的无私传授,所谓"授人以鱼,不如授人以渔"。

③无畏施。着重于精神层面的救助,施予众生以慰藉、信心、信任,摆脱一切负面的情绪和心理阴影。

另外,佛教要求信徒行布施时,心行平等,不求回报,甚至要做到无相布施,即不执著于施者、受者与所施之物（或服务行为）的相状,佛教把这叫做"三轮体空"。

佛教对布施的三种划分,反映了佛教慈善对救助对象可能达到的深度;佛教的四无量心和无相布施观,则反映了佛教慈善实施者内在思想境界可能达到的高度。

（2）爱语。人类是具有发达的语言、文字能力的灵性动物,对于语言文字具有高度的敏感性,古人有"好语一句三冬暖,恶语伤人六月寒"、"一言可以兴邦,一言可以亡国"、"世上好语佛说尽"之说。爱语,包括和颜悦色地对他人说柔和语、调解语、关爱语,善言慰喻,这也是一种重要的慈善方式,是从事慈善工作的人士应该具有的基本心态和技巧。若能有爱心,能做到爱语,无钱的穷人也一样可做慈善,然而它往往被世人所疏忽。

（3）利行。修菩萨行的人,于身口意三业,做事、说话、存心动念,都要以利益众生为出发点,助人为乐,与人为善。不仅如此,还要广学各种知识、技艺,不断提高利益众生的能力。如《普贤行愿品》说:"于诸病苦,为作良医;于失道者,示其正路;于暗夜中,为作光明;于贫穷者,令得伏藏。"这是广义的慈善。

（4）同事。即与帮助的对象同止同作,同学同修,这样就能拉近彼此的距离,增进相互理解,增强认同感,从而可给予对方以恰到好处的帮助,对方也更愿意接受帮助和指导。如《观世音菩萨普门品》说:"应以长者身得度者,即现长者身而为说法;应以居士身得度者,即现居士身而为说法;应以宰官身得度者,即现宰官身而为说法……"观音菩萨普门示现,随类化身,寻声救苦,恰当地诠释了"同事"的真义。

"四摄"法门很好地反映了佛教慈善实施的途径可能达到的广度,对佛教慈善实践者提出了很高的要求。

(二)发挥佛教慈善的特殊作用

如上所述,佛教慈善的定位,说明佛教慈善是一种宗教慈善,具有相当的神圣性,是在佛教意识形态影响下,按照佛教特有的要求进行的慈善活动;佛教慈善的构成,反映了佛教慈善实施者内在思想境界可能达到的高度、佛教慈善对救助对象可能达到的深度、佛教慈善的对象以及实施的途径可能达到的广度,但这些毕竟只是一种"可能",因为佛教慈善内必然受制于实施者的佛教修为程度,外必然受制于具体的物质形态和各种社会形态。因此,要充分发挥佛教慈善的特殊作用,就必须不断实施从内到外的双重突破,从而突破中国佛教慈善的瓶颈,最大限度地弥补其不足。

1. 佛教界自身的突破

(1)内修外弘,加强佛教慈善理论的研究。应提倡人间佛教积极进取的思想,充分发掘佛教慈善的思想资源,使之与当代的社会实际相适应,在出世与入世的取向上找到最佳结合点,达成合理的平衡:一方面,僧人要发出离心,以戒为师,断欲去爱,志求佛道;另一方面,要发菩提心,修慈悲喜舍,随方就圆,契理契机,广度众生。二者有机地结合,互为增益,使之既合佛道,又顺世缘。

(2)保持佛教慈善的公益性,合理分配寺院经济。佛教慈善以佛教教义为指导,虔诚信仰为支撑,大悲心为动力,以深信因果、严持戒律、公正诚信的道德力相感召,以实体的寺院经济为依托,理应保持纯粹的公益性,尽力避免社会各种利益集团的借佛敛财和商业性的炒作。寺院作为修行道场,既可获得十方善信的捐助,又能通过宗教服务创收;同时许多寺院兼具旅游、文化、商贸等功能,也能增加不少的收入,还享受着国家免税等政策的扶持。正常情况下,应该说寺院经济是相当可观的。寺院财产既从十方来,还应十方去,从中可找到一个可持续发展的平衡点。笔者以为,寺院财产可分作三份,一份作为寺院修建与办道的资粮,另一份用于发展佛教文化教育事业,还有一份用于慈善公益事业。事实上,这已成为许多寺院的共识。

(3)构建专业的慈善组织,大力发展与培养义工。寺院和高僧在信众乃至社会中享有较高的信誉,同时寺院拥有众多的义工,完全可以作为一个经常性的慈善平台,设立慈善功德会或慈善基金会等,在国家相关法律法规的规范下募集善款,组织志愿者,开展形式多样的慈善活动。同时,要大力培养专职或兼职从事慈善事业的人才，以充分发挥寺院应有的作用。如果做得好，国家有关部门甚至可以像古代中国、当代大多数国家和地区那样，出政策、出资金支持佛教寺院或慈善团体作特定的慈善项目（购买服务）。

（4）弘扬大乘佛教，彰显其普世性。佛教慈善具有普世性、超越性、互动性。要凸显这一特色，佛教界必须大力弘扬大乘佛教人溺己溺的菩萨精神，不断加强自身建设（例如信仰建设、道风建设等），同时学习借鉴其他国家和地区、其他慈善机构和宗教组织在慈善方面的经验，在上述佛教慈善的广度、高度、深度上下大工夫。在全球化时代，更需要佛教慈善发挥其特殊的作用。

2. 突出佛教慈善的特点，争取政府和社会各界的理解、支持

一般来说，宗教都是劝人行善的。宗教以其平等、超越、悲悯救世的教义和情怀，以及其影响深入社区和乡村的寺观教堂，无论是过去、现在和未来，宗教慈善在社会财富的再分配中、在国家和民间的慈善公益体系中，都有着举足轻重的作用，尤其是在中国，公民社会建构严重缺失的情况下，宗教慈善弥足珍贵。许多世俗的慈善人士和组织也常常从宗教中汲取灵感和力量。然而新中国建立以来，由于种种原因，各大宗教受到极大的破坏。直到改革开放，宗教活动才逐渐趋于正常。但社会对宗教和宗教慈善的认识，还存在许多的误区。因此，弘扬和突出佛教慈善的特点，争取政府和社会各界的理解、支持，就成为发展佛教慈善事业十分重要的一环。

（1）佛教的办道修行与弘法度生，是佛教慈善存在与发展的基础，从广义上来说，它本身就是面向各种社会和一切众生的慈善，如给人以终极关怀，强化伦理道德的自觉自律，维护社会稳定等，无论是富人、穷人，都可以通过佛教，增强其传统文化修养，减轻各种压力，避免精神空虚而陷入"黄、赌、毒"和各种不健康的生活方式。这是狭义的慈善所做不到的。所以，佛教界不仅自身对此要有充分的认识，而且要广泛宣传，争取更多人的理解与支持，使广大民众从中获得佛教利益。

（2）佛教慈善是一种立体慈善和双向慈善。所谓立体慈善，是指佛教慈善不仅救助对象一时的身体疾病和生活困难，更关注和设法改变造成救助对象身体疾病和生活困难的原因，关怀他们长期的身心健康和幸福指数的提高，不仅治标，还要治本；所谓双向慈善，是指佛教慈善在实施过程中（布施、爱语、利行、同事），要求救助者与被救助者的直接接触，良性互动，救助者也能从中获得能力的提高、精神的升华、功德的增长。台湾慈济功德会在这方面做得十分出色，赢得了各国和社会各界的广泛赞誉。因此，佛教界要

多做与被救助者良性互动的慈善项目,不能停留于简单的捐钱捐物。某些需要专业机构或专业人士办的项目,也可委托那些信誉良好、专业高效的机构和人士,向他们提出明确的要求,予以监督落实。这是佛教慈善的特点所在,在这些方面特别要争取政府和社会各界的理解、支持。

(3)佛教慈善作为一种宗教慈善,具有超越肤色、族群、国界、信仰、政党、好恶、敌我,乃至人与动物等畛域的智慧与胸怀,所以,在许多特殊的场合,能发挥世俗团体和个人无法起到的作用。如在战场上的救死扶伤,在监狱中对犯人实施帮助、改造,对沉溺于"黄、赌、毒"、酗酒、网瘾、失恋等不能自拔的人士予以开导、救助,关心如何尽可能地善待动物,在生态平衡、环境保护方面承担义务等。佛教慈善在这些方面同样要争取党政有关部门和广大民众的理解、支持,在国家法律法规的范围内,发挥自己不可替代的作用。

(4)佛教慈善作为一种宗教慈善,在保持自己的宗教内涵与特色的同时,在实施过程中,要注意处理好与政府、具有官方背景的慈善机构以及其他宗教慈善组织的关系,找到自己的定位,必要时可淡化自己的宗教形式或色彩,并力争作出政府和其他慈善组织做不到的业绩。各地佛教组织和寺院必要时,可突破社群和地域的限制,本着慈善大义进行有机的联合,使一些特定的慈善项目做得更大,更为深入、持久。

下篇　调查研究

传统道德对当代小学生的影响及践行

曾广开

　　现代中国是一个非常重视教育的国家,尤其是作为首都的北京,教育资源雄厚,小学教育非常完备。但是,由于受现行高考制度下应试教育的影响,许多学校把智育放在学校教育的首位,传统道德的教育相对薄弱,对处于启蒙阶段的少年儿童来说,如何学习传统文化,接受传统道德的有益影响,是社会主义精神文明建设中的值得重视的问题。为了解传统道德对当代小学生的影响的深度和广度,我们对北京市小学生进行了问卷调查。

一、小学生与传统道德的问卷及统计数据

　　从 2011 年 4 月起,我们先后发放 6000 份纸质问卷,调查对象主要是北京地区的小学生。参与问卷设计的是北京语言大学人文学院 2009 级、2010 级对外汉语专业本科生,2008 级汉语言文学专业本科生,外语学院 2008 级英语/法语翻译专业的本科生,以及部分硕士研究生和留学生。参加问卷调查活动的是北京语言大学人文学院 2008 级国际政治专业的本科生、2009 级汉语言文学专业本科生、2011 级对外汉语专业本科生和中国古代文学和文献学专业的硕士研究生,外语学院 2009 级和 2010 级英语翻译专业的本科生。将近有 500 位同学参与了这项调查工作,经过八个月左右的调研,收回有效调查问卷 5324 份。现将问卷内容与统计数据公布如下:

第1题	你从哪里了解到孔子的故事？			
	妈妈	爸爸	老师	上网或读书
人数	1355	930	2125	914
百分比	25.4%	17.5%	39.9%	17.2%
第2题	你会背诵《论语》等儒家经典中的语录吗？谁指导你这样做的？			
	A、我不会背。	B、会背。爸爸或妈妈。	C、会背。老师。	D、会背。没有人指导，我自己喜欢。
人数	1009	1174	2519	622
百分比	19%	22%	47.3%	11.7%
第3题	你知道3月5日是"学雷锋纪念日"吗？你知道学雷锋应该如何做？			
	不知道3月5日是"学雷锋纪念日"。也不知道学雷锋干什么。	不知道。但知道"学雷锋"就是做好事。	知道。学雷锋就是做好事，为大家服务。	知道。学雷锋要关心社会，关心别人。
人数	850	1561	1642	1271
百分比	16%	29.3%	30.8%	23.9%
第4题	你读过鼓吹孝道的"二十四孝"中的故事吗？你如何看待"埋儿奉母"这样的故事？			
	虽不合情理，但宣传孝道，还是有积极意义。	虽然可以理解，但觉得不舒服。	讨厌这样的故事，为什么孝顺父母就要杀死孩子。	没有读过这类故事。
人数	938	1157	1812	1417
百分比	17.6%	21.8%	34%	26.6%
第5题	在家里，如果爸爸和妈妈的意见不一致，你该怎么办？			
	不管谁说的对，我只听妈妈的。	不管谁说的对，我只听爸爸的。	我认为谁说的对，我就听谁的。	我认为他们都不对的时候，就按照自己的想法来做。
人数	789	729	2568	1238
百分比	14.8%	13.7%	48.2%	23.3%
第6题	如果家长与老师的意见不一致，你该怎么办？			
	不管谁说的对，我只听家长的。	不管谁说的对，我只听老师的。	我认为谁说的对，我就听谁的。	我认为他们都不对的时候，就按照自己的想法来做。
人数	661	747	2598	1318
百分比	12.4%	14%	48.8%	24.8%

第7题	同学在学校犯了严重错误,老师生气了,让他罚站,你认为:			
	应该支持老师,坏孩子就是要教训。	老师生气是可以理解的,劝同学以后不要惹老师生气。	提醒老师,批评学生的错误,但不能体罚学生。	向学校反映,希望学校处分老师。
人数	1042	1765	1831	686
百分比	19.6%	33.1%	34.4%	12.9%
第8题	同学打破了教室的玻璃,老师询问时没有人承认,你该怎么做?			
	当场向老师举报。	等没有其他同学在场时向老师报告。	等没有其他同学在场时劝打破玻璃的同学向老师承认错误。	不关自己的事,推说不知道。
人数	929	1346	2084	965
百分比	17.4%	25.3%	39.2%	18.1%
第9题	你的玩具是自己制作的吗?如果是家长买的或亲戚送的,最好的玩具值多少钱?			
	我的玩具基本是自己制作的。买的玩具价格在50元以下。	我的玩具基本是买的,最好的玩具价格在100元以上。	我的玩具基本是买的,最好的玩具价格在300元以上。	我的玩具基本是买的,最好的玩具价格在1000元以上。
人数	990	2166	1531	637
百分比	18.5%	40.7%	28.8%	12%
第10题	你如何看待有些同学在课桌上乱写乱画的行为?			
	觉得很正常,很多文字蛮有趣味,我也干过或我很欣赏。	尽管有些不文明,但也是学生的一种情感表达方式,能够理解。	觉得无所谓,但自己不会去做。	很反感,这样做既无聊,又不文明。
人数	994	1188	1443	1699
百分比	18.7%	22.3%	27.1%	31.9%
第11题	宋高宗和秦桧杀害了岳飞,如果你是岳飞的儿女,你会怎么做?			
	上书朝廷,请求为父亲平反昭雪,然后继承父志,抗击金兵。	隐藏起来,再不管朝廷的事。	领兵造反,报仇雪恨。	干脆投奔金国,借兵报仇。
人数	2253	1188	1205	903
百分比	42.3%	22.3%	22.6%	17%

第12题	你读过"孔融让梨"的故事吗？如果你是孔融,你会怎么做？			
	没有读过这个故事。	我也会像孔融那样,学会谦让。	我年纪最小就该挑大的,哥哥们比我大,应该让着我。	我喜欢吃梨就挑大的,不喜欢就不要或挑小的。
人数	570	3287	717	750
百分比	10.7%	61.7%	13.3%	14.1%
第13题	遇到陌生人问路,如果时间许可,你会如何做？			
	如果是老人和儿童,就送他过去。	跟他说清楚,等他明白后才离开。	不管他是否明白胡乱说几句。	不理他。
人数	1303	2547	663	811
百分比	24.5%	47.8%	12.5%	15.2%
第14题	遇到马路上有老人摔倒在地,你会怎么做？			
	毫不犹豫地扶他起来,必要时立刻送往医院救治。	立即找民警或其他人一起来提供帮助。	犹豫不决。担心家属误会自己是肇事者。	装作没有看见,尽快离开。
人数	1551	2311	888	5574
百分比	29.1%	43.4%	16.7%	10.8%
第15题	在公众场合和有陌生人在场的情况下,你会直呼爸爸、妈妈和其他长辈的名字吗？			
	不会,因为那是不礼貌的。	有时会直呼爸爸的名字。	有时会直呼妈妈的名字。	有时会直呼其他长辈的名字。
人数	3242	767	622	693
百分比	60.9%	14.4%	11.7%	13%
第16题	如果父母要求看自己的日记,你会怎么做？			
	答应父母的要求,很高兴父母关心自己。	答应父母的要求。知道父母会检查自己的日记,自己有些小秘密就不写在日记里。	有些不情愿,但还是答应。觉得父母管得太严了,又来督促检查。	我不写日记。
人数	1280	1539	1143	1362
百分比	24%	28.9%	21.5%	25.6%

续表

第17题	周末很多同学都在各种辅导班上课，如果你权利选择，你会选：			
	英语、作文、奥数竞赛等与课堂教学关联密切的辅导班。	足球、篮球、围棋等体育类辅导班。	乐器、舞蹈、戏曲、书画等艺术类辅导班。	《论语》、《孟子》等文化经典类辅导班。
人数	1344	1624	1784	572
百分比	25.2%	30.5%	33.5%	10.8%
第18题	如果在街上或地铁里遇到乞丐，你觉得：			
	这些乞丐是假乞丐，他们是在骗钱。	不管是真是假，施舍一点小钱。	只给没有劳动能力的老人、小孩与残疾人。	觉得他们可怜，把身上的零花钱都给他。
人数	1545	1395	1561	823
百分比	29%	26.2%	29.3%	15.5%
第19题	你读过"愚公移山"的故事吗？你认为：			
	愚公坚持到底的精神是对的，智叟害怕困难是不对的。	愚公蛮干是不对的，智叟讲得有道理。	愚公应该选择搬家，既然挖山是求交通便利，应选择最好的途径。	愚公可以做自己想做的事，但他不能决定他的子孙后代也必须天天挖山。
人数	1442	1286	1384	1212
百分比	27.1%	24.2%	26%	22.7%
第20题	学校在星期天开运动会，你没有比赛项目，恰好这天你要去钢琴或书画这类辅导班上课，你会怎么做？			
	去参加运动会，为自己班的同学加油。	犹豫一会儿，最后还是去参加运动会。	向老师说明情况，听从老师的决定。	请假，不参加运动会。
人数	2076	1320	1279	649
百分比	39%	24.8%	24%	12.2%

二、问卷的解读与分析

在调查问卷中，我们把小学生的分为6岁至9岁和10岁至12岁两组，尽管在最后的统计中又把这两组数据合在一起，但根据初步的统计，我们发现6岁至9岁儿童的答案有更大的随意性。其主要原因是：这个年龄阶段的儿童,正处于教育启蒙的早期阶段,对问卷所问的问题没有经过认真的思考,许多儿童是第一次参与这样的活动,好奇心驱使他们胡思乱想,回答问题也有胡乱填写的情况,因而造成许多问卷的答案多选甚至全选,作废的问卷高达 600 多份。另外,我们通常是请小学教师利用班会时间来集体填写,个别老师出于职业习惯,会为年纪小或文化程度低的学生讲解问卷,而讲解中有时会不自觉地对学生进行提示引导,因而造成个别题目出现人为一致的选择。这些都使得调查问卷的数据有一定的偏差。但是,就大多数而言,小学生的态度是认真的,基本上根据自己的实际想法来完成的问卷,只要我们以一种开放的、包容的心态来解读这份问卷结果,从中还是可以发现许多有趣的现象。

第 1、第 2 两题主要说明小学生接受传统文化的途径。对于小学生来说,家庭和学校是其接受教育的主要途径,家长和老师是传统道德文化的传播者。调查显示,仅有 19% 的小学生不会背诵儒家经典语录,其中大半是 9 岁以下的低年级学生;超过 25% 的妈妈和超过 17% 的爸爸会主动向孩子进行传统文化教育,40% 左右的小学生是在学校由老师向他们传播传统道德文化,这样的数据的确让人感到欣慰,说明北京地区对传统道德文化的重视。然而,当我们结合其他相关的问题答案来认真分析,就会发现无论家长还是学校老师对少年儿童的教育,并对没有使大多数少年儿童培养成热爱传统道德文化的兴趣,没有取得良好的效果。第 17 题的结果说明,如果让小学生自主选择,只有 10.8% 的会去参加儒家经典的辅导班,而将近 90% 的小学生会选择其他辅导班。同样,在第 4 题中,有 26.6% 的小学生没有读过"二十四孝"中"埋儿奉母"这样的故事,在第 12 题中,甚至有 10.7% 的小学生没有读过"孔融让梨"的故事,虽说有近 2000 名 9 岁以下的低年级学生参加问卷调查,但据统计数据来看,小学生对传统道德文化普遍缺少了解是显而易见的。

传统道德的核心是忠孝观念,从理论上说,"天地君亲师"对社会民众具有无上的权威。但在现实中,天、地是抽象的,无法把握的;君主高高在上,乡野小民既不可及,又不可望;只有"亲"(父亲)和"师"在现实生活中掌管着普通民众,"父权"与"师道尊严"长期影响着社会民众,即使是在 20 世纪 50 年代和 60 年代初,升斗小民对那些教育过自己或教育过自己子女的中小学教师依旧是尊敬有加。在史无前例的"文化大革命"中,有文化的教师成为红色恐怖下专政的对象,"师道尊严"被打翻在地,然后踏上一万只脚,要使之一万年不得翻身。粉碎"四人帮"后,恢复高考制度,知识可以改变命运,教师重新得到尊重。但随着市场经济的兴起,传统的价值观正逐渐消退,新的价值观尚未确立,教育的产业化使教育丧失了许多公益性因素,从观念上又一次颠覆了"师道尊严"的神圣。至于说"夫权",在普通民众的家庭生活里,随着现代妇女解放的兴盛,早已荡然无存。从小学生的问卷答案来看,社会现实中的变化也得到了体现。在第 5 题中,母亲的权威(14.8%)比父亲(13.7%)略高一点,在第 6 题中,教师的权威(14%)比家长(12.4%)略高一些,但两者相加,尚不足 30%,"如果家长与老师的意见不一致,你该怎么办?"超过 70%的小学生选择根据自己判断对错来选择应该服从谁或按照自己的想法做,独立自主的意识在增强,体现出时代进步的特色。然而,对这些 6 岁至 12 岁的少年儿童来说,尚未有足够的能力来处理生活、学习中出现的问题,如果在他们心里没有对家长和教师的权威的信任与服从,对他们的健康成长是否有利? 这是一个值得认真思考的问题。

与之相关的还有第 15、第 16 题。第 15 题"在公众场合和有陌生人在场的情况下,你会直呼爸爸、妈妈和其他长辈的名字吗?"有 60.9%的小学生选择"不会"(也许现实中未必能够做到),他们已经意识到礼节的重要,有趣的是,在"有时会直呼爸爸的名字"和"有时会直呼妈妈的名字"的选项中,前者的比例是 14.4%,后者的比例是 11.7%,在子女对父母尊敬度的 PK 中,母亲又一次取得胜利。第 16 题"如果父母要求看自己的日记,你会怎么做?"从理论上讲,父母应当尊重子女的隐私权,但面对 6 岁至 12 岁的少年儿童,特别是这个阶段"日记"基本上还属于功课学业的一部分的时候,家长的要求应该说正常的,但只有 24%的小学生完全认同父母的行为。我们的调查是以北京城区五环以内的学校为主,这些 6 岁至 12 岁小学生基本上是独生子女,父母的溺爱和爷爷、奶奶、外公、外婆的溺爱,会进一步削弱父母和教师的权威,《三字经》说:"养不教,父之过。教不严,师之惰。"如今的小学生,身受现代文明的耳濡目染,加上中国城市采取的独生子女政策,早已不知道什么是"严父"和"师道尊严",矫枉早已过正,我们既无意也无心去重新鼓吹"父权"和"师道尊严",但在现实社会中,如何正确地确定家长和教师的权威地位无疑会有利于下一代的健康成长。

第 4、第 11、第 12、第 19 题是对传统道德观念的理解判断题。第 4 题讨论古代"二十四孝"中"埋儿奉母"之类的故事,如果没有教科书和老师的引导,6 岁至 12 岁的少年儿童会对这类封建糟粕含量很大的故事本能地感到厌恶。有将近 3905 位小学生读过这类故事,其中选择厌恶的有 46%,感到不舒服的有 30%,仍有 24%持基本肯定。这表明我们在进行传统道德文化教育时,缺少一个去粗取精、去伪存真的筛选过程。

第 11 题假设你是岳飞的儿女,"宋高宗和秦桧杀害了岳飞,你会怎么做?"岳飞的故事可以说是家喻户晓,教科书和主流意识形态的宣传人人耳熟能详,42.3%的小学生选择"上书朝廷,请求为父亲平反昭雪,然后继承父志,抗击金兵",符合儒家忠君爱国的一贯主张;22.3%的小学生选择"隐藏起来,再不管朝廷的事",符合道家明哲保身的要求;22.6%的小学生选择"领兵造反,报仇雪恨",表明看是犯上作乱,实际上与先秦原始儒家"父母之仇,不共戴天"的古训暗合;17%小学生选择"干脆投奔金国,借兵报仇",这是违背教科书和主流意识形态的观点,但却是古往今来时常发生的事,虽不合理,却有隐情。在这里,我们再次看到在"上帝死了"(尼采语)以后人们陷入迷茫状态的情景。昏君奸臣杀害忠良,上书申冤不仅徒劳无功,而且会带来更大的灾祸,故道家选择远遁避祸。这两种选择都是传统道德规范许可的,但其目的都是为维系封建专政政权。后两种选择是传统道德规范和主流意识形态反对的,但符合被迫害者内心深处的真实想法。依照当代社会的价值判断,昏君奸臣当道,必须将其推翻。至于投降金国受到责难,完全是封建正统观念的影响。从历史上看,中国就是多民族不断融合的国家。当腐朽的旧王朝分崩离析时,帮助少数民族政权和帮助汉人割据政权应该没有区别,加入日后建立新王朝的政权和加入日后被新王朝消灭的地方政权也没有本质的区别,我们的教科书依然采用传统的尊王攘夷的正统观念来解释历史,说明我们在继承民族文化遗产时还存在许多偏颇之处。

"孔融让梨"也是一个家喻户晓的故事,被人们用来培养儿童的"谦让"品格,即使是如今的社会,家长也十分重视采用类似的方法来培养少年儿童懂得"谦让",所以,有61.7%的小学生选择"也会像孔融那样"的答案是符合实际的。相比之下,13.3%的小学生选择"我年纪最小就该挑大的,哥哥们比我大,应该让着我",多是年纪较小的低年级学生生活中的体验,是需要加以正确引导的。至于说14.1%的小学生选择"我喜欢吃梨就挑大的,不喜欢就不要或挑小的",体现出直率不做作的性格,依笔者的看法,这也是值得肯定的。

第19题也是小学教材中讲过的故事。自从毛主席根据自己观点的需要对"愚公移山"的故事进行新的诠释后,"愚公坚持到底的精神值得歌颂"就成为这一故事的唯一正解。27.1%的小学生采用主流意识形态宣传提倡的观点,应该说是没有问题的。24.2%的小学生选择"愚公蛮干是不对的,智叟讲得有道理",这是故事原创者《列子》的本意,应该说也是没有问题的。一个典故,可以根据作者的意图,进行断章取义的解读,而人们把这种特定语境下的解读奉为经典,这就是汉儒说诗的传统,我们一直在学术领域反对古人这种断章取义的文学批评模式,但又自觉不自觉地犯着与古人相同的错误。"愚公应该选择搬家"和"愚公不能决定他的子孙后代也必须天天挖山"是用今人的观点对故事的另外做的解释，当然，也还可以有别的解释，有48.7%的小学生选择这两种新的解释，说明小学生年纪小，受教育时间短，会根据自己的感受来选择答案，尚没有完全接受社会大众认为的成说。

第3、第13、第14题都与助人为乐的品德有关。改革开放以来，受商品经济的影响，学雷锋活动渐渐消歇，只有中小学在每年的3月5日，还一如既往地安排一些活动。第3题的答案，使人看到这项活动持久的影响力。尽管有45.3%的小学生不知道3月5日是"学雷锋纪念日"，但仅有16%的小学生不知道学雷锋干什么，其余的小学生都知道学雷锋要做好事，有23.9%的已经初步树立助人为乐的观点，知道学雷锋要关心社会，关心别人。考虑到接受调查的有许多是9岁以下的儿童，说明北京各小学对学雷锋活动的重视。有了这样的基础，第13、第14题的答案就真实可信，第13题"遇到陌生人问路，如果时间许可，你会如何做"？有24.5%的小学生选择"如果是老人和儿童，就送他过去"，47.8%小学生选择"跟他说清楚，等他明白后才离开"；第14题"遇到马路上有老人摔倒在地，你会怎么做"？29.1%的小学生选择"毫不犹豫地扶他起来"，43.4%的小学生选择"立即找民警来或其他人一起来提供帮助"，与中学生、大学生和普通民众对这一问题的回答，基本一致，并不因为其年纪小而失去正确的价值判断。

与之相关的还有第18题，"如果在街上或地铁里遇到乞丐"，你会怎么做？与成人相比，小学生的防范意识自然差一些，有26.2%的小学生会"不管是真是假，施舍一点小钱"，15.5%的小学生"觉得他们可怜，把身上的零花钱都给他"，29.3%的小学生愿意帮助"老人、小孩与残疾人"，但从积极一面来看，也可折射出小学生的天性善良。

第7、第8、第10、第20题与小学生在校活动有关。第7题反映的是当学生心目中应当尊重服从的老师犯了过错，特别这种过错学生也有一份责任，该如何办？"同学在学校犯了严重错误，老师生气了，让他罚站，你认为："这是小学生在学校时常发生的事，完全支持老师的有19.6%，站在老师立场上批评同学的有33.1%；温和地提醒老师不能体罚学生的有34.4%，强烈反对老师体罚学生的有12.9%。毫无疑问，这是整个社会心理习惯在小学生身上的反映，是非的判断不完全是个人行动的准则，感情的因素对人的行为施加着较大的影响。

第8题是面对正直与义气发生冲突时的抉择，"同学打破了教室的玻璃，老师询问时没有人承认，你该怎么做?""文化大革命"之前，甚至于在改革开放之前，许多小学生面对老师的询问，会齐声喊出犯错误同学的名字，如今,仅有17.4%的小学生愿意继续保持自己的单纯与率直,选择明哲保身、像成人一样圆滑地推说不知道的竟有18.1%,持中庸态度的也有64.5%。这些6岁至12岁的少年儿童,过早地显示出对人情世故的了解与运用,过错不在小学生身上,是整个社会应当检讨的。

第9题"你如何看待有些同学在课桌上乱写乱画的行为?"这也是中小学司空见惯的事。从表面上看,有是与非的判断,小学生的好奇、反叛心理与学校规章制度、文明风气的冲突。认为正常、有趣,甚至做过的有18.7%,包容、理解的有22.3%,认为无所谓,但自己不会去做的有27.1%,表示反对的仅有31.9%。调查的结果似乎显示这些年幼的小学生缺少足够明辨是非的能力,但应当思考的是隐藏在事实背后的东西。现实中,我们的领导层很少考虑给处于弱势的被领导者一个发泄不满、排泄情绪的机会。这种体制,也充分表现在中小学管理体制上。如何保证学生的心理能够得到健康发展,而不是单纯地以升学率为教育的目标,即使在教育相对于全国其他地区比较发达的北京地区,仍有许多艰巨的工作要做。

最后再来看第9题,主要是了解"节俭"的状况。北京地区的经济应当说在全国处于前列,从小学生的玩具上可以看出北京地区绝大多数家庭并不如想象中富足,最好的玩具价格在1000元以上的小学生仅有12%,最好的玩具价格在300元以上的小学生有28.8%,将近60%的小学生的玩具的价格不超过300元,甚至有18.5%的小学生的玩具在50元以下。

三、应对措施

小学教育是国家教育体系中最为重要的部分,就传统道德文化的传承而言,小学教育也承担着重大的历史使命。因此,各级政府应该高度重视思想文化建设,重视小学生的道德培养。针对小学生的状况与特点,我们认为,应当注意以下几个方面:

第一,对教育者进行教育。教育是一个特殊的职业,小学教育的对象,是需要启蒙的孩童。6岁至12岁的少年儿童,行为模仿的能力远远高于客观冷静的正确判断是非的能力,老师的言谈举止,对小学生有着莫大的影响,甚至受教育者从教育者身上会看到连教育者自己都会忽略不计的细节,从而养成受教育者的是非判断标准和荣辱观念。《世说新语·德行》篇记载了这样一个故事,说明了教育者身教的作用。"谢公夫人教儿,问太傅:'那得初不见君教儿?'答曰:'我常自教儿。'"东晋名臣谢安的夫人对谢安不教训孩子有疑问,但谢安回答:自己一直在教孩子,他的意思是说自己的日常言行,为人处世,已经在向孩子做示范了。这样的不言之教,以身作则,可以使孩子自行仿效,不是只有耳提面命的言语才是教育。

有鉴于此,对教育者进行教育包括两方面的内容,一是传统道德文化素养,教育者要具备鉴别传统文化中精华与糟粕的能力,以免传授给受教育者不正确的东西。这就需要教育者关心有关传统道德文化的研究成果,并能够独立思考,不唯上,不唯书,不人云亦云,真正具备传道、授业、解惑的能力。二是教育者承担着身教的重任,教育者对传统道德的践行与创新,对小学生的道德培养具有极大的影响。也就是说,教育者不仅仅是一个奉公守法的公民,不是单纯的知识技能的传授者,而是道德风尚的引导者,承担着比较重要的社会职责。

第二,政府应加大对新闻媒体和音像市场的监管力度,加大对小学教育的资金投入,对服务于教育少年儿童文艺创作给以褒扬与扶植。

青少年的教育关系国家的前途与命运,眼下的文化市场,犹如脱缰的野马,拜金主义甚嚣尘上,吞噬着精神文明建设健康的肌体,各级政府应该根据国家相关法令,制定相应的政策法规,严令禁止任何违背、或变相违背九年制义务教育的单位和个人,任何单位和个人,尤其是文艺演出团体,都不得雇用辍学的适龄小学学生(这实质上等同于非法雇用童工)。我们经常看到这样的新闻报道,一些小运动员或艺术小明星,没有接受正规的九年制义务教育,思想品德和心理日后都存在许多问题。这些铺天盖地的选"秀"节目,给这个本来就狂躁的时代又添上高分贝的噪音,使得一些家长更加无视对子女进行道德教育。

据有关资料介绍,世界公共教育经费投入平均占 GNP 的比例为 5.1%,发达国家为 5.3%,撒哈拉的南非国家为 4.6%,印度为 3.5%,最不发达国家为 3.3,中国可能是世界上投入最少的国家,仅为 2.3%。因此我们建议,对各级政府主要领导的考核,是否可以像其他专项治理时的要求一样,根据不同地区的不同情况,制定一个标准,凡是公共教育经费投入达不到要求的,主要领导就地免职,以示警戒。同时,设立少年儿童题材影视艺术的资助资金,鼓励拍摄对少年儿童进行道德教育的教学片和艺术片。

第三,对现行的小学教育体系和课程体系进行改革。一方面呼吁学术界的专家走出从理论到理论的不断虚化,把道德实践作为道德研究与道德建设的重心,为小学生编纂生动活泼的传统道德文化教材,要用一种宽容、开放的心态对待传统道德文化,不要用僵化的教条来解释传统道德的内涵并束缚人们的思想;另一方面小学教育要注重素质教育,加强各种实践环节,在社会实践和技能实践中提高道德修养,并注意总结经验,道德的重建离不开传统,更离不开实践与创新,而新的价值观、道德观的建立,最重要的是从娃娃抓起,当一代具有高度精神文明和科学技术的新人成为社会主义建设的主力军时,中华民族的复兴才会真正到来。

传统道德对当代中学生的影响及践行

曾广开

中学生阶段是人生最为重要的一个阶段,无论是初中生还是高中生,价值观都没有完全形成,虽然有一定的是非判断能力,但往往会受其他因素的影响而感情用事。他们对传统道德文化有所了解,但又缺少分析能力;有较高求知欲却容易受新闻媒体和网络传闻的蛊惑;特别是中学生正处于青春躁动期,在反叛心理趋势下,时常会不假思索地接受那些标新立异的新说。所以,为了解传统道德文化对当代中学生影响的具体状况,我们对北京市中学生进行了问卷调查,以了解传统道德对当代中学生的影响与践行。

一、中学生与传统道德的问卷及统计数据

从 2011 年 4 月起,我们先后发放 5000 份纸质问卷,调查对象主要是北京地区的中学生。参与问卷设计的是北京语言大学人文学院 2009 级、2010级对外汉语专业本科生,2008 级汉语言文学专业本科生,外语学院 2008 级英语/法语翻译专业的本科生,以及部分硕士研究生和留学生。参加问卷调查活动的是北京语言大学人文学院 2008 级国际政治专业的本科生、2009 级汉语言文学专业本科生、2011 级对外汉语专业本科生和中国古代文学和文献学专业的硕士研究生,外语学院 2009 级和 2010 级英语翻译专业的本科生。将近有 500 位同学参与了这项调查工作,经过八个月左右的调研,收回有效调查问卷 4806 份,其中初中生问卷 1849 份,高中生问卷 2957 份。现将问卷内容与统计数据公布如下:

第1题	你认为当今社会各群体中哪一种人的道德操守最高？							
	农民	企业职工	事业职工	个体经营者	自由职业者	公务员	军人	学生
人数	783	310	216	89	119	406	1832	1051
百分比	16.3%	6.5%	4.5%	1.9%	2.5%	8.4%	38.1%	21.9%

第2题	你认为当今社会各群体中哪一种人的道德操守最差？							
	农民	企业职工	事业职工	个体经营者	自由职业者	公务员	军人	学生
人数	464	231	244	1461	1048	962	105	331
百分比	9.7%	4.8%	5%	30.8%	21.8%	20%	2.2%	6.9%

第3题	你读过鼓吹孝道的"二十四孝"中的故事吗？你如何看待"卧冰求鲤"、"尝粪忧心"、"埋儿奉母"等故事。			
	虽不合情理，但宣传孝道，还是有积极意义。	虽然可以理解，但觉得不舒服。	今天看来是十分荒谬的，完全无视儿童的生存权利。	没有读过这类故事。
人数	2181	982	795	848
百分比	45.5%	20.4%	16.5%	17.6%

第4题	如果父母不经子女允许查看子女的日记、信件，你认为：			
	是正常的，体现父母对子女的关心。	是可以理解的，尽管父母不尊重子女的隐私权，但父母是用心是好的。	不情愿，但可以接受，知道父母是出自对自己的关心。	是不能接受的，父母不尊重子女的隐私权，本质是把子女当做私有财产。
人数	378	1276	1721	1431
百分比	7.9%	26.6%	35.8%	29.8%

第5题	许多中国优秀运动员加入别国国籍，并在比赛中打败中国队，你认为这些运动员：			
	符合职业道德，与爱国精神无关。	虽然符合职业道德，但总觉得他们不该成为中国队的对手。	无所谓，体育应该与政治无关。	站在中国队的对手一边就是不爱国。
人数	1052	2096	962	696
百分比	21.9%	43.6%	20%	14.5%

续表

第6题	宋高宗和秦桧杀害了岳飞,如果你是岳飞的儿女,你会怎么做?			
	上书朝廷,请求为父亲平反昭雪,然后继承父志,抗击金兵。	隐藏起来,即使宋朝被灭掉,也不再出来管朝廷的事。	领兵造反,报仇雪恨。	干脆投奔金国,借兵报仇。
人数	2422	709	1090	585
百分比	50.4%	14.8%	22.6%	12.2%
第7题	你读过"愚公移山"的故事吗? 你认为:			
	愚公坚持到底的精神是对的,智叟害怕困难是不对的。	愚公蛮干是不对的,智叟讲的有道理。	愚公应该选择搬家,既然挖山是求交通便利,应选择最好的途径。	如果没有神仙帮助,愚公永远不会成功,因为山也会增高,子孙却可能断绝。
人数	1828	817	1514	647
百分比	38%	17%	31.5%	13.3%
第8题	把同学中发生的不良现象报告给老师,通常被称作"打小报告",你如何看?			
	应该把学生的情况报告给老师,我会这样做。	老师问我就说,我不会主动去汇报。	向老师汇报是对的,但会出卖同学,我不会做。	我最讨厌"打小报告",反对任何人这样做。
人数	1104	1317	1391	994
百分比	23%	27.4%	28.9%	20.7%
第9题	学生在学校犯了严重错误,老师气得动手打了他,学生没有受伤,你认为:			
	应该支持老师,坏孩子就是要教训。	老师发怒是可以理解的,劝同学以后不要惹老师生气。	提醒老师,批评学生的错误,不能打学生。	向学校反映,希望学校处分老师。
人数	605	1194	2302	705
百分比	12.6%	24.8%	47.9%	14.7%

续表

第 10 题	遇到马路上有老人摔倒在地,你会怎么做?			
	毫不犹豫地扶他起来,必要时立刻送往医院救治。	立即打电话求助民警或打 112 来救助。	犹豫不决。既担心实施救助会引起家属误会自己是造事者,不提供帮助又于心不忍。	装作没有看见,尽快离开,免得给自己带来麻烦。
人数	1790	1319	1245	432
百分比	37.2%	27.5%	26.3%	9%
第 11 题	你和小学时期的老师还有联系吗?			
	经常联系,有时也会登门拜访。	有,只是打电话或者在网上聊聊。	没有,因为不知道如何联系他们。	没有,不想再与他们联系。
人数	809	1197	2236	564
百分比	16.8%	24.9%	46.6%	11.7%
第 12 题	如何看待长期以来的盗版音像图书和电脑软件?			
	坚决维护知识产权,拒绝盗版。	在买不到正版的时候,偶尔也会买一下盗版。	盗版便宜,只要有盗版,就不买正版。	正版定价不合理,普通民众收入低,应该支持盗版。
人数	2052	1404	606	744
百分比	42.7%	29.2%	12.6%	15.5%
第 13 题	3 月 5 日是"学雷锋纪念日"。如果你身边有雷锋这样的人,你的看法是:			
	非常敬佩,应该向他学习。	觉得非常难得,但自己不愿做这样的人,太辛苦了。	觉得有点傻,不懂得如何适应社会发展。	觉得有点虚伪,完全是装模作样,装出来给人看的。
人数	2715	1148	442	501
百分比	56.5%	23.9%	9.2%	10.4%
第 14 题	随着对外开放的进程,各种西方文化不断涌入,年轻人越来越喜欢过"洋节",你对这种现象持什么态度?			
	"洋节"有很浓的人情味和很强的娱乐性,我喜欢。	有些人是赶时髦,但应各随其便,没有什么值得责备的地方。	这些人缺少对传统节日蕴涵的文化内涵的了解,应该抵制"洋节",保卫传统节日和传统文化。	传统节日与等级社会的农业耕作相关,除了祭祀就是吃喝,早该淘汰。
人数	1293	2141	1022	350
百分比	26.9%	44.5%	21.3%	7.3%

第15题	中国近代以来饱受帝国主义国家侵凌，你认为哪个国家对中国造成的破坏最大？			
	沙皇俄国。	日本帝国主义。	美帝国主义。	欧洲列强。
人数	702	2828	752	524
百分比	14.6%	58.8%	15.6%	11%
第16题	周末很多同学都在各种辅导班上课，如果你权利选择，你会选：			
	英语、作文、奥数竞赛等与课堂教学关联密切的辅导班。	足球、篮球、围棋等体育类辅导班。	乐器、舞蹈、戏曲、书画等艺术类辅导班。	《论语》、《孟子》等文化经典类辅导班。
人数	1153	1387	1804	462
百分比	24%	28.9%	37.5%	9.6%
第17题	对青少年进行性教育的任务主要应该由谁来承担？			
	家长。	学校。	网络电视等媒体。	说不清楚。
人数	1240	1329	714	1523
百分比	25.8%	27.7%	14.8%	31.7%
第18题	学校组织的社团活动，我不感兴趣，但同学们几乎全都参加了，我应该怎么办？			
	既然大家都参加了，自己也积极参加活动。	心里不情愿，还是参加，但消极应付。	找个借口，告诉同学自己不能参加。	干脆不理睬。
人数	2488	684	847	787
百分比	51.8%	14.2%	17.6%	16.4%
第19题	你了解"三从四德"的基本内容吗？如果了解，你认为"三从四德"对古代社会的影响是正面的还是负面的？			
	不了解。	基本是正面的，符合中国古代社会的基本伦理道德。	在封建社会上升阶段，其影响基本上正面的；随着封建社会衰落，其负面影响越来越大。	基本是负面影响，尤其是"三从"，是压迫妇女的紧箍咒。
人数	1011	657	2019	1119
百分比	21%	13.7%	42%	23.3%
第20题	某学校要求学生在寒假期间，为母亲或父亲洗一次脚，你认为：			
	这样做可以培养学生的感恩情感，有助于健全学生的人格。	这样做有助于发扬传统的孝道，增进家庭和社会的和谐。	这样做仅仅是一种形式，不会有任何实质性的影响。	这样做纯粹是炒作，对学生的思想教育没有任何意义。
人数	1726	1784	820	476
百分比	35.9%	37.1%	17.1%	9.9%

二、问卷的解读与分析

中学包括初中和高中两个阶段,虽然在身体发育和智力方面有明显的不同,但因年龄差别不大,对传统道德文化的接受与践行有许多相同的因素,因此,尽管我们进行问卷调查时也将两者分开,数据统计后发现两者的差异不大,所以,我们就将两者放在一起来分析。

第1题和第2题首先对当今社会大众的道德水准做个评判。与"传统道德对当代大学生的影响与践行"的调查问卷的结果基本相同,中学生认为:军人的道德水准最高(38.1%),学生次之(21.9%),第三是农民(16.3%),然后是公务员(8.4%)等,仅是百分比稍有不同。在回答道德操守差的排序时,除自由职业者和公务员的位置互相交换一下外,其他答案与大学生的回答也是基本相同,百分比略有变化。个体经营者依旧排在第一位(30.8%),自由职业者排在第二位(21.8%),公务员排在第三位(20%),农民也照旧是第四位(9.7%)。可见中学生群体的生活环境与大学生相似,对现实的认识也与大学生比较接近。在"传统道德对当代大学生的影响与践行"的调查问卷中,我们曾分析说:军队进行严格的封闭管理,一般人只能看到其整体形象;近年来自然灾害较多,总能看到军人在奋不顾身地挽救人民的财产与生命,加之媒体的宣传,给整个社会留下深刻的影响。中学生也认为自己比较单纯,不会牵扯到过多的利益和金钱,加上长期接受教育,自然会被视为具有较高的道德品质。而一说到道德较低的群体,人们往往会想到为赚钱不择手段的个体经营者和为富不仁的那些先富起来的自由职业者;想到没有文化的农民和屡禁不止的公务员的贪污腐败。当然,也有学生认为每个行业都有道德低下的人,道德高下似乎与职业没有必然的联系,也有一定的道理。我们这样设计问题,主要是考虑其对社会的影响程度和人们对其关注的程度。

我们再来看中学生对待传统道德文化的态度。第16题让同学自己选择辅导班,大多数同学会选择体育类(28.9%)和艺术类(37.5%)辅导班,仅有9.6%的中学生会选择文化经典类辅导班。我们知道,在现行高考制度下,无论初中教育还是高中教育,升学压力非常大,各学校大都尽量压缩德育课和体育课的时间,特别是高中,一切都为服务于高考的课程让道,我们询问过一些学校,很少有学校开设过学习《论语》、《孟子》等文化经典类辅导班,基本是与升学考试相关的有关课程的辅导班和体育、艺术类辅导班。所以说,现实的环境制约着道德文化的建设。

涉及"孝道"的有第 3、第 4、第 20 题,"二十四孝"中有些愚孝的故事,第 3 题询问对这些愚孝故事的认识,本来设计问卷时估计中学生会比小学生有更多人表示不满,统计结果让我感到以外,小学生对这些愚孝故事持肯定态度的仅有 17.6%,而初中生是 39%,高中生却高达 56.3%;小学生对这些愚孝故事持完全否定态度的有 34%,而初中生是 18%,高中生却仅有 16%。无论是高中生还是初中生,他们的是非判断能力远远高于小学生,小学生凭借自己的直接感受就不喜欢这些愚孝故事,而受教育程度高的、智力高的中学生却体味不出这些愚孝故事的可恶,究其原因,显然是新闻媒体和学校教育在强调继承传统文化时,没有对其中的封建糟粕加以批判。

第 20 题对"某学校要求学生在寒假期间,为母亲或父亲洗一次脚"的事件进行评判。同样的题目,也出现在"传统道德对当代大学生的影响与践行"的调查问卷中,大学生持肯定态度的超过 62%,中学生却达到了 73%。我们知道,当今社会如何明确"孝"的基本内涵、由谁来评判某人是否奉行"孝道",是一个复杂的问题,"为母亲或父亲洗一次脚",就能够达到"可以培养学生的感恩情感,有助于健全学生的人格"吗?或是"有助于发扬传统的孝道,增进家庭和社会的和谐"吗?笔者是持怀疑态度的。中学生和大学生一致肯定这种做法,应该从现实生活的实际来分析。我们调查的对象基本是北京城五环以内的学校为主,现在的中学生、大学生基本上是独生子女,中学阶段受高考制度的制约,学生的全部精力和时间全部被考试必需的功课占去了,家长替子女打理一切,事无巨细,而子女为升学考试耗尽了精力,从来想不起为父母做些什么,即使是假期或稍有闲暇,受思维定式的局限,也很少有人想到父母,"为母亲或父亲洗一次脚",尽管与"孝顺"有很大距离,但仍然是值得肯定的举措。所以,"洗脚"与"孝道"之间并没有矛盾,为父母洗脚是不应该受到指责的,但是,一旦把"洗脚"当成感恩教育的一种形式,特别是提倡这种感恩教育者的僵化的思想,引起人们的反感,是应该受到指责的。

第 4 题也是生活中时常发生的事。与小学生相比,中学生中有更多的人对"如果父母不经子女允许查看子女的日记、信件"表示反对,仅有 7.9% 的人完全赞同,不满意但被动接受的占多数,高达 62.4%,表示强烈反对的有 29.8%。在这里,我们看待了现代文明的体现,传统伦理道德强调"父为子纲",特别是宋儒胡说什么"天下没有不是的父母","父让子亡,子不亡就是不孝",父子之间是绝对的从属关系,没有任何的平等可言。受传统文化影响,许多父母也认为自己对子女有生养之功,理所当然地有权利决定子女的事务,时而会自觉不自觉地侵犯子女的权利。"不经子女允许查看子女的日记、信件"仅仅是一个例证,诸如升学考试中学校、专业的选择,工作的选择,婚姻的选择,时常可以看到父母横加干涉的事例。从这个调查结果来看,不满意但被动接受的占多数,是符合现实生活的实际的,绝大多数人尽管对父母善意的干涉不满,并没有激烈的反应,是亲子间的感情降低了冲突的指数。

与之相关的还有第 19 题,对"三从四德"及其作用进行评判。有 21%的中学生不知道什么是"三从四德";13.7%的中学生选择其影响在古代"基本是正面的,符合中国古代社会的基本伦理道德";42%的中学生选择"在封建社会上升阶段,其影响基本上正面的;随着封建社会衰落,其负面影响越来越大";只有 23.3%的中学生选择"基本是负面影响","是压迫妇女的紧箍咒"。在"传统道德对当代大学生的影响与践行"的调查问卷中也有这一问题,中学生的选择与大学生相近,不知道什么是"三从四德"的比例稍微大些,而持完全否定态度的稍微少些,这说明学生受历史教科书和思想品德教科书的影响颇深,当代女权主义者如果要使女权运动有较大发展,单靠坐在书斋里讨论是不行的,需要对社会尤其是对青少年进行教育才能够打破传统对人们的精神束缚。

第 11 题虽然讨论的是师生关系,古来师生如父子,与"孝道"有近似之处。"你和小学时期的老师还有联系吗?"16.8%的中学生选择"经常联系";24.9%的中学生选择仅是一般联系,"只是打电话或者在网上聊聊";46.6%的中学生选择"因为不知道如何联系他们"而没有联系;11.7%的中学生选择"不想再与他们联系"。比较而言,高中生年龄稍大些,开始懂得一些世故人情,愿意并经常与教过自己的老师联系的比例大于初中生。随着商品经济的发展,人情越来越淡薄,淳厚的民风早已是失而不可复得,师生之间关系渐渐疏远,就是社会风习的一种折射。

第 5、第 6 题涉及爱国的观念。先来看第 6 题,"宋高宗和秦桧杀害了岳飞,如果你是岳飞的儿女,你会怎么做"? 有 50.4%的中学生选择"上书朝廷,请求为父亲平反昭雪,然后继承父志,抗击金兵";有 14.8%的中学生选择"隐藏起来,即使宋朝被灭掉,也不再出来管朝廷的事";有 22.6%的中学生选择"领兵造反,报仇雪恨";有 12.2%的中学生选择"干脆投奔金国,借兵报仇"。我们知道:既然杀害岳飞的凶手是皇帝和宰相,上书朝廷会有用吗?南宋在宋孝宗以后为岳飞平反,是迫于形势和朝廷内部争权夺利的斗争需要,并不是高度赞扬岳飞坚守的民族大义。我们在"传统道德对当代小学生的影响与践行"的调查问卷中的分析说:依照传统的看法,第一种选择是传统的忠君爱国;第二种选择是道家的明哲保身;第三种选择是犯上作乱;第四种选择是叛国投敌。中学生的选择比小学生有更多的人信从传统的观点,这是他们接受了更长时间的学校教育带来的结果。明末清初,顾炎武、王夫之、黄宗羲有感于明朝的覆亡,提出亡国与亡天下的不同,号召"天下兴亡,匹夫有责",但天下百姓早已厌恶了明朝的腐败,反清复明的口号根本不能赢得天下百姓的响应,明朝宗室和旧军阀贵族所谓反清复明的起义,不过是打着反清复明的口号进行地方割据。另外,如何区分什么是"亡国"? 什么是"亡天下"? 也是一个非常棘手的问题,顾炎武等人谨守华夷之分,却不曾想到满清统治者比朱明王室更醉心于传统文化,并将程朱理学发挥到极致。古人云:春秋无义战,封建时期华夏版图内的各个政权(不管是汉族政权还是少数民族政权)之间的战争也大体如此,不过是弱肉强食,互相争夺。以往的历史教科书和思想品德教科书往往站在一家一姓王朝的立场上来进行褒扬与贬黜,如果我们今天仍沿用这种传统的观点,不仅是无视历史的真实,对巩固今天的各民族大团结也是不利的。

第 5 题虽说是现实中的问题,却带着历史沉重的包袱。中国经历了漫长的封建社会,忠君是封建道德最核心的准则。任何一种观念,都不能与三纲五常的教条发生分歧与冲突。程朱理学束缚着人们的思想,泛政治化、泛道德化成为文艺批评、体育竞赛的准绳。改革开放以后,人们开始认识到个人独立、自由精神之可贵,职业道德和体育的公平竞争不应受到政治色彩极为浓厚的"爱国主义"的限制。然而,当"许多中国优秀运动员加入别国国籍,并在比赛中打败中国队"时,仅有 21.9% 的中学生选择"符合职业道德,与爱国精神无关";有 20% 的中学生选择"无所谓,体育应该与政治无关";大多数的中学生对这些运动员持批评态度,部分人(14.5%)选择"站在中国队的对手一边就是不爱国",这不能不引起我们的思考,真正的爱国主义思想教育包括哪些内容? 当国家不能保障个人权益时,个人是否有自由选择的权利?

表现这种新旧道德观念冲突的还有第 7、第 12、第 14、第 17 题。第 7 题对"愚公移山"的故事重新进行诠释,有 38% 的中学生选择赞同"愚公坚持到底的精神";有 17% 的中学生选择应当承认"智叟讲得有道理";有 31.5% 的中学生选择"愚公应该选择搬家";有 13.3% 的中学生选择"没有神仙帮助,愚公永远不会成功"。"传统道德对当代小学生的影响与践行"的调查问卷中小学生选择赞同"愚公坚持到底的精神"的有 27.1%,其百分比远低于中学生,究其原因,我们认为依旧是中学生的理智和受教科书的影响影响了其选择,在"传统道德对当代小学生的影响与践行"调查问卷的分析中,我们已经说明"愚公移山"作为一个历史典故,其创作者的主观意图和引用这个典故之间要表达的意图,并不是一对一的对应关系,有多种可能性。因此,这个问题的设计,不是故意的标新立异,而是检查被调查者是否有开放的心态。

第 12 题涉及知识产权保护,"如何看待长期以来的盗版音像图书和电脑软件"?有 42.7% 的中学生选择"坚决维护知识产权,拒绝盗版";其余的都不同程度支持盗版的心理,特别是有 15.5% 的中学生选择理直气壮地支持盗版音像图书和电脑软件。关于这个问题,我们在"传统道德对当代大学生的影响与践行"的调查问卷中曾做过详细的分析,可以参考。我们认为:与其说维护正版是个道德问题,不如说它是个经济问题。当中国老百姓还处于相对贫困状态时,想要如西方发达国家那样达到全民反盗版、维护知识产权是不现实的,根据国情来看,我们不仅要强化维护知识产权的意识,还要加快提高普通民众的收入,藏富于民,才能实现这一目标。另外,我们也注意到:北京是一个经济相对发达的地区,中学生本身没有参与经济活动,对经济压力的感受不如大学生紧迫,因而在赞同维护知识产权的百分比上,由大学生的 20.69% 已经上升到 42.7%,上升幅度如此之大,说明维护知识产权的意识还是在不断加强。

第 14 题涉及对传统节日的守护问题。与大学生相比,中学生也是过"洋节"的主力军,有 26.9% 的中学生打心眼里赞同"洋节";有 44.5% 的中学生认为喜欢过"洋节","没有什么值得责备的地方";甚至有 7.3% 的中学生赞同"早该淘汰"传统节日;赞同保卫传统节日的中学生的比例较大学生略有上升,由大学生的 17.45% 上升至 21.3%。我们认为:尽管清明节、端午节已经列入法定假日,但这些节日的重要性正在被淡化;已经失去作为节日的文化内涵,对于大多数人来说,清明、端午、中秋等节日,不过是一个放松、休闲的日子,很少有人在节日里做与之相关的事情,更没有人静下心来体味传统节日的内涵与价值。如果这些在农耕文明中产生的节日不能适应城市快节奏的生活,不能让这些节日使全体人民得到娱乐和满足,传统节日就会渐渐失去活力,最后淡出人们的生活。

第 17 题讨论"对青少年进行性教育的任务主要应该由谁来承担"?由于封建意识的影响,学校教育中缺少性教育的课程,这是一个没有明文规定、谨慎不敢擅入的禁区。随着改革开放的深入,可以对这一问题展开讨论。有 25.8% 的中学生选择由家长承担,27.7% 的中学生选择由学校承担,14.8% 的中学生选择由网络电视等媒体等承担,31.7% 的中学生认为"说不清楚"。我们认为:对青少年进行性教育是必要的,有助于青少年的身体健康和心理健康,至于说学校教育如何来做,还需要进一步的研究与探讨。

第 10 题和第 13 题的内容相关。第 13 题设想"如果你身边有雷锋这样的人",你如何看? 56.5% 的中学生选择"非常敬佩,应该向他学习。":23.9% 的中学生选择"觉得非常难得,但自己不愿做这样的人,太辛苦了";9.2% 的中学生选择"觉得有点傻,不懂得如何适应社会发展。";10.4% 的中学生选择"觉得有点虚伪,完全是装模作样,装出来给人看的"。在"传统道德对当代大学生的影响与践行"的调查问卷中我们曾分析说:雷锋是根据时代需要塑造出来的模范典型,代表了一个时代对新的道德规范的基本定位。但在商品经济高度发达的今天,雷锋这样的人,必然是现实生活中的异类。在普通民众的常识理性中,今天出现的雷锋,如果是出自天性,自然是不合时宜;如果是刻意所为,难免被人视为虚伪作秀。因此,比较单纯的中学生,在学校正统教育的影响下,大多会不假思索地选择敬佩雷锋那样的人,是符合中学生实际的思想状况的。而中学生的其他选择,也说明文化日趋多元化对环境相对封闭的中学生,同样发生着重大影响。

第 10 题"遇到马路上有老人摔倒在地,你会怎么做?",这是全社会经常关注和讨论的话题,尽管道德环境不断地恶化,不时会发生被救助的老人为金钱而诬陷救助者是肇事者的事情,但中学生依然有将近65% 的人选择"毫不犹豫地扶他起来,必要时立刻送往医院救治"或"立即打电话求助民警或打 112 来救助",有 26.3% 的中学生选择"犹豫不决。既担心实施救助会引起家属误会自己是造事者,不提供帮助又于心不忍",说明中学生心地的善良。我们知道:遇到老人摔倒,装作没有看见,尽快离开,以免陷入欺诈的陷阱,是不应该受到责备的,因为扶起老人并不是义务,不是任何人的义务,而是部分人"勇为"的举动。我们提倡这种"见义勇为"的精神,但对中学生来说,当其不能判断是否为欺诈陷阱时,我们建议最好还是"立即打电话求助民警或打 112 来救助"。另外,在讨论中,有同学分析说:要改变社会的冷漠,还要改变一些旧有的观念,尤其是那些受到帮助的人,不要理所当然地享受别人的帮助,当人们牺牲了自己的利益去帮助那些"老、弱、病、残"的人,当人们响应党的号召去支援"老、少、边、穷"地区,如果在受助者眼里这些都是你就该做的事儿的时候,就会冷了人心。

第 8、第 9、第 15、第 18 题是学校教育经常涉及的。第 8 题所说的现象是中、小学司空见惯的事,"把同学中发生的不良现象报告给老师",你如何看待这种被称作"打小报告"的行为? 有 23% 的中学生选择"应该把学生的情况报告给老师";有 27.4% 的中学生选择"老师问我就说,我不会主动去汇报";有 28.9% 的中学生选择"向老师汇报是对的,但会出卖同学,我不会做";有 20.7% 的中学生选择坚决反对这种"打小报告"的行为。从表面来,这是坚持原则和所谓"义气"之间的选择,但如果认真思考,可以发现,这种"义气",不是从儒家思想派生出来的"民族大义",而是由墨家思想派生出来的以个人恩怨为标准的"江湖义气"。在漫长的封建社会中,封建专制君主及其权贵为满足自己的私欲,根本无视法律的尊严;而大多数封建官吏,很少有人能够做到执法如山,用法律保护百姓的权益。因此,"江湖义气"成为平民百姓团结的旗帜,以此来缓解强权的压迫。随着时间的推移,"义气"的选择经常凌驾于是非的判断之上,并渗透在社会的每一个阶层。第8题的四个选项,分别代表了对待"义气"的态度。第一种强调的是非,不受"义气"的干扰;第二种虽说是被动抉择,仍选择是非大于"义气";第三种是明知道是非,最后仍偏向"义气";第四种是完全赞同"义气"。所以说,完善法治体系,不仅仅是制度建设,传统道德文化的消极影响也不容低估。

第9题的是非判断非常简单,明明是打学生的老师不应该,温和些的中学生(有47.9%)会选择"提醒老师,批评学生的错误,不能打学生";激烈些的中学生(14.7%)会选择"向学校反映,希望学校处分老师"。但还是有近四成的同学选择责备挨打的学生,甚至有12.6%的中学生选择"坏孩子就是要教训"。在"传统道德对当代小学生的影响与践行"的调查问卷中也有类似的问题,有19.6%的小学生选择"坏孩子就是要教训"。相比之下,虽然小学生的比例高于中学生,考虑到小学生中6岁至9岁的儿童对老师有比较强的依赖感情,对待老师与其他学生之间发生的纠纷,往往会从感情出发,站在老师一边,中学生毕竟成熟一些,应该在是非面前较少的排除感情因素的干扰。但调查结果显示,中学生仍然会依从感情的选择而不是多采用理智的、是非的判断。这显然是中国传统文化对民族性格潜移默化的影响所致。长期的宗法制社会,人们常常是以来凭血缘建立起的感情纽带来调节人际关系,尽量地调和矛盾,而不用运用法律来解决矛盾。所以,在日常生活中,情大于理,甚至情大于法。所以说,中国要建立完善法治,不仅仅是制度的建设,更重要的是观念的转变。

第15题是比较单纯的历史判断题,近代以来,"哪个国家对中国造成的破坏最大"?有58.8%的中学生选择"日本帝国主义";其余的中学生分别选择"美帝国主义"(占15.6%)、"沙皇俄国"(占14.6%)和"欧洲列强"(占11%)。了解近代以来的历史,也是爱国思想教育的内容。

第18题是集体活动与自己兴趣不一致,应该如何处理?有51.8%的中学生选择"既然大家都参加了,自己也积极参加活动";14.2%的中学生选择"心里不情愿,还是参加,但消极应付";17.6%的中学生选择"找个借口,告诉同学自己不能参加";16.4%的中学生选择"干脆不理睬"。由于没有规定要求每个人必须参加，第一种选择是处于集体观念和从众心理，改变自己的初衷，融入大众行列。第二种选择是委屈了自己，又没有很好地融入大众。第三种选择了有技巧地达到不能从众的目的。第四种选择直截了当，率直面对。就个人观点而言，我赞成最后一种选择，自己不感兴趣的东西，不勉强自己。问题是为什么大多数中学生不能坦率面对这些生活中的问题呢？毫无疑问，这是社会环境和学校教育的双重影响造成的。尽管我们多年来忽视了传统道德文化的宣传，但传统的思想依然在悄无声响地发生作用。所以说，我们应该加大对传统道德文化的研究力度，尽管降低和消除传统文化中消极影响，发扬传统文化中那些至尽仍具有积极影响的东西，提高全民族的道德文化水平。

三、应对措施

中学阶段是人们世界观、人生观确立的重要阶段。纵观北京地区的中学教育，特别是对中学生的思想文化教育和道德品质的培养方面，尽管整体上在不断进步，成果显著，但还存在许多这样或那样的问题。究其原因，既有市场经济中拜金主义的冲击，也有传统道德文化中消极因素的影响，加上现行高考制度下过分对智力教育的偏重。为了更好实现党的教育方针，培养具有良好道德品质和科学技术的一代新人，我们认为，各级政府和教育主管部门应该高度重视教育在国家整体战略中的重要地位，继续加大经济投入，关注中学生的道德文化建设。具体措施如下：

首先，对教育者进行教育。在"传统道德对当代小学生的影响与践行"调查问卷的"应对措施"中我们已经强调过这个问题，在这里仅根据中学生的特点进行补充说明。中学生虽然身体发育开始成熟，但行为模仿的能力仍高于客观冷静的正确判断是非的能力，他们由于升学考试的压力，对于传统道德文化缺少足够的学习时间和认真的思考，他们只有依靠教科书和教师的传授。因此，这就要求各级政府和教育主观机构一方面要组织有专长的文史专家为中学教育提供不断更新的教科书。在调查问卷中，我们发现许多中学生选择的答案多是年代久远的教科书的观点，缺少新思想和探索精神，这种状况不改变，僵化的教条，会给青少年带来新的思想禁锢，不利于他们的成长。另一方面，要有计划地利用寒暑假对中、小学教师开办有关传统道德文化的讲座，提高他们的文化素养。长期以来，我们对开展思想教育有一个误区，认为提高政治理论课的时间就是加强政治思想教育，实际上，政治思想教育是全体教师的职责，每个教师都应该自觉地在课堂上融会科学世界观和高尚道德品质的教育,只有全体教师具备较高的道德文化修养,言传身教,才能使中学生的道德文化水平有显著的提高。

其次,根据中学生的年龄特点,开展形式多样的社会实践活动来推进适应社会发展需要的新道德文化的建构和发展。历代哲人都强调知行合一,如《论语·学而》首章云:"学而时习之,不亦说乎?"①意思是说:学过了就要在适当的时候去实践、练习,不也很高兴吗?① 毛泽东在《中国革命战争的战略问题》中说得更清楚:"读书是学习,使用也是学习,而且是更重要的学习。"因此,传统道德文化的传承不能停留在课堂教学和书斋讨论上,而是在日常生活中通过实践进行检验和扬弃,进一步的创新和发展。另外,我们意识到,当今的中学生比以往同龄的人思想更趋成熟、反叛。如果我们的道德教育传达出的理念与他们日后进入社会形成巨大的反差,他们会愈加反感传统文化,甚至会偏激到全部丢弃传统文化。既然我们有决心也有义务保护我们民族的根,就必须让关注传统道德的现代践行问题,对那些早已不能适应当今社会需要的东西当机立断地舍弃,不要再宣传,让我们的社会拥有良好的开放的氛围,来吸收其他更加优秀的文化。

最后,通过党的宣传机构和新闻媒体,及时宣传学术界有关传统道德文化的研究动态和的科研成果,组织讨论、辩论来深入研究传统道德文化的特点,尽量消除各种曲解传统道德文化的错误观点的影响,使中学生在万花筒似现实社会中有能力选择比较正确的理论和观点。我们知道,当今社会资讯非常发达,知识爆炸、信息轰炸,令人应接不暇。中学生虽然开始具备一些明辨是非的能力,但对于传统道德文化来说,需要具有一定的学养和比较深入的研究,才能分辨出那些形形色色标新立异、以假乱真的东西,中学生一般不具备独立判断那些文化虚无主义或盲目鼓吹传统文化中保守、落后因素的所谓学术观点。党的宣传机构和新闻媒体要关注社会主义精神文明的建设,就必须承担起引领社会风气的重任,积极组织、宣传学术界关于道德文化建设的新成果。

---

① 关于这段话的注解,时人多误。"时",如杨伯峻《论语译注》所云,意思是"在一定的时候"或"在适当的时候";习,《说文》云:"鸟数飞也。"故其本义为练习。说:通"悦"。

传统道德对当代大学生的影响及践行

曾广开

　　中国传统文化,依照社会阶层来划分,大体上可以分为官场文化、民间文化和士文化。春秋战国时期兴起的诸子百家,大多代表士阶层的政治诉求和道德规范,并通过上层统治者的认同辐射到全社会。依照传统的看法,大学生已经可以被称作知识分子,基本上属于古代所谓的"士"的范围,大学生自身的道德规范,可以如实地反映中国道德文化的传统理念在今天的影响,也可以预测整个社会道德文化发展的方向。因而,在进行有关传统道德文化的调查问卷设计与调研时,我们首先选择大学生这一群体作为调查和研究的对象。

一、大学生与传统道德的问卷及统计数据

　　从 2010 年 10 月起,我们先后发放 3200 份纸质问卷,同时通过电子邮件发放问卷,调查对象主要是北京地区的各高校本科和专科生,也有部分硕士研究生。参与问卷设计的是北京语言大学人文学院 2009 级、2010 级对外汉语专业本科生、2008 级汉语言文学专业本科生,外语学院 2008 级英语/法语翻译专业的本科生,以及部分硕士研究生和留学生。参加问卷调查活动的是北京语言大学人文学院 2008 级国际政治专业的本科生、2009 级汉语言文学专业本科生、外语学院 2009 级英语翻译专业的本科生,以及部分硕士研究生和留学生。将近有 500 位同学参与了这项调查工作,经过十个月左右的调研,收回有效调查问卷 5936 份。现将问卷内容与统计数据公布如下:

第1题	你认为当今社会各群体中哪一种人的道德操守最高？								
	农民	企业职工	事业职工	个体经营者	自由职业者	公务员	军人	学生	其他
人数	772	246	302	115	385	414	2058	1482	162
百分比	13.00%	4.14%	5.10%	1.94%	6.49%	6.97%	34.67%	24.97%	2.73%
第2题	你认为当今社会各群体中哪一种人的道德操守最差？								
	农民	企业职工	事业职工	个体经营者	自由职业者	公务员	军人	学生	其他
人数	526	436	262	1588	777	1515	325	341	166
百分比	8.86%	7.35%	4.41%	26.75%	13.09%	25.52%	5.48%	5.74%	2.80%

第3题	你认为中国传统伦理道德至今还有影响力吗？			
	有。中国传统文化重视人与自然的统一，强调人与人的和谐，提倡社会责任感，追求群体的和谐与有效率的发展，表现出比个人主义文化的更大的优势。	有，但正在逐渐削弱。中国传统文化属于农耕文明，特别是儒家文化，不能应对现代化的需要，其影响力日趋衰微。	有，但极其微弱。经过近百年革命思潮的批判与改革开放以来西方文明的冲击，传统伦理道德只能在落后的边远山乡产生一定的影响。	没有。儒家文化与现代法制社会是格格不入的，中国已经初步实现现代工业文明的社会转型，中国传统伦理道德已被大多数人所抛弃。
人数	1845	2526	1238	327
百分比	31.08%	42.55%	20.86	5.51%

第4题	社会主义初级阶段的道德观应当在什么样的基础上发展？			
	从中国现有国情出发，以中国传统文化(主要是儒家)的道德观为基础。	以"五四"以来的新文化为基础，批判继承中国传统文化的道德观。	承认自由、平等、民主是人类现阶段应当接受的思想，把西方先进文化与"五四"以来的新文化结合起来。	说不清楚。
人数	2042	1358	1660	876
百分比	34.40%	22.89%	27.95%	14.76%

第5题	如果你认为中国的道德水平正呈现下降趋势,是否必须依靠复兴儒学,用儒家的"仁义礼智信"来教育人民,恢复传统的价值体系来挽救道德败坏的社会?			
	儒家的道德观念不能应对现代化的需要,复兴儒学毫无价值且不可能。	能对部分人起作用,但仅限于少数人。	恢复传统的道德理念教育,能够很大程度上提高国民的道德素质。	我认为中国的道德水平并没有呈现下降趋势。
人数	908	2297	2157	574
百分比	15.30%	38.70%	36.34%	9.66%
第6题	北京大学招生办公室在2009年自主招生考试规定中指出,如果发现考生在日常生活中有不孝敬父母的行为,"一经查实,不予录取";同时在考试过程中也会有相关内容的考查。对于这样的规定,你认为:			
	知识体系的评估加入了道德标准,对于引领社会道德风尚有积极意义。	"浪漫"行政,虽然难以实现,但至少表达了良好的愿望。	北大不应该将道德教育的责任推给父母和社会。	纯粹的作秀,炒"举孝廉"的冷饭,不利予高等学校招生制度的规范化。
人数	2147	2313	532	944
百分比	36.17%	38.97%	8.96%	15.90%
第7题	你了解"三从四德"的基本内容吗?如果了解,你认为"三从四德"对古代社会的影响是正面的还是负面的?			
	不了解。	基本是正面的,符合中国古代社会的基本伦理道德。	封建社会上升阶段影响基本上正面的;随着其衰落,负面影响越来越大。	基本是负面影响,尤其是"三从",是压迫妇女的紧箍咒。
人数	1026	839	2455	1616
百分比	17.28%	14.13%	41.36%	27.23%
第8题	对于当前有些大学生傍大款、傍老外,甚至被包养的行为,你怎么看?			
	很反感、厌恶,认为她们不配做一名大学生。	无所谓,各人有各人的想法和活法。	只要不违法,为了达到自己的目的傍大款也没有什么不好。	那些因贫苦不得不这样做的人值得同情,社会应负主要责任。
人数	2143	2014	730	1049
百分比	36.10%	33.93%	12.30%	17.67%

续表

第9题	随着对外开放的进程,各种西方文化不断涌入,年轻人越来越喜欢过"洋节",你对这种现象持什么态度?			
	"洋节"有很浓的人情味和很强的娱乐性,年轻人喜欢是正常的,也是合理的。	一般年轻人赶时髦,各随其便,没有什么值得责备的地方。	年轻人缺少对传统节日蕴涵的文化内涵的了解,应该抵制"洋节",保卫传统文化。	传统节日与等级社会的农业耕作相关,除了祭祀就是吃喝,早该淘汰。
人数	2787	1800	1036	313
百分比	46.95%	30.32%	17.45%	5.28%
第10题	影视明星和优秀运动员等加入他国国籍,并宣誓效忠,你如何看待这样的行为:			
	这些人为谋求个人更好的发展,是可以理解的。	这些人只要不做对不起中国的事,是可以接受的。	这些人缺少爱国思想。	无所谓。
人数	1592	1865	1744	735
百分比	26.82%	31.42%	29.38%	12.38%
第11题	《论语》说"子不语怪力乱神",由于儒家文化的影响,扼杀了中国人探索和发现新世界的好奇心,导致了中国近代以来科技的落后。你认为:			
	这种观点是正确的,儒家文化妨碍了现代科学技术的进步。	这种观点基本是正确的,儒家文化是导致了中国近代以来科技落后的原因之一。	中国近代以来科技落后的原因很多,主要原因不是儒家文化的影响。	说不清楚。
人数	678	1440	3163	655
百分比	11.42%	24.26%	53.29%	11.03%
第12题	近年来,清明节时"祭孔"、黄帝陵祭祖等活动不断升温,你认为:			
	完全是封建意识的沉渣泛起,破坏社会主义的精神文明建设。	基本上是走秀,对弘扬民族传统文化毫无帮助。	通过文化搭台,经济唱戏,可以推动旅游产业的发展。	通过这样的活动,有助于了解中国古代文明。
人数	409	1749	2001	1777
百分比	6.89%	29.46%	33.71%	29.94%

续表

第13题	生活中遇到突发事件,如果讲真话会影响到自己的切身利益,你会怎么办?			
	不论何种情况发生,讲真话,做诚实的人。	沉默,但不讲假话。	根据利益损失的大小来衡量是否讲真话。	只要不违法,以个人利益为重,可以讲假话。
人数	1056	2425	1945	510
百分比	17.79%	40.85%	32.77%	8.59%
第14题	遇到马路上有老人摔倒在地,你会怎么做?			
	毫不犹豫地扶他起来,必要时立刻送往医院救治。	立即打电话求助民警或打112来救助。	犹豫不决。既担心引起误会自己,不提供帮助又于心不忍。	装作没有看见,尽快离开,免得给自己带来麻烦。
人数	2013	1993	1471	459
百分比	33.91%	33.58%	24.78%	7.73%
第15题	你和中学时期的老师还有联系吗?			
	经常联系,有时也会登门拜访。	有,只是打电话或者在网上聊聊。	没有,因为不知道如何联系他们。	没有,不想或没有必要再与他们联系。
人数	1188	2625	1495	628
百分比	20.01%	44.22%	25.19%	10.58%
第16题	某学校要求学生在寒假期间,为母亲或父亲洗一次脚,你认为:			
	这样做可以培养学生的感恩情感,有助于健全学生的人格。	这样做有助于发扬传统的孝道,增进家庭和社会的和谐。	这样做仅仅是一种形式,不会有任何实质性的影响。	这样做纯粹是炒作,对学生的思想教育没有任何意义。
人数	2093	1615	1420	808
百分比	35.26%	27.21%	23.92%	13.61%
第17题	如何看待长期以来的盗版音像图书和电脑软件?			
	坚决维护知识产权,拒绝盗版。	在买不到正版的时候,偶尔也会买一下盗版。	盗版便宜,只要有盗版,就不买正版。	正版定价不合理,普民众收入低,应该支持盗版。
人数	1228	2332	1047	1329
百分比	20.69%	39.29%	17.64%	22.38%

续表

第18题	许多地方出现了一种要受捐助的贫困大学生毕业后"回捐"的"道德协议",毕业后回捐不少于受助数目的慈善资金。你如何看待这种协议?			
	应该有这种协议。受捐方应当知道感恩,将爱心延续下去。	应该有这种协议。但这种方式仍值得商讨,如不能从思想上就让受捐者自愿回报社会,这种协议会失去教育意义。	不应该有这种协议。如果必须回捐,实质上就和贷款一样,缺少道德教育的作用。	不应该有这种协议。受捐助以眼前的贫困程度为标准,与受捐者日后的道德水准和经济状况无关。
人数	1180	2300	1169	1287
百分比	19.88%	38.75%	19.69%	21.68%
第19题	3月5日是"学雷锋纪念日"。如果你身边有雷锋这样的人,你对它的看法是:			
	非常敬佩,应该向他学习。	觉得非常难得,但自己不愿做这样的人,太辛苦了。	觉得有点傻,不懂得如何适应社会发展。	觉得有点虚伪,完全是装模作样,装出来给人看的。
人数	2919	1938	515	564
百分比	49.17%	32.65%	8.68%	9.50%
第20题	当你在街上看到乞丐,你认为:			
	这些乞丐是假乞丐,他们利用人们的同情心行骗,应该拒绝。	不管是真是假,自己心情好时就给点,心情不好就不理他们。	不管是真是假,施舍一点儿小钱,求得自己的心理平衡。	只帮助没有劳动能力的老人、小孩与残疾人。
人数	1318	1036	1192	2390
百分比	22.20%	17.45%	20.09%	40.26%

二、问卷的解读与分析

这份调查问卷,尽管很难非常全面地反映传统道德对当代大学生的影响,特别是个别题目的选项设计也还存在这样或那样的问题,但由于其设计、调查和统计都是由北京语言大学的大学生亲自完成的,并根据调查结果展开过讨论,所以,通过对这份调查问卷统计数据的解读,还是可以了解传统道德中最基本的伦理规范对当代大学生的影响。

首先,第1题和第2题对当今社会大众的道德水准做个评判。大学生普遍认为:在道德水平较高的群体中,军人(34.67%)排在第一位,学生(24.97%)排在第二位,而农民(13.00%)则排在第三位。在"其他"一项中,有直接填写"教师"、"艺术家"和"运动员"的。解放军官兵在汶川地震与近年来抗洪救灾中的卓越表现得到大学生的认同,军营相对封闭的环境和铁的纪律进一步强化了这种认同感。另外,大学生对自己的道德水准的肯定,应该说是充满自信的,也是基本上符合实际的。大学生较少受社会不良风习的侵蚀,比较单纯、正直,积极向上,是社会发展和变革的重要依靠力量。值得注意的是大学生把农民排在第三位,而在道德水准较低的选项上,农民是第四位(8.86%)。这说明在问卷调查中,被调查者的出身影响着大学生的选择。许多来自农村的大学生对淳朴、勤劳的农民给予肯定,而一些大学生又因农民受教育程度最低而评价不高。在军校生的问卷中,以及在讨论中,出身军人的学生比较了解军人的生活,他们不但在道德水平较高的群体中很少选择军人,相反地却认为军人是道德偏低的群体。这就提醒我们,看似客观的统计数据,并不是绝对客观地反映着现实生活,仍需要做去粗取精、去伪存真的分析。

在道德水平较低的群体中,个体经营者排在第一位(26.75%),公务员排在第二位(25.52%),自由职业者排在第三位(13.09%)。在商品经济社会,个体经营直接与芸芸众生进行利益的博弈,为了谋求暴利,更有不法商人罔顾道义,制假掺毒,损害普通百姓的利益和健康,大学生虽然涉世不深,但在日常生活中难免会受到不法商人的损害,因而大学生对这一社会群体的评价不高。自由职业者是商品经济的宠儿,也是现实社会属于先富起来的那一部分中的成员。虽说其中不乏依靠才艺、知识和艰苦奋斗创业致富的,但许多人却是凭借某种背景或关系,利用种种不法、不道德的行为谋求私利,且多有为富不仁之言行,因而受到大学生的批评。特别值得注意的是大学生对公务员的看法,存在着认知与实践的相互矛盾。改革开放以来,公务员的成分发生了巨大变化,许多受过高等教育的人进入公务员的行列。公务员承担着管理国家和各级地方政府的职责,本应是整个社会中最可信赖的群体,然而,由于个别公务员根本不认为自己是人民的公仆,反而利用"父母官"掌握的公权力,肆无忌惮地聚敛财富,贪赃枉法,给国家造成巨大损失,极大伤害人民群众的感情。虽说这样的人仅仅是公务员中的极少一部分,但由于目前缺少有效的监督机制,其负面影响却非常巨大。另外,在现行的政治体制下,人民群众对公务员有着过高的期待值,希望他们能够具有较高的道德品质,代表各级政府为大众服务。当公众面对现实生活的压力和社会的不公时,自然地把批评的对象指向掌握社会公权力的公务员,调查问卷中超过 25% 的大学生认为公务员的道德品质不高,就是这种社会状态的反映。然而,在现实生活中,大学生报考公务员的热度日益高涨,虽说其主要原因是就业压力大,公务员收入稳定,但不可否认的是,这些准备投身公务员行列的人,不会认为公务员是一个道德低下的群体。

第 3、第 4、第 5 题是对儒家为代表的传统道德在当今社会的作用做一个评估。尽管如今的社会形态与中国古代宗法制农业存在着差异,但超过 94% 的大学生认为传统道德依然影响着当今社会。不过,有 62% 以上的大学生认为儒家的道德观不能满足商品经济下社会的需要,这种影响正日益衰微。如何遏制当今社会道德水平的下滑,海内外有些学者倡导新儒学的复兴,希望恢复传统的价值体系来挽救道德败坏的社会。如何发展社会主义初级阶段的道德观以及是否需要复兴新儒学,从问卷数据以及讨论来看,大学生很难有一致的看法,并且有相当多的大学生感到困惑。尽管有 36.34% 的人支持恢复传统的道德理念教育来提高国民的道德素质,但反对的呼声也是非常高。我个人认为:传统文化中精华与糟粕混杂在一起,必须通过鉴别,寻找出那些能够构成文化传统的因素,经过改造转换,才能使之更好地服务当今社会。因此,研究、弘扬传统道德是必需的,但以什么观念作为社会主义初级阶段道德观发展的基础,还需要深入的讨论,尤其是需要在社会实践中不断修正。

与之相关的还有第 11、第 12 题。现代学者编纂的教科书中,常把中国近代以来科技的落后归之于儒家文化的影响。有将近 36% 的人接受这种看法。一般说来,有些学者认为:科技落后与社会制度有必然关联,而制度的选择与其历史文化相关,因而历史文化成为其科技是否先进的决定因素。这实际上是坐在书斋里推演出来的结论,把复杂的历史发展过程简单化。在第 11 题中,有 11% 的人选择"说不清楚",真实地反映出大学生对这个问题有困惑。超过 53% 的人选择了排除法,同样是表明"说不清楚",但明确表示一种政治文化并不能决定其科技发展的水平。比如说,道家思想主张返璞归真,反对机巧之心,因而反对社会文明所取得的所有进步,这自然对科技的发展持排斥态度。相比之下,儒家提倡济世,会鼓励一些有利于发展生产的科技发展。另外,就当前社会现实而论,无论是西方基督教文化,还是东方的儒家文化、印度文化以及伊斯兰文化,都有促进科技发展和阻碍科技进步的双重性。文化的多元,是世界发展的趋势,责备儒家文化致使中国近代以来科技的落后,既不符合历史实际,也不利于今天的文化建设。

第 12 题针对近来普遍存在的文化搭台、经济唱戏的现象进行调查。其中完全肯定的只有近 30%,肯定这种做法有助于推动旅游产业的占

33.7%，否定的超过 36%，说明许多地方政府利用这些传统节日和祭祀活动，目的不在于弘扬民族传统文化，而是为了搞活经济，有着浓厚的功利目标。由于管理不善，许多宗教活动以盈利为宗旨，甚至许多封建迷信也打着宗教活动的旗号沉渣泛起，忽悠着社会民众，唯物论和无神论思想的削弱，将不利于进步思想和科学技术的发展，也不利于社会主义初级阶段道德文化的建设。我们还注意到：在肯定"通过这样的活动，有助于了解中国古代文明"的大学生中，多为中学阶段没有学过历史、地理的理工科学生，他们对传统文化比较陌生，通过这些活动，他们或多或少地了解到传统文化的某些形式和内容。但这种浮光掠影似的了解，很难说对传统文化有正确的理解。

第 6、第 15、第 16 题的内容比较接近，探讨儒家的孝道和对师长的尊敬。北京大学的招生将"孝道"作为高考录取的必备条件之一，完全赞同的仅有 36.17%，而认为不具备可操作性的有 38.97%，反对者将近 25%。可见，当今社会如何明确"孝"的基本内涵、由谁来评判某人是否奉行"孝道"，是一个复杂的问题，特别是高考招生采取这样的措施，因某种很难确定的道德因素而剥夺其受教育的权利，虽然有好的动机，难免有"秀一把"的嫌疑，甚至是推卸其教育者应该承担的道德教育的责任。再看第 16 题，同样是对"孝道"进行评判，尽管从理论上说"为母亲或父亲洗一次脚"并不足说明是否孝顺父母，但得到超过 62% 的大学生的认可。我们知道，道德的精神需要一定的形式才能体现，道德的培养也需要一定的礼仪形式的养成与强化，大学生反对空洞的说教，而乐于接受具有实践内容的道德教育。

谈到道德观念的培养，类似的还有第 18 题，知恩图报是传统美德之一，当问到是否要受捐助的贫困大学生订立毕业后"回捐"的"道德协议"时，赞同者将近 59%，但有 38.75% 的人认为这种强迫"回捐"的方式值得商讨。另外，还有超过 40% 的人反对签订这种"道德协议"，这就告诉我们，进行道德教育的方式、方法至为重要，不能空洞说教，不能有作秀表演之态，要考虑接受者的感受与实际。

中国自古以来就有尊师重教的传统，在儒家文化影响下，社会各阶层最敬重的是"天地君亲师"，上至天子，下至黎民百姓，尊重师傅的观念深入民众心理深层，"一日为师，终身为父"的说法验证了中国古代数千年"师道"之尊严。近代以来，受西方思潮的影响，现代学校教育的师生关系发生了巨大变化，师生之间更多的是强调平等，强调对受教育者的尊重，特别是尊重其自由发展的天性。由于受传统观念的影响，普通民众对教师的尊重依然是十分浓厚。即使在"文化大革命"中自上而下地以"革文化人的命"为运动的根本宗旨，普通民众依旧从其善良的天性的出发，保护受迫害的知识分子，呵护其未成年的子女。改革开放以来,受商品经济的影响,教育成为一种产业,以赢利为目的,师生关系越来越世俗化,引起业内人士和社会的担忧。可喜的是,这份调查问卷第 15 题显示超过 64% 的大学生依旧与中学的老师保持联系,有 20% 的人联系紧密,尽管社会上尊师的风气较以往有所消退,但大学生群体的选择让人感到宽慰。我们认为:那些不想或认为没有必要再与老师联系的大学生,尽管人数仅有 10% 左右,且原因复杂,如性格内向、懒惰或中学阶段的遭遇不愉快等,但切实应该引起教育者的警惕,检讨自己是否尽到责任,是否真正做到有教无类,是否为学生的个性发展提供了足够的空间。

第 14、第 19、第 20 题的内容有一定的联系,可以放在一起考述。先来看有关学雷锋的第 19 题。我们知道,雷锋是根据时代需要塑造出来的模范典型,代表了一个时代对新的道德规范的基本定位。长期接受学校正规教育的在校大学生,会不假思索地选择敬佩雷锋那样的人,有将近 50% 的人这样做,是符合大学生实际的思想状况的,表达了当代大学生的道德价值判断,也体现了传统道德的影响和教育的作用。然而,对大多数中国人来说,道德观念与如何践行是脱节的,也就是说,理念上怎么认识是一回事,而怎么做则是另外一回事。32% 的人钦佩雷锋,自己却不愿意做这样的人,说明了这些大学生的坦诚。在高度重视个人权益的现代社会,一个普通人,如果只注重承担社会责任,全心全意为社会公众服务,而忽视甚至完全放弃承担家庭责任,从来不顾个人利益与生活,从主流意识形态的价值导向上,这是应该赞许的,但在商品经济高度发达的今天,雷锋这样的人,必然是现实生活中的异类。在普通民众的常识理性中,今天出现的雷锋,如果是出自天性,自然是不合时宜;如果是刻意所为,难免被人视为虚伪作秀,尽管持这种否定看法的人不超过 19%,并看似偏激,但却是在眼下生存环境中非常容易产生的一种想法。

第 20 题从表面看是一个涉及人性的善良和慈悲,但这同时又是一个复杂的社会问题。由于种种原因,在繁华的都市依旧存在大量的乞讨人员,这有损于我们世界第二大经济体的大国形象。由于近年来社会低保制度的推行,完全因贫困而不得不乞讨为生的人是极少的,即使是残障人和孤寡无助老人,也会得到一定的资助。所以说,如果各级政府和社会慈善机构能够完全承担起救助贫困的责任,所有的乞讨人员都有行骗的嫌疑(尽管其中有个别人并非出自主观意愿),加上北京火车站、地铁、公交车等公共场所一再宣传抵制乞讨人员,所以有超过 22% 的人选择抵制乞讨,是符合现代社会的道德规范的。然而,由于我们仍处于社会主义初级阶段,许多政策、措施不到位或因种种原因难以贯彻执行,那些老、少、边、穷地区依然有许多人选择到都市乞讨谋生。因此,超过40%的大学生选择帮助那些没有劳动能力的老弱病残,既有传统文化的影响,也有对现实具体情况的考量。而那些只考虑自己的心情或只求得自己心理平衡的大学生,是在善良、慈悲与可能上当受骗之间寻求一种平衡,其出发点依然是人性的善。由此来看,以90后为主体的大学生,依然具有良好的道德基础,可见儒家文化中"人之初,性本善"的观念早已积淀在华夏各族的心理深层。

再来看第14题"遇到马路上有老人摔倒在地,你会怎么做?"在一个具有几千年文明的国家提出这样的问题似乎是一种大不敬,然而,面对着人与人之间那种最基本的信任越来越淡漠甚至丧失时,这个问题考问着人们善良的心灵。2006年,南京青年彭宇扶起摔倒的徐老太,并送她去医院检查,而后徐老太一口咬定是彭宇将自己推倒的,并且要彭宇承担高达13万元的医疗费。类似的事件之前也有,之后更是屡见不鲜,当见义勇为的人陷入现实的困窘时,人与人之间不信任就以电脑病毒的传播方式迅速侵蚀我们这个社会。如果人与人之间只有冷漠,甚至贪图一时利益而伤害帮助过自己的人,就会使见义勇为的成本不断飙升。面对如此道德环境,仍然有近34%的人选择了立刻对摔倒老人进行救助,有近34%的人选择打电话求助民警或打112来救助,尽管方式不同,都体现了良好的道德精神。另外,有近25%的人表示犹豫,但这犹豫说明其善良、见义勇为与现实环境的恶劣之间处于矛盾状态,其善端亦可察见。7%左右的人选择冷漠地离开,尽管是少数,足见营造良好的社会环境的重要。

第7、第8题讨论女性问题。第7题评价儒家的"三从四德"的作用,有超过17.28%的人不了解"三从四德"的基本内容,其中相当一部分是女性,这说明我们的学校教育对历史文化的忽视,足以证明在高中阶段文、理分科具有较大的弊端。在中国当代女权主义者看来,只有完全否定"三从四德"的回答(占27.23%)才是正确的,基本肯定"三从四德"的回答(占14.13%)是非常错误的。可惜的是这些女权主义者始终是在学者的书斋里自语自话,她(他)们甚至没有能够影响到最容易接受新思想的大学生,有41.36%的人选择了一个比较中庸的观点,根据不同的历史阶段区别对待。我们知道,古代中国基本上是农耕社会,是男性为主的社会,根本不具备男女两姓平等的条件,儒家宣扬"三从四德",有利于社会的稳定和家族的兴旺,有其存在的合理性。我们不能因今天的需要而苛求古人。第8题讨论当今社会中的女性问题。虽说从理论上说如今是男女平等,但面对依然在政治地位和经济地位处于强势的男性,一些女大学生把自己的青春容貌作为资本与之交易,尽管有超过36%的人强调女性的尊严和节操,与主流意识形态的道德规范保持一致,但更多人采取了比较宽容的看法。将近40%的人认为涉及个人自由,不予评判;12.30%的人甚至了默许的态度,允许女性以青春容颜做资本来换取经济利益。事实上,并非所有"傍大款、傍老外"的女大学生都是好逸恶劳,贪图富贵,有相当一部分人是由于极度的贫困而难以拒绝金钱的诱惑。所以,在男权依然强势的当今社会,弱势的女子可能依然受到压迫,因而这样的女子实际上应受到同情,其道德的下滑,应该由强势的男权承担主要的责任。

第9、第17题涉及新旧道德观念的冲突。高有鹏教授曾大声疾呼要"保卫春节",①第9题的调查就是对他的回应,调查的结果可能会让他失望,因为只有17.45%的人响应他的号召,他的声音淹没在"洋节"到来时都市的喧嚣之中。大学生是过"洋节"的主力军,大学生欢天喜地地过着"洋节",开着派对,配合着商家的促销热潮。46.95%的人打心眼里赞同"洋节",30.32%的人认为理所当然,甚至有人(5.28%)赞同取消传统节日。难道农耕文明中诞生的传统节日真的就该寿终正寝? 我们看到:尽管清明节、端午节已经列入法定假日,但这些节日的重要性正在被淡化,已经失去作为节日的文化内涵,对于大多数人来说,清明、端午、中秋等节日,不过是一个放松、休闲的日子,很少有人在节日里做与之相关的事情,更没有人静下心来体味传统节日的内涵与价值。即使是春节,过年的氛围也随着城市化的进程而越来越浅,人们能够做的,无非是一起吃吃喝喝,看看电视而已。面对着大学生对外来文化的宽容和吸收,无论学者如何心疼地呼喊,无论他们出自多么真诚的目的,如果他们不能使那些在农耕文明中产生的节日适应城市快节奏的生活,如果不能让这些节日使全体人民得到娱乐和满足,传统节日就会渐渐失去活力,最后淡出人们的生活。

第17题的知识产权问题也是改革开放以后出现的新问题。受传统文化影响,普通民众对于知识产权的概念比较模糊,学者们也奉行"学术者,天下之公器"的信条,重视知识产权不过是近年来的事情。根据调查,"如何看待长期以来的盗版音像图书和电脑软件?"仅有20.69%的人坚决维护知识产权,其余的不同程度都或多或少存在支持盗版的心理,有近40%的人偶尔会买盗版,有近40%的人则坚决支持盗版。这种现象说明我国政府尽管一直积极努力维护知识产权,并取得长足进步,但其普及维护知识产权的工作还

---

① 详见高有鹏:《文化现象的兼容情感》,人民出版社2007年版。

是做得不够,或者说政府的努力仍不足促使人们建立购买正版的意识。在讨论中,北京语言大学 2009 级英语翻译专业的周越绮学生分析说:"我国是纳税大国,GDP 逐年增长,现已位居世界第二,但中国老百姓的人均收入却逐年下降,从 1960 年的世界第 78 位下降到 2010 年的第 127 位。为了让这个数据更容易理解,在此我以 iphone4 的价格为基准来举例说明。第 4 代苹果手机于去年刚上市时,其 16g 大小的裸机在美国售价为美金 499 元,折合人民币约 3400 元。对于月收入平均四五千美元的美国人来说,一个月的工资可以买 8 台 iphone4。而在中国,虽然是同样一款手机,售价却高达 4999 元,而普通中国工薪阶层的月收入约为两三千元,也就是说同样的手机需要耗费中国人约两个月的工资。这种明显的差距说明了我国实则处于国富民穷的状态,普通民众的收入较低。而国内对正版的定价却往往沿用国际的标准,如微软的 office2010 专业版办公软件在美国为 499.99 美元,在中国售价为人民币 4999 元。如此高额的正版费用,普通的中国老百姓怎能负担得起。"如此看来,与其说维护正版是个道德问题,不如说它是个经济问题。当中国老百姓还处于相对贫困状态时,想要如西方发达国家那样达到全民反盗版、维护知识产权是不现实的,根据国情来看,我们不仅要强化维护知识产权的意识,还要加快提高普通民众的收入,藏富于民,才能实现这一目标。

第 10 题涉及和平时期如何看待爱国精神的问题。随着全球一体化的进程,西方个人主义思潮吹进国门,传统的家国同构形态发生了根本的变化,如何在新形式下发扬爱国主义精神,成为每一个社会科学工作者应当认真思考的问题。当一些影视明星或优秀运动员加入他国国籍,特别是这些影视明星嘴上讲着爱国的大道德,自己却选择了投奔资本主义他国,人们有时真的感觉一次又一次地被"忽悠",个人、集体与国家之间的利益究竟应该如何平衡?通过调查,26.82% 的人接受新时代的道德价值,不再用狭隘的观念来苛求为谋求自由发展的个体。12.38% 的人表示无所谓,承认个人有选择国籍的自由。29.38% 的人依从传统的观点,其逻辑推理是:子不嫌母丑,当你主动放弃了祖国的国籍,也就是放弃了爱国主义。29.38% 的人看似中庸,实际上仍认为这些人多多少少有些不够爱国。例如,原国家乒乓球队运动员何智丽出嫁日本后改名小山智丽,成为日本乒乓球队员,1994 年亚运会上,小山智丽连续击败乔红和邓亚萍夺得冠军,震惊国内外体育界,现在讲起来,还有许多国人愤愤不已,认为她"忘了自己是中国人"。也就是说,当这些人遇到与中国有利害之争时,必须无条件保证中国的利益才是"不做对不起中国的事"。在讨论中,有同学指出,当我们把生活中的一切都与"爱国"挂钩时,就会把狭隘的民族主义放大为爱国主义,特别是我们的政治体制僵化,为了狭隘的"国家利益"往往牺牲体育的公平竞争,绝对地牺牲个人利益。就拿何智丽来说,在 1987 年世乒赛上教练安排她输给队友管建华,结果她违反领导意愿,战胜管建华,并最终夺得冠军,为国争光的她并未受到英雄般的待遇,反而被要求写检讨。国家运动队中类似的例子很多,致使许多运动员远走他国。当然,还有一些运动员是由于国内竞争激烈,于是选择到国外发展。由此来看,如何在新的历史阶段弘扬爱国主义传统,是一个值得所有人认真思考的问题。

最后谈谈有关诚信的问题(第 13 题)。孔子非常注意取信于民,如孔子说:"子曰:人而无信,不知其可也。大车无輗,小车无軏,其何以行之哉?"(《论语·为政》)"民无信不立。"(《论语·颜渊》)子夏也申述说:"君子信而后劳其民,未信则以为厉己也;信而后谏,未信则以为谤己也。"(《论语·子张》)当然,儒家代表士阶层的政治诉求,强调统治者要有诚信。今天我们做调查,是考察当代大学生如何看待诚信问题。如果讲真话有利于自己,几乎所有的人都会作出正确选择。问题是当讲真话损害个人利益时,该如何办? 只有 17.79% 的人选择了"不论何种情况发生,讲真话",这只是在文字层面的选择,如果现实生活面对选择,其人数必然会减少。有 40.85% 的人选择了沉默,这大概最符合社会民众的基本心理。20 世纪 50 年代以后,无休止政治运动,造成了严酷的政治环境,知识分子动辄得咎,于是许多人便遵从刚强者易折的古训,遇到是非不开口。尤其是"反右"和"文化大革命"中,知识分子整体失语,恶劣的现实环境不允许说真话,沉默就是最好的选择。在极"左"思潮和官僚体制影响下,许多地方干部一言堂,经常暗箱操作,根本不听不同意见,对讲真话者更是报复打击,必欲置之死地而后快。为了避免自己蒙受更大的伤害,许多人只好无奈地选择沉默。改革开放以来,我们党开始恢复民主集中制的优良传统,社会风气发生了巨大变化。但随着商品经济的发展,个人利益越来越被重视,甚至开始以个人利益为来制衡自己的言行。这时,遇到突发事件保持沉默,与前面所说的沉默,价值指向却有着根本的不同,表面看虽然没有说谎话,事实上,这是一种怯懦的行为,是害怕受到舆论的谴责和自己良心的责备。如果社会风气良好,这种沉默可以向好的方面转化,如果外部环境恶化,这种沉默者的诚信水准就可能进一步下滑。所以,32.77% 的人根据利益损失的大小来衡量是否讲真话,实际上早已忘记了见利思义的传统美德,究其原因,这是近年来单纯追求经济利益带来的结果。所以,当少数人(8.59%)选择只要不违法,可以讲假话时,我们进一步看到了大学生群体中诚信的缺失,而这种缺失,更折射出整个民族道德水准的下降。所以,尽管从整体上我们对大学生的道德状况表示满意,对其发展前景也表示乐观,但我们深知,中华民族又到了一个最危急的时刻。

三、应对措施

作为研究传统文化的社会科学工作者,我们的职责不仅仅是深入细致的研究,寻绎出传统文化的精华;更重要的是我们要根据时代需要,寻绎那些能够构成我们民族文化传统的东西,换句话说,我们不可能让社会遵循传统道德,只能让传统道德适应这个社会。尤为重要的是道德不仅仅在书斋里讨论与深化,而是在社会民众中实践与创新。因而,面对当前的社会现状,我们既要向各级政府提出我们的建议,还要借助各种传媒向社会民众呼吁,尊重传统,关注现实,放眼未来,在社会主义初级阶段使道德文化更加健康地发展。

首先,继续加强对传统文化的研究。我们以往遵循的原则是发扬民主性的精华,剔除封建性的糟粕。但实际上,问题要复杂得多,要将精华与糟粕二者区分开来已属不易,而更应注意的是:那些属于精华的部分,过去是对的,有的今天未必适用;即使今天依旧有影响,如许多专家学者津津乐道十大美德,其中掺杂许多封建意识,与现代文明社会的民主、科学精神相抵触,并不适宜不加改造地全盘接受,甚至有些部分随着时代的发展,已经成为阻碍历史发展的负面因素。而那些过属于糟粕的部分,过去是错的,今天或许有可以借鉴的地方,甚至将来可能成为文化发展的思想来源。从文化发展的过程来看,一种文化 A 必然被先进的文化 B 所代替,但更先进的文化 C 很可能是以文化 A 为基础发展起来的。因此,我们不能满足前人现成的结论,尤其不能迷信所谓权威的解释,不能削足适履地从古代典籍寻找一点类似现代某种观念的语句,来证明我们古人那里也有什么样的思想。我们要全面审视传统文化的内涵,认真研究不同历史阶段中特点,用发展的、普遍联系的观点寻绎出具有中国民族特色、又符合现代文明发展需要的文化因素,使之发扬光大。我们知道,儒家文化的基础是士阶层,与今天所谓的精英文化有类似的地方。在封建社会,普通民众没有文化,不参与国家政治与政府行政事务,在整个社会发展过程中缺少话语权,传统文化中的道德规范主要是针对士阶层来制定的,刑不上大夫,礼不下庶人,历代统治者是轻视平民百姓的,根本无视平民百姓的利益诉求和道德要求,社会不同的阶层中有着各自不同的伦理道德规范,即使是作为尽管古代社会统治思想的儒家思想,对国家政治、经济、文化的发展有巨大影响,但统治思想并不是整个社会普遍接受的思想,儒家的道德规范并不是整个社会所接受、所遵行的道德准则,甚至统治阶层对儒家道德也基本上知行分离的,用今天的话说,统治者用儒家道德来忽悠大家,自己就未必肯遵照实行。例如,西汉统治者竭力鼓吹忠君思想,当权臣王莽篡汉,全国十几万中、高级官吏只有两个人站起来反对,百姓被剥夺了话语权,根本无权利也没有义务反对。所以,研究传统文化的道德规范,我们不能只注意保存在古代思想家理论著作里的东西,还要注意挖掘社会在道德实践方面的呈现出的道德规范。

其次,加强法制,健全社会保障机制,营造良好的社会氛围。法律是道德的底线,法律不完善或执法不公,整个社会道德底线失守,大学生的道德意识也难以提高。不能盲目责备青年缺少正义感,缺少见义勇为的品质,社会法制的不健全,大学生连自身的权益都无力维护,更难依靠他们来做社会道德进步的中坚力量。政府一方面要承担起对整个社会普及法律意识的责任;另一方面应该加大对弱势群体的救助,保障每个人基本的生存需要,健全医疗保险制度,这样许多贫寒的人就不会为生计而放弃道德操守,整个社会的风气就会逐渐好转。西方学者常说贫穷是罪恶之源,其错误在没有或不肯分析是什么造成了贫穷,但这句话指出贫穷与道德低下相关还是有一定道理的。我们常用"为富不仁"来指责缺失道德的富人,但实际上,当一个人面对生存危机特别是面对生命危险时,人的本能反应是如何保全性命,身陷极度贫困而又没有接受过任何文化教育的人为生存有时是不会顾及道德规范的。所以说,抵制乞讨的最有效方法不是宣传让普通民众拒绝乞讨来净化都市环境,而是让最贫困的人有饭吃,无需乞讨,这时的乞讨,就能够使社会民众清醒地看到是明显的行骗。当社会民众享有医疗保险,都能够看起病时,跌倒在地的老人,无论其道德意识如何低下,也就不会不顾廉耻地伤害救助他的恩人。精神文明的进步,需要物质的丰富,尤其需要政府在财富分配方面保证社会公平与正义,使得丧失劳动能力的人和低收入者能够保障最低水平的生活。

再次,建立和谐社会必须营造良好的氛围,道德文化才能健康发展。孔子说:"道之以政,齐之以刑,民免而无耻;道之以德,齐之以礼,有耻且格。"(《论语·为政》)在进行法制教育的同时,各级政府要注意利用大众媒体进行道德教育。现在的大众媒体,受经济利益的驱动,全民娱乐、娱乐至死似乎是各种媒体奉行的信条。媒体不停地炒作明星的绯闻和八卦轶事,有意无意间大肆宣传各类明星、官二代、富二代的奢侈生活,超女、超男等各种选秀节目鼓吹着一夜成名,瞬间暴富,大量的文学作品、影视作品以宫闱秘闻、荒诞、色情、打斗来吸引观众的眼球,如此的环境如何不扭曲整个社会的价值导向？刚刚成年的大学生在这样的舆论环境中长大，受到社会低俗文化的熏染，必然产生一些低级趣味和不良嗜好，道德意识出现下滑在所难免。所以，对大学生进行道德教育，必须以营造良好的社会氛围为基础。

最后，加强对高校学生的道德教育，尤其要注意道德的践行，从而推动整个社会的精神文明的建设。如何加强高校的政治思想教育，我们的领导层在认识上有一个误区，即把政治理论课的学习与政治思想教育等同起来，认为增加政治课的学习时间就可以达到政治教育的目的。我们知道：马克思主义是科学的世界观和方法论，是用来指导具体的革命实践的，一个只懂得马克思主义的某些结论，不能用来解决实际工作中具体问题，尤其是不具备科研工作能力，就会变成像王明那样的教条主义者和空洞的理论家，害自己、害国家。另外，一个熟悉马克思主义理论的人未必是马克思主义的信奉者。所以说，政治思想教育应该融会贯通到高校所有的教育过程中，将科学、民主的精神通过所有的教学活动传递给学生，而不是靠加大政治理论课的时间来提高政治思想素质。对于道德文化的建设来说，高等院校应该走在全社会的前面，既要加强有关中国文化的课程建设，并采取形式多样的教育方法，如举行讲座、学术讨论会等使大学生深入了解中国古代文化的优良传统，从而明确道德文化发展的方向；但更重要的是，道德教育的目的不仅仅是让学生了解古往今来伦理道德的知识和理论，而是引导学生在实践中切切实实完善自己的德行，从我做起，从现在做起。通过净化校园风气，然后辐射到整个社会。如果新的一代大学生，不仅仅是具有先进科学技术的劳动者，而且是具有高尚道德品质、具有人文情怀的真正的知识分子。这样的话，整个社会的文化建设和道德水准才能不断提高。

传统道德对当代社会民众的影响及践行

曾广开

北京地区是我国政治经济和思想文化的中心,也是社会主义精神文明建设的首善之区。因此,选择北京地区进行"传统道德对当代社会民众的影响及践行"的问卷调查,具有非常重要的意义。和全国其他地区相比较,北京地区的社会民众具有较高的文化素质,特别是经过2008年北京夏季奥运会的召开,北京地区社会民众的道德水准有了大幅度的提高。因此,通过了解传统道德对北京地区社会民众的影响及践行,将有助于弘扬传统文化,加快社会主义精神文明建设。

一、北京普通民众与传统道德的问卷及统计数据

从2011年4月起,我们先后发放5000份纸质问卷,调查对象主要是北京地区的普通民众。参与问卷设计的是北京语言大学人文学院2009级、2010级对外汉语专业本科生、2008级汉语言文学专业本科生、外语学院2008级英语/法语翻译专业的本科生,以及部分硕士研究生和留学生。参加问卷调查活动的是北京语言大学人文学院2008级国际政治专业的本科生、2009级汉语言文学专业本科生、2011级对外汉语专业本科生和中国古代文学和文献学专业的硕士研究生、外语学院2009级和2010级英语翻译专业的本科生。将近有500位同学参与了这项调查工作,经过八个月左右的调研,收回有效调查问卷4751份。现将问卷内容与统计数据公布如下:

第1题	你认为当今社会各群体中哪一种人的道德操守最高?							
	农民	企业职工	事业职工	个体经营者	自由职业者	公务员	军人	学生
人数	587	289	338	203	251	332	1314	1437
百分比	12.4%	6.1%	7.1%	4.3%	5.3%	7%	27.6%	30.2%

第2题	你认为当今社会各群体中哪一种人的道德操守最差？							
	农民	企业职工	事业职工	个体经营者	自由职业者	公务员	军人	学生
人数	557	233	306	1389	460	1088	426	292
百分比	11.7%	4.9%	6.4%	29.2%	9.7%	22.9%	9%	6.2%

第3题	在现代生活中，你认为对普通百姓来说，最为关心的是：			
	个人及家庭成员的道德修养。	个人及家庭成员的能力培养。	个人及家庭占有的权利和财富。	个人及家庭成员的婚姻幸福与和谐稳定。
人数	559	452	1227	2513
百分比	11.8%	9.5%	25.8%	52.9%

第4题	现在有许多学者在谈论当今社会的道德缺失，你认为：			
	随着经济社会的发展，道德逐渐缺失，已经造成严重的社会问题。	现在的道德状况虽不如以前，但社会在进步，可以克服道德缺失带来的问题。	现在的道德是否不如以前，谁也说不清楚，但我决不愿在过去那种所谓道德水平高的社会中生活。	旧道德必然衰落，新道德体系正在建立，根本不存在道德缺失的问题，现在的道德水平远远高于改革开放之前。
人数	1928	985	891	944
百分比	40.6%	20.7%	18.8%	19.9%

第5题	父母年迈失去劳动能力后，应当由子女赡养和照顾吗？			
	应该，百善孝当先，尽量满足其物质和精神需求。	应该，但主要是承担经济责任，子女没有时间照顾，可以送到敬老院。	经济应政府负担，子女仅是精神上照顾其需求。	视关系好坏和自己的经济条件好坏而定。
人数	2891	842	485	533
百分比	60.9%	17.7%	10.2%	11.2%

第6题	影视明星和优秀运动员等加入他国国籍，并宣誓效忠，你如何看待这样的行为：			
	这些人为谋求个人更好的发展，是可以理解的。	这些人只要不做对不起中国的事，是可以接受的。	这些人缺少爱国思想。	无所谓。
人数	1559	1498	773	921
百分比	32.8%	31.5%	16.3%	19.4%

续表

第7题	孔子主张君子应该"见利思义",在商品经济为主导的现实社会还有意义吗?			
	当今社会许多人物欲横流,提倡"见利思义",有利于净化社会风气。	尽管现实中能够"见利思义"的"君子"很少,提倡"见利思义"作用不大,但这代表了社会的价值取向,还是应该提倡。	无须提倡"见利思义",只要不违背法律,人们有权利争取利润的最大化。	提倡"见利思义"与商品经济的发展不协调,人们运用合法手段追逐财富,才能创造出更多财富,社会才能进步。
人数	1435	1959	667	690
百分比	30.2%	41.2%	14.1%	14.5%
第8题	你对性工作者的态度是:			
	严重败坏社会道德,应坚决取缔。	有存在的必要,应该使其合法化并保护其正当权益。	认为是不道德的,但如果是为生活所迫,应该同情其遭遇。	与我无关,不关心这类事情。
人数	1320	1558	1219	654
百分比	27.8%	32.8%	25.7%	13.7%
第9题	朋友之间应该如何处理金钱与财物?			
	君子之交淡如水,尽量不要有金钱往来,即使有也要记清算清。	账目要分明,不要在金钱和财物上占朋友的便宜。	虽然有时不计算清楚,但基本上是有来有往,有借有还。	大丈夫应仗义疏财,不计较金钱得失。
人数	1155	1373	1613	610
百分比	24.3%	28.9%	34%	12.8%
第10题	为什么中华民族在近三千年的历史中,除了春秋战国时代,没有出现超越时代的大思想家?			
	秦始皇的焚书坑儒使文化断层,思想发展受到制约。	秦汉以后的封建专制不允许思想自由发展。	汉武帝的"独尊儒术"导致思想逐渐禁锢。	以上三条都是原因所在。
人数	486	570	359	3336
百分比	10.2%	12%	7.6%	70.2%

第11题	《论语》说"子不语怪力乱神",由于儒家文化的影响,扼杀了中国人探索和发现新世界的好奇心,导致了中国近代以来科技的落后。你认为:			
	这种观点是正确的,儒家文化妨碍了现代科学技术的进步。	这种观点基本是正确的,儒家文化是导致了中国近代以来科技落后的原因之一。	中国近代以来科技落后的原因很多,主要原因并不是儒家文化的影响。	说不清楚。
人数	695	1045	2168	843
百分比	14.6%	22%	45.6%	17.8%
第12题	如何对待欺侮、伤害过你的人?			
	以德报怨,用自己的善言善行感化他。	以直报怨,按照原则公平、公正的对待他。	以怨报怨,寻找适当的机会报复他。	把他看做小人,从此与他断绝任何往来。
人数	810	2260	677	1004
百分比	17.1%	47.6%	14.2%	21.1%
第13题	生活中遇到突发事件,如果讲真话会影响到自己的切身利益,你会怎么办?			
	不论何种情况发生,讲真话,做诚实的人。	沉默,但不讲假话。	根据利益损失的大小来衡量是否讲真话。	只要不违法,以个人利益为重,可以讲假话。
人数	869	2276	996	610
百分比	18.3%	47.9%	21%	12.8%
第14题	现实生活中,许多女性非常想嫁给一个有钱人,你认为:			
	这种女性贪图富贵,早晚会吃亏上当。	这种女性想借婚姻改变经济状况,对婚姻的选择太功利。	这种女性不想陷入职场的劳累或贫困,是可以理解的。	爱情不能当饭吃,我赞成这种宁肯坐在"宝马"里哭,也不嫁穷人的做法。
人数	788	2331	1108	524
百分比	16.6%	49.1%	23.3%	11%

第15题	作为普通公民,清楚自己有哪些可以行使的民主权利吗？如何看待自己手中的民主权利？			
	很清楚,知道该如何行使自己的民主权利。	清楚,但觉得自己的投票微不足道,不关心如何行使权利的问题。	有一些模糊的印象,不太重视自己有什么民主权利。	根本就不知道自己有什么民主权利。
人数	851	1755	1274	871
百分比	17.9%	36.9%	26.8%	18.4%
第16题	在"男女平等"的现代社会,女性是否要遵从传统道德的约束？			
	我很保守,女性应当遵守传统道德规范的约束。	男女平等,我不在乎有过婚前性行为女性。	我能够接受有同性恋倾向或主张"丁克"一族的女性。	我比较开放,我可以接受主张性开放的独身主义者。
人数	1713	1666	752	620
百分比	36.1%	35.1%	15.8%	13%
第17题	遇到马路上有老人摔倒在地,你会怎么做？			
	毫不犹豫地扶他起来,必要时立刻送往医院救治。	立即打电话求助民警或打112来救助。	犹豫不决。既担心实施救助会引起家属误会自己是造事者,不提供帮助又于心不忍。	装作没有看见,尽快离开,免得给自己带来麻烦。
人数	1260	1630	1434	427
百分比	26.5%	34.3%	30.2%	9%
第18题	近年来,清明节时"祭孔"、黄帝陵祭祖等活动不断升温,你认为：			
	完全是封建意识的沉渣泛起,破坏社会主义的精神文明建设。	基本上是走秀,对弘扬民族传统文化毫无帮助。	通过文化搭台,经济唱戏,可以推动旅游产业的发展。	过这样的活动,有助于了解中国古代文明。
人数	724	1553	1292	1182
百分比	15.2%	32.7%	27.2%	24.9%

续表

第19题	孩子在家里犯了严重错误,家长气得动手打了他,孩子没有受伤,你认为:			
	棍棒下面出孝子,孩子不打不成器。应该支持家长。	家长发怒是可以理解的,我有时也会这样做。	打孩子是无能的一种表现,应该提醒家长注意教育方式。	应谴责家长,远离家庭暴力。
人数	635	1312	1821	983
百分比	13.4%	27.6%	38.3%	20.7%
第20题	你有宗教信仰吗? 觉得宗教信仰对道德自律有多大影响?			
	我是无神论者,我认为宗教信仰对道德自律有影响,但作用有限。	我有宗教信仰,我认为宗教信仰对道德自律有很大影响。	我有宗教信仰,我认为宗教信仰对道德自律有影响,但关键还是看个人。	我有宗教信仰,宗教信仰是否有影响说不清楚。
人数	2937	552	770	492
百分比	61.8%	11.6%	16.2%	10.4%
第21题	当你在街上看到乞丐,你认为:			
	这些乞丐是假乞丐,他们是利用人们的同情心行骗,应该置之不理。	不管是真是假,自己心情好时就给点儿,心情不好就不理他们。	不管是真是假,施舍一点儿小钱,求得自己的心理平衡。	只帮助没有劳动能力的老人、小孩与残疾人。
人数	1483	925	834	1509
百分比	31.2%	19.5%	17.5%	31.8%
第22题	遇到陌生人问路,如果时间许可,你会如何做?			
	如果是老人和儿童,就送他过去。	跟他说清楚,等他明白后才离开。	不管他是否明白胡乱说几句。	不理他。
人数	860	3107	416	368
百分比	18.1%	65.4%	8.8%	7.7%
第23题	面对不断扩大的贫富差距以及社会不公平,你认为弱势群体应该:			
	积极自救,在政府和社会帮助下寻求发展机会。	安分守己,依靠政府救助维持低水平生活。	怨天尤人,无可奈何地抱怨。	自暴自弃,甚至越来越远离主流社会。
人数	3502	714	254	281
百分比	73.7%	15%	5.4%	5.9%

续表

第24题	怎样才能从根本上解决政府官员的贪腐问题吗？			
	用儒家的礼义廉耻教育政府官员。	用法家的刑罚严厉处分贪腐的政府官员。	高薪养廉。	健全法制和有效的监督机制。
人数	413	1462	625	2251
百分比	8.7%	30.8%	13.2%	47.3%
第25题	中国古代儒家的道德观念要维护一个等级社会的稳定，与现代社会的自由、平等、民主的理念是否能和谐相容？			
	儒家道德观也有社会和谐的要求，通过改造与现代转换，可以为现代社会服务。	古代儒家道德观虽然不能应对现代社会的需要，但可以通过新儒学的自我更新，以适应现代社会的发展。	儒家道德观尽管还有一些积极的因素，但整体上早已不适应现代社会的发展。	儒家道德观早已成为中国现代社会发展的障碍，如今提倡儒家道德观，就是开历史倒车。
人数	1584	1770	766	631
百分比	33.3%	37.3%	16.1%	13.3%
第26题	社会主义初级阶段的道德观应当在什么样的基础上发展？			
	从中国现有国情出发，以中国传统文化（主要是儒家）的道德观为基础。	以"五四"以来的新文化为基础，批判继承中国传统文化的道德观。	承认自由、平等、民主是整个人类现阶段应当接受的思想，把西方先进文化与"五四"以来的新文化结合起来，彻底丢掉腐朽的儒家道德观。	说不清楚。
人数	1108	1248	1365	1030
百分比	23.3%	26.3%	28.7%	21.7%
第27题	你认为"廉正"这一道德对当代中国的影响有多大？			
	影响极大，它使中国社会保持廉明公正的风气。	在政府官员和其他公务员中有较大的影响，很大程度上阻止了腐败的产生。	作用不大，多数时候只沦为一个标语。	完全被当今社会忽略了。
人数	775	696	2457	823
百分比	16.3%	14.7%	51.7%	17.3%

续表

第28题	在鼓励消费的市场经济条件下,你认为还有必要提倡节俭吗?			
	政府部分官员和富人挥霍浪费巨大,造成国有资产资源和社会财富的无意义损耗,提倡节俭有着重大的现实意义。	中国低收入和贫困人口相当大,提倡节俭仍有必要。	需要重新界定"节俭"的内涵,降低能源损耗是节俭的重要内容。	只是宣传时的口号,实际上早已不再需要。
人数	2226	1116	962	447
百分比	46.9%	23.5%	20.2%	9.4%
第29题	企业家不干净的第一桶金,是否有必要追究?			
	必须追究,社会失去公平与正义,会助长为达目的不择手段的坏风气。	理论上应该追究,现实中难以追究,不如提醒企业家回报社会,以后不再违规。	不必追究,时间过去那么久了,何况几乎所有的企业家都如此,追究起来会造成巨大的经济衰退。	不应追究,这是在改革开放过程中必然产生的问题,随着法制的完善,可以克服这种弊端。
人数	1560	1827	584	780
百分比	32.8%	38.5%	12.3%	16.4%

二、问卷的解读与分析

"传统道德对当代社会民众的影响及践行"的调查问卷,重点考察当今社会的道德现状的整体评价及如何发展,考察社会民众对待传统道德规范的评判以及改革开放以来新旧道德之间的冲突及整合。问卷的调查对象是北京市各城区的民众,包括部分外来的农民工,稍为不足的是,接受调查的农民工和农民的人数较少,因此,这份调查问卷基本上可以说是对北京市城镇民众的调查。

第1、第2两题首先对对当今社会大众的道德水准做个评判。一般民众看来,道德水准较高的是学生排在第一位(30.2%)、然后是军人(27.6%)、第三位是农民(12.4%),其他群体的比例大体相当。与大学生、中小学生的问卷的选择最大不同是,一般民众认为学生是社会群体中道德水准最高的,然后才是军人。我们认为:学生较少受社会不良风习的侵蚀,比较单纯、正直,积极向上,是社会发展和变革的重要依靠力量。一般民众对学生的肯定,实际上也是对改革开放以来的教育的发展给予肯定。以往大众媒体总是对80后、90后、00后的青年学生感到担忧,认为这些喜欢吃麦当劳、肯德基的独生子女难以担当重任,随着80后青年走上工作岗位,开始发挥越来越重要的作用,特别是大学生、高中生在汶川地震和奥运会中的表现,使人们从根本上改变了对青年学生看法。解放军官兵在汶川地震与近年来抗洪救灾中的卓越表现得到大学生的认同,军营相对封闭的环境和铁的纪律进一步强化了这种认同感。所以,赞同军人的比例也是非常高。在这里特别值得注意的是,第1题认为农民道德水准较高排在第三位(12.4%),而在第2题中认为农民道德水准较低也是排在第三位(11.7%),农民的善良、淳朴、吃苦耐劳受到人们的肯定,而农民的自私、愚昧、缺少修养又使他们得不到社会的认同。几十年前,谈到社会主义建设,我们常听到这样的话,严重的问题是教育农民。今天,我们要做的不仅仅是加大对农民进行教育的力度,更重要的是尽快消除致使农民自私、愚昧、缺少修养的因素。长期以来,农民大多挣扎在贫困线之下,他们不得不计较蝇头微利;农村教育的落后,使农家子弟缺少升学的竞争力,年复一年,恶性循环,受教育程度最低的农民群体缺少现代的科学技术,难免愚昧无知;恶劣的生存环境,繁重的体力劳动,疲惫的精神状态,造成了农村与现代文明的巨大差距,这一切又使农民在现实生活中与现代文明生活方式显得不适应、不协调。如果我们不能根除造成农民自私、愚昧、缺少修养的原因,单靠教育是无能为力的。

在道德水平较低的群体中,个体经营者排在第一位(29.2%),公务员排在第二位(22.9%),农民排在第三位(11.7%)。在"传统道德对当代大学生的影响及践行"调查问卷中,我们曾分析说:在商品经济社会,个体经营者直接与芸芸众生进行利益的博弈,为了谋求暴利,更有不法商人罔顾道义,制假掺毒,损害普通百姓的利益和健康,这些是普通百姓最为痛恨的。但是,我们还要看到,一般民众将个体经营者视为道德水平最低的群体,还有一个原因,就是个体经营者与一般民众交往频繁,他们的不道德行为就发生在社会大众眼皮子底下。事实上,为牟取暴利,制造伪劣产品的厂家,种植有害作物的农民,加工有毒食品的企业,其道德水准更为低下。公务员,本来应该是整个社会属于精英阶层的一部分,应具有较高的道德水准,特别是改革开放以来,大批知识分子进入公务员行列,公务员普遍接受过高等教育。我们知道,现代社会中能够参与分配的因素是资源、资金、技术、管理和劳动力,随着科学技术的进步,劳动力在分配中占有的份额越来越少。在现行体制下,所有资源属于国家,掌握掌握社会公权力的公务员就享有国家资源的分配权，就存在以权谋私的先决条件。本来，公务员承担着管理国家和各级地方政府的职责，本应是整个社会中最可信赖的群体，然而，由于个别公务员根本不认为自己是人民的公仆，反而利用"父母官"掌握的公权力，肆无忌惮地聚敛财富，贪赃枉法，给国家造成巨大损失，极大伤害人民群众的感情。虽说这样的人仅仅是公务员中的极少一部分，但由于目前缺少有效的监督机制，其负面影响却非常巨大。另外，在现行的政治体制下，当一般民众面对现实生活的压力和社会的不公时，他们希望掌握社会公权力的公务员能够代表各级政府帮助自己解忧排难，如果由于种种原因他们的问题得不到解决，一般民众自然地把批评的对象指向掌握社会公权力的公务员。事实上，绝大多数公务员还是能够坚持为人民服务的宗旨，具有较高的道德水准。

第4、第10、第11、第25、第26题对当代社会的道德现状和传统道德观进行评判。第4题"现在有许多学者在谈论当今社会的道德缺失"，有40.6%的人表示赞同；20.7%的人选择"社会在进步"，可以克服道德缺失带来的问题；18.8%的人虽承认现在道德不忍从前，但"决不愿在过去那种所谓道德水平高的社会中生活"；有19.9%的人认为"根本不存在道德缺失的问题，现在的道德水平远远高于改革开放之前"。就个人而言，我是赞同最后一种观点。认定当今社会道德有缺失，依据的是旧的道德标准。改革开放以来，新的道德体系在建立过程中，不够完善，呈现出许多问题。但改革开放前的道德问题，绝不比现在少，由于社会处于半封闭状态，加上政治高压，许多问题没有暴露，或者是不准讨论、议论，特别是史无前例的"文化大革命"，人性中所有恶劣品性都被无限放大，人们生活在"红色恐怖"之中，生存都成了问题，道德之沦丧更是不言而喻。比如说，今天的烂尾楼和住房质量问题，开发商的行贿问题，十分严重；但过去住房紧缺，房屋分配凭权势、凭关系，请客送礼，行贿受贿，情节之严重，影响之恶劣，绝不亚于今天。比如说，如今人情冷淡，遇到他人有危难不闻不问，甚至见死不救；但过去有些人热衷运动，拉帮结派，以整人、害人为乐，为了向上爬不惜告密诬陷，夫妻反目，父子成仇的事例比比皆是。所以说，过去有过去的问题，今天有今天的问题，即使今天的道德比过去低下，试问，有谁愿意"在过去那种所谓道德水平高的社会中生活"？但对一般民众来说，他们在时代变革过程中尚未感受到新道德的相成，以旧的道德标准来衡量，自然是觉得问题多多，今不如昔。我们希望，随着社会的进步，能够解决道德的缺失问题。

儒家是封建社会的统治思想，传统道德文化的规范带有浓厚的儒家色彩。第10、第11题对儒家思想作用进行评判。一般民众都意识到春秋战国以后的漫长历史中,中国没有再出现超越时代的大思想家,与秦始皇以后的封建专制和汉武帝的"独尊儒术"有关。但是,当论及中国近代以来科技的落后时,有14.6%的人赞同"儒家文化妨碍了现代科学技术的进步"的观点;22%的人承认"儒家文化是导致了中国近代以来科技落后的原因之一";45.6%的人则选择"中国近代以来科技落后的原因很多,主要原因并不是儒家文化的影响。";还有17.8%的人对这个问题比较困惑,选择"说不清楚"。在讨论时,有同学说:进行调查时,许多农民工和受教育程度不高的人,总共有近三成的人不知道《论语》上"子不语怪力乱神"是什么意思,这说明我们今天对传统文化教育方面的投入还比较单薄,尽管许多人经过了九年义务制教育,但其真正的文化水平可能还没有达到小学毕业的程度。在"传统道德对当代大学生的影响及践行"调查问卷中,我们曾分析说:现代学者编纂的教科书中,常把中国近代以来科技的落后归之于儒家文化的影响。这些学者认为科技落后与社会制度有必然关联,而制度的选择与其历史文化相关,因而历史文化成为其科技是否先进的决定因素。这实际上是坐在书斋里推演出来的结论,把复杂的历史发展过程简单化。任何一种文化,都有促进科技发展和阻碍科技进步的双重性。文化的多元,是世界发展的趋势,责备儒家文化致使中国近代以来科技的落后,既不符合历史实际,也不利于今天的文化建设。

第25、第26题密切相关,都是要回答儒家的观念是否为当代社会所需。第25题"中国古代儒家的道德观念要维护一个等级社会的稳定,与现代社会的自由、平等、民主的理念是否能和谐相容"?第26题"社会主义初级阶段的道德观应当在什么样的基础上发展"?这都是需要讨论的问题。第25题有四个答案,第一种答案说明儒家要求虽然强调等级,反对犯上作乱,其目的是社会稳定与和谐,尽管与现代社会追求的自由、平等、民主格格不入,但从目的和效果的角度说,有相似之处,因此,有33.3%的人选择"通过改造与现代转换",儒家的道德观可以为现代社会服务。第二种答案虽然与第一种表面接近,认为可以通过"自我更新,以适应现代社会的发展",但其出发点与第一种答案不同,就是承认古代儒家道德观念其产生的社会经济政治文化状况与当今的情形已经大不相同,但通过自我调整、自我更新,通过批判继承从而能够形成一种新儒学。这是当代新儒学一直宣传的观点,有37.3%的人认可这种观点。持反对意见的是第三、第四两种答案。第三种态度比较温和,认为儒家道德观在整体上早已不适应现代社会的发展,但承认儒家道德观还有一些积极的因素;第四种答案对儒家思想持完全否定的看法,有些学者认为:儒家的道德观使国人肤浅,变得伪善,最终使人远离真理。在他们看来，儒家道德观已经成为一种枷锁，禁锢着中国人的思想和行动力，让人们既不敢想，更不敢做，而敢想敢做是现代社会不可缺少的品性。16.1%的人选择第三种答案，13.3%的人选择第四种答案，尽管人数比选择前两种的少得多，但如果说那种选择更符合实际，还需要随着时间的推移经过实践的检验才能得出结论。也正因为如此，第26题回答"社会主义初级阶段的道德观应当在什么样的基础上发展"，更让人难以选择。有23.3%的人仍坚持以传统文化为基础，比第25题赞同儒家道德观的比例下降了许多。26.3%的人持中庸态度，"批判继承"的说法既全面而又不偏颇，很适合一般民众的心理习惯。但是，受改革开放以来思想解放的影响，有28.7%的人赞同彻底丢掉腐朽的儒家道德观，"承认自由、平等、民主是整个人类现阶段应当接受的思想"。如果我们坐在书斋里讨论谁是谁非，很可能是"此亦一是非，彼亦一是非"，永远得不出结论。因而有21.7%的人觉得迷茫，选择答案是"说不清楚"。我个人认为：这个问题仍需要深入讨论，同时只有加强实践环节，在实践中才能找到正确的答案。

与此相关的还有第21题。当人们认为道德缺失时，宗教能否提供治疗的药方，"宗教信仰对道德自律有多大影响？"有61.8%的人选择"我是无神论者，我认为宗教信仰对道德自律有影响，但作用有限"；有宗教信仰的选择也不相同，11.6%的人选择"宗教信仰对道德自律有很大影响"；16.2%的人选择"宗教信仰对道德自律有影响，但关键还是看个人"；10.4%的人选择"宗教信仰对道德自律是否有影响说不清楚"。有些学者认为：宗教在人们的道德净化方面起到非常大的作用，而从古至今，大多数民众对待宗教的态度就是实用主义的，而且汉族民众一直是多神论的，宗教信仰并不坚定。如果加强宗教的影响力，会大大提高人们的道德水平。这种看法并不符合中国历史发展的实际状况。儒家开创者孔子就一直反对"怪、力、乱、神"，孔子自己是"敬鬼神而远之"，虽然无法否定鬼神的存在，却不愿涉及与鬼神有关联的事。古代的思想家，也多站在儒家的立场上，对佛教、道教和各种民间"淫祀"进行批判。直到宋代理学兴起之后，融合一些道家、佛教的思想，儒学才开始具备某种宗教的因素。封建社会后期，理学虽然一直受到封建统治者的推崇，但理学并不是宗教，理学家不是宗教信徒。而且当西方传教士到中国来传教时，也遭到受理学熏陶的儒生的抵制与批评。所以说，中国古代虽然有许多士大夫宠信佛道两教，但笃信孔孟的儒生仍然对佛道两教及其他宗教持排斥态度。近代以来，西方思想涌入，伴随着科学与民主的传播，对宗教持实用主义的"多神论"的汉族民众，很容易接受无神论的思想。如果这些学者认为改革开放以后的道德状况是今不如昔，认为通过宗教的影响力可以拯救国人道德的缺失，他们却忽略了这样的历史事实，那就是在他们所谓的"道德缺失"以前，支撑普通民众道德的不是宗教的力量，而是以儒家思想为主导的传统道德文化。所以说，宗教对道德的作用是有限的，特别是那种实用主义对待宗教的态度，宗教不仅不能帮助进行道德净化，甚至宗教的迷狂有时反而加快了道德的堕落。

涉及"孝道"的有第5、第18、第19题。与之有关联的还有第3题：对普通百姓来说，他们最关心个人和家庭成员的生活？11.8%的人选择"道德修养"；9.5%的人选择"能力培养"；25.8%的人选择"占有的权利和财富"；高达52.9%的人选择"个人及家庭成员的婚姻幸福与和谐稳定"。由于各人的出身、受教育程度和在现实生活中状况不同，不能说某一选择是正确的，其余的是错的。但从其选择中看出，大多数人是希望过平凡日子的普通人，"婚姻幸福与和谐稳定"对他们至为重要。

第18题涉及宣扬"孝道"的大环境。面对"祭孔"、黄帝陵祭祖等活动的不断升温，持肯定态度的24.9%，其余的在不同程度上持批评态度。有15.2%的人坚决反对，认为是"封建意识的沉渣泛起"；32.7%的人认为是"走秀，对弘扬民族传统文化毫无帮助"；27.2%的人认为是"文化搭台，经济唱戏"，可以借此推动旅游产业的发展。"孝道"是儒家文化的基石，几千年来一直影响着中国社会。改革开放三十多年了，许多传统观念受到冲击，但很少有人去置疑"孝道"。特别是我国宪法至今仍保留着"子女有赡养父母的义务"的条款，赡养父母似乎是不需要讨论的话题。可是，当第5题提出"父母年迈失去劳动能力后，应当由子女赡养和照顾吗"的问题时，有60.9%的人依据常识，赞同应"尽量满足其物质和精神需求"说法，17.7%的人选择只承担经济责任，10.2%的人选择仅是在"精神上照顾其需求"，只有11.2%的人选择"视关系好坏和自己的经济条件好坏而定"。在课堂讨论中，有同学指出：根据传统的道德观，子女有绝对的义务去赡养年迈的父母，第2、3种答案在如何尽孝方面产生了偏差，选择第4种答案是在"孝道"方面产生了缺失。但经过认真讨论，我们发现：看似正确的回答却有现实中的尴尬。新中国成立已经六十多年了，改革开放也经过了30年，只有身处下层的农民，才会在年迈失去劳动能力后没有生活来源，当中国的GDP高居世界第二位的时候，年迈的老人还需要子女来赡养，特别是原本就比较贫穷的农民还要承担赡养老人的负担，这显然是分配制度上的不公平。因此，我个人赞同"经济应政府负担，子女仅是精神上照顾其需求"的答案。另外，现在的家庭多为独生子女家庭，即使有经济能力承担赡养费用，恐怕没有时间陪伴老人，如何解决独生子女家庭老人的精神需求，应该是社会重点关注的又一难题。至于第 4 种答案"视关系好坏和自己的经济条件好坏而定",如果理智地看,是一种诚实的回答。在现实生活中,许多低收入家庭和广大的农村,子女与年迈父母的关系就是如此,只不过许多人不敢如实的这样回答。

第 19 题实际上也是"孝道"问题。儒家"孝道"包括"父慈"、"子孝"两个方面,其中,特别强调"父权"的绝对权威。《三字经》上说:"养不教,父之过。"教育子女是父亲的主要职责,但这教育,教育者处于居高临下的地位,棍棒教育是父亲从古到今采用的一种教育方式。近代以来,随着人权意识的加强,子女的独立人格一天天受到尊重,特别是随着文明的进步,许多家长认识到如果经常打孩子,会造成严重的亲子隔阂,伤害孩子的自尊,甚至造成孩子的人格畸形,因而对子女进行棍棒教育的人越来越少。但是,在现实生活中,许多家长受传统观念的影响,或者因一时情绪的激动,多有责打过孩子的行为。进行问卷调查时,当人们在平静状态下思考这一问题时,仍有 13.4% 的人坚持"棍棒下面出孝子"的观点;有 27.6% 的人选择"家长发怒是可以理解的,我有时也会这样做";持温和反对态度的人最多,有 38.3%的人选择"应该提醒家长注意教育方式";20.7% 的人持强烈反对态度,反对家庭暴力。由此看来,我们当下仍然不自觉的会接受传统文化的影响,尽管从主观思想上我们并不认可某些传统的观点和做法。

第 6 题涉及和平时期如何看待爱国精神的问题。在"传统道德对当代大学生的影响及践行"调查问卷中,我们对这一问题曾做过分析。这里,我们再重点讨论一下"爱国"问题上新旧观念的冲突。在封建社会,家国同构,爱国的前提是忠君,国君就是国家的象征。忠君是绝对的,爱国也是绝对的,个人的得失、个人的想法,必须无条件地服从忠君爱国的需要。尤其是所谓"君臣大义,无所逃于天地之间",更是强调君主的绝对权威,如果不是恰逢改朝换代,任何人是没有权利和机会自由选择君主的。16 世纪以来,启蒙主义者开始鼓吹人的尊严,人人生而平等的观念日益深入人心。国家不再是少数人统治多数人的工具,而是全体人民共同生活的契约担保者。过去,我们常说,国家的利益高于一切,不要问国家能为你做些什么,而要问你能为国家做些什么。如今,人民是国家的主人,应该说我们能够通过国家做些什么。国家应该为每一个人服务,而不是个人无条件地绝对服从国家。所以说,随着世界一体化的进程,人们越来越多地走出国门,开始有更多的机会去选择国籍,自由地选择自己想要"效忠"的国家。在这里,趋利避害成为人们进行这种选择的根本动机。就那些影视明星和体育明星而言,加入他国国籍如果其事业能够更好发展,或者只是为了收入、福利、子女教育、生活舒适等原因,加入他国国籍都是无可厚非的,换句话说,是无所谓的。至于说到不做对不起中国的事,是非常抽象的原则,还是要具体情况具体分析。调查数据显示,死守着传统观念的人越来越少,仅有 16.3% 的人认为"这些人缺少爱国思想";而一般民众普遍认为这些人是"可以理解"、"可以接受"和"无所谓"的。

第 7、第 13、第 29 题涉及"义利之辩"。第 7 题"孔子主张君子应该'见利思义',在商品经济为主导的现实社会还有意义吗"? 30.2% 的人选择提倡"见利思义","有利于净化社会风气",这是对传统儒家道德观的认同;41.2% 的人认为尽管作用不大,"但这代表了社会的价值取向,还是应该提倡";第 3(占 14.1%)、4(占 14.5%)两种答案意思相近,都是认为无需再提倡"见利思义",相比而言,第 4 种答案的学术色彩重些。"见利思义"最早见于《论语·宪问》,孔子主张重义轻利,他一再称赞颜渊、闵子骞的安贫乐道,告诫弟子"君子食无求饱,居无求安";"富与贵,是人之所欲也,不以其道得之,不处也。"《论语·子路》篇亦云:"子夏为莒父宰,问政。子曰:'无欲速,无见小利。欲速,则不达;见小利,则大事不成。'"孔子这种重义轻利的思想,到孟子的手里,就开始出现绝对化的倾向,孟子言必称仁义,"何必曰利,亦有仁义而已矣。""鸡鸣而起,孳孳为善者,舜之徒也。鸡鸣而起,孳孳为利者,跖之徒也。"到了董仲舒,说什么"利者,盗之本也。""天之为人性命使行仁义而羞可耻,非若鸟兽然,苟为生苟为例而已。"儒家这种观念一直反对普通民众对财富的追求,其至包括法家也受儒家思想影响,认为"富国不求足民",认为百姓富足会危害国家。近代以来,这种思想发展到极端,就是"文化大革命"时期的"穷则革命富则修"、"越穷越革命","宁要社会主义的草,不要资本主义的苗",以穷为荣,荒谬到了极点。改革开放以来,商品经济得到迅猛发展,中国才开始真正走上富强的道路。然而,从商品经济的理论上说,市场化的商品经济,被一只"看不见的手"控制着,当经济社会中的每个人都追逐自己的利益的最大化时,整个社会的利益也就实现了最大化。如消费者追求满足程度的最大化,生产者追求利润的最大化。在市场经济占主导地位的当今社会,不管你是否有主观意愿,不论你在社会各种经济活动中扮演什么样的角色,他们追求的都是自身利益的最大化,毫无疑问,他们从事经济活动的初衷本身就违背孔子所说的"见利思义"。所以说,在市场经济的前提下,用道德教育来改变现实中物欲横流的弊端仅仅是一种不切实际的美好愿望而已,重要的通过法律和制度来保证个人追求利益最大化的时候不得损害他人的合法权益。

第 13 题假设个人的诚信与利益发生了冲突,二者不可得兼,该怎么办?18.3% 的人选择"不论何种情况发生,讲真话,做诚实的人";47.9% 的人选择"沉默，但不讲假话"；21%的人选择"根据利益损失的大小来衡量是否讲真话"；还有12.8%的人选择"只要不违法，以个人利益为重，可以讲假话"。在"传统道德对当代大学生的影响及践行"调查问卷中，我们对这一问题做了详细的分析，这里稍作补充。改革开放之前，尤其是尤其是反右和"文化大革命"中，知识分子整体失语，恶劣的现实环境不允许说真话，这时如果讲真话，不仅自己蒙受损失，还会连累家庭和亲友，因此沉默就是最好的选择。改革开放以来，我们党开始恢复民主集中制的优良传统，社会风气发生了巨大变化。但随着商品经济的发展，个人利益越来越被重视，甚至开始以个人利益为来制衡自己的言行。这时，遇到突发事件保持沉默，与前面所说的沉默，价值指向却有着根本的不同，表面看虽然没有说谎话，事实上，这是一种怯懦的行为，是害怕受到舆论的谴责和自己良心的责备。如果社会风气良好，这种沉默可以向好的方面转化，如果外部环境恶化，这种沉默者的诚信水准就可能进一步下滑。我们知道：市场经济条件下，人们的诚信是所有经济活动的保证，说真话，是昭示诚信的基本要求。一个人如果为获取利益而说假话，甚至没有道德底线，尽管他这次可能没有触犯法律，他下次也难免陷入违法的泥潭。

第29题是社会正义与不法利益的对决。市场经济刚刚开始时，许多中小型国有企业和集体企业开始实行承包责任制，许多承包者利用手中的权力，采取非法的的手段获得承包的机会，承包期间，他们肆意侵吞国有资产和集体财产，往往是垮了一个企业，肥了一个承包者，然后他们利用这不干净的第一桶金，创办了自己的企业。尽管他们日后经过努力，也为社会做出了贡献，有的企业家，热心公益事业和慈善事业，以此来救赎自己创业时的罪孽。转眼间，30年过去了，"企业家不干净的第一桶金，是否有必要追究？"32.8%的人选择"必须追究"以维护社会的公平与正义；38.5%的人根据现实环境（这些人眼下财大气粗，又与官场权势有着千丝万缕的联系），认为"理论上应该追究，现实中难以追究"；12.3%的人认为法不治众，且担心会由此造成经济衰退；16.4%的人甚至认为这是社会转型应该付出的学费，并相信"随着法制的完善，可以克服这种弊端"。这是一个几乎无解的难题，由于种种复杂的原因，要想追究30年前的违法基本上是没有可能，但如果不去追究，公平与正义将不复存在，国家之根本就会动摇，可谓是动辄得咎，左右为难。

谈到社会公平与正义，第15题也涉及这方面的内容。第15题询问"作为普通公民，清楚自己有哪些可以行使的民主权利吗？"有17.9%的人选择"很清楚，知道该如何行使自己的民主权利"，这是比较具有现代民主意识的群体。36.9%的人虽然"清楚,但觉得自己的投票微不足道,不关心如何行使权利的问题",这是人数最多的一群人,他们接受了民主的意识,但长期受精英政治模式的影响,认为自己对政府所有行为丝毫没有影响,去投票也是走走过场,因而不关心如何行使权利。具有这种心理的普通民众占绝大多数,选择第3种答案的人(占26.8%)也是这种心理,他们由于更远离现实政治生活,时间久了,对民主只剩下些模糊的印象,不太重视自己有什么民主权利。另外,仍有18.4%的人至今"根本就不知道自己有什么民主权利"。所以说,目前社会上存在着种种不公平的现象,缺少正义,一方面是由于贪污腐败分子掌握的公权利缺少有效的监督机制,可以肆意妄为;另一方面也是一般民众尚未从长期高压政治的心理阴影中走出来,不知道或不愿去行使自己的民主权利,这就给本来就缺少监督的当权者更多的滥用公权利的机会。

面对社会越来越严重的不公,需要重点关注的还有弱势群体,第23题"面对不断扩大的贫富差距以及社会不公平",弱势群体应该怎么办? 有73.7%的人选择"积极自救,在政府和社会帮助下寻求发展机会";15%的人选择"安分守己,依靠政府救助维持低水平生活";5.4%的人选择"怨天尤人,无可奈何地抱怨";5.9%的人选择"自暴自弃,甚至越来越远离主流社会"。从道理上,没有任何一个成年人会怀疑第一种答案的正确性,因此,超过7成的人选择这一答案是在意料之中的。我们大致查看了这部分人填写的其他信息,可以说选择这一答案的基本上都接受过高中以上的教育,也就是说,绝大多数人不属于弱势群体。由于缺少亲身经历,他们很可能体会不到一个没有任何技艺、没有任何资源和资金支持的下岗工人四处求职的酸辛,"文化大革命"十年间,许多人响应号召,罢课闹革命,随后是大学停止招生,知识青年上山下乡,好不容易熬到知青回城有份工作,又遇到经济体制改革,这一代人,却永远的落伍了,被经济大潮所淘汰。究其原因,是他们青少年时期该读书时去闹革命,该就业学点技术时被送到乡下修理地球,回城后该考大学时许多人是成人的年龄、中学生的文凭、小学生的程度,所以只好从事简单的体力劳动。市场经济蓬勃兴起,这些人一没有资金,二没有技术,三是年纪较大,90%的下岗贫困工人来自这一群体。这些人在观念上基本停留在计划经济时期,希望政府与社会能够给他们提供生活保障和发展机会,但刚刚结束"文化大革命"时百废待兴,政府和社会都无力给予他们援助,他们的窘迫可想而知,他们的家庭、他们的子女,都因此而蒙受艰辛与痛苦。他们的不幸源自"文化大革命",不得不吞下"文化大革命"遗留下的苦果。眼下,这些人大多已经退休,政府应该提高退休职工的收入,建立更加完善的医疗制度，让这些出生在新中国，成长在红旗下，随共和国一起蒙受灾难和贫穷的一代人能够安度晚年。

第8、第14、第16题均与女性有关。儒家文化中最为人诟病的就是轻视妇女，孔子就有轻视妇女的倾向，孔子曾说："唯女子与小人为难养也，近之则不孙，远之则怨。"（《论语·阳货》）孔子、子思、孟子这些儒家的先圣，夫妻关系都不好，有的有"出妻"离异的经历，这一点在《礼记》等典籍中都有提到。到了汉代，"夫为妻纲"成为三纲五常中对妇女进行残酷压迫的教条。在漫长的封建社会，妇女成为男子的从属品，没有任何政治权利。新中国的成立，才从法律上确认"男女平等"的权利，但在传统观念的影响下，"男尊女卑"的观念在相当长的时期，尤其是在农村落后地区仍有很大的影响。改革开放以来，随着市场经济的发展，妇女的经济地位进一步提高，"男女平等"的观念可以说早已深入人心。第16题"在'男女平等'的现代社会，女性是否要遵从传统道德的约束？"换句话说，这个问题以最敏感的女性的贞节为试金石，检验着"男女平等"的观念是否能够体现在最隐秘的心灵深处。有36.1%的人没有经得住考验，选择了"女性应当遵守传统道德规范的约束"；其余的人（至少是从理论上）完全接受了"男女平等"的观念，其差别是开放程度的不同，35.1%的人持温和的态度，接受"有过婚前性行为的女性"；其余的更为开放，有的"能够接受有同性恋倾向或丁克族的女性"（占15.8%），有的"可以接受主张性开放的"女性（占13%）。随着女权主义的扩张，儒家对女性的束缚已经完全失去了影响力。

性的解放，也带来婚姻观的改变，第14题"现实生活中，许多女性非常想嫁给一个有钱人"，如何评判这种现象？16.6%的人选择"这种女性贪图富贵，早晚会吃亏上当"，警告声里似乎有几分吃不到酸葡萄的心理。49.1%的人选择批评这种女性"对婚姻的选择太功利"；23.3%的人对"这种女性不想陷入职场的劳累或贫困"表示理解；11%的人表示赞同"这种宁肯坐在'宝马'里哭，也不嫁穷人的做法"。事实上，在现实生活中，无论你是否承认，婚姻的选择都有功利的因素，而挑明"要嫁给一个有钱人"，在长期受重义轻利观念影响的环境下，自然显得"太"功利，超出了一般民众的心理承受能力。每个人都有要求改变命运、追求幸福的权利。通过学术研究、艺术奋斗或职场打拼赢得社会尊敬是主流意识形态一直宣传鼓励的，而通过婚姻的方式，似乎是不劳而获，通常受到批评。但是，如果考虑到人与人是有差异的，通过自身的艰苦奋斗在事业获得成功的女性毕竟是少数人，普通女性没有出身豪门的背景，没有可以出人头地的才具，没有忍受职场辛苦打拼的毅力，但她们又不甘贫穷，借助婚姻改变生存状态应该说是她们最好的选择,她们如果要想获得成功,就要学会怎样做一个可爱的女人,她们同样是通过自己的努力,只不过努力的方向不是什么事业的成功,而是捕获一个"王子",完成"丑小鸭"的蜕变。

随着市场经济的兴起,商品的范围在无限扩大,以往潜伏在地下的性交易开始堂而皇之地进入都市的夜生活。尽管我们无法统计出国内性工作者的人数,但可肯定地说这是一个庞大的数字。第8题就是根据这种现象,询问如何看待这一特殊行业的从业者。27.8%的人与主流意识形态保持一致,谴责性工作者"严重败坏社会道德";25.7%的人认为性工作者是不道德的,但同情其被迫从事这一职业的遭遇;13.7%的人不关心此事或不愿发表意见;只有32.8%的人承认这一职业"有存在的必要,应该使其合法化并保护其正当权益"。我们知道:根据我国的法律,卖淫是违法行为。因此,与性工作者相关的信息与新闻几乎百分之百都是负面的,媒体和社会舆论一致谴责性工作者的"肮脏"、"低贱"、"道德沦丧"、"自甘堕落"。反观其他国家,特别是一些发达国家,性工作成为社会工作的一种,性工作者不仅有属于自己的专属活动区域,而且受到法律的保护和社会的保障。如何对待性工作者,东西方的差异是文化造成的吗?还是另有原因?千百年来,性工作者一直处于社会的最底层,主流意识形态一直认为她们的行为是可悲且可耻的,她们的存在是文明的堕落,是道德的缺失。但无论是政府禁止还是默许、允许,依旧有大量的性工作者存在。其存在的原因也非常明确简单,就是社会有大量的需求。所以说,性工作者的存在有两方面的原因,一是社会有需求,二是有大量需要以此职业来谋生的人员。性工作者之所以选择这样的职业,大多是因为贫穷,而自身又没有其他可以谋生的技能;也有一部分是出于对异性的报复心理或迅速致富以满足某种虚荣心。由此看来,真正有道德缺失的并使这一职业迅猛发展的是那些购买性服务的人。由于性工作者不受法律保护,许多黑社会犯罪团伙盯上这种高收入的职业,性行业者已成为高危群体,行业的不稳定性和被社会歧视、侮辱使她们在受到侵害后不敢寻求法律的保护。近年来,各地区都在加强对性工作者的安全教育,这也意味着社会开始承认性工作者的存在,舆论也有所转变。许多人已经意识到:性工作者作为"人"的存在,应该和每一个公民、每一个职业一样得到相应的法律保护。当然,社会学的研究者还要进一步深入研究,如果性工作者这一职业是现阶段社会必然存在的职业,国家和社会大众就必须正视这个问题,使其合法化并保障其正当权益。

第9、第12、第17、第21、第22题围绕人与人之间的互助友爱展开讨论。第17题是现实中时常发生的事,也是社会热议的话题。"遇到马路上有老人摔倒在地，你会怎么做？"有 26.5% 的人选择"毫不犹豫地扶他起来，必要时立刻送往医院救治。"34.3% 的人选择"立即打电话求助民警或打 112 来救助。"30.2% 的人选择"犹豫不决。既担心实施救助会引起家属误会自己是肇事者，不提供帮助又于心不忍。"还有 9% 的人选择"装作没有看见，尽快离开，免得给自己带来麻烦。"在"传统道德对当代大学生的影响及践行"调查问卷中，我们对这一问题做了详细的分析，可以参考。相比之下，只是成人中选择"犹豫不决"和"装作没有看见，尽快离开"的百分比稍大于大学生，成人的顾忌多些，也是可以理解的。最近，又有一些类似"南京青年彭宇扶起摔倒的徐老太"事件被曝光，许多愤激的网友主张用严厉的处罚来惩处这些中山狼一样的忘恩负义者，从法律的角度来说，可以惩处这些诬陷见义勇为者的行为，但从道德角度来说，能否起到道德净化、改善社会风尚的作用，恐怕还很难说。

由于帮助马路上摔倒的老人有陷入被诬陷的可能，致使许多人犹豫或躲避，当助人为乐没有这样的风险时，人们的选择会如何呢？第 22 题"遇到陌生人问路，如果时间许可，你会如何做？"有 18.1% 的人选择"如果是老人和儿童，就送他过去"，65.4% 的人选择"跟他说清楚，等他明白后才离开"，仅仅有 8.8% 的人选择"不管他是否明白胡乱说几句"，有 7.7% 的人选择"不理他"，这充分说明当代普通民众善良的本性依然如故，只要营造良好的道德环境，人们就能够互相关爱。

谈到当助人为乐，第 22 题"如何对待乞丐"也是媒体与民众热议的话题，虽然没有第 17 题那种被诬陷而遭受巨额财产损失的危险，但又不像第 21 题那样单纯，依然有上当受骗的可能。有 31.2% 的人选择"这些假乞丐利用人们的同情心行骗，应该置之不理"；19.5% 的人选择"不管是真是假，自己心情好时就给点，心情不好就不理他们"；17.5% 的人选择"不管是真是假，施舍一点儿小钱，求得自己的心理平衡"；31.8% 的人选择"只帮助没有劳动能力的老人、小孩与残疾人"。在"传统道德对当代大学生的影响及践行"调查问卷中，我们曾分析说，从理论上说，在都市的乞讨人员，都有欺骗的嫌疑；但在现实生活中，仍有不得不以乞讨为生的人，因此，人们普遍对丧失劳动能力的老人、残疾人和儿童愿意提供救助。在这里，我们需要补充的是，现在一些犯罪团伙或犯罪嫌疑人往往利用人们这种同情心，威逼利诱残疾人和儿童进行乞讨，来蒙骗钱财。仓促之间，一时难以辨别真假，很容易上当受骗。所以说，我们应该选择第一种做法，但遇到老人、儿童和残疾人乞讨，则应联系有关部门给予救助，并注意打击那些威逼利诱残疾人和儿童进行乞讨的犯罪行为。

第 9 题也是人与人的互助问题，不同的是助人者与被助者的地位是平等的。"朋友之间应该如何处理金钱与财物?"有 24.3% 的人选择"君子之交淡如水，尽量不要有金钱往来，即使有也要记清算清";28.9% 的人选择"账目要分明，不要在金钱和财物上占朋友的便宜";34% 的人选择"基本上是有来有往，有借有还";只有 12.8% 的人选择"大丈夫应仗义疏财，不计较金钱得失"。我们现在多将"仗义疏财"的江湖豪气与墨家所宣扬的"义气"联系起来，事实上，儒家中也有这样的论述。《论语·公冶长》记载:孔子询问弟子的志向，子路回答说:"愿车马、衣轻裘，与朋友共。蔽之而无憾"。朋友相处，情义相投，金钱、财物共享，不要计较谁有谁无，谁多谁少。我们知道，中国古代受宗法制的影响，强调人伦和群体的重要性。朋友为五伦之一，朋友间的"仗义疏财"就是尊重朋友的表现，古人常称赞"管鲍之交"，作为"知己"的要素之一就是鲍叔牙从不计较钱财得失。管仲与鲍叔牙合伙经商，而管仲每次都多拿多占，鲍叔牙从不计较，旁人批评管仲贪鄙，鲍叔牙却为之辩解。现代社会，个人的独立性不断加强，朋友之间那种在钱财方面不分彼此，福祸同当，休戚与共的古风早已荡然无存，尤其是在市场经济条件下，人与人的交往，经济利益的考量越来越重，有了利害冲突，就会削弱朋友之间的情谊。尽管是"有借有还"，"尽量不占朋友的便宜"，或者不与朋友有金钱往来，时代变了，位高权重条件好的，再不肯"仗义疏财";位低权轻比较贫穷的，即使得到朋友的慷慨资助，也未必肯"为知己死"，不惜生命报答朋友的情意。从传统文化的角度看，这是人心不古，世情浇薄;但从商品社会的价值准则看，这是文明进步的必然。

在观念上与此相关联的还有第 12 题:"如何对待欺侮、伤害过你的人?"有 17.1% 的人选择"以德报怨，用自己的善言善行感化他"，这是古代道家的方式，类似《圣经》中"当有人打你左脸的时候，你把右脸也伸给他"，希望借此唤醒人的良知。47.6% 的人选择"以直报怨，按照原则公平、公正的对待他"，这是儒家的方式，孔子曾批评道家"以德报怨"的做法，认为应该是"以直报怨，以德报德"，近五成的民众选择这样的答案，说明一般民众对儒家这一原则的认可。有 14.2% 的人选择"以怨报怨，寻找适当的机会报复他"，有 21.1% 的人选择"把他看做小人，从此与他断绝任何往来"，两者态度基本相同，处理方式有激烈与平和的不同。表面上看，"断绝任何往来"似乎与"以怨报怨"有根本差别，实际上在这种心理下，一个人很难做到公平地维护那些欺侮、伤害过你的人的正当权益。从道德层面来说，儒家"以直报怨，以德报德"兼顾社会正义和个人的道德修养，应该说至今仍具有重大的影响力。

针对官场的贪污腐败，是依靠法律的惩处还是依靠道德的教化，第 27 题提问"廉正"这一道德对当代中国的影响有多大？只有31%的人认为"廉正"依然在发挥着较大影响,甚至"很大程度上阻止了腐败的产生"。有17.3%的人认为"完全被当今社会忽略了";51.7%的人认为"廉正"仅仅停留在口头上,"多数时候只沦为一个标语"。第29题涉及"节俭",也属于全社会特别是政府官员应该具备的品德。有46.9%的人选择"政府部分官员和富人挥霍浪费巨大,造成国有资产资源和社会财富的无意义损耗,提倡节俭有着重大的现实意义";23.5%的人选择"中国低收入和贫困人口相当大,提倡节俭仍有必要";20.2%的人选择"需要重新界定'节俭'的内涵,降低能源损耗是节俭的重要内容";只有9.4%的人选择"只是宣传时的口号,实际上早已不再需要"。我们知道,儒家一直强调以德治国,孔子说："道之以政,齐之以刑,民免而无耻;道之以德,齐之以礼,有耻且格。"(《论语·为政》)在具体施政方略上,孔子强调利用宗法制保持社会的稳定,统治者保持节俭的美德,降低赋税,百姓安居乐业,做一个恭顺的良民,从而使整个社会保持良好的秩序。从理论层面,我们不得不承认这是一个良好的政治设计,但纵观历史现实,却不能不说孔子及其后学从来也没有找到实现这种政治理想的途径。我们知道,现实中的社会,贤哲毕竟是极少数人,不要说广大的庶民,即使是世家贵族,绝大多数也是具有"常识理性"贪图富贵的小人。在等级社会中,每个人都渴望攀登上更高的等级。儒家希望统治者抑止欲望(节俭)来减低赋税,同时又希望小人克勤克俭,安于低水平的生活,不产生非妄之想,这完全无视人的自然需求。所以,尽管历代统治者宣扬的是贤人政治,主张"廉正"和"节俭",但中国古代官场的贪渎之风却愈演愈烈,这不能不说是巨大的讽刺。当然,由于幅员辽阔,地理条件复杂,对于广大的乡村,特别是边荒地区,封建君主很难实行有效的控制。加上官吏与百姓的比例远比现在要小得多,采用贤人政治,主张"廉正"和"节俭",对于官吏来说,是推行仁政的基础。而对于被统治的百姓来说,如果克勤克俭,能够遵守礼制的要求,将避免出现犯上作乱的危害。所以说,不管孔子及其后学宣扬的仁政如何不切实际,主张贤人政治总有其合理的因素。我们今天也不能因为强调健全法制就完全无视对各级官员进行道德教育,主张"廉正"和"节俭",将有助于改善社会风气,但我们也要清醒地看到,"廉正"和"节俭"教育的作用是有限的,仅仅是法制教育的补充,人性中恶的一面单靠道德教化是很难根除的,需要法律的约束才能限制恶欲的膨胀。

三、应对措施

改革开放以来,中国发生了翻天覆地的变化,思想的解放,带来了社会的飞速发展。作为社会科学工作者,有责任研究这一新的历史阶段社会思想的发展的轨迹,从而加快社会主义初级阶段精神文明的建设。我们知道,中国经历了漫长的封建社会,虽然在中国共产党的领导下,通过新民主主义革命建立的新中国,但人们的思想意识,包括一大批共产党人,并没有随着新中国的成立走进新时代,封建意识的残余阻碍着中国走向现代化的进程,无休止的政治运动,演绎着权力争斗的一幕幕闹剧,虽然我们把马克思主义、毛泽东思想规定为党和国家建设的指导思想,写进党章和宪法里,但在现实生活中,却时常偏离正确的世界观和方法论的指导,国家和人民因此蒙受了巨大的灾难。邓小平同志为核心的党的第二代领导人坚决纠正"文化大革命"的错误,使党和国家重新回到正确路线,思想解放、打破禁区,丢掉教条主义的束缚,极大地解放了生产力。我们开始深思:随着改革开放的进一步深入,传统的价值观、道德观与市场经济的发展已经格格不入,只有建立社会主义初级阶段新的思想文化体系,才能保证社会沿着正确的道路继续发展。但是,新的思想文化体系以什么为基础,传统思想文化如何取舍,这都是摆在我们面前十分艰巨的任务。我们认为:思想文化的建设,不是学者们坐在书斋里讨论就可以完成的,需要广大民众的参与和实践。通过这份调查问卷,我们力图对北京地区民众的道德观有所了解,提出加强道德文化建设的建议,供各级政府决策时参考。同时,我们希望通过大众传媒向社会民众呼吁,尊重传统,关注现实,放眼未来,在社会主义初级阶段使道德文化更加健康地发展。

第一,改革开放以来,西方思想不断涌入,与传统的价值观体系发生碰撞,是是非非,纠缠不清,人们一时无所适从,因而产生暂时的思想混乱,这是可以理解的。这就要求各级政府不仅要注重各种经济活动,关心物质文明;还要注重文化宣传,加强道德文化的建设。各级政府应该设立专项基金,加强对社会科学研究的投入。我们知道,加强道德文化建设,不仅仅是扩大宣传、对社会民众加强道德教育的问题,还有一个拿什么来教育的问题。许多政府官员习惯于照本宣科,以上级文件作为宣传工作的基本内容,这是远远不够的。传统文化、"五四"以来的新文化、西方文化,都有我们进行思想文化建设要汲取的成分,不可偏废,但也不可盲从。这就需要各级政府组织有关专家进行深入细致的研究,要研究中国古代文化中那些因素可以构建我们的文化传统，同时这种研究，不是书斋里学究式的研究，而是在广大民众的生活里去发掘传统道德文化中那些依然有生命力的东西，并在道德实践中不断创新，以完善社会主义初级阶段道德文化的新思想体系。另外，我们注意到许多地方政府鼓励表彰的道德模范，基本上是以传统道德标准来衡量的，因而对现实社会缺少足够的影响力，尤其是一些宣传"孝道"的人物事迹，甚至带有浓厚的封建"愚孝"色彩。各级政府要根据市场经济的特点，鼓励和表彰那些具有现代文明、有助于推动经济、文化建设的道德新人，鼓励和表彰那些遵纪守法、热衷公益的普通百姓，鼓励和赞许那些具备法律专业知识的民众参与法制的完善。总而言之，各级政府要成为社会主义初级阶段新道德文化建设的主持者，切实担负起精神文明建设的领导责任。

第二，由于"文化大革命"的干扰和农村教育的落后，从 20 世纪 60 年代起，农村出现许多新的文盲和半文盲。改革开放以后，大量农民工涌入城市，对城市的现代化建设作出极大的贡献，但同时也带来许多新的社会问题。加上城市原有的低文化群体，城市中成年人中存在着一个巨大的缺少文化程度低、缺少资金、技术的低收入群体。因此，我们建议政府部门筹措专项资金，依托各种中等专业技术学校和职业高中，通过脱产短期培训或各种形式的不脱产培训，免费（甚至应该提供部分生活补贴）对下岗工人和农民工进行职业培训，同时对下岗工人和农民工进行法制教育和一般的文明礼仪教育，既要让下岗工人和农民工掌握某种技术，可以改善就业条件，又要使这些文化程度较低的下岗工人和农民工了解一些法律、法规，学会运用法律武器保护自己的合法权益，并逐渐提高文明素质，能够很快融入比较文明的都市生活。低收入群体经济状况的改善和文明程度的提高，对于整个社会的和谐稳定和道德水平的具有重要的意义。司马迁在《史记·货殖列传》引用管仲的话说："'仓廪实而知礼节，衣食足而知荣辱。'礼生于有，而废于无。故君子富，好行其德；小人富，以适其力。渊深而鱼生之，山深而兽往之，人富而仁义附焉。"过去人们受极左思想影响，把儒家所说的"为富不仁"普遍化、绝对化，反对普通民众对财富的追求。改革开放以后，党中央英明地提出让一部分人先富起来，走共同富裕的道路后，中国才走上经济迅速发展的快行道。由于我们国家长期的封建思想的影响，社会主义初级阶段还存在许许多多的问题，尽管我们国家目前在世界上已经是第二大经济体，但人均收入却依然处于世界第 127 位（2010 年）的低水平，尤其是没有解决好让社会中哪"一部分"人先富起来，然后带领民众共同富裕的问题，分配不公造成贫富差距越来越大，社会财富掌握在极少数人手里，上亿人处于贫困线之下,社会潜伏着巨大的危机。因此,各级政府应用加快社会主义法制的建设,遏止少数人利用分配不公侵占社会财富的势头,改变低收入群体生活贫困的状态,同时加快医疗制度、教育制度的改革,争取早日实现全民享受公费医疗和免费教育的目标,切切实实地使人民群众感受到社会主义制度的优越性,在共同富裕的和谐环境下,全民的道德水平才能健康发展。

第三,各级政府要注意利用大众媒体进行道德教育。现在的大众媒体,受经济利益的驱动,全民娱乐、娱乐至死似乎是各种媒体奉行的信条。媒体不停地炒作明星的绯闻和八卦轶事,有意无意间大肆宣传各类明星、官二代、富二代的奢侈生活,超女、超男等各种选秀节目鼓吹着一夜成名,瞬间暴富,大量的文学作品、影视作品以宫闱秘闻、荒诞、色情、打斗来吸引观众的眼球,如此的环境如何不扭曲整个社会的价值导向?我们反对政治过分的干预文学艺术的创作,也不会反对大众媒体服务普通民众喜好娱乐的需求,但是,作为各级政府官员和社会科学工作者,有责任引导社会道德风尚,应该运用各种行政手段和正常的文艺批评方法,引导文艺作品的创作特别是影视作品的制作关心国家和民族的命运。反映人民群众的喜怒哀乐,反映我们这个伟大的时代并预示着整个社会的发展方向。古往今来的经典著作,作者无不具有悲天悯人的大菩萨心肠,可以使人感动,思想境界得到升华。一味的娱乐至死,快餐盒饭似的一次性文化消费品,只能产生更多的文化垃圾,浪费社会资源。孔子说:"诗,可以兴,可以观,可以群,可以怨。"(《论语·阳货》)文艺作品虽然不是政治的从属品,但其陶冶性情、净化人心的功能是不应该忽视的。因此,各级政府要运用经济杠杆和行政手段,鼓励支持大众媒体和文艺创作通过寓教于乐的方式对民众进行精神文明教育,提高全民族的道德水准。

第四,各级政府要进一步健全监督机制,反腐倡廉的思想道德教育必须有制度做保障,才能起到作用。如何健全监督机制?是一个需要认真研究的问题。从源头上看,公务员的选拔、干部的任免,要增加透明度,特别是要逐步扩大人民群众的选举权,乡镇和县一级的政府官员尽快实行直接选举,这样,人民群众就可以有效地运用选举权来监督地方政府官员。封建社会,一旦发现官吏违法,还要连坐惩处其推荐者,现在实行集体负责,有时就是出了事大家都不负责。因此,应该扩大人民群众的选举权,使人民群众有选择乡镇和县一级的政府和处级以下企、事业单位的主要领导。从监督体制上看,也要有所改进。我们现在的公检法部门受同级党委和同部门上级党委的双重领导,但比较而言,同级党委的影响较大,因而司法部门不能有效地监督同级党委和政府中主要领导的违法违纪行为。同时,新闻媒体的监督也是如此，省级的报纸和电视台可以披露地方市、县的腐败问题，但地方市、县的报纸和电视台就无权披露自己市、县的腐败问题，更不敢批披露省级领导的腐败问题。新闻监督是有选择的、局部的。如何对各级政府行使公权力进行监督，并且对监督者是否公正实行监督，需要各级政府加强研究，完善政府的自我监督机制和接受新闻媒体与民众的监督。另外，无论是各级政府还是企、事业单位，往往忽视普通民众的知情权。虽说现在许多地方政府有新闻发布会，但基本是公布决策的结果，其决策的过程没有透明度，不受任何监督。试想：如果我们的地方政府和企、事业单位的财务制度和统计制度（除涉及国家机密外）是透明的、公开的，任何一个本单位职业或合法公民都可以查询到真实的数据，这样可以避免多次贪污和浪费行为？虽说一个好人在坏的制度下可能也会作出坏事，但一个健全的制度却可以让坏人无机可乘。

道德的重建，不仅仅是意识形态方面的问题，进一步的发展经济、完善政治体制、加强精神文明教育，综合治理，才能使社会风气好转，才能建设一个和谐稳定的社会。各级政府要努力，我们每一个有责任心的社会科学工作者也要努力，承担起历史赋予我们的使命。

责任编辑:王怡石

封面设计:周涛勇

图书在版编目(CIP)数据

省鉴与传习:中国道德文化的传统与现实/韩经太 等著.
 -北京:人民出版社,2013.10
ISBN 978－7－01－011816－1

Ⅰ.①省…　Ⅱ.①韩…　Ⅲ.①道德-研究-中国　Ⅳ.①B82

中国版本图书馆 CIP 数据核字(2013)第 047584 号

省鉴与传习:中国道德文化的传统与现实

SHENGJIAN YU CHUANXI ZHONGGUO DAODE WENHUA DE CHUANTONG YU XIANSHI

韩经太　等著

人民出版社 出版发行
(100706　北京市东城区隆福寺街 99 号)

北京龙之冉印务有限公司印刷　新华书店经销

2013 年 10 月第 1 版　2013 年 10 月北京第 1 次印刷
开本:710 毫米×1000 毫米 1/16　印张:23.5
字数:410 千字　印数:0,001-3,000 册

ISBN 978－7－01－011816－1　定价:58.00 元

邮购地址 100706　北京市东城区隆福寺街 99 号
人民东方图书销售中心　电话 (010)65250042　65289539